荆楚文庫

〔康熙五十三年〕江夏縣志

〔清〕劉朝英　修　張希良　纂
〔清〕洪國輔　續修　陳萬策　增修

荆楚文庫編纂出版委員會
崇文書局

荆楚文库

〔康熙五十三年〕江夏縣志

KANGXI WUSHISANNIAN JIANGXIA XIANZHI

圖書在版編目（CIP）數據

〔康熙五十三年〕江夏縣志 /〔清〕劉朝英修 ；〔清〕張希良纂 ；
〔清〕洪國輔續修 ；〔清〕陳萬策增修．
— 武漢 ： 崇文書局，2024．6．
（荆楚文庫）．
ISBN 978-7-5403-7719-9
Ⅰ．K296.34
中國國家版本館 CIP 數據核字第 2024XB1300 號

責任編輯：陳金鑫
整體設計：范漢成　曾顯惠　思　蒙
責任校對：董　穎
責任印製：李佳超
出版發行：崇文書局有限公司（中國・武漢）
地址：武漢市雄楚大道 268 號 C 座
電話：（027）87677133　　郵政編碼：430070
録排：武漢鑫偉創圖文設計有限公司
印刷：湖北新華印務有限公司
開本：787mm×1092mm　1/16
印張：25
版次：2024 年 6 月第 1 版　2024 年 6 月第 1 次印刷
定價：128.00 元

ISBN 978-7-5403-7719-9
9 787540 377199

《荆楚文庫·方志編》編纂組

組　　長：劉偉成　陽海清（執行）

副 組 長：劉傑民（執行）　王　濤　謝春枝　郝敏　嚴繼東

參編人員（以姓氏筆畫爲序）：

王　濤　李云超　宋澤宇　郝　敏　柳　巍　馬盛南　陳建勛

夏漢群　梅　琳　陽海清　彭余焕　彭筱瀓　楊　萍　楊愛華

劉水清　劉偉成　劉傑民　謝春枝　戴　波　嚴繼東

編　　審：周　榮

顧　　問：沈乃文　李國慶　吴格

出版説明

湖北乃九省通衢，北學南學交會融通之地，文明昌盛，歷代文獻豐厚。守望傳統，編纂荆楚文獻，湖北淵源有自。清同治年間設立官書局，以整理鄉邦文獻爲旨趣。光緒年間張之洞督鄂後，以崇文書局推進典籍集成，湖北鄉賢身體力行之，編纂《湖北文徵》，集元明清三代湖北先哲遺作，收兩千七百餘作者文八千餘篇，洋洋六百萬言。盧氏兄弟輯録湖北先賢之作而成《湖北先正遺書》。至當代，武漢多所大學、圖書館在鄉邦典籍整理方面亦多所用力。爲傳承和弘揚優秀傳統文化，湖北省委、省政府决定編纂大型歷史文獻叢書《荆楚文庫》。

《荆楚文庫》以『搶救、保護、整理、出版』湖北文獻爲宗旨，分三編集藏。

甲、文獻編。收録歷代鄂籍人士著述，長期寓居湖北人士著述，省外人士探究湖北著述。包括傳世文獻、出土文獻和民間文獻。

乙、方志編。收録歷代省志、府縣志等。

丙、研究編。收録今人研究評述荆楚人物、史地、風物的學術著作和工具書及圖册。

文獻編、方志編録籍以一九四九年爲下限。

研究編簡體横排，文獻編繁體横排，方志編影印或點校出版。

《荆楚文庫》編纂出版委員會

二〇一五年十一月

前言

《〔康熙五十三年〕江夏縣志》五十二卷，清劉朝英修，清張希良纂，清洪國輔續修，清陳萬策增修。清康熙五十三年（一七一四）刻本。

劉朝英，字千夫，文安籍，開元人。張希良，字石虹，黄安人，康熙八年（一六六九）官江夏教諭，康熙二十四年（一六八五）中進士，官至提督浙江學政，著述頗丰。洪國輔，號左薇，梅溪人，康熙三十五年（一六九六）知江夏縣事。陳萬策，三韓人，康熙四十七年（一七〇八）知江夏事。

康熙十九年（一六八〇）劉朝英知江夏縣，延張希良纂修此志，歷時三年，交相參閱，四易其稿，成四十五卷，康熙二十二年（一六八三）劉朝英出俸授梓。後因二十七年（一六八八）兵事，多有散佚。所存斷簡殘編，板片星零。洪國輔莅任江夏，見志書殘缺不全，乃采風問俗，徵文考獻，批閱邑志，補刻遺板，猶賴劉公亮、趙敬修等共相贊成，以所構之全章補闕遺之典籍，增輯十三年來之邑事。

陳萬策就任江夏，閲志，已爲殘篇斷簡，或擇焉而不精，語焉而不詳，疑信參半。乃撥冗旁搜，詳加咨訪，考訂核正地理、建置、人物、藝文、賦役、忠孝節烈等，濫者删之，缺者補之，自康熙甲子（一六八四）至甲午（一七一四）凡三十年間有關於國計民生、風土習俗者，悉爲備載。

卷首目録爲劉朝英、張希良時所纂。目録不全且卷次與續修、增修後之正文不符。其志内容大致爲：星野志、沿革志、方域志、山川志、古蹟志、建置志（城池、公署、舖遞、憲署、雜署、倉場、坊市、棹楔、雜置、津梁、祠祀）、學校志（典禮考、學田、書院）、賦役志（田賦、户口、水利）、風俗志（風教、俗尚、節序、物産）、兵事志、藩封志、封謚志、秩官志（知縣、縣丞、主簿、縣尉、典史、教諭、訓導、巡檢、驛丞）、名宦志、選舉志（徵辟、貢監、進士、舉人、武舉人、武進士、武勳、貤封、叢舉、録廕、鄉耆）、人物志（先賢、理學、文章、政事、德行、儒林、孝子、義行、忠烈、隱逸、流寓、方伎、列女）、藝文志（御製、子史、辭賦、詩五言古、詩七言古、詩五言律、詩七言律、詩五言排律、詩七言排律、詩五言絶句、詩七言絶句、雜部、疏部、表部、書部、序部、碑部、記部、雜文部）、災異志、雜志（方聞、仙釋、寺觀）。

是志内容豐富，記述詳盡，條理分明，文辭典雅。今僅見於《上海辭書出版社圖書館藏稀見方志初編》，兹據以影印，偶有缺葉，無法補配。（宋澤宇）

目録

重纂江夏縣誌序

夫志也者所以志山川疆域戶口人物之數也如省有通志郡有府志邑有縣志一縣之志雖小而山川

大而疆域繁而戶口盛而人物亦莫不備焉宰斯土者因苦於倥傯牒訴隨置斯志於不問蓋鞅掌風塵無暇及此按稽江邑鄂渚

雄邦控據上游包群山而爲壘扼束江漢襟帶吳楚省會名區也然以山川形勝風土人文論之崔子詩篇禰君錦賦尚不足喻其

萬一一旦欲縷晰條分辨其損益攷其沿革恐非區區芥子所能述其大畧者是非含英咀華掞葩博覽諸君子則不可余丙子夏

承
天子命來涖茲土諸事蝟集刻無寧晷雖鉛槧久疎而釆風問俗則余職也安可不求文獻而徵之哉用是披閱邑志始悉癸丑春奉

旨纂修通志邑志正在編輯値滇黔兵燹竟未告成延至癸亥前令千翁劉君學博石虹張君交相參閱遂剞成帙曾幾何時戊辰又遭夏逆之變荼毒人民不啻咸陽一炬縣志爲之散失今則斷簡殘篇所存者大率得之灰燼中板片星

零其不泯滅者幾希矣雖獨肩難任而責有司存若不重刊緊誰是問猶賴二三同志共相贊成如學鐸公亮劉君峨松敬修趙君

及原覘之等者以所搆之
全章補闕遺之典籍爰命
工匠用授剞劂不日告成
乞余問序余雖不敏聊紀
數言秖苟免罪戾於目前

豈敢道有功於篇簡至於
繼往開來端有俟乎後之
賢者是爲序
康熙三十五年歲在丙子
七月既望知江夏縣事

梅溪洪國輔謹題

洪國輔印

星巖氏

原序

聞之高士魏廷謨云江夏自明洪永以來未有志萬曆九年莫侯以方田事竣始爲田賦書辛卯請於郭宗伯盍以山川方域壇祠公署先賢仕籍科目女貞仙釋而志乃有端然郭志典而略詩歌序記概尠濫觴矣以予所閱唐藝目郭緣生武昌先賢傳及鄂州圖經世罕傳而宗伯志亦未嘗援證則事之軼而弗彰者何可勝道也由宗伯距今其間陳學博鑑雖嘗補以小史什一千百焉耳經癸未之變生民芻狗城社滄桑天寶之已[illegible][illegible][illegible]而湘東陳述知有楚會存

書一卷亦第載梗涯均未足以備邑史也

今上康熙十二年癸丑相國文石衛公奏脩

大清一統志並

詔直省編纂通志以資採錄爰是江漢局開而江夏邑志則委之梅君逢甲常君士元屬滇黔變起輟弗成魏君廷謨乃私爲補遺以附郭志之後共得綫簡數帙蓋邑志之若存若亡且百年矣千翁劉父母鼎閥淵才常中甲午副榜郎起而爲吏於文事尤寢食以之庚申秋予備員邑鐸首以志事見委邑楚之弁冕也志例惟秩官宦蹟不敢旁及守貳以上其他皆得

掇大凡爲非邑志而幾於省志也豈不其難其鉅哉然以向嘗從事通志之役未就遺憾到今况重以知己命曷敢辭第江城煩劇手板無時兼之計偕賫捧其得親鉛槧者曾無多晷焉午夜篝燈目漁掌獵歷二寒暑稿凡四易而編始成劉侯見而嘉之欣然出清俸以授梓又數閱月工始竣例得自爲序予惟著作家專則良分則否需之以時日則良迫則否龍門扶風號稱一代良史皆不假易手之力此專之效也司馬公脩資治長編出入都許以書局自隨歷十九年而奏御此久之效也人之聰明意趣各不相下一

匠石引繩於前衆倕輪肘掣其後勢不能以治一椽况其未必倕輪而徒亂人意者乎既以柏梁雲搆建章萬戶千門聽一巧之指揮日月省試則聞之矣未聞操鞭箠而督之神斧者也善乎劉侯之命予志也曰予宜獨任曰予無速成成矣付梓矣猶曰無遽梓夫而後乃得悉意旁蒐少可信心以報侯命龍門扶風予郎愧非其才而侯任使之專與相期之久則何可謂非此書之有厚幸也侯理劇邑當兵戎旁午之際事事出以整暇而御人接物誠信不疑郎志事可觀矣書成會

詔脩通志之
旨復下侯若豫啓其褎者因以拜獻予並志侯之苦心如此若尚質實黜浮夸表忠節屏異端則皆心侯之心其小有裨於名敎又非邑乘之舊文也則於凡例索言之踵事增華請俟後之君子黃安張希良石虹撰

原序

語曰不習爲吏視已成事夫所謂已成事舍志其奚由哉沙羨首邑也建置沿革兵戎財賦諸條例淩雜緐棼非有掌故可以攷按雖五官並運聰明什百恒流未能鏤空中之萎而詡詡然曰吾自有理縣譜可無事此糟粕爲也予承乏茲土即値軍興旁午血盡髯枯日不暇給然文事亦以次脩舉而尤念邑志殘缺近將百年聞往者鄉先生文毅郭公舊有編錄今其書弗存康熙癸丑奉
旨纂脩通志邑志亦經裒輯中格於烽火一二殘帙迄

不成書而各憲甫下車即檄取邑志常令十吏腕脫爰謀之學博石虹張君創脩以備首縣軼典張君學奧而品端具三長之才而屈一氊之席於志事屢經推轂著書等身慨然任其事手披念一史旁蒐碑版遺文及長年三老所覩記籍識而掌錄之雖期會紛拏暇則據案疾書盛暑隆冬揮汗呵凍不少倦而予亦時出管蠡以共爲商確凡三易歲成編總四十五卷試一披覽則星野之區分山川之繡錯沿革之異同兵戎之繹騷財賦之登耗風俗之醇澆吏治之賢否人物之盛衰罔不燦若列眉質而文簡而該而大

指主乎有衛名教裨益政治郎一志而備內聖外王之學與修雕蟲繪聲悅者未可等量觀也昔人於志稱盛弘之荊州康對山武功然武功過略荊州無關典要石虹此編殆爲駕之循是以爲史則蘭臺石室之先聲循是以爲吏則龔黃卓魯之金鏡又豈特爲沙羨一邑備鈌略已哉予既藉手以告成事因出薄俸授梓且序之康熙二十二年癸亥夏知江夏縣事

開元劉朝英撰

增修江夏縣志序

嘗觀邑之有志猶國之有史也史之爲道記月編年右言左事未敢或畧而一代之實録始備邑志載筆於百里之内有善斯紀有惡斯戒人物之興替風俗之淳澆與夫錢穀戶口之多寡祥異封域之迭遷茍鈌焉未備則上無以供輶軒之採下無以足文獻之徵亦守土之責也余束髮時讀屈宋及左相諸書而知楚稱材藪國號雄風竊向往於方城漢水間者久之戊子歲謬承

簡命來莅茲土下車之始例有邑志呈閱
但殘篇斷簡或擇焉而不精語焉而
不詳疑信叅半盍前任　洪君修輯
而未竣故也越今又七載矣省邑衙
繁簿書鞅掌風塵勞吏未暇搦管伏
思我

國家車書一統幅幀萬里凡山陬海徼之
遠離題鑿齒之邦莫不載入版圖奉
正朔而獻珙球顧江邑扼全楚之勝
當省會之地冠蓋相望舟車雲集甲
於天下使一邑之事蹟湮沒而不彰
非所以黼黻太平也於是撥冗旁搜

詳加諮訪若地理若建置若人物若
藝文若賦役若忠孝節烈無不考訂
核正濫者刪之缺者補之竊取舊義
分部成帙自康熙甲子年起至甲午
歲止凡三十年間其有關於國計民
生風土習俗者矢公矢愼悉爲備載
敢曰踵事增華亦庶幾使採風者無

求野之歎聊以塞勞吏之責云爾若
夫
皇圖日益鞏固風俗日益淳厚人文日益
蔚興戶口日益蕃息山川日益誕秀
紀太平而媲唐虞萬年千禩則又有

望於後之珥筆者

旹

康熙五十三年歲次甲午六月中浣

知江夏縣事三韓陳萬策謹題

武昌縣界
梁子湖
湯孫湖
咸寧界
松樹嶺
山坡驛
清寧湖
黄家湖
嘉魚縣界

漢口
南岸
大江
白洋
沙湖
賽湖
南湖
漢陽界
白沙洲
湖
江

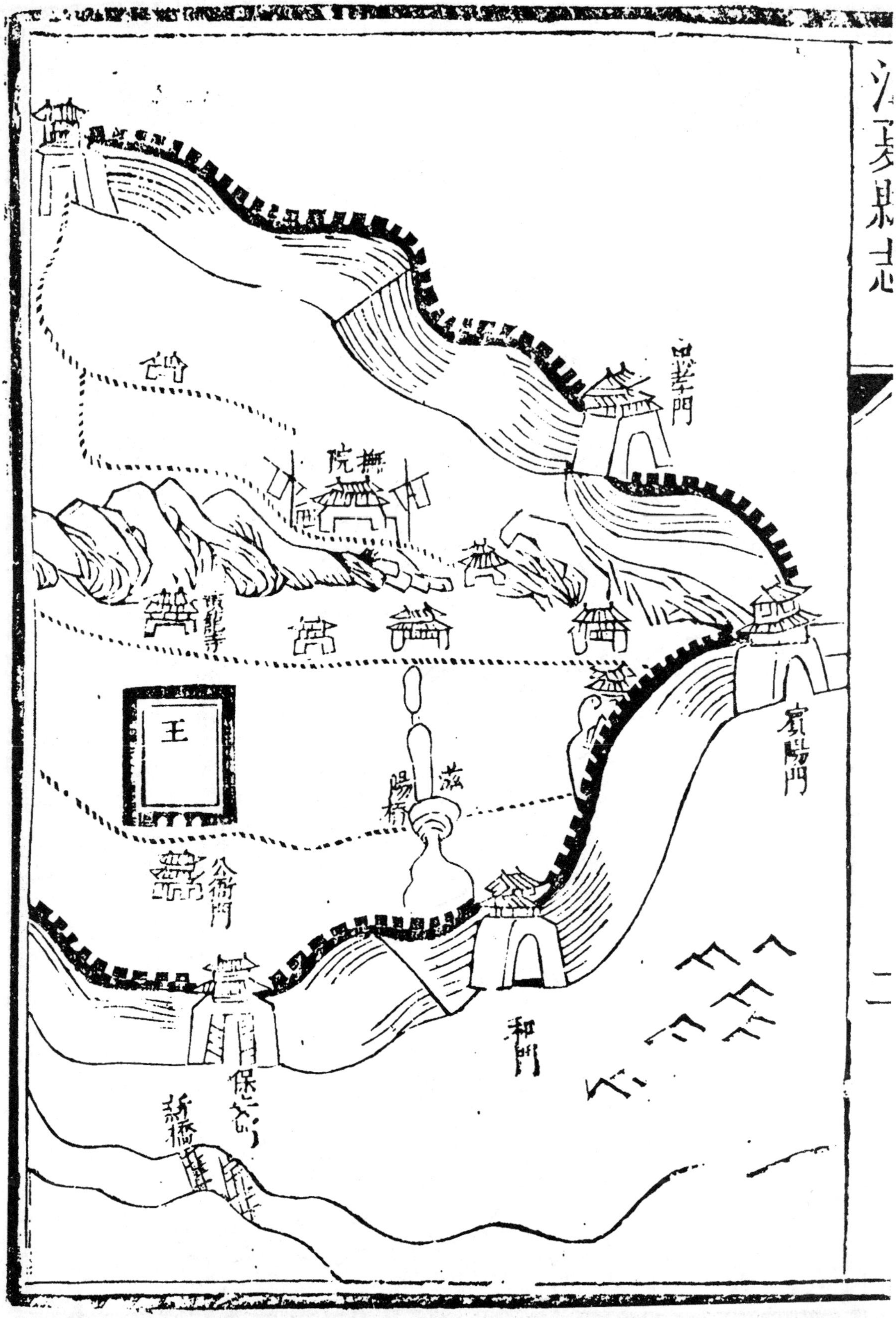
江夏縣志
二
撫院
賓陽門
王
滋陽橋
公衙門
和門
保安門
新橋

堂
城隍廟

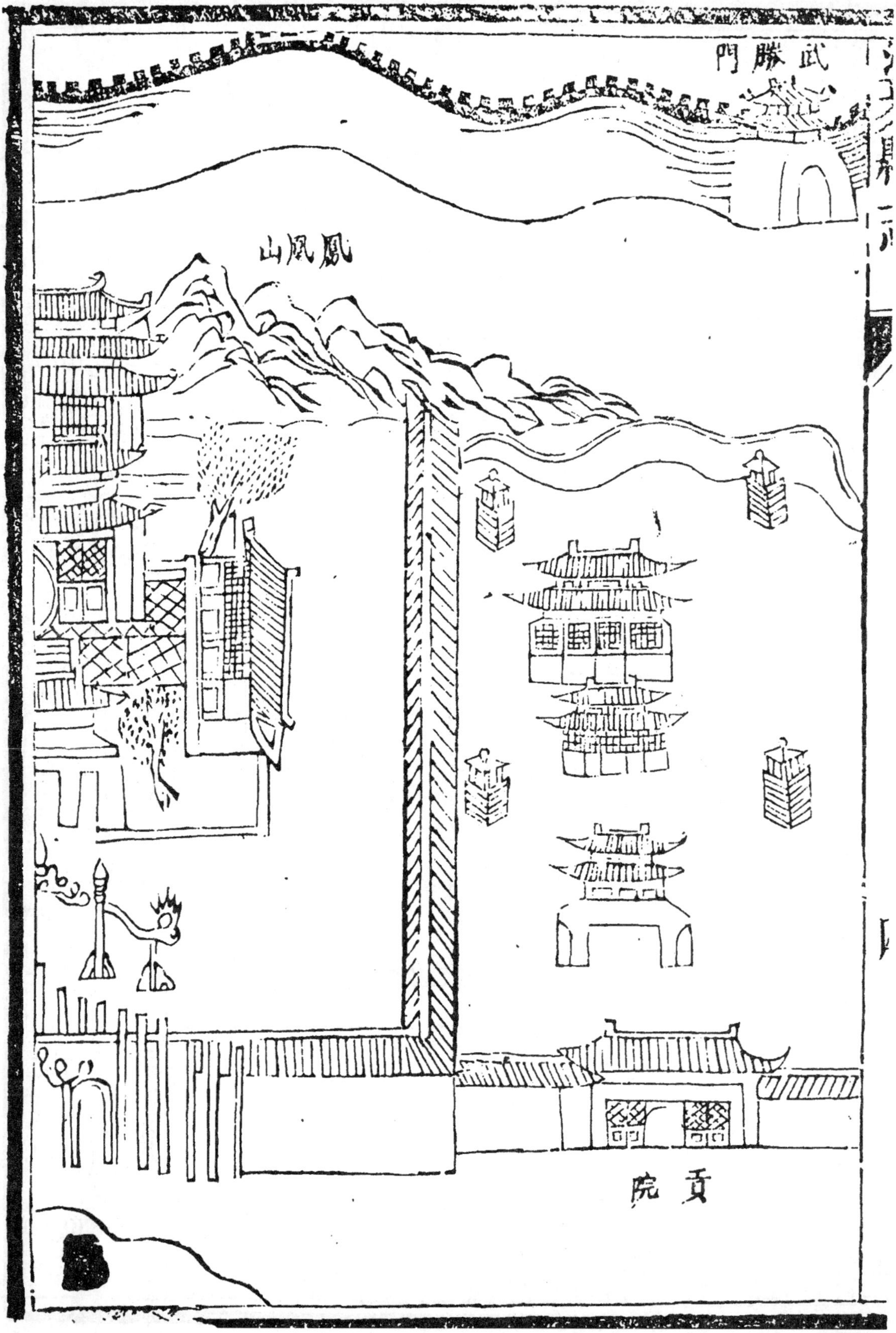
武勝門
鳳凰山
貢院

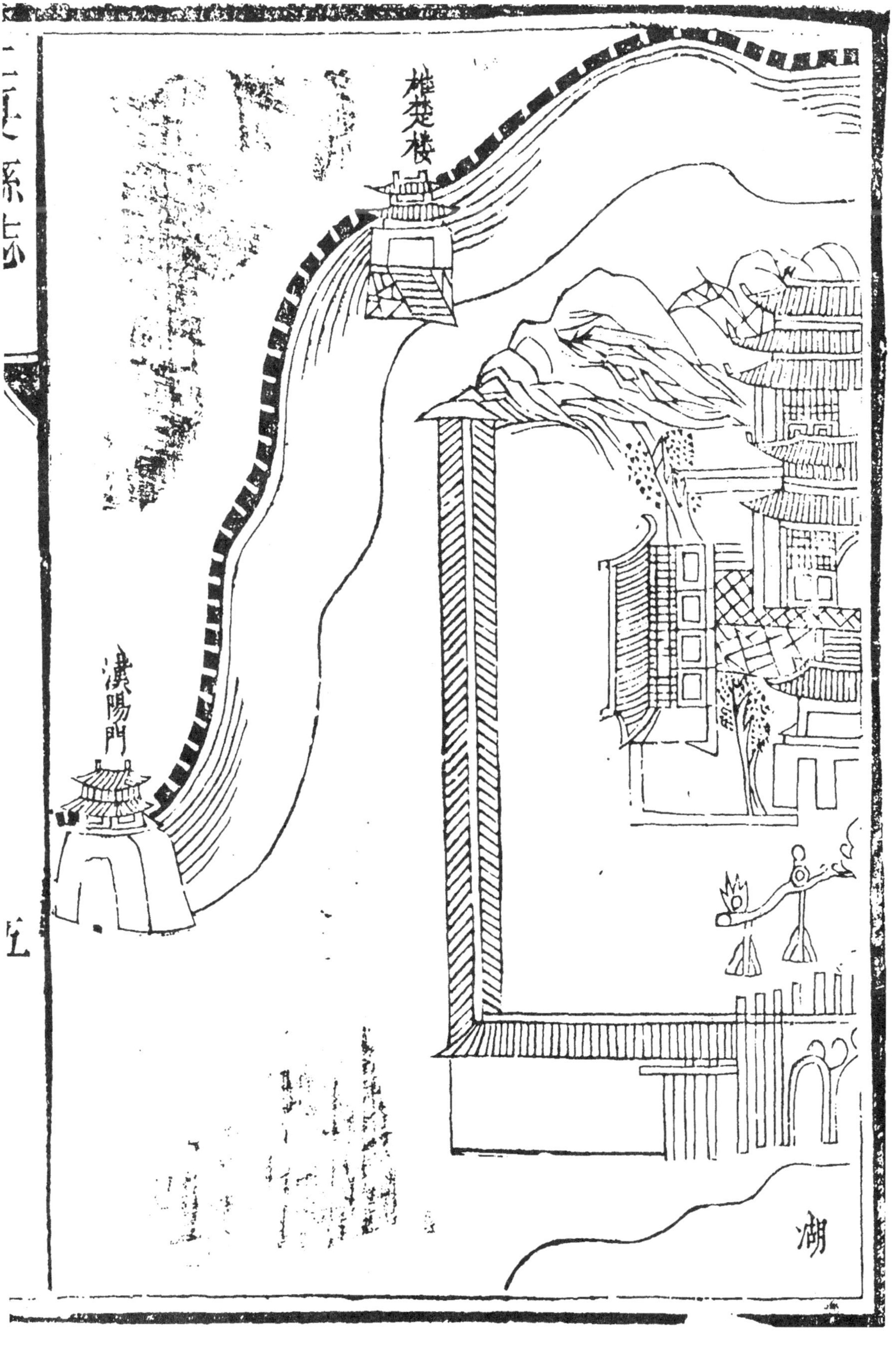
雄楚楼
漢陽門
湖

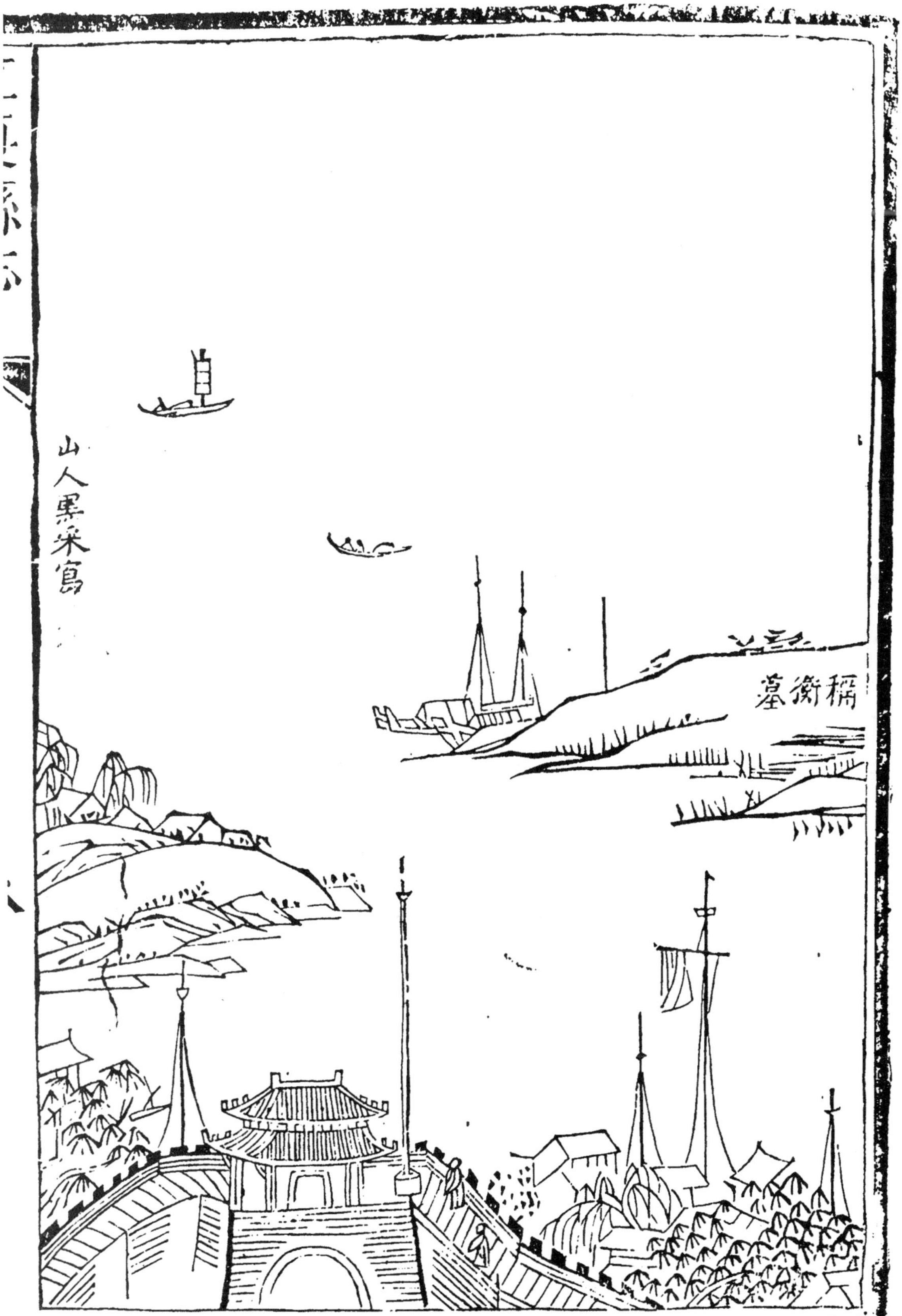
山人累采島
稱衡臺

江夏縣志

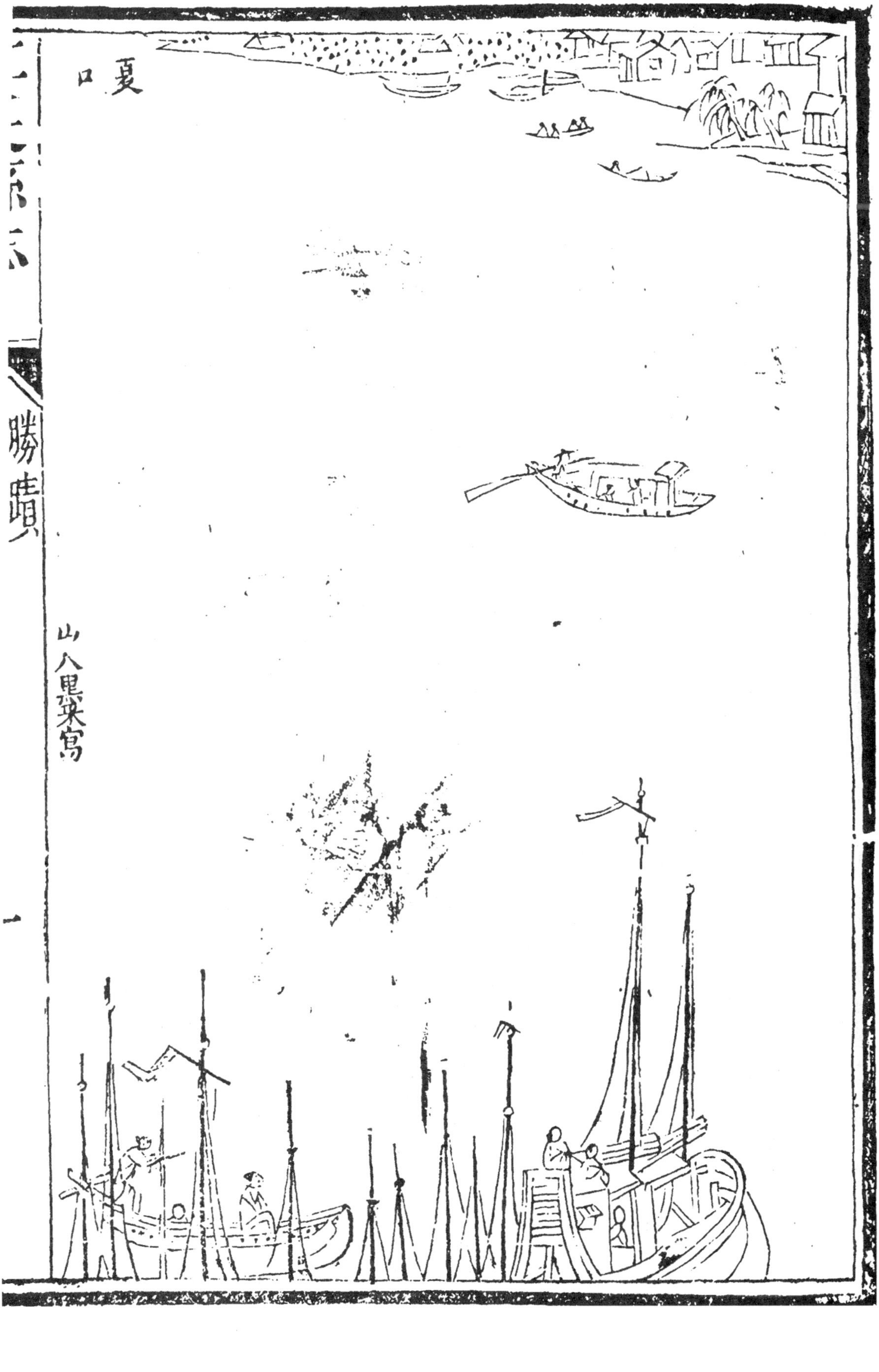

夏口
勝蹟

江夏縣志

十

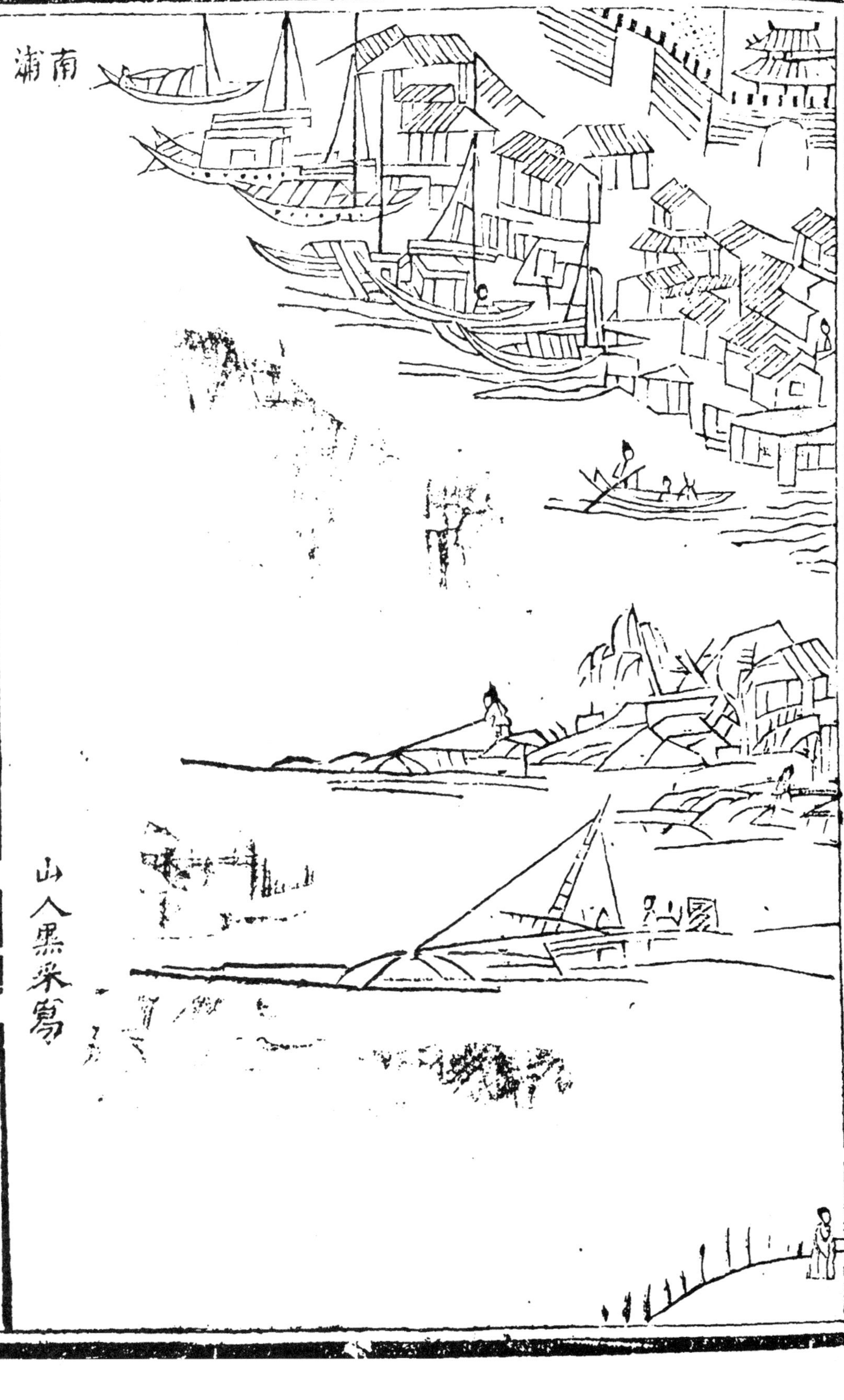
南浦
山人黑采寫

東山

勝蹟
山人黑采宮

悆口
江夏縣志

山人黑采寫
十三

卓刀泉

李白讀書堂

江夏縣志 卷 勝蹟 十五

九峰

山人黑采寫

江夏縣志

吳璵寫
行宮

江夏縣志

修志姓氏

總裁

總督湖廣等處地方軍務兼理糧餉兵部尚書兼都察院右副都御史正一品加三十四級董衛國 佐君奉天遼陽人貢士

巡撫湖廣等處地方兼理糧餉都察院右副都御史加五級王新命 純嘏滿洲籍四川潼州人監

鑒定

湖廣湖北等處承宣布政使司布政使王定國 貞元奉天遼陽人

湖廣湖北等處提刑按察司按察使李世昌 奕侯遼東人恩蔭

分守湖北督理糧儲布政司僉事加七級尚崇善 元長遼東人恩蔭

分守武昌道駐劄省城布政司參議成光 仲謙直隸大名人恩蔭

分巡湖北驛傳鹽法道按察司參議加二級宮夢仁 定山直隸靜海人庚戌會元

提督湖廣通省學政按察司僉事姚淳燾 勝山浙江烏程人丁未

主修

武昌府知府加一級杜毓秀 擬華陝西定邊人貢士

同知亢從聃 正齋山西臨汾人貢士

通判張芑 雪岑江南銅城人貢士

纂修

江夏縣知縣加一級劉朝英 千夫文安籍開元人甲午

編輯

江夏縣儒學署教諭事張希良 石虹黃安人己酉

協修

江夏縣儒學訓導曾、錄 以載孝感人歲貢

參閱

府學教授羅人龍 驤子人歲貢

訓導石永年 鳳池黃梅人選貢

總校

邑人陳肇昌 省齋戊戌

江鋅 鐘如庚戌

陳基 己丑

吳升東 巢徵己亥

胡鳴皐 雲翥庚戌

楊之奇 佩璜丙辰

劉蔾粲 青圃

殷安國 康侯辛卯

鄧文源 丙午

吳元俊 千人貢士

張耀 蔚章己酉

常士元 大復貢士

曹覺 予任辛酉

林儀騮 辛酉

孫篤棐 辛酉

周國職 我錫貢士

詹士懿 文夏戊午

楊兆億 鶴來貢士

胡士遷 如昴貢士

陳大年 子山監貢

陳大章 仲蔓監貢

讓之馨 接貢

陳聖裔 一公廩生

葉澤森 嵩久昆山監

重修凡例

一舊志闕載

御製欽惟

皇上崇儒重道

頒賜孔孟諸贊及訓飭士子文勒垂郡邑學官爰遵

通志例敬列藝文之首以彰文治

一兵事戊辰小醜何足紀錄但蹂躪官吏虔劉赤

子勢幾莫遏一時徐瓦兩大將軍率虎賁鐵馬

犀甲樓船雲集壓境刻期殲滅此眞我

皇上神武指示方略不敢或略維時盡節文武兩臣

如監司葉映榴都閫宣德仁亦足徵

國家培植深恩特書他如前封謚於鄂血食茲土者

亦補

一人物概稱先賢似無分辨如焉文簡郭文毅熊

襄愍賀文忠吳忠烈諸公不愧矣其他文章事

業不克兼慨稱賢恐開泛濫數公外不敢濫志

愼也

一志人物謹倣郡志例列某某若干條各從所優

爲類

一選舉渾同本籍外學益晉魏以前不論隔籍宋

明以來取士之法亦各不同而省會人文最盛故借籍外庠科名甚衆如馮當世咸寧志亦列載之借人重地或亦人情茲仍舊志惟是于前明以後其借籍外庠發跡者詿明由某學某學科名籍貫一覽燦然未詳者仍闕

一鄉賢文行事功無疵謂之賢必生長茲土多歷年所謂之鄉祠內後入一二先正賢無間然高山在望矣且幸逢憲例凡入籍二十年及有田產等者皆入舊戸從之不敢違例亦唐李隴西宋歐陽廬陵之於漢東與孔子曰魯無君子斯

焉取斯則斯邑固爲他山之石招賢之地也

一志不同史之紀事然有關大政如養老特恩七十八十九十百歲頒賜絹疋肉米有差書名于後以紀仁壽之風

一憲署楚省十五郡原係臬僉衡文新設翰林學院與制撫一體足徵設官右文之治

一郡庠爲十屬取入人材由庠而監貢舉進者不乏之不列選舉則違例滋咎然未可以選舉之列名令子弟冒土籍以干功令也名雖列選籍不可紊

一立傳之例必文行事功昭然可見又必沒後事久論定者如生存即大賢不敢概傳懼違例亦嚴志體

一漢黃霸爲相令郡國上計吏舉孝子悌弟貞婦爲一輩先上殿舊志紀孝節貞烈倣此雖卷牒浩繁經前代及

本朝旌表者自應列傳其未經題請者例應不入然按通志照河南通志凡有節確而旌表有待者亦附載姓氏

一省會爲五方雜處或有據一時現在節義書列

姓氏者而遷徙靡常去住無定更不得以節義列名冒混土著以滋罪戾流寓倣此其入籍二十年現住邑治者不在此例

一樓閣爲山川羽翼移步換形隨時更新黃鶴樓舊志刻載舊圖今易太白桃江石鏡爲四亭樓臺煥然高冠第一峯制撫兩臺新建冠霞亭爲後樂同民之觀圖并列

一江夏之名歷漢唐五代宋元明其來已久至不屬今地亦猶太史公貨殖傳所辨衡山九江江南豫章長沙之爲南楚淮北沛陳汝南南郡之

爲西楚彭城以東東海吳廣陵之爲東楚葢當時三楚之地甚大非僅指今之十五郡當時江夏之地亦大亦不僅指今之六十二里舊志引辨甚繁仍之總書以江夏爲是見後論辯藝文
一舊志修於郡志省志未成之先不無文獻未備考證無從今爲搜補然書一漏萬又俟後之博雅者増之

江夏縣志總目

開元劉朝英重脩
黄安張希良編纂

江夏縣志卷之一

開元劉朝英重脩
黃安張希良編纂
古越洪國輔續脩
三韓陳萬策增脩

星野志 占候附

歷攷天文諸志翼軫尾楚分也江夏從之乃星官家謂在天一度應地二千九百二十三里江邑之入翼軫者特纖微耳然地居首望官司之所叢也人民之所湊也文物之所交也政教之所總也其取精多而用物弘有難以蹶離書者矣洪範曰庶民惟星星有好風星有好雨漢明帝之言曰郎官上應列宿出宰百里觀天變而察民情其何可不加之意也志星野

周禮保章氏以星土辨九州之地封域皆有分星以觀妖祥鄭注曰鶉尾楚也

春秋元命苞曰軫星散為荆州江夏入軫十二度

史記天官書漢天文志並云翼軫荆楚注翼二十二星軫四星皆為鶉尾在巳楚之分又曰吳楚之疆候在熒惑占於鳥衡

蔡邕月令章句云起張十二度至軫六度爲荆州

晉天文志翼軫楚荆州江夏入翼十二度

星經玉衡星主荆州又云熒惑主楚又云翼二十二

星凡十九度軫四星凡十七度

宋志天市西垣第二星曰楚又北斗第二星曰　其

分楚

元志鄂州北極出地三十一度半藴辰圖汪軫十度

楚之尾

荆爲禹貢九州之一　江夏附焉歷攷星屬其辰巳其

北斗玉衡其五星熒惑其五行丙丁其天市西垣

其二十次舍鶉尾其二十八宿翼軫

占候附

北斗星明主天下昌　白氣貫北斗大風

翼星明禮樂興

星孛於翼近太微上將兵興有災

日食在翼歲旱　歲星食月在翼楚地饑

星孛於軫太白晝在軫其地有兵

太白犯軫荆楚有兵

辰星有軫歲水

歲星太白辰星聚軫兵興災

黑雲氣貫軫荆楚水

星孛於鶉尾荆楚有變

熒惑色赤年穀順成

熒惑犯歲星在翼歲旱

江夏縣志卷之二

開元劉朝英重脩
黃安張希良編纂

沿革志

渾沌既開江之爲土必有所隷然攷禹貢職方紀其名無徵焉周夷王時楚子熊渠始大封其子紅爲鄂王故城在今武昌縣距江夏二百里維時分王僭號以後雄圖嘗必濱江之地而有之乃爲鄂王也故稱鄂渚稱鄂州者其實也稱江夏者其名也按宋書地理志江夏郡治安陸後徙夏口一統志江夏郡在雲

夢縣北一十四里又雲夢縣境有廢西陵縣爲晉江夏郡外城則漢晉以前凡言江夏皆在安陸惟統志復云漢置江夏郡治沙羨因此成譌而黃祖曾爲江夏太守其殺禰衡處在今江夏鸚鵡洲遂疑沙羨即古江夏郡治者非也嘗考前漢地理志江夏郡屬縣十四首西陵註云有雲夢宮而沙羨爲別邑則西陵正古江夏郡治統志所謂雲夢西陵廢縣爲江夏郡外城者也歴考漢志如京兆之首長安河東之首安邑太原之首晉陽汝南之首平輿南郡之首江陵皆郎倚郭爲郡治江夏郡既首西陵不當復治沙羨也劉表以黃祖爲江夏太守亦應仍治西陵其時數與東吳戰爭而夏口爲重地故提兵以駐之耳統志沔州江口有郤月城黃祖所守地按此與史所載祖以兩艨衝挾守沔口之說合沔口在漢陽西南三十里今名沌口若祖拒吳爲今江夏亦應反扼險於上流也或曰漢陽城北亦有郤月城相傳祖之所守當時沿江置戍是不一城但以挾守沔口按之則在沔江者爲正而今江夏可不問而定其非矣然古夏口亦非今之夏口夏口者春秋所謂夏汭楚辭所謂夏首也一統志云本在江北自孫權築城取對岸名夏口

而江北之名始晦史又稱吳以程普爲江夏太守治沙羨蓋其時江北地非吳有僑置之耳晉則江夏郡治仍在西陵惟劉宋始於沙羨置江夏郡隋初廢郡改汝南縣曰江夏其名其實遂相沿不改然前代江邑嘗治塗口塗口者今邑南六十里之金口鎮也郎古沙羨亦非今治按水經注江水東逕大軍山南又東北至江夏沙羨縣西北沔水從北來注之又東逕戴父山南又東經魯山南魯山者今漢陽之大別山也觀漢吹第沙羨之非今治明矣世代無常疆埸之事一彼一此頗弗深攷而載籍所傳爲定爲深據正

爰綜史冊晳獨斷著之於篇俾後此者有所徵焉志

沿革

郭文毅舊序云江夏者何按水經曰江水東至華容夏水出焉又東左得二夏浦又東北江夏沙羨縣應劭曰沔水自江別至南郡華容爲夏水入江故曰江夏王海水北曰滻漢水曲入江夏遂名夏滻是江夏之得名以水也在虞夏俱屬荊州周夔王時諸侯相伐熊渠與兵至鄂曰我不與中國之號謚乃立子紅爲鄂王始名鄂漢高帝六年置江夏郡領縣十四是漢之江夏蓋以爲郡而今之漢黃承德暨中州之羅

山光州等邑皆古江夏地而所謂沙羨則吾邑也然高帝江夏郡置治沙羨則吾邑之爲都會自漢然矣三國時黃祖守江夏始於沙羨置邑則吾邑之爲邑自黃祖矣漢獻帝二十年權備分荊州以江夏郡屬權權析江夏東境沙羨等縣置武昌郡而以西境安陸等縣仍爲江夏郡則三國之江夏在今之德安諸邑而吾邑之隸武昌自三國然矣晉武帝平吳以武昌隸江州江夏隸荊州則武昌與江夏析而爲二矣又江夏郡七縣武昌郡七縣而沙羨屬武昌則江夏自江夏而吾邑自武昌也晉太康初析沙羨西南境置沙陽析西境益蒲圻咸和中以汝南民流寓立汝南郡治金口大元初爲汝南縣則晉之江夏廢而吾邑爲汝南矣宋孝武帝孝建元年析江夏治安陸郡始徙江夏郡治夏口則宋之江夏郡得治吾邑而吾邑爲郡自宋然矣南北朝爲郢州爲北新州後於沙陽置沙州隋廢江夏郡爲鄂州又江夏郡四縣而江夏屬焉改汝南曰江夏則隋之江夏始不以名郡而吾邑之有專名自隋時矣唐初改郡爲州平蕭銑改爲鄂州天寶初仍爲江夏郡大都督武昌軍節度屬江南道領縣七宋爲荊湖北路元立荊湖等路行中

書省鄂州路則郡或以江夏名或以武清軍名或以鄂名而吾邑之爲江夏如故也國初既除陳理遂更爲武昌路改爲府江夏首隸邑名如故太史氏曰江夏之得名以夏汭而夏汭自周時江夏自漢時然爲郡爲邑時析時合而吾邑之爲江夏獨擅其名蓋所從來遠矣

沿革表

	總轄	國	地名	郡府	州路	縣
虞						
夏						

周

俱荊州之域

夷王時地屬楚熊渠甚得江漢閒民和乃封其子紅爲鄂王始名鄂鄂王城在今武昌縣西南二里

春秋夏汭地左傳注曰漢水曲入江處書蔡傳注曰水北曰汭則夏汭者江北之夏口即今漢口也地屬漢陽

秦

隸南郡即今之江陵

鄂縣

漢

隸荊州部刺史

漢高六年置江夏郡領縣十四其時爲沙羨縣地江夏郡在今雲夢縣北一十四里統志謂治沙羨誤

縣名沙羨今嘉魚蒲圻皆古沙羨地而江夏其所治也

東漢

漢末爲沙羨屯劉表以黃祖守江夏屯也又名夏口成見唐臺

懷太子註統志亦名魯口以其正對魯山畢也乃吳滅夏口後形勢如此

按江夏郡治仍在故處但黃祖拒吳以夏口爲重鎮黃祖亦表子琦代其任史云劉琦避操與昭烈俱到夏口若夏口即江夏

漢末仍爲沙羨縣按史獻帝興平四年孫策進擊黃祖十二月軍至沙羨

夏口本在江北孫吳赤烏中始於鄂渚築夏口城自是乃在江南

郡治不應云到矣〇劉琦走夏口旋屬魏後屬昭烈曾肅議荆州乃屬吳獻帝興平十四年權以程普領江夏太守治沙羨李自懷稱衛所謂吳江賦鸚鵡是也〇係權自公安徙都於鄂分江夏更置武昌郡治

武昌縣其地又屬武昌郡後省

晉

武帝太康元年平吳代爲江夏以江夏郡隸荊州

晉宋以後王侯國但虛號實未嘗王其地

江夏郡仍舊

太康中更爲沙陽縣

東晉咸和中以汝南民流寓夏口乃僑置汝南郡治塗口今名金口〇太元初改爲汝南縣仍屬江夏郡

劉

至義熙始復

於沙羨設置江夏郡

孝建初新置郢州今黃鵠山有郢城遺址即古城

梁

分置北新州復於沙陽置沙洲

隋

文帝平陳改汝南曰江夏縣仍置鄂州

治塗口開皇中始移於治廢沙陽併入蒲圻

大業初復爲江夏郡尋廢

唐

貞觀中隸山南道

開皇初革郢州郡改爲鄂州

天寶中仍江夏郡

江夏縣

乾元初隸江南西道節度使

乾元初復爲鄂州

永泰間隸鄂岳觀察使

元和初置武昌軍節度使

五代

唐延改清遠軍南唐復爲武昌軍

鄂州

江夏縣

宋

	元	明	國朝
隸荆湖北路	隸湖廣行中書省	太祖既降藩封曰楚 隸理改爲見藩封 省會隸湖廣承宣布政使司	仍之
鄂州		改武昌路爲武昌府	仍之
	改州爲路 至元中置鄂州路 大德中改武昌路		仍之
江夏縣	江夏縣	江夏縣	

江夏縣志卷之三

開元劉朝英重修
黄安張希良編纂
古越洪國輔續修
三韓陳萬策增修

方域志

方域之制何昉乎稽之載籍黃帝建國帝嚳創制九州則方域之始也南曰荆方域之一耳舜分州十二禹復號爲九列五服周克商號千八百國則方域諒亦如之戰國合又分爲七秦併爲六罷侯置守號四十郡漢高因之後復更厥制定爲十三州歷三國而晋置州凡一十有九南北分裂隋合爲一唐貞觀時分爲十道開元時增爲十五道宋承五季至道時號十五路宣和間又號二十二路時廣時隘方域制無一定猶之黑白赤之所尚以爲應金水火土先儒議其無大意義可哂也元興立内外中書省以領裏外諸路則方域又概可知明統承前代立十三省而兩京方域之規模又不同埒胡爕然乎我國家混一區宇萬里廓清海外有截卽蒙古如烏斯穆秦等别爲方域亦須憲曆以定日月之出入明四

序之推遷而長城以內則置一十有五省以統諸府州縣凡都司衛所則錯置於其間以為防禦其為府一百四十有九為州一百二十有八為縣一千一百有五又於吾楚之方域析置南北兩藩分治星沙鄂渚若吾江邑則又不過百二十有四州邑中之一邑方域其渺小者耳而不知方域之廣狹不同其綢繆保障為

天子撫衛此元元者無異所以周禮設職方氏掌天下之圖周知其利害合方氏掌達天下之道路通其財利形方氏掌制邦國之地域正其封疆葢慎重此

域不分小大也而矧吾邑廣七十七里三分袤二百二里上埒古諸侯之分土者乎獨是八省通道五方雜處家鮮葢藏戶多懸罄騷動偶遭則疲劇殊甚此昔之君子所以致歎不得比于陝之咸安福之閩官江浙之上寧錢仁倚郭雙建朋征供役為可痛也夫萬物一體者天地之仁一統萬方者朝廷之義又何此疆彼界之殊視為而淮南子又曰道有形埒畫界分程俾百爾臣工守土者有專責焉專其責課其殿最正所以廣其仁重其義以尊周禮以稟王制也則方域可忽乎哉且吾聞之同名方域而席強擁險河山有天然之鞏固則形勝足重為附形勝于方域志

舊序欲倚郭雙建如泰閩等發議當在明神宗時感時事而云爾嗣後科塲及諸務漢邑分任至今皆然則舊文似宜刪但意切桑梓存之於左

環百里之地而為邑其勢猶大於古之諸侯也江夏子處都會又非若陝之咸安福之閩官江浙之上寧錢仁倚郭雙建相依如左右手猶或弛於擔負也時平則簿書期會送往事居長吏曾不得帖席而假寐焉猝有軍旅之役資糧屝屨芻茭樓艣夫輓之供鞭長不及者尙需時而首地有獨肩其困者矣故稽其

封域僅當列縣之一其難至與全楚等語曰拔一髮而頭為動江之謂矣權望縈恤劇疲其末可與他屬等類觀也

四至

東陸路七十里至武昌縣界

南陸路一百三十七里至咸寧縣界

西水路七里三分渡江至漢陽縣界

北水路七十二里至黃岡縣界

編戶六十三里（順治三年下鶚二里併歸上鶚一里實六十二里）

興仁里　崇仁二　崇文三　附城村

從善村　附籍一　附籍二　仁受里
茂和里　嘉會里　宣明里　嚮化里
崇文一　河街一　河街二　河街三
河街四　草埠村　通會一　通會二 以上在城
來蘇二　來蘇三　來蘇四　永豐一
永豐二　上西徑一　上西徑二　下西徑
橫山村、招賢村　保安一　保安二
太平一、太平二　黃鶴一　黃鶴二
上鸚鵡一　上鸚鵡二　下鸚鵡　修賢一
脩賢二　脩賢三　夾山一　夾山二

夾山三　龍泉一　龍泉二　龍泉三
湘東一　湘東二　湘東三　長樂村
積善一　積善二　積善三　依仁一
依仁二　依仁三　三城一　三城二
三城三　三城四 以上在鄉

坊里三十 城內十七 城外十三

仁壽上舖　仁壽下舖　崇文三舖　崇文四舖
崇文五舖　崇文七舖　通茂興舖　保護營
賓陽中和　新有局　新左二舖　新興一舖
新興三舖　新興五舖　右零前　前所營
後所營 以上城內　金沙洲　保新一舖　保新二舖
保新三舖　大東門外　馬頭營　駕園舖
中所　大新接上　大新接下　河街三四舖
河街六九舖　河街十舖 以上城外

形勝附

吳趙咨對魏王曰吳帶甲百萬江漢爲池

記室新書曰扼東江漢襟帶吳楚

晉左思吳都賦曰郊署之內與都邑之綱紀

齊志曰地居形要控接湘川邊帶漢沔

劉宋何尚之議曰夏口在荆江之中通接雍梁實爲

津要

喬大觀南樓賦曰地接峴荆江吞雲夢

南齊志曰夏口城據黃鶴磯邊江峻山險樓櫓高危

唐趙璟鄂州新廳記曰當荆吳江漢之衝要

宋志曰南抵五嶺北連襄漢

元伯顏鄂城讖曰襟山帶江江南要區

元元明善武昌路學記曰墉山而城塹江而池

江夏縣志卷之四

開元劉朝英重修
黃安張希良編纂
古越洪國輔續修
三韓陳萬策增修

山川志

古者建邦啓宇必憑恃險阻易曰王公設險以守其國是山川之險易疆域所由設也江邑爲荆楚首望襟江帶湖左有重山複嶺之固右有洪濤巨浸之險洵東南一大阨塞也雖山川萬古不易陵谷有時變

遷而嶽峙淵停秀靈所蘊則人文之瑰傑物産之精良於是乎在矣况宗社壇壝寔式憑之顧可以邑里相沿滋其訛陋乎志山川

邑之山

關以內

高冠山　邑中孑然而特起者高冠也一名大觀山山勢自東南奔放而來至洪山透迤入城忽起緜亘城中冠於羣山爲一邑之望

黃鵠山　山脉發自高冠由察院坡折而西結藩司署起狗兒山結府署穿斗級營起黃鵠位於高冠之右山勢崔嵬瞰長江而攬城堞三楚巨觀也山之陽爲府學宫爲臬司署山多古蹟有鶴樓仙棗石鏡諸勝槪詳古蹟

狗兒山　在黃鵠山後即府學宫來脉也府署建其陽惜山巒微小人多不覺至今登黃鵠北眺隱然可見者即其阜也山之首爲鐵石磯

梅亭山　在高冠山南三里新南門子城上山頂有明太祖分封御製碑文

蕭　山　在梅亭山之右晋蕭丹之所隱居也石壁巉巘南城倚以爲塹下有蕭山磯

硃石山　在梅亭山之左環山巨石嶙峋山以石得名俗訛爲猪市山世廟時相傳吳小仙遇仙於此詳古蹟

胭脂山　在高冠山後楚城龍勢川字奔洪此爲川字之首由後所營中丞署下脉横亘突兀尾抵忠孝門首歛都府湖山脊皆石其色如脂一名鞭指山

崇府山　脉由胭脂山尾而出山勢蜿蜒紆曲稍遜胭脂山

鳳凰山　由崇府山首出脉穿草埠門内正街突起

星峰其下爲縣署爲貢院爲縣學宫爲舊都察院署山有白土脉學宫秀氣所鍾也濶不盈丈可爲銷銀九工匠常竊取之當爲厲禁按吴黄龍元年有鳳凰來集因名一説呼鳳凰者取其形似也山麓有孟母塚詳陵墓

砲架山　面臙脂包崇府環抱於两山之後者砲架山也山脉出崇府山尾折而東又折而北周環廻抱東北一帶城堞倚以爲重登是山者儼然見金湯之固

闗外東

雙峯山　出賓陽門外不數武楚省來脉第一峰也山小而體尊麓有眞武觀登其上衆山皆環向拱衛

洪山　出賓陽門外十里一曰東山山下有寶通寺邑之巨觀也上有石曰堆雲曰翠屏曰獅子峰古有洪山賦鐫山石榛莽間楊士奇有記載藝文

磨兒山　在縣東十五里上有郊天臺爲漢昭烈祭天遺址

來旺山　在縣東二十五里雙峰突兀高挿雲表南有巒王塚詳陵墓

黄屯山　在縣東四十里上有黄屯寺林木交蔭松栢鬱然

石筆山　在縣東四十里許狀如筆格横亘長湖

烽火山　在縣東四十里梁末北齊清河王岳進軍臨江梁將侯瑱來逼江夏以伐齊嘗屯兵於此舉烽火相應故名

黄泊山　在縣東四十五里夢橋舖山勢險峻上有石壁環列如屏邑人多卜塋焉

豐禾山　在縣東五十里士人報賽處

九峰山　在縣東五十里列峯有九中爲獅子峰八

峰環遶松栢蒼凉最爲幽勝計峰曰獅子曰鉢盂曰寶蓋曰沙碧曰石門曰陽邏曰馬驛曰丁醬曰黄檗獅子峰下有無念長老學公塔詳陵墓

靈泉山　在縣東六十里上有泉旱禱頗應下爲楚昭王及諸王墓

江夏山　在縣東六十里其山嶔嵚本名夾山天寶中更今名

白頭山　在縣東七十里上有石白色因名

北嘴山　在縣東八十里臨梁子湖濱即北嘴渡口

穿山　在縣東九十里即南嘴渡口相傳里人有

登科者即預穿一小孔士人卜之率多驗

粮貨山　在縣東九十五里梁子湖中四面皆水中獨一山面南有市戶口千餘家烟火甚盛崇禎癸未甲申之變鄉城無不蹂躪而此地獨全避亂者率往萃焉洵邑之桃源也

關外北

紫荆山　出忠孝門二里許舊名小龜山以山盛産紫荆更今名明太祖取楚於至正二十四年駐師於此後勤石山頂禁管芻樵採西北石壁上有呂仙跡詳古蹟

石子岡　去紫荆山一里相傳古縣署建於此

九鯉山　在縣北十里麓分九枝突出水面若魚尾然

梁城山　在縣北十六里梁武築城屯兵於此因名

羅伽山　在縣北二十里洪山後湖濱

青　山　在縣北三十里尾亘長湖首枕大江其下有磯凡磯皆石而此為土波流迅激而土不移往來行舟多避焉上建有洞庭神廟

關外西

夜泊山　在縣西四十里元守將陳也先屯兵於此通紀為夜漊山

歎父山　在縣西五十里水經註江水經其西北

廻峯山　在縣西六十里上有驢跡環跡處不生草木俗傳果老牧驢處

金屏山　在縣西六十五里衆山環繞如屏有張睢陽廟

赤壁山　在縣西七十里一曰赤磯濱江楚有赤壁五此其一或非烏林之赤壁也

鷲磯山　在縣西七十里俯臨大江下有石磯冲波激洙

鷄翅山　在縣西七十里水經註江水經其北抵大小軍山方輿記昔有金鷄集焉因名

羽冠山　在縣西七十里塗口內即羽冠渡

雨潭山　在縣西七十里山勢陡削吳思温祖墓在焉

珠璞山　在縣西七十里

石簣山　在縣西七十里玉盆湖內山皆石山陰有洞好事者束火遊焉一名貴子山外有市名法師洲

螃蟹山　在縣西八十里脅湖內山形似蟹故名

斧頭山　在縣西八十里西梁子湖側山陽有市每
秋冬水涸漁者萃焉
私姑山　在縣西九十里蛇湖內麓有尼庵故名今
廢
新　窰　在縣西百二十里梅湖濱陶者千戶萃處
成市一邑陶器皆資於此
關外南
金城山　在縣南二里峭壁如城相傳吳將陸渙屯
兵於此
清平山　在縣南五里其上清曠平衍

櫟　山　在縣南十里山多苞櫟
帽梁山　在縣南三十里周湯孫湖
冶唐山　在縣南三十里晉宋之所鼓鑄也
臥湖山　在縣南三十里湯孫湖內
大華山　在縣南四十里喬坊湖濱有華嚴寺
鼓架嶺　在縣南四十里嚴家湖
景首山　在縣南五十二里上廣下創
八分山　在縣南五十里有水分流如八字旁有八
分湖為楚省面山上有慈雲寺石洞諸景詳古蹟
大覩山　在縣南五十里千巖競秀萬壑爭流足以
遊覩一名金華山
六老山　在縣南五十里層巒聳翠如六叟相拱揖
下有鹿跑泉劉蘆泉先生讀書其處
錦繡山　在縣南七十五里山多桃李花時爛如錦
繡
大槐山　在縣南七十五里晉李大槐隱居於此
紗帽山　在縣南七十五里為楚會來龍少祖山
別秀山　在縣南八十里上有三峰競秀別於衆山
鴿子山　在縣南八十里山水中分如个字一名个
字山諸山祖焉

靈　山　在縣南九十里一峯踈焉上有仙人跡
鼓樓山　在縣南九十里五峯踈秀如樓又名五樓
山任伯甫墓在焉詳陵墓
仙人山　在縣南九十里湖濱上有仙人奕石趺跡
宛然
黃陵山　在縣南九十里南嘴內湖泊中每當夏溢
一山外浮若螺髻然漁舟之所都也子夜歌聲聞
者悠然有塵市外意
呂冠山　在縣南九十五里三城鄉邑有陶所二一
在西梁子梅湖之濱一在茲山之陰然新窰尚餘

故器黝而文此窑黝華故器貲而實

岳公山　在縣南九十里青石舖相傳岳武穆征楊么屯兵處山首有除夕泉詳古蹟

青山頭　在縣南一百里峭壁巉巖有石筍傍峙湖濱

福山　在縣南一百一十里俗呼浮山以坐三城鄉之湖中山峯高插雲表直上三里許爲福山寺前後有洞三兩洞可入一洞深黑傍山陰人不敢入遠峯若桃花　沿山樊山大軍八分錦繡皆在雲表誌江邑者山景盡於此而江邑景物實始於此

邑之川

關以內

南湖　在高冠山之陽一名墩子湖湖內有墩隨水消長甚泛不没甚涸不突可資遊玩惜峫無臺榭花柳故勝槩減西湖山谷詩凭欄十里芰荷香謂此

東湖　即墩子湖之壩界以嵫陽橋一名嵫陽湖湖以荷勝夏時爛熳粉墜蓮房亦極幽遐之趣

長湖　在王府戶公衙門之後湖形紆曲峫地平衍居人皆業圃無有知佈景物者一段佳山水不免虛度春秋

明月湖　在文昌門內火星塘前峫有橋曰明月橋因名

寧湖　在明月湖之後唐廣德中有水怪帛衣禪師頌法華經於此祟滅因名

以上五湖之水皆出平湖門閘口

藩湖　在藩司署後舊撫院前一名都撫湖江夏縣學宮以爲外泮春夏水漲蕖荷的歷幽芬襲人此湖之水出狗兒山獄墻側閘口

池

鳳凰池　在縣東舊名義方

天鵝池　在武當宮西邊

放生池　以湖名之宋淳熙間郡守王齊疏立

白龍池　在黃鶴樓側子城上以祀龍神者冶鐵爲池深不盈丈明隆慶六年沿江居民苦火從形家言建自有此池城下遂不災

白蓮池　在長春寺內有泉二十四孔俱以石板覆之明洪武末二蛟起處二石限

磨劍池　池有二一在仙棗亭側一在頭陀寺相傳

始皇淬劍處

井

汲福井　在布政司左明正德丁丑左布政使周季鳳濬劉績有記

波　泉　在後所營天主堂側

銅盤井　在縣東昔有銅盤葢底日汲不竭

義　井　在長街以鐵爲井範有義井二字

蜘蛛井　在鐵佛寺唐時有紅白二蜘蛛化爲美婦以媚人故鑄佛鎮之

清風井　在高冠山上

明月井　在高冠山上

銀瓶井　在玉皇閣右土坪上

九眼井　在閱馬廠照墻前

永府井　在縣東捕廳署前

明　井　在鍋葢營明曆一門靖節處

古孟宗井　在閶司前　國朝都閫陳正國於夢中得之有碑記其事記云丙子夏偶坐假寐夢一長者修髯偉幹衣冠甚肅揖余而進余亦凜然起敬叩其姓氏則以孟氏應隨請教復曰家在此久湮矣借公爲我治之仍長揖以退余覺而驚驚而悟曰異哉夢乎吾聞忠孝之風直透重霄萬古長存焉適長者之來告也其先賢孟孝子歟因濬其井

闕外東

賓　湖　在縣東三里夏溢冬涸

郭鄭湖　在縣東四十里

梁子湖　在縣東八十里湖甚濶凡通州縣四曰興國曰大冶曰武昌曰江夏凡岔九十有九湖中之山五十有奇其山景之杰然者曰梁子山曰三山曰洞山曰月山曰南練山曰北練山曰黃陵山非筏非艇不可渡水深而魚美巒複而林密浩浩

大觀也惜山無亭榭岈無桃柳石斷續不橋峰突兀不志船不樓人不遊故有天然之景而世不覺耳

團山湖　在縣東九十里梁子湖西

池

曲　池　在縣東十五里長樂村梁大清間邵陵王爲太守雅好賓客嘗慕古王右軍流觴曲水之勝故名

官　井　在賓陽門外黑虎廟前

浪花井　在洪山小塔下水常沸湧如浪其下通江

故造墖鎮之

卓刀泉　在縣東十五里漢昭烈帝將兵伐吳時旱軍士渴前將軍關羽卓刀得泉明楚昭王蒐而飲之味甘洌爲甃石覆亭亭前有拜將臺

馬跑泉　在縣東二十里南湖濱

鹿跑井　在縣東五十里大觀山上禱雨卽應

關外北

夏汭　漢水曲入江處水北曰汭

夏口　荆江之中與沔口相對夏水自江而別以入漢入江冬涸夏流故曰夏水吳孫權以岍名夏

口

夏首　謂夏水之首江之汜也

余家湖　在縣北五里南抵郭鄭湖西入於江

白楊湖　在縣北十里一曰白口湖北通大江

白楊夾口　在縣北陸游記曰距鄂州三十里陸行止十餘里

青山磯　在縣北三十里磯爲土多碎石及淺灘見陸游記宋季僑置黃陂縣於此

關外西

黃鵠磯　卽黃鵠山麓臨江一名汝南磯荆州圖經云夏口城西南因磯爲墉枕江流而峙激浪噴震舟人恒危之昔候景沉鮑泉於此前有弱水一規每風濤恬息時試以木屑羽毛無不沉者

鐵石磯　卽黃鵠磯之下等駕坡側巨石嶙峋直出江滸

鵠灣　在鵠磯之上山麓之下江水回洑處也

紅石磯　在文昌門外當江水之衝磯陷水中冬涸時卽現波流湍激浸嚙城岸鑄鐵犀鎮焉

裏河　在望山門外西通大江其口曰鮎魚口

陳公套　在裏河上游明弘治中知府陳公晦修鑿

管家舊套於是水繞城南都邑增勝風藏浪避商舟穩泊甚便之

金沙洲　在城西明時百貨雲集商賈輳焉兵燹後俱移漢口徐公惺分守武昌時曾招商肆不果行

白沙洲　與金沙洲對洲多沙磧橫亘水面爲城邑障蔽土壤沃美薪荻暢茂

鸚鵡洲　跨城西大江中尾直黃鶴樓卽黃祖殺禰衡處舊有廟與墓後爲水洗去今僅存其名

新淤洲　與鸚鵡洲相向擁沙爲洲明永樂十年楚

府立水毋祠以鎮之
黄軍浦　在鸚鵡洲下吳將黄蓋屯軍處
大　江　自嘉魚入境歷大小軍山會沔水東流會
漢水至白湖入武昌縣境凡二百九十里
關外南
蕭山磯　在新南門子城蕭山下倚城石壁森然石
磯上尚存古舟師縴痕篙跡
南　浦　在縣南三里水入景首山西入大江冬涸
夏溢離騷送美人兮南浦即此
趙佗石　在南浦中長一丈高五尺俗傳巨商趙佗

之舟所化或曰釣鼉石
黄家湖　在縣南十里
清寧湖　在黄家湖西南湖濱有清寧寺詳祠祀
湯孫湖　在縣南十五里
化黿磯　在湯孫湖内
以上三湖合賽湖四湖之水俱由裏河入江
張公洲　在縣南二十五里晋隱士張公所灌園也
八分湖　在縣南四十里
山門湖　在縣南五十里
玉盆湖　在縣南五十里

金　口　一名塗口古塗水也晋汝南郡建此至今
商賈輻輳人烟鱗集稱上游重鎮焉
魯　湖　在縣南八十里
張成湖　在縣南九十里
斧頭湖　在縣南百里
梅　湖　在縣南百二十里
梁　井　在保安門外
八分井　在縣南四十里紙坊
飛錫泉　在八分山唐貞觀時頭佗師飛錫騰至泉
所因建道場久旱泉亦不涸

鹿跑泉　在縣南五十里六老山上
烏龍泉　在縣南七十里峰廻路轉處巨石夾道或
立或伏苔蘚迎人
蘆花泉　在縣南七十里鸚武鄉
桃花泉　在縣南七十里石灰山口、
除夕泉　在縣南九十里峽山口每當除夕夜子時
泉忽涸交元旦丑初泉湧如初因名

江夏縣志卷之五

開元劉朝英重修
黄安張希良編纂
古越洪國輔續修
三韓廉萬策增補

古蹟志 附陵墓

古人往矣而其存者皆蹟也過而覽者雖情隨境遷悲喜各異要不過弔古憑今各抒胸臆況江邑夙稱名勝黄鶴招仙子之侶鸚鵡嗛才人之筆賦海詞山代多瑋麗倘使缺焉弗載則是秦樓燕去誰傳蕭史

之名玉局鶴飛莫識子瞻之筆然商盤孔鼎未免無稽安得以曩哲遺踪竟等周原茂草乎後之視今亦猶今之視昔固不獨羊叔子之登峴山而嘆矣志古蹟

闕以內

黄鶴樓

在黄鵠山之巔自南朝已著世傳仙人王子安乘黄鶴過此又曰費文偉登仙駕鶴憩此地梁任昉記辯曰荀叔禕非費文禕也報恩錄又載鄂辛氏市酒山頭有道士索飲半年不厭臨別以橘皮圖鶴於壁答至呼之下舞蹁十年道士復來乘鶴去辛氏即其地建樓原名辛氏樓大約報恩樓近是唐閻伯理有記崔顥有詩明嘉靖末年災隆慶末年重建如舊製崇禎癸未兵燹

國朝順治初小搆旋毀康熙三十年總督張公中丞劉公重建甲申總督喻公中丞劉公加以黝堊飾以雕欄煥然改觀

鯉腹鏡

唐元槙字徽之登黄鶴樓望江濱有光芒若星隱約沙際就視得一鯉剖之腹有二鏡其大如錢背有雙

龍磨之其光照徹人膽卒爲徽之携去不知所終

寶像塔

元威順王墓也王名寬澈普化元之宗子威順者謚號也封於楚亡於楚葬於楚額爲寶像者諱言耳塔高三丈下濶而頂狹尾方而腹圓其中方稜鐫梵字心經其下圍石勒諸金剛像石色潤白天啓元年塔下墻裂寸許有烟騰出或曰墓烟也

十盤亭

在黄鶴樓下刻石云東有亭西有菴路十盤而上故亭以十盤名監茶柳應辰蔡餘慶記慶二年六月日

日亭久廢
國朝甲申重修黄鶴樓建於寶像塔城角上或倣玆亭之遺意乎

太白堂

邑令徐公子卿所建以表青蓮之讓德者青蓮與司勛同登鶴樓司勛詩成青蓮便閣筆不復更題古人一段虛心可敬處豈宜隱没故別作堂以表之扁曰太白於今千載下想見古人特堂焉以勸矜己傲人而不善居其才者
國朝甲申易爲易為亭

湧月臺

在太白堂左世傳爲曹孟德筆按史操敗赤壁從華容遁去未嘗至鄂不應有操書且湧月二字自是節取少陵月湧大江流之句或唐宋後人所爲閣一統志漢陽鳳棲山有湧月亭宋黄清老建石上有湧月二字或者後人摹刻於此續以臺字以作黄鶴勝友耶不然何臺字精神少减也今移置北岸西爽側

石鏡亭

在黄鶴西臨崖有石如鏡石色蒼潤無異凡石每夕陽倒射則烱然發光宋賀鑄詩有西城夕陽晴東城石鏡明有山分八字共作兩眉横崇禎癸未之前石忽遁去不知所在亭亦尋廢
國朝總督俞公中丞劉公於遺址創建易為亭巍然燦然

西爽

二字在鶴樓後北岸嶤嶫中直指宋公訪石鏡而尋得之石巨不能移乃摹二字於碑置於石鏡亭後作記以紀之甲申即其地建易為亭碑廢北巖故字猶存也

仙棗亭

在黄鵠山頂武當宮後棗四株枝柯虬老皮色黧黑榦不繁葉不登不萎不花相傳五百年一結實元初忽實一顆大如瓜太守王綸命小吏採而進小吏輒私啖之遂仙去因建亭以表之

鐵笛

即仙棗亭吕翁手中笛也他處像非散坐則揮麈惟此像執笛面南對岳陽意其朗吟飛渡時耶泰定初太守奕於楚江亭忽一道士詠詩亭畔咏已云太守奕敗奕竟果然及飲酒夜半俄聞笛韻天來踪跡了不可得還燭楚江亭第見壁塵中有絶句云黄鶴樓

中吹笛時白蘋紅蓼滿江湄衷情欲訴無人會只有
清風明月知未書呂字太守方悟命使持一笛易去
此笛易而仙韻斷嚮矣
摹

萬壽亭摹

綸音於石而亭之從民請也在黃鵠山頂帶仙棗跨黃鶴
巍然獨出全楚巨觀我朝滇黔平二十九年
賜免南北民賦之半優恤七十歲以上老人一丁侍養八
十歲以上老人絹二疋綿一觔米一石肉十觔九十
歲以上者倍之三十九年又優恤老人及

賜免南北民賦之全康熙三十四年
上復以中外一統海宇乂安拯念元元煦濡休養務使家
給戶足次第輪蠲又
賜免南北全楚民賦一年萬民鼓舞童叟歡躍於是共刊
上諭於石建亭以祝之
諭曰
朕宵旰勤民屢思愛養爲務簡徵寬賦以期實惠黎元間
有州縣水旱不登即
詔所司亟議捐賑其直隷各省每歲應輸額賦有以次
第蠲者有頻蠲數年者有將帶徵積欠暫令停徵者
凡以蠲除額賦專爲小民樂業遂生一歲以內足不
踐長吏之庭耳不聞追呼之擾庶幾休養日久馴致
家給戶足而民咸得所也曩年楚省錢糧雖屢行豁
免今已歷數載未經
特蠲應將該省額賦全免一年以示
朕加恩優渥之至意湖北湖南康熙四十五年除漕糧漕
項外其餘地丁銀米一概免徵舊欠未完者並停輸
納爾部移文該督撫令各飭屬員張示徧曉窮鄉僻
壤咸使周知特諭又四十八年欽奉
恩詔優恤老人

五十一年又欽奉蠲免本省民賦並停徵五十未完
錢糧眞浩蕩
皇恩疊沛閭閻千古未有年來兵民愛戴於
萬壽節建醮恭祝而歡呼踴躍之象不啻擊壤歌衢之世
也

冠霞亭

建高觀山第一峯中丞劉　三十年前隨先中丞公
撫楚時同登是峯慨然即具澄清江漢之志於是即
其地建亭南面洞庭水天綿渺朗吟飛渡襟期如在
西撫晴川大別橫江招之欲來北望峴首想見昔人

之裘帶風流東則九峯靈泉衆山奔赴或湧或伏如螺髻然四方之景與城中十萬戶皆在俯瞰間眞挹省會之大觀也

十間亭

在仙棗亭西

一覽亭

在仙棗亭後

壓雲亭

在黃鵠山椒舊爲頭陀峰頂院元世祖至鄂嘗駐此觀覽形勝至正間建今廢

廣永亭

在黃鵠山頂近楚觀樓俯瞰江漢

奇章亭

在黃鵠山累甓爲臺賀鑄慶湖集云唐牛僧孺登宴處陸記謂四顧江山井邑靡有遺者久廢

振衣亭

在按察司後黃鵠山上明萬曆二年按察司王公世貞建

漕園

宋漕司之所築也陸記謂依石城山亭館十餘久廢石城山卽黃鵠山

光華堂

在漕園內見陸游記久廢

南樓

在黃鵠山頂嘗更名白雲樓宋元祐中知州方澤重建復舊名自爲記建中靖國初再修乾道初重建嘉定中又修元世祖又修貞元中又修陸記謂獨得江山之要黃山谷詩江東湖北行畫圖鄂州南樓天下無卽此世謂庾亮所登者誤明崇禎九年巡按宋公賢建後巡撫宋公一寉移置城外爲閱兵樓名如故今廢

費禕洞

在黃鵠山或曰呂仙洞非也世傳費文禕修仙洞在黃鵠山陰而不識其處天啓五年張繼善重修武當宮山頂建四皇殿闢基而得之洞凡三中一洞磚上坐痕微深淨潔如頻來洒掃相傳禕嘗出入山下一夜城守者晤一道士與以錢精色灼人太守索而藏之化爲瓦礫

呂仙跡

在石鏡亭下石壁上二桃跡宛然如模印者俗傳呂

公洞者訛也分守劉公重修鶴樓訪古跡而得之

磨崖方丈

在黃鵠山北不知始於何氏崖壁幽邃静境可人

静春臺

在磨崖方丈石壁上旁鐫淳熈壬寅劉吉之題

東方朔讀書臺

在静春臺北蜀長史曹應星宅後墾基得此三字相傳東方朔讀書處

夏口城

在黃鵠山岡鶴樓後一名鵠城薄磚結砌坳而高缺

而陡者皆是也原三國吳人都鄂所建廢於六朝歷數千年城基堅好仲謀之經營都邑工用縝密如此

萬人敵城

卽黃鵠山頂城宋建炎間草寇犯城郡守從上以強弩射之寇退因名

郢城

俱在黃鵠山卽古夏口城劉宋郢州治此梁武帝自襄陽起兵逼郢城見數白毛人踰堞且泣投黃鵠磯明旦城降

龍床臺

在高冠山第一峰下一名鳳凰窩今闢作玉皇閣是也太祖納降陳理時駐旌此處理獻阿翁所寢鏤金床上顧劉誠意曰未貴而驕其可庸此乎誠意曰既貴而驕又可庸此乎上命軍士碎之

爛柯石

在玉皇閣左石上鐫爛柯二字字下一碁坪鐫詩云局上閒爭戰那管人是非堪歎採樵者爛柯不知歸相傳一叟入山樵逢二仙奕觀奕忘歸奕畢析薪歸去爛柯腰間矣勒字者欲與衢州西安之爛柯山並傳也

東陽洞

在高冠山陽龍華寺後兩傍大石嶙峋中間峭壁如削當腹一洞左右鐫東陽二字想古人讀書幽勝處也

龍石

在高冠山陰靈山寺右石瓜覆其色紫擊之鏗然有聲中段鱗甲飛動驟視之宛若乘虛欲來

石蟾

在玉皇閣下延福宮內天啓五年規縣丞墾延福宮基得一石蟾徑五尺長十尺三足左足微展形如累

螺色潤白體態天然初以爲頑物不經意一夕忽遁墻外復移殿左丹墀内欄以朱杆至今猶存也

硃石山石髓

世廟時江夏有畸人吳偉者性豪放不事生業恒有龎眉老人與之約某日昧爽晤於此偉三至老人皆先在怒不與語後偉夜半候老人至擊石得髓偉飲其半遂以畫名上聞召入命畫偉時醉甚内臣扶起作潑雲圖上嘉之賜畫狀元圖書偉別號小仙至今有小仙畫行於世

焦度樓

東南子城樓也南朝史焦度字文績宋明帝時以武勇爲武陵王叅軍時當沈攸之起兵至夏口度於城樓上痛罵攸之怒攻城益疾度力戰攸之與衆蒙楯將登度投以穢器敵不能冐後人遂以名樓

熊園

大司馬熊芝岡先生所構也他園或以花勝或以石勝或以亭榭勝縱步索然盡矣惟此園橫濶六七里入其中宛一幽僻鄉落内濬河其曲九中置舫每一曲一亭舟莫不通河畔或柑或橘或桂或桃與奇卉雜置四時名花不絶異芬襲人

梅亭書屋

去熊園不數武藩伯董公長馭園也斬基微爪紆曲實相表裡園額梅亭書屋以梅花夾道園脉發自梅亭故也内鷄蟲閣俯視熊園前玉蘭數樹叢茂與閣齊閣之左山澗環折中置一舍扁曰舫齋牕櫺級戶倉稍曾疊爨與船等坐卧其間宛若倪舫川上也

封建亭

在新南門子城上梅亭山埠明太祖兵取湖廣駐節此山報六皇子誕生上悅曰他日以此子王楚及封王以昭王王齊寶三鑄不成廷臣客奏上聞駭異一

日忽記曰朕昔駐梅亭其王楚乎寶一鑄而成洪武三年四月初七御製碑文遣官設祭告封内山川因亭於此以載碑也

一枝巢

大宗伯郭明龍先生郎宅中老槐曲處傍幹而成之者槐高三丈餘巢結槐中樑棟楹桷咸從槐上安[illegible]而槐陰婆娑覆其下每當昏旦時從枝葉隙中仰窺星月郎溽暑薰蒸重陰複複爽氣徐來先生黄[illegible]集大半從此中搆出巢中有聯云樹裏結巢好仰皇世界天邊開眼儘看平地人家又聯云自此[illegible]

堪託宿任他風雨不飄搖蓋先生爲楚藩事類春申幾陷不測故寄慨如是

鐵佛寺飛來鐘

宋熙寧鑄新洲化樂寺新鑄鐘成大五抱高丈許先朝正統時忽從江上飛來楚中四大寺僧迎請不至鐵佛寺僧永善者披衣望拜鐘忽抵岸衆舁至寺一擊七宵旦聲不斷當事者具以上聞命改鑄神器封大將軍鎮九關景泰乙亥空中鐘鳴又數宵旦方伯蕭公喧聞而異之謂於趙都閫倫言改鑄事方伯禱之空藏鑄鐘以代聲乃止今殿擇俞鐵土石中其代

鐘也甲申年左寧南至寺建水陸道場命升擊如哭泣聲何聲之異也

石羅漢

二石羅漢與鼓樓前之銅鐘俱得於馬跑泉洪武末年昭王獵至馬跑泉見白兔銜王駕前左右射之兔投穴隨覓不見王命掘之不三尺得銅鐘上鐫嘉熙庚子年鑄再掘得二石羅漢神氣肅穆王命奉祀鐵佛寺至今兩羅漢猶抱膝端坐也

銅鐘

在馬跑泉得者至今懸鼓樓上

鐵祖師

像不知始於何代從井中掘出下坐鐵板數片有課文四十九段何讀甚異占驗休咎多奇中故建觀祀之井在殿右烟籠深黑或云禱懇精誠元武二將遶井欄出見

稽古閣

在府學宋紹熙間鄂州教授許應建藏紹興石經兩朝宸翰又取板本九經諸史百氏列寘其傍朱文公有記今廢

御書碑

在府學有元至順間御書遠至萬里歸程六字二碑歐陽元爲贊

楚藩城

在高冠山陽即古黃龍寺基也昔黃龍祖師說法於此因建寺明太祖降陳理時報六皇子誕生上悅問左右曰此何地也他日以此子王楚此基可闢而居也未逾月寺焚

御莱園

在明楚藩左爲楚藩貯女妓處

四賢堂

在府學宋嘉定中教授石繼倫建以祀周子二程子朱子黃幹有記今廢

奇章堂

唐牛僧孺嘗爲節度使建者名見陸游記今廢

正陽殿

舊址在邵陵王宅今鐵佛寺綸所舍宅也

楚觀樓

在布政司前俗名鼓樓宋知州陳邦光即舊址建[illegible]彩堂後知州汪叔詹夢前身爲奇章公因名奇章閣謂牛僧孺也明弘治中重修譙樓改今名大學士李

文正有記見藝文

爭崖亭

在布政司內宋李燾設張忠定像祀之有記

江漢亭

在府倅廳宋張栻倅記張芸叟南遷錄云鄂倅公宇因古城作亭榭俯瞰江漢景物最秀

北榭

在府署後宋元祐中建黃魯直有詩乾道中張安國有扁後圮李燾復建後爲僞漢陳友諒鼓鑄之所今廢

烟波樓

在漢陽門北城上即舊望江樓也樓後岡阜微起者狗兒山也樓前危石嶙峋舟人望水紋縐折處還舟以避之偶當風雨城中烟鎖萬家江上波濤瀆薄不聞風雨聲惟聞水聲今樓已廢狀元黎淳有記見藝文

局灣

在縣學宮右唐鳳凰山下有錢官監因名

雄楚樓

在鳳凰山舊撫院署後明萬曆初都御史趙公賢建

明季兵燬

國朝布政司徐公惺重建

孟宗宅

即古靈竹院相傳孟宗之所居也

御風亭

即永安王園也王諱蘊鐘號星崖敎黎園女子數十人每值花辰令節演曲堂下士民觀者如堵不之禁堂前一巨池池上一亭池內種朱魚千頭觀者懷餌飼魚鼓鬣就哺由亭右出曲巷土阜夾道題誌翠微深處四字阜始處有沼沼汪一舫可舞可歌可肆筵

環坐對沼御風亭亭右側門見賢孝二字額即其入
園處

桃花塢

臙脂山陰石壁上石刻也三字不知始於何人想古
人讀書盛植桃花處

竹風清

在臙脂山北巨石嶙峋峭壁如削上刻竹風清三字
旁鐫古梅款題至今過其處覺石壁風生清氣襲人

陽春園

在撫署內西都御史汪公道昆建趙公賢記

鄂州舊治

在黃鵠山陰即今府治

和豐樓

在縣東南舊名高樓宋淳熈間燬總督劉廷翰重建

蘄春亭

許愼說文在江夏

闕外東

興唐寺鐘

雙鳳山陰有興唐寺其小閣曉鐘題誌云大唐天祐
二年三月十五日新鑄勅官階姓名者兩人一曰金
紫光祿大檢校尚書左僕射陳知新一曰銀青光祿
大檢校尚書右僕射楊琮按唐是時琮方據淮南知
新以岳州刺史爲團練使杜洪方據鄂兩人同將兵
擊楚有其地鑄爲鐘者此時題曰興唐者志勤王也

曲水亭

在縣東又有喬木等亭即古所謂楚望也今廢

匹練亭

在縣東有水如練因名

茹英園

在賓陽門外四面佛前花木亭閣布置天然春融秋

爽往來騷壇麯社檀板歌喉遊人聆賞忘倦今廢明
宗恭敬搆

李北海宅

即今修靜寺或曰丁固宅也

榛子園

園也其實一曠山爾厥地不產他木環山居民惟種
榛其樹高不三尺縱老不長自武岡州來貢楚王因
植種於此味辛而甘淡越似青子而悠永過之不宜
於他土移植便不能活以名園者見其僅有耳

桃溪小隱

在東郭外楚宗五岳別墅也環溪種桃夾桃而營門夾桃而營堂堂後一亭又環植桃而築之當春花開爛熳盛夏肥綠映人三秋桃實果腹嚴冬甲蕋初胎隱於此中真有受享故知愛蓮愛菊不特古人有至性

寶通塔

在洪山每當中秋夜盛張塔燈遠望之如火樹冲天銀光閃爍燦然欲活

小塔

在小塔寺一名無影塔其下即浪花井

東山賦刻

在洪山後石壁上剝落不可辨識

岳松

舊在洪山寺山門內大松數株屬岳武穆手植者明季斧於賊

鼉鼓

在洪山寺內爲熊襄愍按遼所得者

杏花村

傍洪山一里村曰杏花環村居民種蒔者不止杏花也以鉏花爲業則無花不種其滋灌異法奪補提術直與古駝橐齊能搆園圃者輒於此覓花叟藝植經年密茂然其術終秘不以告人

東巖

去洪山不數武路傍石甕上額東巖二字是也一名正心書院鄂國公尉遲敬德曾讀書此于山後懸石上刻有幾處稻粱喧鳥雀數聲鐘磬起漁樵之句

放鷹臺

在洪山後昔楚籓放鷹處

真武觀老柏

在九峰入山第一峰下觀中一栢大可五抱枝幹修

拙垂陰委地不知始於何代幸托身僻遠不爲斧斤所戕伐凡物宜慎所處信哉

無念塔

在九峰寺獅子崖下山意深寒松柏交蔭峰下幽谷深藏清泉出爲方井烹本山茗不减惠山泉味洪武九年賜有御製詩文番銅佛白龍鬚麈犀皮鞋甘露瓶千佛衣金鉢碧玉環特篆勅文勒雙碣寺前馬太后賜綾錦二疋闔宮人製錦時千佛一線兩衲成佛號幾億萬聲矣俱藏官廳庫中崇禎十四年衲被兵刦去餘物猶有存者若茶岡春香石門秋徑溪橋夜

月龍詔靈泉獅崖古趣雙碣騰輝六景更足留人茶以山雲旋繞味甘色碧香氣如蘭萬曆年間郭承俸聽形家言廢去茶圃大半至今每歲不上石餘僞者十倍此外若白龍池伏龍三塔俱移植而色味香大減

烽火城

在烽火山五代時梁將侯填所築

關外北

紫荆山碑

在山頂一名小龜山明太祖平陳理駐師於此竟歲

後勒碑禁營塹樵

藏冰臺

在紫荆山南楚籓藏冰處

烈圃

在忠孝門外十餘武內有九曲河亭榭桃柳柑橘蓉桂各種梅塢菊圃絮田魚池劉榮伯先生搆今廢

鰉魚濠

在武勝門外瀦水蓄鰉以充楚籓之庖後命罷其供遂廢

臥仙跡

在紫荆山北石壁上有呂仙臥跡巾面袍服無不完具石色黧黑而仙跡色微赤望之儼然仙臥也

曹公城

在縣北二里梁武帝起義兵遣曹景宗築曲水城及攻郢城又遣王世興屯兵於此

哭竹亭

在孟城相傳孟宗哭竹生笋處一云在孟宗宅

稅務亭

在漢陽門外陸記賈船客舫銜尾不絶者數里即此

閱兵樓

在夏口瀕江與晴川樓相望明萬曆三年都御史趙公賢建後毀崇禎間宋公一寉移白雲閣以補之

鄂縣故城

水經註古岸有鄂縣故城葢舊樊楚也

白楊臺

在縣北十五里舊志云梁武帝攻郢城遣唐修屯兵於此

關外西

紫竹嶺

即黃鵠山首陡峭不可攀附遊者或履城頭俯瞰其

下或盤桓山麓仰眺其上嘗有黃鵠騰紫竹間□以
名山

古無影塔

在黃鵠右肩之上半附巉岩半以青磚甃砌其塔高不三尺額題古無影塔四字或古之高僧不留形跡不留文字藏骨此中諱曰無影耶然至今日照西畔塔竟無影亦一異云

廣勝塔

在三佛殿後街側墻壁間古頭陀寺開山和尚塔也古頭陀寺即今觀音閣

仙桃跡

黃鵠磯上擲桃有痕仙桃跡三字加額也依跡作亭以祀揮麈呂仙像亭左右房僅容膝居守亭僧天將雨石滲水如珠冬無寒氣夏無暑氣自觀音閣當河街衝數百武內蚊蚋絕跡俗謂仙塵拂去亦一異也

磨劍池

在仙桃跡左頭陀寺內相傳秦始皇淬劍處見一統志及統志

南齊王簡棲碑

在古頭陀寺唐開元六年建蘄州刺史張廷圭溫玉書韓熙載撰

夏亭

在古頭陀寺唐鄂州守何公建符載為之序

皮日休讀書堂

在頭陀寺見一統志今廢

楚樓

在平湖門外宋紹熙間建

鎮水犀

鐵犀有二一在平湖門之糧廠一在文昌門紅廟磯上城基當江水之衝鑄二鐵犀以鎮之

弭節亭

在文昌門外濱江宋紹熙中知州陳居仁建

達摩亭

在金口廻峰寺初祖始入中國折葦渡江即此後人建亭塑像以祀之有碣載初祖詩云峭石凌空浪泊天淮山依舊鎖風烟回頭二十年前事那得工夫上釣船今環亭皆有蘆四時葱茂移置他處即不活俗傳為仙蘆云

果老跡

在金口右肩關帝廟後相傳果老牧驢於此石有錢

痕雜沓環跡處不生纖草

汝南城

在金口一名塗口卽汝南僑郡故城晉咸和寇逼戶口南遷因置城於塗口

關外南

帥公碑

在臥湖山惟蒼然一石上刻帥公碑三字

竹鷄堂

元末土人掘地得碑碑鐫竹鷄堂三字旁列東坡書元豐乙丑二月日題

李白讀書堂

在城南三十里

石洞

去八分山十里過石塘望山壁石龕內一接引石佛懸石上刻白雲洞三字字大近丈者洞門也入洞處微黑東一折仰見隙中如月如星卽透光崖也更進極黑然炬始可入內極明爽另有兩小洞一極煖一極涼更進遙見深壑疑蛟龍窟

劉蘆泉讀書堂

在六老山之鹿泉寺一曰唐人一曰明人攷蘆泉能解番書著管子集註相連之山金鷄寺石崖上有千巖競秀萬壑爭流八大字俱當崖頂聞蘆泉讀書時有白鹿跑泉於山之陽泉沸湧不涸遂以蘆泉名山或曰蘆泉者蘆與鹿同音訛耳先生諱績別號蘆泉一註管子唐人也一傳蘆泉詩集曉解番書明人也

龍王碑

在石門山宋嘉泰間封嘉澤龍神者也文曰頻年多旱嘗恐德不類而四方以神休告者踵相接也抑知百神之受職而不予叶也豈民俗矯福而佞神亦遷就而爲之歟綜覈之世諒不其然爾神妥靈源泉百

年之祀欣馨佐德邦人宜之共衍新封求福於年特封靈濟侯

張公洞

在龍泉鄉洞甚幽邃相傳張宣慰屯兵於此

仙人石

在湘東仙人山上山有三石高三丈許兩相疊累下一石周環不四抱上一石周環大可十抱石連縫處隙可容掌兩石色亦不類相傳有仙奕茲石上至今石頂趺跡宛然

聚仙舖

在城南百里田畈中立亮亭跨石橋者是也橋西有堰傍路透迤渟水時作酒香相傳有仙聚飲於此酒酒堰中至今橋上遺有盆跡

山陂驛松

明永樂初尚書吳公廷舉沿途植松五百里以蔭行人今頗剪伐

陵墓附

漢

禰衡墓　在鸚鵡洲今淪於江

黃楊墓　在縣城東三十里鸚鵡村棘林

劉將軍墓　在縣城東南七里舊教場內

蠻王墓　有二一在縣東三十里一在馬岐山

孟母墓　在縣右鳳凰山麓

晉

陶侃墓　九域志在江夏今失其處

朱條墓　在縣城不知何處

宋

馮京墓　在縣南百里保安池上靈溪鄉有司徒廟沼山別有祖塋

偽漢

陳友諒墓　在臬司後黃鵠山或曰疑塚也明太祖履祭手書人修天定四字於壙所萬曆末年陳瑞稅楚掘古墓至此風沙晝晦雷哼哼如怒聲土工散天始霽

明

楚昭莊憲康靖端愍恭八王墓　在縣城東南七十里靈泉山

永安懿簡莊惠悼懷靖懿昭定五郡王墓巴陵悼簡王墓　俱在縣城東

壽昌安僖靖和莊穆三郡王墓　俱在縣城西興源

通山靖恭莊簡安惠溫定莊穆五郡王墓　俱在縣城東

景陵順靖王墓　在縣城東

樊將軍墓　在靈泉山楚昭藩寢右相傳藩寢與墓比隣故每年王祭寢必先祭藩墓不動響器

江夏康靖悼順安惠端僖四郡王墓　俱在縣城東

東安恭定昭簡二郡王墓　俱在縣城東

大冶王墓　在縣城東

縉雲懷僖郡王墓　在縣城東永豐山

保康王墓　在縣城東

張善墓　在縣東南長樂山
吳雲墓　在金口明初使雲南不屈死還葬於此
徐鏞墓　在縣城東五里洪山北鏞都御史
沈鍾墓　在縣城夾山村南湖嵩鍾提學副史
陳僉使墓　在縣南七十里紗帽山下
賀文忠墓　在縣東夾山分鶩山之張家橋
熊襄愍墓　在縣南五十里紙坊驛
胡副使墓　在縣南六十里金口鎮封碑宛然
郭文毅墓　在縣城東長樂村
吳忠烈墓　在縣南九十里仙人寺湖西濱

母子貞烈唐氏墓　母唐氏女名環兒同赴省道逢放鷹者強押以歸欲汚之母子相繼而死
長山烈婦塚　在長山舖
劉貞節墓　在二府艘
義骨塚　在縣城東明末巡撫何公塵難後白骨處

江夏縣志卷之六

關元劉朝英重修
黃安張希良編纂
古越洪國輔續修
三韓陳萬策增補

建置志

聖王之爲民社計至纖悉也爲之城郭溝池以待暴客爲之公府廨舍以昭等威爲之坊市達阡以賁商貨爲之橋渡津梁以利往來爲之郵遞廚傳以壯皇華爲之常平委積以備凶荒爲之疇人瘍師以同時

令爲之權酤鼓鑄以裕國需爲之棘院以羅英賢爲之操埸以蒐軍實下及養窮有所澤枯有園蓋無不經百慮而後備至於無德不酬則崇祀有典而以長育人才助流政治之所不逮則建學爲先焉江夏首邑區畫校詳兵燹以來或有沿名而爽實者今四海底平權輕重而次第舉之無蠹泥舊貫矣志建置

建置一　城池

城池

江鄂墉山塹江阻三面之水其東無水處掌腸一纖斷洪山而守之萬夫莫敢窺也致諸史冊孫權城夏

口據阨塞之地其後黃巢攻之不能破設險守國有明徵焉乃崇禎季獻逆渡江而南如蹴平陸當是時賊鋒未及已有掉臂先去者遂使人心解體蕭墻之祟爭授綿以揖寇兵而百萬生靈洞決魚爛矣

本朝桑土之功首太保論者謂不在奇章下然自滇黔逆命以來湘湖南北幾無堅壘鄂以孤城爲江淮屛蔽守土者但以忠義相激勉卒能殄彼元兇克復舊宇其爲保障又何可沒沒也

江夏城卽曾城舊在黃鵠山孫吳赤烏中築曰夏口城宋齊梁陳因焉劉宋郢州治此更名郢城唐牛僧

孺始陶甓甃之宋皇祐中知州李堯俞脩明洪武四年命江夏侯周德興增擴周二十里有奇計二千九十八丈東南高二丈一尺西北高二丈九尺池周三千三百四十三丈九尺濶二丈六尺池外餘十丈許南有龍窩西卽大江眞天塹也爲門九東曰大東小東南曰新南保安望山西曰竹簰漢陽平湖北曰草埠嘉靖十四年都御史顧璘重修易大東曰賓陽易小東曰忠孝易竹簰曰文昌易西南曰中和易草埠曰武勝

國朝太保祖公澤遠增脩

按中和門舊制門向正南遠迎洞庭近面清寧湯孫諸湖之水鮎魚口小河繞其前取水火相制之意城內外一帶歷久無火災自順治十三年術士妄言添設月城城樓正門仍舊南向將月城闢門扭轉向東東方震木木麗離火無水尅制沿城內外屢遭祝融本城城樓亦被燒燬居民苦之康熙三十五年士庶公請求復古制院司道各憲批行改閉向東月城門仍正南向三十七年落成如舊制

建置二

公署

公署之設其所由來舊矣吾儕小人皆有室廬以蔽風雨而謂親民之堂退思之閤獨可陋乎哉昔林宗宿處必洒掃而後行子猷所居種竹惟浮屠氏不三宿桑下惡其以情淹也今之爲吏者往多傳舍其官棟折榱頹習與風露爲隣略不屬意不知其身之不安而欲心之能繫乎民末之前聞江夏倚郭公府廨舍鱗次而相望兵燹來強半非其故處矣按圖脩舉不煩民不重費安在堂簾森肅不頓還舊觀也

江夏縣治舊在石子岡隋開皇中自塗口徙於焦度

樓下唐貞觀中徙府城南宋紹興中仍遷樓下元
因之明洪武九年封建楚王遷漢陽門內知縣李
承信建後知縣葉鳳翔請刱清軍察院舊署改建
於鳳凰山下郭文毅爲之記見藝文
國朝因之
大門三楹（原置低窪每遇連陰竟淹沒難行康熙伍拾貳年知縣陳萬策捐創高昂兼培風水）
儀門三楹（康熙伍拾貳年知縣陳萬策因楹無間斷捐俸倣照藩憲儀門式創造弘敞以肅觀瞻）
大堂三楹
後堂三楹
知縣宅在後堂北劉朝英重建有記見藝文

書房三楹在後堂西
幕館三楹在書室左
內書房三楹在幕館北
二庫舊在大堂左今在大堂左右
案閣舊在大堂右
六房吏廨共三十六楹
文昌祠在大門內左知縣陳萬策剏建培植風水
縣城隍廟舊在大門內右知縣劉朝英重脩改臨大
街僧宗沔奉祀
寅賓館三楹舊在大門內左有知縣張其脩重建碑

後圯僅存基址康熙三十八年知縣洪國輔捐俸
鼎新
順民倉舊在大門內右
通衆坊舊在大門外
獄舍在縣東北
土地祠舊在治西
馬廐五楹在大堂左
縣丞署在堂左康熙伍拾貳年改置仁二鋪
管餉主簿廳舊在堂左久裁
撫民主簿廳舊在堂左久裁

典史署舊在堂左後遷於崇府山下
鮎魚口鎮巡檢司在縣南五里明洪武丁未設
滸黃洲鎮巡檢司在縣北三十里明洪武甲辰設
金口鎮巡檢司在縣南六十里明洪武己巳設
夏口水驛舊在平湖門外明洪武五年設順治十六
年歸併將臺驛
金口水驛在縣南六十里
將臺馬驛在縣東十二里明萬曆間知府洛陽張公
檄建郭文毅有記康熙三十六年裁馬歸堂上
東湖馬驛在縣東六十里明萬曆末改置紙坊路當

孔道車馬絡繹善人張之蕃建亭息肩夏施茶解
渴冬施薑湯却寒數十年不怠路人賴焉
山陂馬驛在縣東南一百二十里其官役俸薪夫馬
工食具載賦役全書

鋪遞二十

總鋪　長虹鋪　和尚鋪　新館鋪　石子嶺
紙坊　獅子橋　龍泉鋪　新市鋪　聚仙鋪
誠信鋪　滸果鋪（以上縣南）　將臺鋪　冷水鋪　長山鋪
土橋鋪　山口鋪（以上縣東）　盂城鋪　橫山鋪　青山鋪
官屯鋪（以上縣北）　各鋪舖兵及工食額數俱載賦役全書

憲署

總督部院在望山門內後因制府移駐荊州提鎮借
棲焉康熙二十一年督臺董衛國還鎮重脩豁公
成龍石公文晟大爲建造
巡撫都察院按舊志明景泰四年設布政司右隆慶
五年御史張仲羽遷建鳳凰山南汪南溟有記癸
未火順治十二年巡撫林天擎遷建於忠孝門內
前所營郎邑人中丞常居敬宅左師右張兩巨姓
宅擴之又買民舍通後所營爲頭門轅門之地左
右圍牆立泰山石碑二由左碑外買民地爲官街
寛六丈東抵民居由右碑外買民地十餘丈爲官
街設司道上院公署西抵民居康熙二十二年王
公新命重修二十五年張汧于頭門外左右修建
圓鼓棚弗吉因有戊辰之變後楊公素蘊徵之術
者云過脉逆龍且云分水嶺用圓亭水火交戰故
不利毀復舊制又更易面山地藏廟于山南四十
五年劉公殿衡大爲建造又于面山高冠峯頭建
冠霞亭爲境內巨觀
學院即康熙十七年學使宜興蔣永修所建道署也
按舊志督學道署原在漢陽門內明正統十一年

學使薛綱建於平湖門內臬司門　歐陽旦有記
崇禎十五年學使高世泰建曉闇於署右明末兵
火順治初臬署遂移小東門內住故宗室居爲署
惟學使署仍在平湖門順治十七年學使周啓岐
用郡邑十一學優免並各學膳夫建振德堂設考
棚康熙五年學使李可汧移署臙脂山南在撫軍
右而平湖之舊署空康熙七年總鎮劉應志乞作
署十年總鎮裁署又空臬司閻廷謨又自小東門
移作署而東門之司署又空康熙十四年學使鄭
崑璧又移東門司署作署至康熙十七年學使蔣

永修用價千餘金買守道左首民舍作今署康熙三十四年學使岳宏譽以武漢兩郡優免銀大設考棚臬欃生童賴焉康熙四十一年特設學院署門外增置鼓棚旗幟與制撫同體署在守道署左鹽道署右卽今署也而漢陽門內之署地民居之平湖門之署臬司作署撫軍右之署爲巡撫中軍署小東門內之署原係故宗室地久奉文給還故宗矣

巡按察院明永樂元年設於布政司　正統十一年災正德八年御史胡止重修嘉靖中御史吳百朋擴脩祭酒曾鐸有記癸未火

國朝喬署於督糧道署左順治十八年奉裁　原屬藩產今仍給還

總鎭府在布政司西南明成化間自辰州始移省城文昌門內弘治十三年鎭遠侯顧溥擴地重建明季兵燹順治中提督柯永盛僦居民舍康熙初移鎭荆州十年後還鎭武昌提督李胡拜卽總督新署居之今復移鎭常德

布政使司在黃鵠山陰明洪武間改行中書省剏建正統十一年七月災十三年左布政使馬瓘重建

癸未兵燹康熙四年左布政劉顯貴卽舊址重建其高巍宏廠倍於舊制徐惺繼修

治布政司在司右康熙四年分藩長沙

分守道初在南街改建布政司門左又移司右明季兵燹順治間副使黑星僦居民舍康熙六年奉裁十二年復設徐惺卽前所營舊署修之並駐蘄州

糧儲道在布政司西明嘉靖十五年參議丘萬仭重建副使王鎔有記明季兵燹順治間參政李發藻僦居民舍康熙四年分藩長沙湖北改糧務驛鹽道公署因之旋分置驛鹽道

雜署

經歷司在堂右

照磨所在堂左

舊有檢校理問斷事都事亦以分藩湖南署廢

按察使司在黃鵠山南明洪武五年設正統十一年七月災按察司王瑄重建副使薛綱有記明末兵燹

國朝卽故宗室居爲署在小東門內康熙十年臬司閻廷謨仍移平湖門內臬司王毓賢重修

分巡武昌道在臬司左明成化九年僉事劉宗建今

廢

驛鹽道在督學道署左

雜署

經歷司舊在堂左今移武當宮前

司獄司舊在司署右今同署於府

都指揮使司明洪武四年設於文昌門內操捕道左屯局道右正統十一年災十三年都指揮馬翔重建明季兵燹順治中都指揮使包鴻逵即舊址重建操捕屯局二道奉裁康熙己丑都使錢公騰雲增修

雜署

經歷司舊在司署內今賃民舍

武昌府明洪武甲辰設於漢陽門內正統十一年七月災天順三年知府吳天爵張勛重建學士丘濬有記明季兵燹順治七年知府王維屏即舊址重建康熙七年知府張璠以規制不稱捐貲鼎建杜公毓秀重脩武公廷适尤公汝俱修舊制儀門內有戒石亭今移堂左

清軍廳在堂左

糧捕廳在堂左

理刑廳在頭門左康熙七年奉裁十三年添設理刑同知二十二年復裁

雜署

經歷司在堂右明季火康熙五年進士朱之焜復建

照磨所在堂右

知事廳在堂右

司獄司在府西

貢院在鳳凰山前舊止瓦號陸千有奇歷科應試者萬餘或搭蓆號或借府輿或圖縣學康熙肆拾壹年方伯李公基和以科場錢糧用費所餘者借縣學基增號舍千餘康熙伍拾貳年恭逢

萬壽恩科廣羅人材

制憲鄂　撫憲劉　藩憲李　臬憲年

糧憲張　守憲金　驛憲楊　府憲章

馬戴　別駕張　邑宰陳　以南北萬餘士子無號舍可居乃紳士之議將優免銀兩扣買隣居隣等居房基地復捐俸薪平購瓦磚木料覔匠添造瓦號伍千柒百餘因地仍不敷乃改邑署後圖基屋以足之將邑丞署改補邑署圖屋另買仁受二舖民房以作丞署毀謄錄對讀所及供

給所基屋作號舍另買民房改造謄録對讀所築
墻關防於是士子得有號舍棲身息心攄文無風
雨淋漓之苦懽躍倍之
公衙門在明楚藩城前康熙二十四年總督徐公化
成捐貲建置凡遇慶賀大典及審録諸公務寮
屬皆在焉
重建
料鈔厰在漢陽門外康熙四十四年火同知圖公納
船廠遞運所在文昌門外今廢
批驗茶引所在文昌門外今廢

稅課司在文昌門外今廢
陰陽學舊在鼓樓左今廢
醫學舊在府城隍廟右舊志誤刻左醫學傍天池楊文逕何銓呈前郡守尤審明案改正
惠民藥局在府街今廢
僧綱司舊在鐵佛寺
道紀司舊在武當宫
迎恩館在漢陽門外
周公祠在武勝門外
姥母祠在黄鶴樓下
白龍池在黄鶴樓下

倉場

積穀倉本明宗武岡王貯贖穀備賑舊址無臺林公
重建知縣洪國輔復修
常平倉在平湖門内貯贖穀備賑總督祖公澤遠建
軍民永利倉在縣西南濱江俗名糧厰明成化中設
貯全楚火米倉成洪波洶湧鑄兩鐵犀鎮之明季
兵燹今止存其一
國朝置倉以貯本府充軍漕米
南糧倉在花堤
錢局在縣西南今改常平倉積貯捐穀備賑

教場在武勝門外正廳三楹明末兵燹
國朝總督羅公繡錦撫臺遲公日益重脩
小教場在楚藩左正廳三楹撫臺劉公兆麒建康熙
四十四年公之子諱殿衡仍撫吾楚復建三楹前
鼓棚二座規模弘厰父子開府後先媲美其訓鍊
軍容輯封疆而捍民生者有足紀云

坊市凡八

前街　後街俱縣南　長街即鼓樓大道
西街都司前　水陸街縣東南　十字街縣西
河街在縣西漢陽門外　草埠街在縣北　棋盤街在縣南小東門內

打纜街　　八旗街俱金沙洲

棹楔兵燹後俱無存姑記其大者

三元坊在府學爲宋馮京建今廢

彰孝坊在明楚藩前爲端王勑建久廢

天恩存問坊在水陸街相國賀文忠建以昭恩遇用

白石爲之不事雕鏤可想公之素樸矣今廢

賢行可嘉坊在賓陽門內爲宋英㸌建今廢

秉正持公坊奉旨爲武岡王出首楚王英燿事建今

廢

四牌坊在文昌門外爲啓　父子弟兄建今廢

八彥坊在望山門內爲崇陽汪　父子弟兄建今廢

貞壽之門坊在清貞寺側爲故清貞掌教思銓妻蔣氏百歲建

大總制坊在八彥坊之左爲都御史陳金建

忠節坊在長街爲死事左都督徐勇建

忠節坊在糧道署右爲糧道葉映榴建

勑建貞節坊

一在前所營東爲劉滋妻徐氏建

一在保新鋪爲張岱妻殷氏建

一在永豐里爲教諭劉復元妻傅氏建

一在糧倉側爲羅國棟妻梅氏建

一在崇文七鋪爲劉蘭妻胡氏建氏沔人也因坊建

省會故志之

一在龍泉三里爲蔡爾綿妻胡氏建

旌節坊在糧道署後爲劉國枉妻楊氏建

雜置

養濟院在忠孝門外

育嬰堂在仁壽下鋪

勸農亭在小落寺左布政使黃公志遴建

桑園在東關外亦黃公建府縣俱於東關置有園

救生亭在城西濱江分守徐公設巨舟以救溺委者

民吳之秀陳應魁司之因置亭

漏澤園在大東門外

津梁

先王之制九月除道十月成梁其所以通行旅利濟民物至周且悉也後世王政不脩溱洧乘輿斤斤小惠君子譏之而慕義樂施嘗出浮屠氏之手可慨矣夫楚爲澤國大者舟航小則橋渡靡是不嘆望洋亦褰裳而濡足矣長江舊有官艦其製甚巨往來恃以無虞今且廢爲民渡篙工水師狠如狠貪如羊重金錢而輕人命風波之患往往而有可不厲爲之禁歟

熊司馬之禁江隄成路隄門巳長隄爲利溥矣他若一線之溪方丈之石於物苟有所濟勿以善小而不書也志津梁

洋子江渡由漢陽門以達漢口由平湖門以達漢陽原用民渡江闊水駛輕舠遇風多葬魚腹明萬曆二年左布政使陳瑞置巨艦入江夏縣歲編水手十二名改募渡人領之後仍民渡厥害如故康熙四十年總制郭公琇痛其害每遇風武昌委鯿魚口巡檢漢陽委漢口巡檢沿江嚴禁民無敢犯迨郭公去後仍玩如故康熙四十五年方伯王公毓

賢洞悉弊害議詳三欵極盡禁絕永杜廢弛總制石公巡撫劉公允議漢陽門暨漢郡朝宗門龍王廟另有勒石詳文載後

沿江馬頭有四漢陽門爲城中運水要道行人多苦滑濕康熙二十三年武昌府司獄司汪金章目擊心動募修乾濕兩馬頭分途以行

游家渡在縣南八十五里

北嘴渡梁子湖北在縣南九十里

南嘴渡在梁湖南縣南一百里

八分渡在縣東南十里由長虹橋以達紙坊水面六十里

山門渡在縣西南七十五里

女冠山渡在縣東南七十里

引振渡在縣東南九十里

冶塘渡在縣東三十里

白洋渡在縣東北四十里

浮橋在望山門外由橋以達金沙洲江水支流所經兩岸相峙明弘治五年知府冒政造舟爲梁正德庚辰周儀改造嘉靖壬子知府嚴中增修其水夏溢冬涸楚藩架木爲橋更名王惠橋萬曆中學使

竇子偁重修康熙四十四年總制喻公成龍江夏縣知縣洪國輔捐設船隻以作浮橋

新橋大司馬熊公廷弼鼎建青石磴如梳形濶約六丈六尺引湯孫湖南湖黃家湖青林湖諸水以入江磴上有石墩二用木板爲閘閘上架木以利行人以障江水李之水勢不殺秋冬涸時濤湧沸騰若怒雷聲驚聞里許康熙二十三年金沙洲民具呈以不便總督衙門總制徐公國相檄令拆磴致石塊散失無稽往來病涉三十二年居民稟總制丁公適詣此橋稟陳其故於是遴委武昌府司獄

汪金章董其事因捐費無出創置木橋猶恐易於
朽壞遂加薄石於上兩岸有碑以紀其事然行人
往來未免無動搖之憂康熙五十三年有士民藍
紹元等公呈募修
制憲額　捐俸銀三百兩築石墩二座永垂不朽
明月橋文昌門內　清風橋文昌門內
分金橋在望山門內
滋陽橋在明楚藩東賀文忠靖節處
伏龍橋在中和門內俗傳晋許遜自豫章追蛟至此
蛟化為白驢伏橋下

蒼龍橋在保安門外
平湖橋在平湖門外
歷仙橋在平湖門外
廣平橋在賓陽門外跨南湖宋紹興中建
青石橋在忠孝門外
上橋在忠孝門外
老人橋在縣東十五里邑人彭長年朱文明重修易
名長壽橋
青杯橋在縣東二十里
白洋橋在縣東二十里明弘治中周廷用建萬曆巳
丑大中丞常居敬重修有碑
冶湖橋在縣東三十里橋圯周室輔募舟以渡
上塞橋在縣東三十五里　土橋在縣東四十里
長虹橋在縣東五里　孟橋在縣東三十里相傳孟司空建
雨露橋在縣東南四十里　楊橋在縣東南六十里
太平橋在縣東南六十里有亭
仙人橋在縣東南九十里濱梁子湖有仙人寺
躋泊橋在縣南七里
李家橋亦名里甲橋又名弘濟橋為八省通衢在縣
南二十里康熙四十三年忽圯傷七人邑之紳士

耆庶極力募修因功成浩大四十六年本府楊公懋紹
念切民艱耑委縣丞曹公秉仁詳請酌募修
大中丞劉　於捐助外会選耆善劉雲生等募化未果
適有保新三舖善人張之蕃情願變產三千餘金獨
修不辭寒暑督理工成甚為堅固利濟萬人厥功偉焉
張公橋在縣南四十里舊名張公渡
獅子橋在縣南六十里有亭
菓盒橋在縣南百一十里聚仙舖頂有石鐫菓盒形
俗傳仙人對奕有持盒而敵者因名
雷公橋在縣西南四十里

曾家橋在縣西南五十里
廖家橋在縣西南五十二里
陽福橋在縣西南六十里
龍穴橋在縣北四里
花隄在平湖門內宋政和間知府陳邦光縣令李基築以障水
萬金隄在花隄之外宋紹興間役大軍築之建壁江亭陸游記濱江回望隄上樓閣重複燈火歌呼夜分乃已即此
郭公隄在湖心宋都統制郭杲築

江隄自龍床磯以下計二千二百零一丈至石嘴以下計三千三百五十一丈明大司馬熊廷弼築有記
路隄自張公渡起計二百一十三丈折而東者五十九丈自石子嶺以下共二千四百九十二丈熊廷弼築徐日久有記

江夏縣志卷之七

開元劉朝英重修
黄安張希良編纂
古越洪國輔續修
三韓陳丙策增修

學校志

書曰天降下民作之君作之師學校之設所以端教化之原明君師之統也稽諸往古虞立上庠下庠夏立東序西序商立右學左學周兼四代以建學辟雍頖成均厥名匪一他如載之周禮祭義大戴所述

分大學小學內學外學州黨塾閭名亦不下數十總之統名之以學校可也立名廣取義嚴飲至執馘則刑以銷兵樂正上辛則禮以備樂臨雍拜老則尊以率下胄子齒讓則貴貴賢賢內京華外邑巷成人有德小子有造戶誦家弦風俗醇美斯真盛世學校之休風哉雖然三代以前君相之貴即兼師儒三代而後師儒之責等乎君相孔子以手訂六經爲萬世師儒之宗故學校中之俎豆尚新濂洛關閩以表彰四子爲一時道學之盛立書院如嵩山嶽麓睢陽白鹿與學校並埒故今七十子之末亦刻主垂祀焉

本朝加意人文尊崇學校四方遐邇人材彬彬列江邑學官居鳳凰山麓襟江帶漢秀甲十屬名臣碩儒多出其中獨是泮池魚蝦需和風而鼓浪宮墻桃李待時雨以敷榮上秉衡下司鐸者其可聽其自然而不加之意乎其在遊聖人之門者倘能不出學以阿世勿違道以干譽將見升其堂入其室希賢希聖入學則爲名儒出學則爲名臣遠之可以侍曾鄒之席近之可以分濂洛關閩之座而豈負古先哲王設立學校之意乎且學校祀聖之義亦甚煩矣其中遞更廟號[redacted]定典禮今邑侯及張太史舊志援引詳明不敢增損俱載於篇統作學校志

學校紀事

張希良

按文王世子凡始立學者必釋奠於先聖先師是先聖之名尊於先師也周立四代之學虞庠以舜爲先聖夏學以禹爲先聖殷學以湯爲先聖東膠以文武爲先聖其左右四聖之臣成其德業者謂之先師蓋三代治教未分其道固然自天下通祀孔子而舜禹湯文之祀廢以孔子實備百王之德也然孔子之祀何昉乎自魯哀公十七年立孔子廟舊宅漢高帝十二年過魯以太牢祀孔子漢平帝元始元年追謚孔子爲褒成尼宣公此後世尊崇孔子之始及明帝永平二年以周公孔子並祀郡縣魏晉六朝以來或封公封侯或祀於闕里或祭於辟雍靡有定制其停周公專祀孔子定孔子爲先聖顏子爲先師令天下郡縣立廟四時致祭則自唐太宗貞觀初始也然武城王廟與文廟東西並峙猶未盡尊崇之義也追謚孔子爲文宣王自唐元宗開元二十七年始也加稱至聖自宋真宗大中祥符五年始也加號曰大成至聖文宣王自元武宗至大元年始也明洪武二十年罷武成王廟改稱至聖先師孔子自嘉靖九年從大學士張璁之議也廟門之立戟或十六或二十四自宋

太祖建隆三年與徽宗政和元年也殿名大成自徽宗崇寧四年也改大成殿爲先師廟戟門爲文廟之門天下學宮通徹像易木主自嘉靖九年始也洪武十五年之所易木主僅國子監也歷代以來皆塑像始於漢而迄於元也加冕旒桓圭自宋真宗大中祥符元年也徽宗加十二旒服九章執鎮圭金世宗又加十二章其祠孔子以六代之樂者自漢章帝元和元年始也其後宋文帝舞六佾設軒懸宋太祖用永安之樂仁宗用登歌議者不一至洪武二十六年頒

大成樂器於天下府學令州縣學如式舞用六佾樂用登歌而其制乃定也祀七十二賢自漢章帝元和二年始也以顔淵配享自魏王芳正始二年始也以曾參配享自唐高宗總章元年始也以孟子配享自宋神宗元豐元年始也以子思從祀自宋徽宗大觀二年始也以顔曾思孟並享自宋度宗咸淳三年始也加復聖宗聖述聖亞聖公者元文宗至順二年也去公稱子者明嘉靖九年璁議也以十哲從祀自唐元宗開元八年始也升子張補十哲之闕亦自咸淳三年也弟子之得追贈亦自唐高宗總章元年始也

其封公侯伯始於唐開元二十七年及宋真宗大中祥符二年度宗咸淳三年也以左丘明卜子夏公羊高穀梁赤伏勝高堂生戴聖毛萇孔安國劉向鄭衆杜子春馬融盧植鄭元服虔賈逵何休王肅王弼杜預范寗二十二賢從祀自唐太宗貞觀二十一年始也以荀况楊雄韓愈自宋神宗元豐元年也以周敦頤張載程灝程頤朱熹自理宗淳祐元年也以張栻呂祖謙自景定二年也以邵雍司馬光自度宗咸淳三年也以許衡元仁宗皇慶二年也洪武二十九年以董仲舒宣德十年以吳澄正統二年以胡安國蔡沈真德秀八年以楊時嘉靖九年增后蒼王通歐陽修胡瑗陸九淵隆慶元年以薛瑄萬曆十二年以王守仁陳獻章胡居仁四十一年以羅從彦李侗等從祀而考正申黨申棖等之疑復並罷紬公伯寮荀况劉向楊雄王肅杜預鄭元鄭衆盧植服虔戴聖賈逵馬融何休王弼范寗吳澄者皆從言官之請也叔梁紇宋封公元封王令天下學校通建啓聖祠者自嘉靖九年始也以顔無繇曾點孔鯉激公宜配程珦朱松蔡元定周輔成從祀者子不先父食之義也洪武元年詔天下儒學各建先賢祠左祀賢牧右祀鄉賢

春秋附祭令各分祀改稱名宦鄉賢者則成化中特典也祭期定於春秋二仲自唐元宗開元二十八年始也有司薦享自北魏王濬始也月朔行禮自北齊顯祖天保元年始也詔天下州縣各立學自宋仁宗慶曆四年始也議設武學自宋慶曆初吳育與胡瑗始也迄今遂爲永制江夏縣學宋元獨寄郡庠明初肇建於黃鵠山其後再遷乃定今處人文科第忠孝節義比之郡庠十得八九焉崇禎季鄂城失守灰燼之餘風雨漂其豆籩茂草交於泮沼矣

國朝定鼎諸司相繼增葺規制煥然幾復其舊顧猶

有類者爾齋未建學官寄棲廡下有同祀報先賢先儒東西僅一主位名號缺焉前後周垣各數十百丈累土葺茅歲煩修築勞工役而觀瞻未肅也以磚爲之則兩獲其益又學既分立二仲之典亦宜視郡無殊乃經制止得某祭踵事而增華方有志未逮焉

文廟歷代崇祀攷　洪國輔

葢聞國之本在民而民之首惟士士所尊在學學之源在先師學而不知先師猶孔哺而不識所生也知先師而不知歷代所以崇祀先師者猶識所生而不識其歲年歷履也於是爲歷代崇祀志爲諸儒崇祀

志行使諸生習識之無使人謂身遊庠序而惘然於先聖之封號名氏與工賈山農等所傷於士非細也且祀典至崇鉅矣而今故事承之前先輩不云乎世俊梵宇叢祠而瞽宗茀草直掩有司耳目耳至於謗稱賢祠薦紳之宗廟賓席素封之燕私有是哉蠻宮月旦耶春秋懷保匪乏之間亦有幾膏臏馥是規豈所謂攸宜者哉古人選士於射誠先丁一日羣而觀德以肅奉璋而又絕賢飲呪舉之慾分宮墻省拂之直庶幾哉名教肅清而禮樂昭明矣謹按潘鏐所爲禮樂志編次釋奠儀冠以明朝事例古皆不載尊所制

也是矣顧孔子萬世師也雖當板蕩鼎沸之秋奸雄竊據無敢不虔其間褒祀典制雖時有得失不觀其所損益何以知前制之大得乎按魯哀公十六年孔子卒乃誄曰天不憖遺一老俾屏余一人煢煢予在疚哀哉尼父無自律爲立廟舊宅置卒守焉生不能用死而誄之晚矣稱余一人非制也君子是以知魯之不復興也周衰秦興儒道灰槁至漢乃用章自高祖十二年過魯以太牢祀至其孫孝武帝始表章六經后世知尊吾夫子自此始元帝始詔太師褒成君覇以所食邑八百戶祀孔子平帝始謚爲褒成宣尼公

光武破董憲還亦使大司空以太牢祀明章東巡皆詣孔子宅致祀及七十二賢而章帝猶殷虔作六代之樂御講堂命皇太子諸王說經帝升廟西面立羣臣中庭北面皆再拜帝進爵而後坐大會孔氏男子二十以上者六十二人因謂孔僖曰今日之會寧於卿宗有光乎對曰臣聞明王聖帝莫不尊師陛下親屈萬乘崇禮先師增輝聖德至於光榮非所敢承帝笑曰非聖者予孫安有斯言遂拜僖郎中並賜孔氏男女錢帛詔僖從還京師而七十子之得從祀亦自章帝始和帝封孔子爲褒尊侯安帝過魯幸循和

之軌以桓靈不省然桓帝猶詔孔子廟置百戶卒史掌禮器春秋享禮出王家錢給大酒直河南尹給牛羊豕各一大司農給米靈帝建寧二年始置鴻都門學畫先聖及七十二弟子像畫像以祀自靈帝始三國魏正始二年講論語使太常釋奠祀孔子于辟雍晉武帝泰始三年詔魯國四時以三牲祀元明成穆四帝皆釋奠孝武釋奠於中堂以顏子配南宋高永初皆詔魯修葺墳廟北魏太武始光時起太學于城東祀以顏子配貞君十一年車駕南伐至鄒山太牢祀之孝文太和間親修孔子謁拜禮改謚文聖尼父

又封其後爲崇聖侯拜孔氏四人顏氏二人官給邑百戶孔子之後三封侯則北魏始也北齊天保間制春秋二仲釋奠於先聖先師以時修葺祠廟梁元帝承聖初於荆州創先聖廟自圖畫聖像爲之贊書之時謂三絕南北五代之際多故矣而崇祀不廢及至隋文開皇中贈孔子爲先師尼父以周公爲先聖南面孔子東面命國子寺每歲四仲月上丁釋奠先聖先師州縣學以春秋仲月至唐貞觀初房玄齡請別祀周公尊孔子爲先聖顏子爲先師配焉詔從之國年始詔州縣皆立孔子廟四時致祭以左丘明等二十二人配孔子之正南面與徧祀於天下郡邑學也則唐太宗始也其後尊孔子爲先聖尼父親幸國學釋奠令祭酒孔穎達講孝經又令皇太子釋奠皇太子爲初獻祭酒張復胤爲亞獻光州刺史趙弘智攝司業爲終獻令弘智講孝經發明忠臣孝子之義至貞觀二十一年始定釋奠儀以祭酒司業博士脩三獻詞稱皇帝謹遣某官行禮爲承制云高宗永徽中復聖周公師孔子而長孫無忌等言漢魏以來取舍各異孔子顏子互作先師周公尼父遞爲先聖貞觀中親降綸言正夫子爲先聖若周公作禮樂當同王

者之祭乃詔以周公配武王以孔子爲先聖如故至玄宗開元十三年封禪還幸孔子宅親奠遣使以太牢祀墓置卒守衛並蠲其子孫賦役其後追禮孔子爲文宣王以王者袞冕之服衣之樂用宮懸舞用六佾又定祭期春秋二仲上丁夫子之追王也與夫子之定祭也皆自玄宗始德宗釋奠詔自宰臣以下畢集每歲視板上所自署名署畢必北面肅揖至給戶役灑掃林廟禁樵採則歷世莫絕云五季不造亂戰五十餘年後周高祖至凶暴然猶感夢下拜高祖廣順元年親征慕容彥超於兗城將破矣夢如有人被袞冕狀甚異者入城道取委巷直夫子廟既而瞻像如夕感

下拜遂幸闕里廟奠登槀皆再拜或言天子不當拜陪臣曰夫子聖人也百王取則安得不拜

宋藝祖建隆三年始詔立十六戟於文宣王廟門樂用永安之曲其後太平興國中特免孔氏子孫庸調端拱初駕幸太學祗謁畢臨升輦命有司張幕設坐詔博士李覺講周易之泰卦至道三年賜太學御書六經大中祥符初真宗闕里謁廟有司以帝人主也議止肅揖帝特展解以表嚴師崇儒之意又幸古孔林以古木擁道降輿乘馬謁墳表奠又欲追帝孔子以有司議格於周稱王而止遂加謚至聖文宣王追封孔子父叔梁紇爲齊國公母顏氏魯國太夫人伯

魚毋幵官氏爲鄆國夫人孔子父母妻之追封也又自宋真宗始二年又加宣聖冕服九旒九章桓圭始用玉其他賜田給守衛加於前典仁宗即位三幸太學用祥符故事再拜退閱七十二賢贊觀東序禮器賜孔氏全監書宋興百十年之間文極而熙培育真儒濂洛關閩之傳有以哉神宗朝始詔以孟軻配享次於顏子及荀況楊雄韓愈從祀新法行即廟戶亦減削過半矣哲宗初幸太學一獻再拜其後凡三賜田勅守廟戶五十人如舊法而廟像冠服制度之別於諸賢則徽宗賓令太常攷正之冕用王者十一旒

服九章圖使天下州縣學使式又御書大成殿額賜闕里及正聲大樂禮器各一副增廟戟至二十四枚云逮南渡播越孔氏挈族於衢矣高宗紹興間始以孔玠襲封賜田以祀其後幸太學駕止大成門外登降步趨執爵灌獻已乃御敦化堂頒詔示樂育之意南渡初造以文守之蓋至寧宗慶元間始定孔廟爲中祀詔州縣長吏諸當獻官非有疾不得輒委他官遼金泊元皆蠲賦給田置守遣奠時有之遼自神册三年建廟釋奠金天眷三年詔求孔子後以四十九代孫孔璠襲封衍聖公奉祀事孔後之襲封衍聖公

則聖熙公始也大定中復加聖像冠十二旒服十二章而顏孟章服皆用九奏歌陳樂並依開元故事元世祖時中書省言祀孔聖用王者禮樂衣冠南面坐天子供祠而二丁執事不變常服於禮未宜宜準漢唐祭文廟享社稷禮執事者皆具公服執手板致敬從之丁祭執事諸儒之變常服則自元世祖始也成宗初勅到任官先詣聖殿方以次詣祠著爲令大德十年大都宣聖廟成又祀孔子爲大成至聖文宣王文宗至順初又封孔子父爲啟聖王母爲啟聖王夫人孔子父母之加封爵則自元文宗始也前此延

祐七年亦遣官齎金帛宣祭至手香加額以授所遣者可不謂彬彬有禮乎禮於師與君父並雖天子弗敢臣爵弗可得而加也見必以菜爲贄明潔也故祭於先師謂之釋菜其重者謂之釋奠釋菜無樂釋奠有樂無尸不可爲象也禮莫大於祭祭先聖必用四代禮樂記曰夏后氏尚明水殷尚醴周尚酒脩酌也有虞氏祭首夏后氏祭心殷祭肝周祭肺脩味也泰有虞氏之尊也山罍夏后氏之尊也著殷尊犧周尊也脩器也拊搏玉磬楷擊大瑟中瑟小瑟脩樂也自畿甸逹荒裔聲教所曁必有學學必祭祭脩禮樂雖

三代聖王顯相秩祀未有若斯之隆者或曰夫子生不得位設而王祀爲道德食報故玉麟吐書曰素王生定之矣其說弗經儒者故弗道大抵平世右文亂則否祀典隨世盛衰莫能一久而益崇亂而不殄損益相受質文相反要其當非天下之至聖孰定天下之大經乎迨明[illegible]祖手滌日月重造乾坤雖倥偬兵革中如江淮如南昌皆先謁孔廟洪武初元即傳制春秋二丁釋奠丞相爲初獻翰林學士亞獻國子祭酒三獻每歲降香必於正月孟日又遣使祭闕里蠲其子孫賦給灑掃役戶百四年更定祭器禮物各置

高案籩豆簠簋登鉶悉用磁牲用熟樂用六奏擇監生之端嫺者與文職大臣子弟之在學校者習舞五年暫罷孟子祀尋復之曰我聞孟子辨異端闢邪說發明孔子之道宜配也六年學士詹同樂韶鳳上釋奠章定舞六佾大宗伯牛諒上禮儀制皆可七年仲春上丁日食改仲丁仍降香如前期十四年文廟成遣官以太牢祀祀神主不設像上遂親學釋奠儀十七年議大成樂至二十六年始頒樂器於天下郡學州縣式爲成祖永樂初遣官釋奠其後四年命議親學儀尚書鄭賜言宋制謁孔子服靴袍再拜上曰見

先師禮不可簡宜服皮弁行一奠四拜禮釋奠四拜乃自成祖始十四年又遣祭闕里其後列聖改元必遣祭闕里宣德則遣太常丞孔克準往殿廡皆用太牢祭凡九壇正統則遣趙司業琬往景泰則遣侍講吳節以香帛往天順則遣工科左給事中孫昱往成化則遣少冢宰尹旻往弘治則遣田太常景賢往正德則禮部主事張潜往自嘉靖而下亦莫不然始宣德間孔誨會試至京召見即與進士出身授春坊中允景泰中孔㫬會試中式聞父喪特強入對賜出身除禮科給事中始持服服除超拜少詹凡所以優禮

孔氏者靡所不至也正統三年禁祀孔子於釋老宮令祭物非所產者以所產代鹿兎以羊榛棗以土果景泰六年以國學兩廡祭品儉薄從太常請增豕四棗栗形鹽爲斤者各五十黍稷爲斗者各二南國子並如例成化元年幸學始加牲用樂十二年少詹事楊守陳請追崇帝號祭酒周洪謨請改大成至聖文宣王爲聖神廣運帝如元制十二衮冕籩豆數如之八佾又言古者堂上鳴球琴瑟堂下笙鏞柷敔兩階干羽今干羽居上樂器居下宜正於禮下禮官議尚書鄒幹駁之以神聖廣運乃盜贊堯之辭不若大成

至聖之爲有據廟像仍元舊故有冕旒原非國典籩豆舞佾數有成憲在不敢輒議上曰尊孔子朝廷盛典也籩豆舞宜如其議明年遂增八佾十二籩豆遣翰林學士王獻告闕里弘治元年三月將視學吏部尚書王恕奏古者始立學釋奠用幣於先師今上初登大寶正應此經義且視學籍田列聖卽位止一行無再舉者理當從厚今籍田祀先農用幣三獻且勅所司齋戒省牲而釋奠獨不然似太簡宜準祀先農行奠幣三獻禮詔下禮官議以爲報功釋奠宜用幣今二丁所行是也若天子幸學止於行禮不必用幣

且古釋奠無四拜者而成祖親行之崇隆已極自成化加牲用樂遂至紛紛今恕欲準籍田禮恐非洪武舊制只宜加帛齋戒具樂不作爲是上遂詔尊先師當以禮成化間既有其舉之不必更孔子前加幣用太牢改分獻爲分奠餘並照永樂儀十二年闕里災遣李學士傑祭告命山東撫臣廟極崇飾十七年闕里廟成上親製碑文勅大學士李東陽往祀弘治中上親釋奠太學召衍聖公及三氏子孫聽講賜襲衣冠帶有差衍聖公秩二品特賜麟袍玉帶誥命用玉軸大朝會班一品上示不臣也孔氏世舉一人爲曲

阜令公親弟爲承子思爲翰林五經博士其從南渡系衢州者亦世襲博士凡曲阜孔氏大小俱免徭役公許蔭五百戶丁爲從人正德初亦是學遣使取三氏子孫赴京觀釋奠禮嘉靖改元文治維新則有輔臣張璁議正文廟祀典請改大成至聖文宣王爲至聖先師四配爲復聖顏子宗聖曾子述聖子思亞聖孟子從祀自十哲以下及門諸弟子稱先賢自左丘明下稱先儒去塑像設木主罷封爵改大成殿爲先師廟門爲廟門登用籩豆十舞佾六六以別郊廟其在都郡邑學籩殺其二舞止六示別於國學又引宗

陳汞議請別立祠祀梁紇爲啓聖公以無繇點鯉孟孫氏配稱先賢程珦朱松蔡元定從稱先儒上皆從之其說葢出於吳沈丘濬程敏政謝鐸夏寅先是洪武初年宋濂上夫子廟祀議大畧謂遷神南面設塑像皆非古况雄弼逵預融不當祀回參仍坐堂上其父列食兩廡間非不先父食義大成樂襲用漢魏雜律爲亂世之音又用立四代學學有先聖取佐先聖成德業者爲先師配焉此天子立學之法議入濂謫矣然洪武十四年國學成竟亦不設像而洪武二十九年從行人楊砥議罷楊雄祀進董仲舒豈亦有味

於濂之言歟其后沈濬著論以夫子作春秋削僭王斥子路以門人爲臣爲欺天必不欲身爲王文宣大成謚皆不稱且設像近於外教非其形甚不便敏政鐸在弘治間條議無繇等廡食嫌於子宜別立啓聖祠令與孟子父配程朱父及蔡元定皆宜從祀申黨冉何家語不載公伯寮愬子路疑非弟子列且釐正諸不當祀及諸祀者其說其詳亦稍稍用宋濂之遺云皆格於禮官議報聞及璁得君盡行其說而益推廣之上亦御製孔子祀典二頌示羣臣事在嘉靖九年中十二年二月丁巳釋奠初祀啓聖公夏欽定文廟樂章舊有曰宣聖聖者易宣以孔易聖以師於是從來尊孔子非其道及諸陋習嫌疑累朝所未及更者至此盡革雖聖人復起不易斯議矣洪武初正天下山川神號去爵從地從方不餙不瀆成祖益師其意其他多所釐正記曰雖有其位苟無其德不敢作禮樂焉信矣

江夏縣學在鳳凰山之陽按大觀學制宋初以縣附郭就州學別置一齋名務本紹興以後悉附於州學元因之明洪武初敎諭沈浩然拆創於黃鵠山北九年改楚府廣卑倉移平湖門內弘治戊午巡

按御史王恩謀諸撫臺閻仲宇徙置今所知府冐政實董其役踰年落成正德丁卯復圯提學陳鳳梧分守吳世忠分巡鄭岳葺之陳公自爲記嘉靖庚申迄隆萬間廵按吳伯朋提學張天復閻鯨撫臺李楨知府王儼邑紳熊廷弼賀逢聖相繼增修崇禎癸未燬於兵燹

國朝順治間知縣張其僑少加繕葺久之圯益甚康熙戊午撫臺張公朝珍登雄楚樓目擊愴然謀諸布政使徐公惺將大修之都御史王公新命繼至益加飭厲於是提學蔣公永修前後區二百三十

金合按察使吳公毓珍驛鹽道余公三汲糧儲道章公欽文知
府杜公毓秀知縣劉朝英暨紳士所輸助旭王花村黃貞載
者則邑人徐封英也然後廟廡門檽巍然復煥其在學
使碑中癸亥糧儲章知縣劉復捐金以易磚墻之半始
爲堅久而同知允公從時通判張公邑教諭杜士英張希
訓導魚鈇俱分俸助修後知縣洪國輔復修至康熙五十
一三年殿宇傾圮廡廊冉場闈邑紳矜公捐三年優免銀兩
欽請 各當事 後共用過銀四百八十兩零不
數士賢俱各樂助茲策捐補始得落成廟貌輪奐百
度完固可垂永久

四配

顏回字子淵魯人曾參字子輿魯人子思子名伋孔子之孫
之子孟軻字子輿漢書作子車鄒人是爲四配

十一哲

閔損字子騫魯人冉耕字伯牛魯人冉雍字仲弓魯人宰
予字子我魯人端木賜字子貢衛人冉求字子有魯人
仲由字子路一字季路卞人言偃字子游吳人卜商字子夏衛
人顓孫師字子張陽城人康熙五十一年
皇上以宋儒朱熹字元晦江南新安人羽翼六經發明聖道孔孟之後爲功鉅
特諭升配十哲是爲十一哲所遺廡位挨序升受

東西兩廡各十一楹從祀先賢先儒東從祀先賢三
十一位先儒十八位西從祀先賢三十位先儒十七位

東廡從祀先賢

澹臺滅明字子羽武城人原憲字子思檀弓作仲
憲宋人南宮适史記作南宮适家語作南宮韜字
子容魯人商瞿字子木魯人漆雕開家語字子
若蔡人史記字子開魯人樊須字子遲家語魯人
鄭云齊人公西赤字子華魯人梁鱣史記鯉作鱣
字叔魚齊人冉孺史記字子魯曾一作會家語作
冉儒字子魚魯人伯虔家語字楷一作子析史記

字子析魯人冉季字子產魯人漆雕侈字子斂史
記作漆雕哆魯人漆雕徒父家語作從字子文一
作子期魯人商澤字子秀史記作子季魯人任不
齊家語字子選史記字選楚人公良孺史記作孺
字子正一作子幼陳人奚容蒧家語字子皙史記
子皙文翁圖魯人正義衛人顏祖字子襄家語作
相魯人句井疆字子疆史記作句井正義作鉤井
闕里志字子野山東志字子孟衛人秦祖字子南
魯人鄭云秦人榮旂史記字子祺家語作祈字子
旂魯人左人郢史記字行家語作左郢字子行魯

人鄭國家語作薛邦史記訛薛爲鄭又避漢高帝諱以邦爲國字子徒魯人原亢字子抗家語作元亢字子籍史記作原亢籍正義亢作冗魯人廉絜史記字庸家語字子庸衛人狄黑家語字晳之一作子晳衛人孔忠字子蔑史記作孔子兄孟皮之子家語作孔弗公西蒧字子尚史記作子上魯人秦非字子之魯人申棖史記作申黨字周家語作續字子周文翁圖作堂後漢碑作棠鄭作續顔噲字子聲魯人

西廡從祀先賢

宓不齊字子賤魯人公冶長字子長家語作萇魯人史記齊人范甯云字子芝公析哀字季沈史記作公晳哀字季次索隱作公析齊人高柴字子羔史記衛人家語齊人司馬耕字伯牛家語作司馬黎耕與史記俱字子牛宋人有若史記字子若家語作子有魯人巫馬期字子期史記作巫馬施字子旗陳人顔辛史記作幸字子柳魯人曹卹字子循蔡人公孫龍家語作寵衛人鄭云楚人孟云趙人字子石秦商史記字子丕家語字丕茲魯人鄭云楚人顔高字子驕家語作顔刻魯人穰駟赤家語字子從史記穰作壤字子徒秦人石作蜀字子明家語作石子蜀秦人公夏守史記作首字子乘魯人后處史記后處子字子里家語作石□子字里之齊人公肩定家語字子仲史記作公堅定字子中魯人或曰晉人鄡單史記字子家家語作縣亶字子象徐廣作鄡單罕父黑史記字子索家語作宰父黑字索一字子黑魯人公祖句茲家語作公祖茲字子之魯人縣成字子祺家語作懸成字子横魯人燕級□子思史記作伋□人顔之僕家語字子叔史記字叔魯人樂欬史記字子聲正義

魯人家語作樂欣秦人叔仲會字子期文翁圖作噲家語魯人鄭云晉人邽巽字子斂家語作邦選史記訛邦爲邽文翁圖避漢諱以邦爲國魯人公西輿如字子上魯人施之常字子常史記作子恒魯人陳亢字子亢陳人琴牢家語字子開文翁圖字子張衛人步叔乘字子車齊人

東廡從祀先儒

左丘明魯人穀梁赤尸子作俶顔師古作喜字元始魯人生周末高堂生索隱字伯魯人生秦漢間孔安國字子國孔子十一世孫生漢武帝時后蒼

字近君東海郯人生漢宣帝時王通字仲淹隨龍
門人胡瑗字翼之海陵人生宋太宗癸巳邵雍字
堯夫范陽人徙河南生宋眞宗辛亥司馬光字君
實夏縣人生宋眞宗巳未程顥字伯淳洛陽人生
宋仁宗壬申楊時字中立將樂人生宋仁宗癸巳
羅從彥字仲素南劍州人生宋神宗元豐
[illegible]呂祖謙字伯恭婺州
人生宋高宗丁巳蔡沈字仲默建陽人生宋孝宗
丁亥許衡字仲平元河內人生宋寧宗時陳獻章
字公甫新會人生明宣宗戊申王守仁字伯安餘

姚人生明憲宗壬辰
西廡從祀先儒
公羊高齊人生周末伏勝字子賤鄒平人生秦漢
間董仲舒廣川人生漢景帝時毛萇趙人大毛公
享之子生漢武帝時杜子春河南人生漢哀平間
至明帝時韓愈字退之唐脩武人歐陽脩字永叔
廬陵人生宋眞宗丁未周敦頤字茂叔營道人生
宋眞宗丁巳張載字子厚郿人生宋眞宗庚申程
頤字正叔顥弟生宋仁宗癸酉胡安國字康侯崇
安人生宋神宗甲寅李侗字愿中劍浦人生宋哲

宗癸巳張栻字敬夫綿竹人生宋□宗乙卯陸九
淵字子靜金谿人生宋高宗巳未眞德秀字景元
一字希元宋浦城人薛瑄字德温河津人生明太
祖乙巳胡居仁字叔心餘干人生明宣宗甲寅
戟門三楹在冊墀前郎大成門按文廟門立戟始自
宋太祖明嘉靖九年詔改大成門爲文廟之門左
有名宦祠右有鄉賢祠各三楹諸祀附於府學並
設木主
泮池在戟門前池上有橋環池甃以石
櫺星門在泮池前謂櫺如星以通神明之氣也門外

有影墻墻左右有柵欄
按舊志載櫺星門謂櫺如星以通神明之氣裔昔
赴宦遊在監利縣署見監志殊不然云靈星即天
文所載天田星也主養龍之左角爲天田星王者
祈穀於靈星門靈訛櫺今并存之以俟博識者考
證焉
明倫堂五楹在先師廟後宋朱熹有銘堂東有存誠
齋西有至善齋庖廩饌堂附之齋前左右有禮門
義路二坊今俱廢
啓聖祠三楹在明倫堂後

配食

顔無繇字路家語顔繇字季路回之父曾點字晳家語字子晳史記作曾蒧參之父孔鯉字伯魚子思之父孟孫激公宜輔之父

從祀

程珦字伯温顥頤之父朱松字喬年熹之父蔡元定字季通沈之父周輔成敦頤之父

敬一亭在明倫堂後明嘉靖五年御製碑一通有箴今廢惟亭尚存

尊經閣在明倫堂東北明萬曆辛卯知府韓濬創建久廢

學舍舊制三所在尊經閣前江夏縣額派學租剩銀一十四兩内每新官到任動支七兩脩葺舊載全書

號舍在學舍前凡五十六間爲諸生肄業之所今廢

學門三楹在欞星門左

學基前至蓮池堤後至城墻袤叁拾丈五尺東至貢院墻西除舊議與撫院陸丈至撫院墻廣拾伍丈九尺前東角雲路坊西角順治坊後東角鳳凰山麓西角雄楚樓界

附典禮考

丁祭儀註

通贊唱各就位執事者各執其事陪祭官各就位分獻官各就位正獻官就位引贊引獻官至拜位唱就位通贊唱瘞毛血執事者捧毛血盤從中門出瘞於坎通贊唱迎神樂奏咸和之曲行四拜禮平身樂止奠帛通贊唱行初獻禮引贊至獻官前唱詣盥所唱酌水進巾詣酒尊所司尊者舉冪酌酒執事者執爵捧帛引贊引獻官由中門入朝上立唱詣至聖先師孔子神位前樂奏寧和之曲唱

跪奠帛獻爵俯伏興平身詣讀祝位唱跪通贊唱衆官皆跪引贊唱讀祝樂止維某年某月某日某官敢昭告於至聖先師孔子神位前惟師德配天地道貫古今删述六經垂憲萬世惟茲仲春秋謹以牲帛醴齍粢盛庶品式陳明薦詣復聖顔子宗聖曾子述聖子思子亞聖孟子配尚享讀畢通贊唱俯伏平身引贊唱詣復聖顔子神位前跪奠帛獻爵俯伏興平身詣宗聖曾子神位前述聖子思子神位前亞聖孟子神位前儀同通贊唱行分獻禮各引贊引分獻官各詣哲廡神位前儀同唱復位

樂止通贊唱行亞獻禮樂奏安和之曲引贊詣酒
尊所起以後俱如初獻自復位樂止通贊唱行終獻禮樂奏
景和之曲儀同亞獻復位樂止通贊唱飲福受胙引贊
至獻官前唱詣飲福位在讀祝所飲福酒受胙捧胙者
由中門出唱俯伏興平身復位謝胙行二拜禮通
贊唱徹饌樂奏咸和之曲執事者各於神案籩豆
稍移動通贊唱送神樂奏咸和之曲通贊唱四拜
禮興平身樂止通贊唱讀祝者捧祝奠帛者捧帛
各詣瘞所執事者各取祝帛先師帛從中門出其
餘從右門出通贊唱望瘞曲同送神各執事捧帛

祝往瘞所引贊詣獻官前唱望瘞待焚祝帛畢唱
禮畢

迎神奏咸和之曲無舞
大哉孔聖道德尊崇維持王化斯民是宗典祀有
常精純並隆神其來格於昭聖容

初獻奏寧和之曲有舞
自生民來誰底其盛維王神明度越前聖粢帛具
成禮容斯稱黍稷非馨惟神之聽

亞獻奏安和之曲有舞
大哉聖師實天生德作樂以崇時祀無斁清酤惟
馨嘉牲孔碩薦羞神明庶幾昭格

終獻奏景和之曲有舞
百王宗師生民物軌瞻之洋洋神其寧止酌彼金
罍惟清且旨登獻惟三於嘻成禮

徹饌奏咸和之曲無舞
犧象在前豆籩在列以享以薦既芬既潔禮成樂
備人和神悅祭則受福率遵無越

送神奏咸和之曲無舞
有嚴學宮四方來崇恪恭祀事威儀雝雝歆茲惟
馨神馭旋復明禋斯畢咸膺百福

望瘞奏咸和之曲無舞

啓聖祠儀註與文廟同減飲福受胙樂舞

祝文
惟公誕生至聖爲萬世王者之師功德顯著茲因
仲春秋特伸祭告詣先賢顏氏先賢曾氏先賢孔氏
先賢孟孫氏配尙享

鄉飲酒禮儀
每歲正月望日十月朔日於明倫堂舉行先期擇
郡邑中齒德之尊者啓請爲賓位於西北府正爲
主位於東南糧府爲位於東北虛介位於正南致

授爲司正位主後縣正學諭經歷二司列於東衆
賓列於西堂前設律誥位大門儀門內各設三揖
三讓牌座是日贊報賓至請迎賓主出大門揖讓
而入又揖讓而升賓主交拜布席就坐讀律揚觶
工歌鹿鳴三章南山有臺六章每章各進酒一賓
起拜辭望闕各謝恩仍揖讓而出贊報賓不顧矣

迎送科舉禮儀

生員有科舉者勿論正取遺材俱有科舉盤纏在
縣庠全書額載照科舉多少散給邑宰備盒醴於
縣堂兩人一席戲數齣飲畢縣備鞍馬送至關外

接官亭各私備鼓樂歸去盤纏裁此典尚有望於
作養斯文者

迎送新生禮儀

江邑儒童與考者歲科兩試每試不下三四千餘
先明進取者近二百名
國朝於康熙十七年汰裁僅取四名後准　臺臣疏
廣復巨邑十五名江夏額在巨邑中案揭進取者
另牌覆試試後擇吉赴學謁　聖邑宰備盒醴簪
花邑宰送至學謁　聖畢邑宰向學師交拜如父
兄之送子弟入學禮學師收公宴以待邑宰各乘
轎馬鼓吹而歸

修廟經費小脩江夏縣每年派銀伍兩大脩請詳院
道舊載全書
春秋丁祭先師廟釋菜祭銀兩載賦役全書
朔望香燭米銀載賦役全書
啓聖祠祭銀兩載賦役全書
廪膳裁剩銀　載賦役全書
舊相禮生員陸名歲給學田租銀陸兩
學田附兩院司道本府舊買王玥没官田坐落洪山
又買梁玉民田坐落九峰共稅叁頃玖拾畝每年

額定納租穀叁百玖拾石內除穀壹百叁拾壹石
捌斗壹升陸合堆佃自納糧差實上倉官穀貳百
伍拾捌石壹斗捌升四合專備兩學生員之貧者
婚葬支用載賦役全書及本縣黃册
撫院郭於萬曆二十一年買民陳宗孔王大才陳
阜田地據該府册報告退追價於二十二年轉買
陳鸞田地塘坐落招賢里横山村田稅玖拾柒畝
陸分貳釐該租穀壹百壹拾石內除穀貳拾柒石
堆佃自完納糧差實納官穀捌拾叁石收貯縣倉
聽撫院支給貧生餘地貳拾柒畝叁分該課銀壹

兩肆錢堆給佃戶傾作牛種之資餘塘伍畝捌分捌釐山壹段叁畝四分捌釐無租（載賦役全書及本縣黃冊歲填循環報撫院）

提學道買民何朝源田地坐落洪山寺前垌稅壹項伍拾畝止徵租穀陸拾石地壹段止稞銀柒兩俱收貯縣倉縣庫聽學道支給其本田所餘租穀尚多原議佃戶自納糧差不在官收租穀地銀之內（載賦役全書及本縣黃冊）

提學道買龍泉洪山等處共稅貳項柒拾陸畝壹分壹釐壹毫陸絲陸忽山貳段草塲壹段亦止納

租穀貳百零伍石伍斗收貯縣倉聽學道支給貧生禮生教讀本田稅糧亦佃戶自納不在官收租穀之內（載賦役全書及本縣黃冊歲填循環報提學道）

以上每歲實租穀陸百零陸石陸斗捌升肆合

地稞銀柒兩

學道高崇禎十五年買學田三處

一洪山貳拾玖石肆斗貳升貳合應完納官租貳百玖拾肆石貳斗貳升佃戶黃元之承納

一葛藤園叁石應完官租叁拾石

一南湖壹拾肆石壹斗柒升完租壹百壹拾叁石叁斗陸升佃戶苦秀峰承納

以上冊載正米[redacted]拾貳石陸斗玖升分作日戶寄籍上䝉附城興仁從善入丁肆丁一應條餉漕糧等項俱在租穀之內照時價扣筭餘穀赴縣交收聽候學道支給貧生

布政司翟順治十七年買徐步雲田壹百捌拾叁畝貳分陸釐計貳百柒拾叁坵又兌換鄭仁趾民田肆拾畝計陸拾坵共田貳拾伍石每年議租貳百石又山地伍拾塊課銀貳兩柒錢坐落來蘇二里一甲佃戶鄭仁趾承納丁米共銀

壹拾貳兩壹錢陸分柒釐內除地稞貳兩柒錢尚該玖兩肆錢陸分柒釐內除穀肆拾貳石又兌米壹石捌斗捌升該穀伍石叁斗陸升種穀壹拾貳石陸斗實納租穀壹百肆拾石

按院上官鉝買招賢村田玖拾畝叁分佃戶葉篤生等承納除完正賦外存租伍拾壹石伍斗肆升壹合赴縣收貯賑恤寒士

撫院順治中買田叁處計貳項柒拾陸畝壹分

一買彭中甫招賢村田肆石佃戶李闇生承納租穀肆拾伍石內扣壹拾叁石完糧餘穀候賑

一買喩田奎橫山田叁石本佃承納租叁拾石[illegible]
壹拾壹石完糧餘穀候賑
一買何信永豐里田壹拾捌石本佃承納租壹百
貳拾捌石伍斗內扣叁拾玖石完糧餘穀候賑

附

武昌府學在黃鵠山建置詳具府志康熙三十[illegible]年
布政司王公燕知府尤公汝照闕里志捐修祭器
樂舞祀典大備縣學有志未逮將以俟諸異日
芹南書院在府學前督學薛綱改社學今廢
濂溪書院在府學前舊爲社圃亭明嘉靖四十二年

都御史張雨改建崇禎六年直指白士麟移建於
於明月橋西右爲濂溪祠祠前鑿池引明月湖水
以種蓮池前有坊曰愛蓮壬午督學高世泰徵名
士讀書其中纂脩四朝文獻錄及世篤忠貞等書
顏其堂曰中興豪傑兵燹後廢
江漢書院舊在文昌門左督學葛寅亮集生徒講學
處後廢
國朝順治初巡撫林天擎左藩黃志遴右藩張爾素
翟鳳翥建忠孝門內取觀風首錄生入院課業多
提去者後開借爲公館康熙三十五年知府尤汝
申詳舉行月課以書院積穀定奬賞兼作義學分
守道劉公珩知府楊公懋紹更加意焉每月二次
不輟貢士劉映崧住院中
東山書院在黃鵠山東相傳東方朔讀書處今廢
清風書院在清風橋西巡撫張公朝珍即濂溪舊址
重建康熙辛酉知府杜公毓秀許委教諭張希良
督課江漢諸生杜公凡捐費三百餘金以資膏火
時知縣劉朝英復立七藝大會數課多士捐刻雄
楚首風課業希良亦助刻其平文教彬彬盛焉
義學在料廠下里許久廢今止存其址康熙四十三

年郡守楊公懋紹蒞任振興文教設義學四一在
賓陽門之龍華寺一在文昌門之鐵佛寺一在平
湖門之武當宮一在忠孝門之正覺寺擇兩學宿
儒董其教束脩一師每年二十金後先繼美是有
望於留心文教者後以訟簡刑清
特
陞本省驛臺優渥益隆新任郡守章公[illegible]基添設者
二一在新興一鋪崔公祠一在府學尊經閣禮延
宿儒教諭每年捐給束脩亦如楊驛臺之數文教
興焉
紫荆書院在小東門外紫荆山封碑下藩伯黃志遴

廷

雙孝祠漢尚書令黃文疆公余之五十一世祖也與
司空孟公武公後先以純孝麟炳史冊昔江之邑
人知祀恭武而云文疆爲德產孰知德安漢隸江
夏則文疆固江邑先達也奕葉相傳本支茂衍晉
分于新安唐分于祈閶宋分于秋浦迨明遜國時
侍中公以忠義殉節余少祖道安公遷于菊江舉
莊世守惟兹忠孝宗聲穀貽不墜歲庚子余綰兹
邑綏聞昔之祠恭武于東郊者迄成墟址嗟乎風
世之原可任竟沒乎因思文疆先恭武而擅美德

既合祔祀宜並承爰卜基於明倫堂右建數椽以
奉之顏其祠曰雙孝俾登堂而祀者觀感從生家
敦戶篤則兩賢芳軌豈遂爲士下古今之曇德也
哉建祠之義斯取斯耳如謂甕口長波爲余一人
敎本之所由起也則余豈敢塵瓿之餘規模草創
乃購祀田數畝爲蒸嘗可久之計踵事增華端有
望於後之君子云其祀田附紀一用價六十兩買
吳正邦民業坐落夾山二里土名吳勝壠水田計
種三石又地七塊計種五斗瓦屋二重四間大塘
一半隨田灌溉草場照田採打又茅山一坵載家

嘴起北麻秧灣止每年每年應納民賦米壹石貳
斗貳升人丁半丁山縣伍錢佃戶吳正啓吳正祥
承種每年納乾潔租穀二十七石送至楊橋河水
次交收又外納地稞銀二錢一本田付本學書辦
經理每年收租除完納錢糧外仍將穀價於春秋
次丁買備豬羊香帛醴儀届期請本縣本學致祭
胙聽頒送康熙四年乙巳仲冬之吉江夏縣知縣
黃雲會

劉公書院在忠孝門內先是大中丞劉公諱兆麒來
撫楚北重士通商恤軍愛民深仁厚德遐邇均沾

閤省士民戴之因建祠以祀生位後大中丞劉諱
殿衡即公子也兩世撫楚先後繼美亘古罕榮重
加修葺不特園廨亭榭花木池塘備極雅勝且使
我楚人得隨時瞻仰其豐功盛烈應與漢水長江
同垂永久也

江夏縣志卷之八

開元劉朝英重修
黃安張希良編纂
古越洪國輔續修
三韓陳萬策增修

建置

祠祀

自重黎絕地天通而祭禮謹秩祀非主山川有功德於民者不得濫牲幣焉所以袪惑溺而一之於典義也後世木居士飽神君瀆亂不經楚俗好巫多淫祀

自古已然而會城爲五方錯處地緇流羽客恒萃止焉往以福田因果怵誘愚俗琳宮梵刹歲異月新淫昏之鬼儼然血食其黷財害民何可勝道間嘗辨之社稷壇墠邑厲城隍旗纛諸祀載在有司者無論茨廟之祠三皇也無德不酬從來遠也劉先主關漢壽張桓侯諸葛武鄉張睢陽岳忠武姚蘇州樊兵部廖太常周鎮撫之廟食也忠也或有事於茲土或爲鄉之望宜也黃尚書孟司空雙祀所以敎孝也周㓗之特祀濂溪也四賢之合祀周朱二程也崇道學也濂溪楚產也附以姚江良知之學門戶岐非定論也屈原放逐繫心懷王禰衡徉狂不忘漢室其列祀也亦忠之屬也或以賈杜參屈祀亦各從其類也陶太尉之以咸康祀也馮大憲之以抑稅璫祀也是皆有功德在人者也宋大憲以火廣惠以旱文昌以文瘟毋以嬰埅武當長春以祝釐以鞭春雖非秩祀有其舉之莫可廢也若夫陸大憲之卒江夏也史無明徵也孫權魯肅周瑜君臣割據實漢賊也伍子胥賊楚者也范少伯功於越馬伏波績在五溪者也東嶽齊也蔣山吳也晏公淮也非天子方望不得而遍也橫江十大王以若洞庭君其無稽者也而綂志有江漢神

祠楚封也白馬廟桓侯忠烈廟武穆而志反失收也五顯之祀通乎天下或曰文昌或曰非也其實無所據也棘院左有小祠每當大比之八月毛血淋漓舉子走而祈者踵擊也而先師之釋奠無一至焉此惑之甚者也昔梁公爲河南巡撫奏焚淫祠一千七百餘所宋劉清之判鄂州諭止尚鬼之俗我
國家黜左道正人心薄海承風皆以反經興行爲務則考正祀典亦王道之所先也是者存之非者外之其名山古梵足供眺覽沿習而未能遽革者則附書之於此蓋有微權云志祠祀

社稷壇在縣北五里明楚藩祈穀祭纛處或曰宋朱
文公有記疑宋社稷壇舊址俗呼下壇
山川風雲雷雨壇在中和門外明楚藩主之
郡厲壇在武勝門外五里知府主其祭
府城隍廟舊在縣東明洪武中徙黃鵠山南祀晉車
騎將軍焦明景泰二年知府刁正重建提學韓陽
有記按康熙三十[redacted]年知府尤汶重修廟之右有
齋戒所各憲涖任俱於此齋宿今廢
旗纛廟在山川壇右每歲霜降先一日都司祭
江漢神祠在漢陽門樓上宋淳熙間通判劉靖以江

漢在境內宜為望祀乃為坎以祭之坎在靈竹寺
西後知州沈樞改祠於學又改今所祀久廢今歲
患江水宜復之
茨廟古三皇廟相傳漢孟恭武之所建也在孟城潘
濬有記
三義廟在縣西南祀漢昭烈帝及漢壽亭侯關羽車
騎將軍張飛
白馬廟在縣西祀蜀將張飛
關帝廟三在長街者巡撫林天擎建在小東門內者
為水口關帝廟劉宋時建在郊天臺者為卓刀泉
關帝廟
張王廟在縣前張巡守睢陽有保障江淮功故祀之
武侯祠在上壇張桓侯廟左祀諸葛武鄉侯亮
忠烈廟二祀岳武穆一在縣東五里旌忠坊公保護
上游有功乾道六年建廟於鄂賜今額嘉定中追
封鄂王知鄂州羅願以父汝楫為御史時嘗附檜
論飛不敢入廟一日自念吾政善姑往祠之再拜
卒於像前人疑飛之憾不釋明正德十四年都御
史吳公廷舉奏遷將臺驛布政使周公季鳳暨知
府沈暕即驛址建大學士楊廷和記云廟有柏數

株其一稍迫前簷萬曆丙申將葺拜亭而礙一夕
雷震柏死拜亭始成明季兵燹後僅存鐫像殘碑
在荒煙蔓草中者四十餘年康熙三十三年王二
十世孫宏譽提楚學政捐千餘金并募諸當事重
建委耆民楊啟明董其役今則煥然一新復捐俸
銀四十兩買官廖嘴民田一石五斗永為本廟香
火一在賓陽門青草坡萬曆中都御史李楨建
國朝康熙十七年都御史張公復祀費二十二年都
御史漳川王公重修有裔孫岳凌霄奉祠
孟孝感祠在縣東二里祀孝子孟宗宋紹興[redacted]建明

代遷武昌衛堂北郎宗故宅弘治初知府冒政改
建於大東門外白鶴山戊午御史王公恩以岳武
穆王合祀扁曰忠孝祠知府陳晦立石大學士王
鏊有記今武穆别祀其祠仍舊
表忠祠在仁受舖萬曆二年都御史趙賢檄知府李
向陽建祀明建文死難四臣安陸姚善以守姑蘇
約四郡勤王死應城樊士信以司馬郎守淮河死
襄陽廖昇以太常少卿編史不諱死沅州周拱元
以錦衣鎮撫檄護餉舟死尚書徐學謨有記後徐
勇附主於内

周子祠在武勝門外祀宋濂溪先生
四賢祠在賓陽門内祀周朱二程附以王文成先生
雙孝祠在縣學啟聖祠右祀黄尚書香孟司空宗知
縣黄雲會建訓導曾録重修
三忠祠在縣　祀楚三閭大夫屈原漢長沙傅賈誼
唐工部杜甫提學高公世泰建
鸚鵡寺在城南鸚鵡洲畔即禰衡遇害處居人憐而
爲之寺郭文毅有記按寺本爲正平建後以奉佛
正平像乃寄棲焉似當釐正
文昌祠二一在明月橋一在縣學啟聖祠左訓導曾録

忠義祠在縣北宋建炎間金騎渡江鄂守李誼嬰城
固守民賴以安後爲敵所俘遁投僧寺僧疑而殺
之百姓感傷爲建祠祀焉太守馬去疾以聞賜今額
馮大憲祠在縣西明萬曆中稅璫陳奉怙勢虐民所
在激變巡道馮應京命健卒縛璫使而投之江爲
璫所奏被逮士民泣送江干者數千人立祠祀焉
提學竇子偁有記
廣惠廟在文昌門外　舊名順濟龍王廟宋淳熙間禱
雨靈應賜今額
宋大憲廟在明月橋左漢宋無忌爲火精唐牛僧孺

立廟祀之禳火災本曰宋大夫避楊吳諱改今稱
唐韋建除武昌軍節度使將行夢一朱衣導從數
十詣韋曰公將鎮鄂者僕所居歎毀非公不能葺
治及至訪無忌廟其像如夢所見遂新之宋紹興
中知州王信復立明弘治己未火爇簷桷輒焚延
數十百家旬日十許次有飛鴉啣火裹以絮至則
扇以翼熛熖勃發率驍陀或露宿以伺知府冒政
訪有大憲廟在縣東七里禱之雨降火止乃移建
今處提學沈鐘有記俗名火星堂
痘母祠在金華山陰　明驛傳道丘履善以子佈痘感

神敕楚藩創建碑文具載其由崇禎季兵燹順治
康熙間總督羅公繡錦臬使閻公廷謨都御史張
公朝珍相繼增修

武當宫在黄鵠山南康熙三年火驛鹽道宋公可發
暨衆姓重建今爲祝釐之所

長春觀在縣東賓陽門外每歲郡守迎春於此

附録

玉虚觀在清真觀北二里許明洪武中道士簡志和
建

東嶽泰山廟在縣東將臺鋪南以祀東嶽

陸大憲廟在縣西南三里祀漢陸賈賈使南粤至江
夏而亡遂立廟統志謂按漢史本傳賈非道死或
因楚産郡人爲立廟爾或曰陸大夫楊吳避諱因
改稱大憲

江東廟吳王孫權破黄祖於沙羨建都武昌有德於
民世祀不絶

周公瑾祠在料鈔厰右今猶存其址

横江王廟在文昌門内沿稱祖廟明洪武中勅建俗
謂其神曰天符主瘟癘後圯
國朝康熙二十年知府杜公重脩邑人徐封英陳得
名董其事按廟爲魯肅故宅今尚有肅像

洞庭廟明萬曆己未知縣樊尚璟建郎小説家所傳
柳毅妻龍女同歸洞庭而世以爲神者也邑給諫
段然記樊令感夢事甚奇見譙記

胥應廟在城東五里自唐有之宋始賜今額郭祥正
詩三神鼎峙名謂伍子胥范蠡馬伏波也

蔣王祠在縣東祀金陵蔣山之神

五顯廟在貢院側按搜神記以聰明正直德五者而
顯也相傳陳理據武昌明太祖將兵克之五顯神
若爲陰兵導引因下令軍中立像祀之廟由是廣

每大比士子爭祀以白牲謂司文院或曰五行精
也

晏公廟在南門外明永樂中楚藩建神諱戌仔宋末
清江鎮人入元爲文錦局溺死勅封平浪侯

十大王廟在城内外横江其一也又有蒲圻大王俗
傳神本伍伯每夕陰取牲血灌杖端及杖血出犯
者多死久之行市中人見其足去地尺許因爲神
今譙樓西有蒲圻大王廟者是也原止小廟一間
今挖山鑿石創造佛舍僧房并爲過客停驂之所
然廟基實府學宫來脉培植而防護之有望於留

心文教者

草鞋大王廟在大教塲相傳神姓蔣名英本武昌衛世職爲人光明瑰偉善騎射以九月初十日生先一日登高劇飲馳馬於塲馬蹶神斃自是居民向夕卽聞操軍放砲聲聞諸都御史都御史乃大閱兵以驗之陳甫列忽白晝如晦風雨驟作軍士皆迷隱聞神索草屨急都院爲舉祭乃已上其事勅祀六纛之神每當武舉之歲士子相率焚不借以醮神如文塲之祀五顯云遂沿呼草鞋大王郡庠生蔣其祥貢生弘毅弘德等卽其苗裔也

魯子敬祠在城西江邊

賀公祠在府學前祀賀文忠公逢聖

陶侃廟在縣西北隅侃常鎭武昌卒於樊口百姓思之至　康中立廟有碑刻今爲關漢壽祠

忠節祠在縣南長街祀左都督徐勇順治閒勇以辰州之亂

勅贈太子太傅賜今額

江夏縣志卷之九

開元劉朝英重修

黄安張希良編纂

賦役志

禹貢荆州之域厥田惟下中厥賦上下漢書江南之民火耕水耨以漁獵伐山爲業故呰窳偷生而無積聚吾楚財賦以全省計之僅當三吳一巨郡有由然也江夏田不滿八千山鄉多确水鄉多瀆賦入少少佐縣官之急斯已難矣而地居衝劇供億之無時賓

孔之多故曾不得按籍而蹙費焉此往者郭太史所爲蒿目而憂也

國朝貢賦率准萬曆九年則例令錢糧悉歸四部於是易亂絲爲畫一而又無王田宗祿以困苦公私今雖大祲之後催科撫字神而明之庶幾人忘其勞矣

志賦役

明舊志成化八年

田賦

田地　柒千陸百叁拾玖頃玖拾貳畝叁升

稅糧　叁萬陸千陸百捌石伍斗有奇

南京農桑絹　壹百伍拾肆疋貳丈捌尺有奇

銀壹百捌兩肆錢
秋糧米壹萬貳千肆百肆拾玖石肆斗有奇銀玖千
伍百壹拾兩貳錢有奇
國朝賦役全書
原額田伍千捌頃捌拾壹畝伍分內
上中下叁則田肆千壹百捌拾捌頃伍拾陸畝壹
分貳釐陸毫叁則均泒
每畝科秋糧米陸升肆勺柒抄捌撮捌圭伍粒該徵
米貳萬伍千叁百叁拾壹石玖斗叁升伍合玖勺每米壹石併新加弓箭絃條泒徵銀柒錢壹分肆釐柒毫壹忽玖微柒塵伍纖柒渺

共該徵銀壹萬捌千壹百肆兩柒錢柒分肆釐柒
毫叁絲陸忽叁塵伍纖捌渺
每畝科夏稅大麥壹勺壹抄肆撮貳圭玖粒貳粟該
大麥肆拾柒石捌斗肆升玖合捌勺每麥折銀秋糧內帶泒
每畝科夏稅小麥叁合肆勺叁抄肆撮叁圭肆粒該
小麥壹千肆百叁拾捌石肆斗玖升壹合每麥折銀秋糧內帶泒
山鄉田貳百貳拾陸頃壹拾玖畝陸分伍釐叁毫
每畝科秋糧米叁升伍合壹勺陸撮陸圭該米柒百
玖拾肆石玖升玖合每石徵銀照前則例該銀伍百陸拾柒
兩伍錢肆分肆釐柒毫貳絲肆忽貳微壹纖肆渺
每畝科大麥陸抄陸撮叁圭壹粒肆粟該大麥壹石
伍斗每麥折銀秋糧內帶泒
每畝科小麥壹合玖勺玖抄叁撮伍圭捌粒該小麥
肆拾伍石玖升肆合壹勺每麥折銀秋糧內帶泒
水鄉田伍百玖拾肆頃伍畝柒分貳釐壹毫
每畝科秋糧米壹升柒合伍勺伍抄叁撮貳圭玖粒
共該米壹千肆拾貳石柒斗陸升陸合叁勺
每畝科大麥叁抄叁撮壹圭伍粒伍粟共該大麥壹
石玖斗陸升玖合陸勺此項水鄉田大小貳麥全撥歸更名地內算

每畝科小麥玖勺玖抄陸撮柒圭玖粒壹粟共該小
麥伍拾玖石貳斗壹升伍合壹勺全撥歸水鄉更名地算
叁則地叁千叁拾貳頃玖畝肆分陸釐肆毫
每畝科秋糧米壹升捌合伍勺捌抄叁撮貳圭肆粒
柒粟共該米伍千陸百叁拾肆石陸斗壹升陸合
肆勺內除撥歸更名地伍百壹拾肆頃貳拾伍畝陸分該米玖百伍拾陸石伍斗壹升肆合玖
勺叁抄肆撮外實該地貳千伍百壹拾柒頃捌拾叁畝捌
分陸釐肆毫實存米肆千陸百柒拾捌石壹斗壹
合肆勺陸抄陸撮每石徵銀照前則例共該銀叁千叁百肆
拾叁兩肆錢肆分捌釐叁毫陸絲壹忽柒微柒塵

伍纖玖渺

每畝科大麥叁勺伍抄壹撮壹粒捌粟共該大麥壹拾石陸斗肆升叁合貳勺（內撥歸更名麥壹石捌斗陸合柒勺陸抄）實存麥捌石捌斗叁升陸合肆勺（每麥折銀秋糧帶派）

每畝科小麥壹合伍抄伍撮貳圭貳粟共該小麥叁百壹拾玖石玖斗肆升柒合貳勺（內撥歸更名麥伍拾貳石肆斗貳升捌合玖勺伍抄陸撮）實麥貳百陸拾柒石伍斗壹升捌合貳勺肆抄肆撮（每麥折銀秋糧內帶派）

塘伍百伍拾貳頃壹拾捌畝肆分柒釐

每畝科秋糧米叁升貳合壹勺陸抄陸撮伍圭肆粒

該米壹千柒百柒拾陸石壹斗捌升柒合壹勺（每石徵銀照前則例）共該銀壹千貳百陸拾玖兩肆錢伍分叁釐柒毫貳絲捌忽叁塵捌纖叁渺

每畝科大麥陸抄柒圭伍粒捌粟共大麥叁石叁斗伍升伍合（每麥折銀秋糧內帶派）

每畝科小麥壹合捌勺貳抄陸撮陸圭貳粒陸粟共小麥壹百石捌斗陸升叁合伍勺（每麥折銀秋糧內帶派）

以上共科秋糧米叁萬肆千伍百柒拾玖石陸斗肆合柒勺（內貳斗以上起科官米共伍千陸百陸拾肆石壹斗玖升伍合柒勺壹抄又展城包砌無徵民田米叁拾玖石柒斗壹升柒合壹勺以上科官米貳百壹拾石捌斗捌升肆合玖勺壹斗以起科官民米貳萬捌千陸百陸拾肆石捌斗柒升玖抄）

肆項共米叁萬肆千伍百柒拾玖石陸斗肆合柒勺（內撥出水鄉田米並三則地內米壹千玖百玖拾玖石貳斗捌升壹合貳勺叁抄肆撮向係臨湘佃戶辦納租稞原入更名地徵收今歸本縣催輸）

實徵秋糧正米叁萬貳千伍百捌拾石叁斗貳升叁合肆勺陸抄陸撮（不分官民一體編差）

共科夏稅大麥陸拾伍石叁斗壹升柒合陸勺小麥抵米壹千玖百陸拾叁石陸斗壹升玖勺（科大小貳麥共貳千貳拾捌石玖斗貳升捌合伍勺內原撥出本鄉田地貳麥壹百壹拾伍石肆斗貳升肆勺壹抄陸撮併入秋糧米帶派）

實麥壹千玖百壹拾叁石伍斗捌合捌抄肆撮（貳麥折銀秋糧內帶派）

山伍千壹百伍拾捌頃貳拾玖畝叁分貳釐

每畝科夏稅絲陸分陸釐柒毫叁忽貳微陸塵壹渺

共該絲貳千壹百捌拾貳觔伍兩貳錢玖分叁釐叁毫叁絲（每兩絲併新加絹價派銀柒分貳釐肆毫玖絲玖忽玖微玖塵玖纖捌渺柒漠）

共徵銀貳千伍百叁拾壹兩伍錢叁釐柒毫陸絲貳忽

每畝科桑絲陸釐捌忽肆微叁塵肆纖肆渺共桑絲壹百玖拾叁觔壹拾壹兩叁錢貳分陸釐陸毫陸

絲每兩該銀叁分伍釐伍塵柒纖柒漠共銀壹百捌兩肆錢柒分陸
釐陸毫壹絲
以上田地塘山共壹萬叁千柒百伍拾壹頃叁
拾捌畝柒分伍釐肆毫內除撥歸丂各田地壹千壹百捌頃叁拾壹畝
叁分貳釐壹毫
實該田地山塘壹萬貳千陸百肆拾叁頃柒畝肆分
叁釐叁毫
共科秋糧米叁萬肆千伍百柒拾玖石陸斗肆合柒
勺內除原撥出更名水鄉米壹千玖百玖拾玖石貳斗捌升壹
合貳勺叁抄肆撮係臨湖佃戶斛納另徵起解外

實在秋糧米叁萬貳千伍百捌拾石叁斗貳升叁合
肆勺陸抄陸撮每石每年除優免外科則不等照額徵併新加每石該銀柒錢壹分肆釐柒毫壹忽玖微柒塵伍纖柒渺共徵銀貳萬叁千貳百捌拾伍
兩貳錢貳分壹釐伍毫伍絲伍塵壹纖肆渺
夏稅絲貳千壹百捌拾貳觔伍兩貳錢玖分叁釐叁
毫叁絲每兩額徵併新加該銀柒分貳釐肆毫玖絲玖忽玖微玖塵共徵銀貳
千伍百叁拾壹兩伍錢叁釐柒毫陸絲貳忽
桑絲壹百玖拾叁觔壹拾壹兩叁錢貳分陸釐陸毫
陸絲每兩該銀叁分伍釐伍塵柒纖柒漠共徵銀壹百捌兩肆錢柒
分陸釐陸毫壹絲

原額人丁貳萬伍千陸百壹拾丁每丁每年除優免外科則不等每
丁照額徵併新加該銀壹錢捌分叁釐伍毫捌絲
陸忽貳微捌塵叁纖陸漠
共徵銀肆千柒百壹兩陸錢伍分壹釐壹毫陸絲肆
忽壹微捌塵玖纖壹渺
以上田地山塘米麥絲人丁共額銀叁萬陸百
貳拾陸兩捌錢伍分叁釐捌絲陸忽貳微肆塵
伍渺
外派本色兌軍正米柒千叁百陸拾柒石貳斗內除
折色米叁千柒拾捌石伍斗貳升實徵永坐本色

正米肆千貳百捌拾捌石陸斗捌升每石耗米肆斗該耗
米壹千柒百壹拾伍石肆斗柒升貳合
萬曆肆拾陸柒捌叁年加增地畝玖釐餉銀共玖千
伍百陸兩玖錢玖分柒釐
戶部項下
夏稅折色起運
解南農桑絹壹百伍拾肆疋貳丈捌尺玖寸玖分每疋
正銀伍錢伍分損銀壹錢伍分共銀壹百捌兩肆錢柒分陸釐陸
毫壹絲
秋糧折色起運

京庫米伍千柒百捌拾陸石叁斗貳升柒合貳勺柒
抄叁圭玖粒每石折銀伍分該銀壹千肆百肆拾陸兩
伍錢捌分壹釐捌毫壹絲柒忽伍微玖塵柒纖伍
渺每兩損銀叁分滴珠銀壹分共京損滴珠銀伍拾柒兩捌錢
陸分叁厘貳毫柒絲貳忽柒微叁纖玖渺
兌軍折色米叁千柒拾捌石伍斗貳升每石連耗折銀柒錢共
銀貳千壹百伍拾肆兩玖錢陸分肆釐每百兩京損銀壹兩
貳錢共銀貳拾伍兩捌錢伍分玖厘伍毫陸絲捌忽
鹽鈔折色起運
解南戶口鈔正損共銀壹百伍拾伍兩肆錢貳毫陸

絲玖忽肆微伍塵柒纖貳渺帶閏銀伍兩壹錢捌
分捌忽玖微捌塵壹纖玖渺
夏秋本色起運
北京黃絹壹千柒百肆拾伍疋貳丈伍尺玖寸肆分每疋銀柒錢織費銀貳錢損銀貳錢共銀壹千玖百貳拾兩肆錢伍
分壹釐壹毫肆絲貳忽
新加絹價陸百壹拾壹兩伍分貳厘陸毫貳絲
一摘裁
宗祿折色併租銀共陸千柒百伍拾叁兩貳錢捌分
壹厘壹毫伍絲貳忽內除玖湖水鄉銀入湖洲條課款項下外實秋糧

派銀叁千肆百肆拾肆兩陸錢捌毫伍絲貳忽租
餉原議加損銀伍拾叁兩伍錢肆分肆釐肆毫
官役俸薪叁拾陸兩帶閏銀壹兩貳錢
民校銀壹百貳拾陸兩
賦役編舊冗款裁剩銀捌百玖拾肆兩叁錢壹分玖
毫貳絲
地畝玖厘遼餉銀玖千伍百陸兩玖錢玖分柒厘
禮部項下
秋糧折色起運
北京藥味正價銀壹拾陸兩肆錢伍分陸厘捌毫柒

絲伍忽每兩議京損銀肆分該銀陸錢伍分捌厘貳毫柒絲
伍忽
解南藥味價銀壹兩陸錢肆厘捌毫壹絲貳忽伍微
原無損解
兵部項下
秋糧折色起運
江濟水夫貳百伍拾柒名每名銀肆兩玖分伍厘共銀壹千伍
拾貳兩肆錢壹分伍厘每兩議京損銀壹分叁厘共銀壹拾叁
兩陸錢捌分壹厘叁毫玖絲伍忽
工部項下

秋糧折色起運

緞疋正銀壹百捌拾柒兩損銀貳拾捌兩遇閏加正損銀肆拾陸兩貳錢每兩議京損銀玖厘該銀壹兩玖錢叄分伍厘每年止帶徵閏銀壹拾捌兩肆錢捌分

弓箭絃條正價銀肆百貳兩壹錢肆分捌厘伍毫京損銀壹拾陸兩捌分伍厘玖毫肆絲

新加弓箭絃條正銀壹千柒百捌拾肆兩陸錢柒分玖厘柒毫京損銀壹拾陸兩陸分貳厘壹毫叄絲

天鵝正銀貳兩伍錢每兩加京損銀玖厘該銀貳分貳厘伍毫

狐狸皮正銀壹兩肆錢捌分陸厘陸毫貳絲每兩京損銀玖厘該銀壹分叄厘叄毫捌絲

夏秋本色起運

白硝麂皮叄百肆拾柒張每張價銀肆錢京損銀貳錢共銀貳百捌拾兩貳錢如遇折色之年每兩另派京損銀玖厘該銀壹兩捌錢柒分叄厘捌毫

胖衣褲鞋貳百柒拾柒副每副正銀壹兩貳錢水脚銀叄錢共銀肆百壹拾伍兩伍錢

綾紬紙價原未派

隨漕項下

楞木松板銀壹拾柒兩壹錢伍分肆厘柒毫貳絲

運糧官軍行月貳糧米壹千玖百肆拾伍石叄斗每石折銀肆錢該銀柒百柒拾捌兩壹錢貳分

叄陸耗蓆輕齎銀柒百玖拾叄兩肆錢伍厘捌毫每兩解淮損銀壹分該銀柒兩玖錢叄分肆厘伍絲捌忽

存留經制款項

總督

俸銀壹百伍拾貳兩壹錢柒分陸厘康熙柒年全裁

薪銀壹百肆拾肆兩順治拾肆年裁銀壹百肆拾壹兩壹錢柒分陸厘康熙柒年裁銀貳兩捌錢貳分肆厘

蔬菜燭炭等銀壹百捌拾兩順治拾肆年全裁

心紅紙張銀貳百捌拾捌兩康熙柒年全裁

操賞銀壹百兩康熙柒年全裁

撫院

俸銀捌拾肆兩柒錢

薪銀壹百貳拾兩順治拾肆年裁銀柒拾肆兩柒錢存銀肆拾伍兩叄錢

蔬菜燭炭銀壹百肆拾肆兩順治拾肆年全裁

操賞銀柒百兩康熙貳年全裁

布政司左堂

俸銀壹百貳拾兩伍錢捌厘

薪銀壹百肆拾肆兩 順治拾肆年裁銀壹百玖兩伍錢捌厘 存銀叁拾肆兩肆錢玖分貳厘

蔬菜銀捌拾兩 順治拾肆年全裁

右堂

俸銀壹百貳拾兩伍錢捌厘

薪銀壹百肆拾肆兩 順治拾肆年裁銀壹百玖兩伍錢捌厘 存銀叁拾肆兩肆錢玖分貳厘

蔬菜銀肆拾兩 順治拾肆年全裁

貳項存欵 俱於康熙貳拾貳年奉文准在湖南支給湖北原編銀兩改充兵餉

按察司　俸銀捌拾捌兩捌錢肆分

薪銀壹百貳拾兩 順治拾肆年裁銀柒拾捌兩捌錢肆分 存銀肆拾壹兩壹錢陸分

蔬菜銀捌拾兩 順治拾肆年全裁

守道

俸銀陸拾陸兩玖錢壹分陸厘

薪銀壹百貳拾兩 順治拾肆年裁銀伍拾陸兩玖錢壹分陸厘 存銀陸拾叁兩捌分肆厘

糧道

俸銀陸拾陸兩玖錢壹分陸厘

薪銀壹百貳拾兩 順治拾肆年裁銀伍拾陸兩玖錢壹分陸厘 存銀陸拾叁兩捌分肆厘

南學道

俸銀陸拾貳兩肆分肆厘 康熙元年全裁

薪銀柒拾貳兩 順治拾肆年裁銀貳拾玖兩肆分肆厘康熙元年裁銀肆拾貳兩玖錢伍分陸厘

布政司經歷司

馬夫壹名工食銀柒兩貳錢 順治拾肆年裁銀壹兩貳錢 存銀陸兩

本府知府

轎傘扇夫柒名工食銀伍拾兩肆錢 順治玖年裁銀捌兩肆錢

存銀肆拾貳兩

燈夫肆名工食銀貳拾捌兩捌錢 順治玖年裁銀肆兩捌錢 存銀貳拾肆兩

庫書壹名工食銀壹拾貳兩 順治玖年裁銀陸兩康熙元年裁銀陸兩

倉書壹名工食銀壹拾貳兩 順治玖年裁銀陸兩康熙元年裁銀陸兩

禁子陸名工食銀肆拾叁兩貳錢 順治玖年裁銀柒兩貳錢 存銀叁拾陸兩

同知

心紅銀貳拾兩

知縣

俸薪銀陸拾叄兩肆錢玖分順治拾肆年裁銀壹拾捌兩肆錢玖分存銀肆拾伍兩

心紅紙張銀貳拾兩

油燭銀壹拾兩順治拾肆年全裁

修宅家伙銀貳拾兩順治玖年全裁

迎送上司傘扇銀壹拾兩順治拾肆年全裁

吏書壹拾貳名工食銀壹百貳拾玖兩陸錢順治玖年裁銀伍拾柒兩陸錢康熙元年全裁銀柒拾貳兩

皂隸壹拾陸名工食銀壹百壹拾伍兩貳錢順治玖年裁銀壹拾玖兩貳錢存銀玖拾陸兩

門子貳名工食銀壹拾肆兩肆錢順治玖年裁銀貳兩肆錢存銀壹拾貳兩

馬快捌名工食併草料銀壹百肆拾肆兩順治玖年除草料不扣外裁銀玖兩陸錢存銀壹百叄拾肆兩肆錢

民壯伍拾名工食銀叄百陸拾兩順治玖年裁銀陸拾兩存銀叄百兩

燈夫肆名工食銀貳拾捌兩捌錢順治玖年裁銀肆兩捌錢存銀貳拾肆兩

禁卒捌名工食銀伍拾柒兩陸錢順治玖年裁銀玖兩陸錢存銀肆拾捌兩

修理倉墍銀貳拾兩

轎傘扇夫柒名工食銀伍拾兩肆錢順治玖年裁銀捌兩肆錢存銀肆拾貳兩

庫書壹名工食銀壹拾貳兩順治玖年裁銀陸兩康熙元年裁銀陸兩

倉書壹名工食銀壹拾貳兩順治玖年裁銀陸兩康熙元年裁銀陸兩

庫子肆名工食銀貳拾捌兩捌錢順治玖年裁銀肆兩捌錢存銀貳拾肆兩

斗級肆名工食銀貳拾捌兩捌錢順治玖年裁銀肆兩捌錢存銀貳拾肆兩

縣丞

俸薪銀肆拾捌兩貳錢貳厘順治拾肆年裁銀捌兩貳錢貳厘存銀肆拾兩

書辦壹名工食銀柒兩貳錢順治玖年裁銀壹兩貳錢康熙元年全裁銀陸兩

門子壹名工食銀柒兩貳錢順治玖年裁銀壹兩貳錢存銀陸兩

皂隸肆名工食銀貳拾捌兩捌錢順治玖年裁銀肆兩捌錢存銀貳拾肆兩

馬夫壹名工食銀柒兩貳錢順治玖年裁銀壹兩貳錢存銀陸兩

典史

俸銀叁拾壹两伍錢貳分

書辦壹名工食銀柒两貳錢順治玖年裁銀壹两貳錢康熙元年全裁銀陸两

門子壹名工食銀柒两貳錢順治玖年裁銀壹两貳錢存銀陸两

皂隸肆名工食銀貳拾捌两捌錢順治玖年裁銀肆两捌錢存銀貳拾肆两

馬夫壹名工食銀柒两貳錢順治玖年裁銀壹两貳錢存銀陸两

巡檢叁員　滸黄鎮　鮎魚口　金口鎮

俸銀共玖拾肆两伍錢陸分

書辦叁名工食銀貳拾壹两陸錢順治玖年裁銀叁两陸錢康熙元年全裁銀壹拾捌两

皂隸陸名工食銀肆拾叁两貳錢順治玖年裁銀柒两貳錢存銀叁拾陸两

驛丞伍員　夏口驛　將臺驛　東湖驛　山陂驛

金口驛查將臺驛康熙三十八年奉文裁歸於縣

俸銀共壹百伍拾柒两陸錢順治拾陸年奉裁夏口驛俸銀叁拾壹两伍錢貳分存銀壹百貳拾陸两捌分

書辦伍名工食銀叁拾陸两順治玖年裁銀陸两順治拾陸年裁夏口驛書辦工食銀陸两康熙元年全裁銀貳拾肆两

皂隸壹拾名工食銀柒拾貳两順治玖年裁銀壹拾貳两順治拾陸年裁夏口驛皂隸工食銀壹拾貳两存銀肆拾捌两

府學教授壹員

俸銀叁拾壹两伍錢貳分

訓導貳員

俸銀共陸拾叁两肆分康熙肆年全裁

喂馬草料銀叁拾陸两康熙肆年裁銀貳拾肆两存銀壹拾貳两

縣學教論訓導貳員

俸銀共陸拾叁两肆分康熙肆年裁訓導俸銀叁拾壹两伍錢貳分存銀叁拾壹两伍錢貳分

齋夫陸名工食銀柒拾貳两康熙肆年裁銀叁拾陸两存銀叁拾陸两

膳夫銀肆拾两廩生支領順治拾肆年裁銀貳拾陸两陸錢陸分陸厘陸毫陸絲陸忽柒微存銀壹拾叁两叁錢叁分叁厘叁毫叁絲叁忽叁微

門子伍名工食銀叁拾陸两康熙肆年裁銀壹拾肆两肆錢存銀貳拾壹两陸錢

學書壹名工食銀柒兩貳錢康熙元年全裁
喂馬草料銀貳拾肆兩康熙肆年裁銀壹拾貳兩存銀壹拾貳
兩
撥運
戶口內原額解提學道歲科考生員花紅試卷等
銀伍拾兩
府學生員科舉花紅銀壹百伍拾兩
曆日銀壹拾玖兩貳錢陸分叄厘
驛站
夏口驛站船水手貳名每名銀陸兩帶閏銀壹錢共銀壹拾貳

兩貳錢
一原設本縣合併將臺驛馬柒拾匹年該支工料
等銀壹千伍百玖拾陸兩肆錢康熙貳拾年拾
貳月貳拾日欽奉
恩詔復設馬貳拾匹年該支工料銀肆百伍拾貳兩
一原設支應銀壹百叄拾陸兩康熙貳拾年拾貳
月貳拾日欽奉
恩詔復設支應銀肆百叄拾兩
一原設東湖驛馬柒拾伍匹年該支工料銀壹千
柒百零貳兩貳錢康熙貳拾年拾貳月貳拾日

欽奉
恩詔復設馬伍匹年該支工料銀壹百壹拾叄兩
一原設支應銀壹百叄拾陸兩
一原設山陂驛馬柒拾伍匹年該支工料銀壹千
柒百零貳兩貳錢康熙貳拾年拾貳月貳拾日
欽奉
恩詔復設馬伍匹年該支工料銀壹百壹拾叄兩
一原設支應銀壹百叄拾陸兩
一原設夏口驛支應銀陸拾伍兩陸錢
一原設金口驛支應銀壹百肆拾兩

將臺驛館夫貳名每名帶閏銀柒兩叄錢貳分共銀壹拾肆兩
陸錢肆分
東湖山陂貳驛館夫各貳名每名銀伍兩帶閏銀捌分叄厘叄毫共
銀貳拾兩叄錢叄分叄厘貳毫
本府遞運所馬船修理銀壹百叄拾伍兩壹錢貳
分解驛道撥用
均徭
浮橋夫工食銀柒兩叄錢貳分
聽差皁隸捌拾名工食銀肆百柒拾貳兩帶閏銀柒兩捌錢陸分陸厘肆毫共
銀肆百柒拾玖兩捌錢陸分陸厘肆毫內應裁清軍捕

盗理刑聽差皂隸伍名又應裁本縣應役皂隸叁名共銀肆拾兩陸錢陸分陸厘肆毫入抵府縣經制又奉會議酌裁迎送皂隸壹年叁拾陸名工食銀貳百壹拾玖兩陸錢入抵本縣經制

議留迎送皂隸壹半叁拾陸名共銀貳百壹拾玖兩陸錢内存銀壹百陸拾捌兩捌錢玖分陸厘餘銀伍拾兩柒錢肆厘奉文撥補舖兵工食訖

各舖司徭編銀差壹百壹拾捌名每名銀陸兩帶閏銀壹錢永充力差壹拾名每名銀壹兩捌錢帶閏銀叁分原額共銀柒百叁拾捌兩壹錢内總舖徭兵貳拾貳名各衙門投遞公文東路將臺冷水常山土橋山口伍舖徭永兵貳拾叁名北路孟城橫山青山官屯肆舖徭永兵壹拾玖名南路長虹和尚北門石子紙坊獅子龍泉新市聚仙城信潘杲壹拾貳舖徭永舖兵陸拾肆名

各巡司永充弓兵壹百叁名除新議看守油坊嶺公館外實編

壹百貳名每名銀壹兩捌分帶閏銀壹分共銀壹百壹拾壹兩玖錢玖分陸厘奉文撥補舖兵工食訖

滸黃司撥守油坊嶺公館永兵壹名工食銀壹兩捌錢又每年修理銀壹兩共銀貳兩捌錢奉文撥補舖兵工食訖

原議修堤除東湖驛馬價内扣銀貳拾肆兩外實編銀壹拾捌兩奉文撥補舖兵工食訖

走遞夫馬

本縣走遞脚馬肆拾貳匹每匹銀貳拾陸兩帶閏銀肆錢叁分叁厘叁毫

共銀壹千壹百壹拾兩壹錢玖分捌厘陸毫

本縣排夫貳百肆拾名每名銀柒兩貳錢帶閏銀壹錢貳分内陸名入本縣轎傘夫外實走差貳百叁拾肆名共銀壹千柒百壹拾貳兩捌錢捌分　短夫銀貳百兩

祭祀襍支

本府儒學文廟二祭銀捌拾肆兩陸錢

啟聖祠二祭銀壹拾兩肆錢

名宦鄉賢祭祀銀壹拾兩

周子表忠二祠火星孟宗岳武三廟祭祀共銀貳拾陸兩肆錢康熙四十二年奉文設忠節祠一祭祀葉公暎涵在内勻支

郡厲壇叁祭原支府倉折項下米銀叁兩壹錢五分

郡厲壇叁祭共銀貳拾柒兩

岳武穆孟宗香火道士銀肆兩玖錢

兩學香燭米銀貳兩伍錢貳分

釋菜貳祭銀壹拾陸兩玖錢陸分

鄉飲貳次銀貳拾肆兩順治拾肆年裁銀壹拾貳兩存銀壹拾貳兩

府學廩生肆拾名共銀貳百捌拾捌兩廩生支領順治拾肆年裁銀壹百玖拾貳兩康熙貳年全裁銀玖拾陸兩

縣學廩生貳拾名各米壹拾貳石每石折銀陸錢共銀壹百肆拾肆兩廩生支領順治拾肆年裁銀玖拾陸兩康熙貳年全裁銀肆拾捌兩

本府歲貢花紅旗匾酒席銀壹拾兩

歲貢盤纏銀壹拾伍兩

學道歲考除搭廠銀陸拾兩各州縣協濟外試卷供應賞給等項共銀柒拾伍兩肆錢壹分順治拾肆年裁銀叁拾柒兩柒錢伍厘

存銀叁拾柒兩柒錢伍厘

歲貢生員正貢盤纏花紅旗匾酒席銀壹拾兩貳年壹次每年該銀伍兩原例本縣學拾年逓選每生給銀壹兩

科舉生員以伍拾玖名為率每名花紅銀玖錢酒席銀壹錢共銀伍拾玖兩叁年壹次每年該銀壹拾玖兩陸錢陸分柒厘遇有加增或於學田租穀或自理登報贖銀內湊給不許動支別項

科場謄錄書手貳拾伍名刊字匠肆名每名銀伍錢共銀壹拾肆兩伍錢叁年壹次每年該銀肆兩捌錢叁分叁厘

科場鋪陳銀叁拾兩叁年壹次每年該銀壹拾兩

新舊會試舉人以壹拾捌名為率每名長夫銀貳拾肆兩共銀肆百叁拾貳兩叁年壹次每年該銀壹百肆拾肆兩

按察司每年進表叁次每次撰表生員工食銀伍錢庭燎香燭銀貳錢共銀貳兩壹錢順治拾肆年裁銀壹兩伍分存銀壹兩伍分

兩院司道府縣年例門神桃符春牛芒神花鞭等項共銀貳拾陸兩順治拾肆年全裁

本縣應　朝覲盤纏銀正佐肆拾兩首領官貳拾伍兩該吏壹拾兩造冊紙劄工食銀陸兩共銀捌拾壹兩叁年壹次每年該銀貳拾柒兩順治拾肆年裁銀壹拾捌兩存銀玖兩

院司道府合用刑具銀叁拾兩按照數辦送

孤老伍拾玖名口口糧布花等銀共壹百貳拾叁兩玖錢

本縣供應銀叁百叁拾兩順治拾肆年全裁

司府縣堅犯囚糧原支府倉米折銀壹百貳拾捌兩伍錢貳分

備用實存銀陸百柒兩肆錢伍分玖厘

學田租穀

原額租穀陸百叁拾肆石地稞銀壹拾兩貳錢內因原買陳宗孔等田壹頃捌拾畝穀壹百捌拾肆石地壹頃捌拾伍畝地稞銀叁兩貳錢後告退追價復買陳鸞田地於額內少租穀柒拾肆石地稞銀壹兩捌錢實在穀伍百陸拾石地稞銀捌兩肆錢內兩院司道置買王明沒官田叁頃玖拾畝每年額定租穀叁百玖拾石內除穀壹百叁拾壹石捌斗壹升陸合升陸合完納官糧差實上倉穀貳百伍拾捌石壹斗捌升肆合備兩學生員及貧生婚塟支用萬曆貳拾壹貳年間奉撫院郭置買民陳宗孔王大才陳皋田地據該府冊報告退追價復買陳鸞田地玖拾柒畝陸分貳厘該租穀壹

百壹拾石內除貳拾柒石完納條銀實納官捌拾叁石地貳拾柒
畝叁分該稞銀壹兩肆錢給佃戶領作牛種外塘伍畝捌分捌釐山叁畝
肆分捌釐無租又學道置買民何朝元田壹項伍拾畝該租穀陸拾石地
稞銀柒兩俱收貯縣倉庫聽學校支用其本田糧差原議佃戶吳模自納不在租稞
地稞之內又撫院學田叁處共田貳項柒拾陸畝壹
分壹釐壹毫陸忽山貳段草場壹段每年納租
穀貳百伍石伍斗順治拾柒年佃民何信控告撫部內除穀叁拾捌石完納
錢糧以上實納租穀壹百陸拾柒石伍斗塡入循環呈報
撫院學道查考又新置騐田墾田叁石每年租穀叁拾
貳石內扣拾壹石本佃完納錢糧餘穀貳拾壹石赴縣交納奉學道票

江夏縣志　卷之九　賦役一　廿四

行備辦生員考試卷價茶菓引禮生員賞賜又前院買彭中甫民田
肆石共議租穀肆拾伍石內扣壹拾叁石佃戶交納錢糧何實
餘穀叁拾貳石赴縣交收又順治柒年奉　按院上
官査取無主田壹拾伍畝每年租穀壹拾石捌
斗內扣壹石伍斗完糧實該穀玖石叁斗又麥地貳拾伍
畝叁分每年租麥壹拾石內扣柒斗貳升玖合完糧實該麥
玖石貳斗柒升壹合此項田地共肆拾畝叁分查德原係岳廟田產初因
彼時無主承執故奉撥歸學租項下復因人民歸集乃有岳廟後裔岳凌霄呈控復業于康熙
拾肆年內奉前　撫部院張　批允歸還供祀開除學租節年學租逹
部冊內俱已扣除清楚訖理合登明又買朱仁田伍拾畝每年租

穀肆拾石內扣柒石付佃戶完糧實穀叁拾叁石叁項共
穀麥伍拾壹石伍斗柒升壹合赴縣交收聽支取給貧生不入
正項欵項
原額田地山塘壹萬叁千柒百伍拾壹項叁拾捌畝
柒分伍釐肆毫內除撥歸更名田地外
實田地山塘壹萬貳千陸百肆拾叁項柒畝肆分
叁釐叁毫
額載秋糧叁萬肆千伍百柒拾玖石陸斗肆合柒
勺內除原撥出更名水鄉米外
實徵秋糧米叁萬貳千伍百捌拾石叁斗貳升叁

江夏縣志　卷之九　賦役　廿五

合肆勺陸抄陸撮
額徵竝新加共銀貳萬叁千貳百捌拾伍兩貳錢
貳分壹釐伍毫伍絲伍塵壹纖肆渺
實夏稅麥壹千玖百壹拾叁石伍斗捌合捌抄肆
撮於秋糧米內帶泒
夏稅桑絲貳千叁百柒拾陸觔陸錢壹分玖釐玖
毫玖絲
額徵竝新加共銀貳千陸百叁拾玖兩玖錢捌分
叁毫柒絲貳忽
康熙拾陸年於籌餉期於有濟等事案內清出額外

民賦田地叁頃玖拾肆畝壹厘
科糧捌石貳斗肆升陸合伍勺捌抄壹撮陸圭陸
粒陸粟
該條銀陸兩壹錢壹分叁厘叁毫柒絲柒忽
康熙拾玖年於隱地之清察難用等事案內清出額
外民賦田地伍拾玖畝貳分陸厘貳毫壹絲
科糧貳石伍斗壹升叁合叁勺陸抄柒撮
該條銀壹兩捌錢陸分貳厘陸毫壹絲伍忽
原額人丁貳萬伍千陸百壹拾丁每丁每年除夏免外科則不等
額徵竝新加共銀肆千柒百壹兩陸錢伍分壹厘

壹毫陸絲肆忽壹微捌塵玖纖壹渺內康熙肆
年奉　文豁除運夫故丁叁百陸丁豁免丁銀
伍拾陸兩壹錢柒分柒厘肆毫貳忽陸微壹塵
陸纖叁渺陸漠
實在人丁貳萬伍千叁百肆丁
實徵銀肆千陸百肆拾伍兩肆錢柒分叁厘柒毫
陸絲壹忽伍微柒塵貳纖柒渺肆漠
順治拾肆年編審新增額外人丁貳千柒百柒拾捌
丁共增銀伍百肆拾捌兩壹錢陸分貳厘壹毫
貳絲玖忽陸微伍塵陸纖捌渺陸漠

康熙拾壹年編審新增額外人丁貳拾肆丁共增銀
肆兩肆錢陸厘柒絲柒微玖塵叁纖肆渺肆漠
康熙貳拾壹年編審新增額外人丁貳拾丁共增銀
叁兩陸錢柒分壹厘柒毫貳絲伍忽陸微陸塵
壹纖貳渺
地畝玖厘餉銀玖千伍百陸兩玖錢玖分柒厘
又籌餉案內清出遼餉銀貳兩肆錢柒厘柒絲
伍忽　又隱地案內清出遼餉銀柒錢叁分叁
厘肆毫伍忽
以上田地山塘丁糧竝玖厘遼餉及籌餉隱地

案內清出共銀肆萬柒百壹兩貳錢陸厘肆毫
捌絲肆忽叁微伍塵貳纖內除豁免運夫丁銀
伍拾陸兩壹錢柒分柒厘肆毫貳忽陸微壹塵
陸纖叁渺陸漠
實徵銀肆萬陸百肆拾伍兩貳分玖厘捌絲壹忽
柒微叁塵伍纖陸渺肆漠
起運戶禮工各部條遼冗欵及新增人丁竝籌餉隱
地案內清出共銀貳萬肆千貳百壹拾捌兩伍
錢肆分陸厘肆毫壹絲壹忽叁微伍塵貳纖內
除豁免運夫丁銀壹拾陸兩捌錢叁分壹厘貳

毫伍絲陸忽柒微陸塵柒纖陸渺

實徵銀貳萬肆千貳百壹兩柒錢壹分伍厘壹毫伍絲肆忽伍微捌塵肆纖肆渺內於康熙拾陸年為協濟徒多轉折改解實屬便宜懇請　題明以甦驛困事案內奉　部覆准將本縣驛站夫馬工料支應等項不敷銀五千貳拾肆兩陸錢伍分捌忽玖微陸塵柒渺貳漠先經派撥武昌咸寧通山崇陽興國大冶等州縣協濟今照數在於江夏縣正項內動支

存留各官役俸薪工食驛站祭祀並優歲貢等項

共銀玖千伍百貳拾壹兩壹錢肆分柒厘肆毫叁絲叁忽叁微內除豁免運夫丁銀貳拾玖兩陸錢柒分肆厘貳絲陸微肆塵捌纖柒渺陸漠

實徵銀玖千肆百玖拾陸兩肆錢柒分叁厘壹絲貳忽陸微伍塵壹纖貳渺肆漠

順治玖年裁各役工食銀貳百玖拾壹兩貳錢內除豁免運夫丁銀壹兩肆分叁厘柒毫捌絲

實徵銀貳百玖拾兩壹錢伍分陸厘貳毫貳絲

順治拾肆貳年裁各官役薪銀蔬菜油燭傘扇工食等項銀壹千玖百陸拾柒兩玖錢貳分壹厘陸毫陸絲陸忽柒微內除豁免運夫丁銀壹兩柒錢伍分叁厘貳毫陸絲柒忽

實徵銀壹千玖百陸拾陸兩壹錢陸分捌厘叁毫玖絲玖忽柒微

順治拾陸年裁驛丞俸食銀肆拾玖兩伍錢貳分內除豁免運夫丁銀壹錢柒分柒厘伍毫

實徵銀肆拾玖兩叁錢肆分貳厘伍毫

康熙貳元年裁各書役工食廩糧銀壹千壹百陸兩貳錢內除豁免運夫丁銀叁兩玖錢陸分伍厘壹毫陸絲

實徵銀壹千壹百貳兩貳錢叁分肆厘捌毫肆絲

康熙肆年裁訓導俸齋等項銀壹百捌拾兩玖錢陸分內除豁免運夫丁銀壹錢捌分陸毫伍絲玖忽

實徵銀壹百捌拾兩柒錢柒分玖厘叁毫肆絲壹忽

康熙柒年新裁總督俸紙操賞等銀伍百肆拾叁兩內除豁免運夫丁銀貳兩壹分叁厘貳毫柒忽貳微

實徵銀伍百肆拾兩玖錢捌分陸厘柒毫玖絲貳忽捌微

康熙貳拾貳年於移請俸薪案內奉　文布政司右堂俸薪准在湖南支給湖北原編改充兵餉銀壹百伍拾伍兩內除豁免運夫丁銀伍錢叁分八厘壹毫伍絲貳忽

實徵銀壹百伍拾肆兩肆錢陸分壹厘捌毫肆絲
捌忽
兵部江濟水夫額銀壹千陸拾陸兩玖分陸厘叁毫
玖絲伍忽
隨漕共銀壹千伍百玖拾陸兩陸錢壹分肆厘伍毫
柒絲捌忽
兌軍本色正耗米陸千肆石壹斗伍升貳合又於
籌餉案內清出額外正耗米壹石捌斗肆升陸
合壹抄肆撮又於隱地之清察等事案內清出
米伍斗陸升伍合貳勺壹抄叁項共米陸千陸

石伍斗陸升叁合壹勺肆抄又糧道條陳於肆斗外加耗米貳斗
順治玖年巡撫遲題請免加戶部覆奉旨除多加貳斗耗米於康熙拾
壹年奉文另正米壹石徵給贈貼米貳斗共
贈貼米捌百伍拾柒石柒斗叁升陸合
一更名地款項
原額長江佘家郭鄭湯孫嚴家減曾湖金口墻斧
頭粱子玖湖魚課銀壹千柒百肆拾玖兩柒錢
伍分肆毫外　順治捌年奉布政司發下代徵
嘉魚縣長河湖課銀壹百叁拾貳兩玖錢玖分
伍厘伍毫原係魚戶辦納新報王家港水課壹兩

外加玖厘餉銀柒兩壹錢貳分柒厘叁毫伍絲貳
微壹塵肆纖肆渺肆漠
康熙拾六年於籌餉期於有濟等事案內清出額外
更名田地捌拾柒頃玖拾貳畝貳厘捌毫貳絲
五忽
該租課銀陸拾兩肆錢柒分玖厘叁毫貳絲柒忽
五微
康熙拾九年於隱地之清察難周等事案內清出額
外水鄉更名田地共貳拾貳畝五分柒厘五毫
壹絲

科米壹斗柒升貳勺陸抄
該租餉銀壹兩壹錢陸分貳厘壹毫貳絲捌忽
康熙貳拾壹年於隱地之清察難周等事案內清出
額外更名田地玖拾叁畝肆分捌厘陸毫貳絲
該租課銀壹兩柒錢五分肆厘肆毫壹絲
康熙貳拾年開墾更名地叁頃叁拾五畝肆分陸厘
柒毫
科租陸兩叁分肆厘肆毫玖絲奉文六年後起科
代徵黃州衛屯田捌頃肆拾玖畝玖分陸厘陸毫每畝
科糧壹斗貳升共糧壹百貳石每石徵銀叁錢共銀叁拾兩陸

錢外於康熙柒年奉闔司每石加計料銀五分叁厘共實徵銀叁拾陸
兩陸厘佃戶辦納交布政司收
一蘆稞
各洲灘蘆洲地叁百陸拾柒頃肆拾陸畝叁分壹
厘壹毫
原稞銀肆百肆拾叁兩捌錢伍分捌厘順治拾四年崩卸缺稞銀五拾兩柒分五厘叁毫叁絲伍忽未經開除仍照原稞徵解
康熙叁年丈出地壹百玖拾柒頃肆拾叁畝伍分伍
厘貳毫叁絲增稞銀叁百陸拾捌兩柒錢貳分
伍厘肆毫玖絲伍徵陸塵

各洲除原納更名地外應納蘆課地伍百陸拾肆
頃捌拾玖畝捌分陸厘叁毫叁絲內除白沙洲不堪載課地肆拾柒頃陸拾貳畝柒分肆厘伍毫貳絲玖忽外
見在納課寄稀蘆麥地草塌草壋共伍百壹拾柒
頃貳拾柒畝壹分壹厘捌毫壹忽查由單刊載尾數係五忽肆徵課銀係六織今照達部由單改正理合聲明
共課銀捌百壹拾貳兩伍錢捌分叁厘肆毫玖絲
伍徵陸塵
康熙拾陸年新增蘆地叁拾叁頃玖拾畝玖厘
新增課銀肆拾叁兩陸分壹厘伍毫肆絲

康熙拾玖年新增蘆地玖頃壹拾壹畝玖分肆厘陸
毫玖絲
新增課銀壹拾壹兩九錢六分六厘捌毫叁絲一
忽捌徵
康熙貳拾年新增草地肆頃九拾伍畝壹分
新增課銀柒兩壹錢柒分壹厘捌毫
一康熙二十二年三月內為籌餉期於有濟等事案
內奉　撫都院牌准
戶部咨豁免馬家寄丈等洲崩卸原額蘆地四拾
陸頃陸拾壹畝玖分壹厘壹毫叁絲開除無徵

課銀玖拾伍兩捌錢陸分叁厘貳毫壹絲九忽
肆徵
實在蘆洲伍百壹拾捌頃陸拾貳畝叁分肆厘叁
毫陸絲伍忽四徵
實徵課銀柒百柒拾捌兩玖錢貳分肆毫肆絲貳
忽九徵陸纖
班匠匠戶自辦
起運
江南人匠實在納班一百七十四名四年一班該班每
名納銀壹兩捌錢遇閏加銀陸錢每年共銀壹百肆兩

肆錢解司充餉

一前欵起運　戶禮工各部項下動支正項銀伍千貳拾肆兩陸錢伍分捌忽玖微陸塵柒渺貳漠續於康熙貳十年十二月二十日欽奉
恩詔事案內復設該縣驛夫馬工料支應等項除坐支原裁站銀外止不敷銀叁千零壹拾肆兩柒錢叁分陸厘八毫八忽九微六塵七渺二漠照依恊濟徒多轉折等事之案仍將復撥武昌興
國大冶崇陽通山五州縣恊銀改解充餉江夏縣在於本縣正項動支

一崩塌田地銀糧於康熙叁拾玖年伍月內
制憲郭　爲仰請
皇仁酌行等事案內疏江夏屯里共崩塌銀貳百叁拾肆兩壹錢捌厘壹毫玖絲伍忽貳微陸纖貳渺叁漠於地丁等銀內除穀折餘銀並無徵班匠外實銀伍萬叁百柒拾貳兩柒錢叁分玖厘捌毫捌絲貳忽柒微捌塵捌纖叁渺肆漠每兩應均攤崩銀肆厘陸毫肆絲柒忽伍微壹塵柒纖伍渺玖漠零又漕米肆石肆升玖合叁勺伍抄玖撮零除楚漢藩等項原無額米不攤外應於原有漕米田地內每石秋糧攤漕米壹勺貳抄肆撮叁圭貳粒零

一藩產折穀銀兩於康熙叁拾玖年伍月內
制憲郭　爲更名之穀折太重等事案內疏將原額穀折銀柒百壹拾陸兩壹錢肆分捌厘捌毫亦照均攤崩塌例除另案崩塌並無徵班匠銀外應於實徵銀伍萬叁百柒拾貳兩柒錢叁分玖厘捌毫捌絲貳忽柒微捌塵捌纖叁渺肆漠內每兩攤銀玖厘柒毫壹絲肆忽玖微柒塵柒纖零

一城濠地租銀柒拾叁兩玖錢零原係關司徵收康熙叁拾玖年玖月十五日經前縣洪國輔於諮詢

利弊等事案內詳奉
督撫部院司道各憲批給縣徵以爲會城小修小補之費

金口等長港等一帶湖壋爲川湖商賈必由之道因有歲徵漁課銀玖拾陸兩零遂致奸民蟠插扦椿客編濠擋絕流而漁往往行舟遇之輒遭覆溺大爲民害從前雖經屢禁因法不及衆未絕根株今蒙
督撫部院特行訪拿勒榜禁革民害始除

江夏縣志卷之十

開元劉朝英重修

黃安張希良編纂

賦役志二

戶口

古諸侯歲上生齒之版於地官大司徒獻諸王王拜而受之藏於天府覼登耗以兆典衰用其力無過三日及嬴氏頭會箕歛濫刑峻謫括閭左之戍而天下騷然漢定口算百二十緡唐取庸絹三尺宋詔未成丁及老疾者免明初七十以上免一子養侍節婦免

徭役官故三年免徭皆務寬養生息幾固本而寧邦也江夏遭獻逆之亂生民屠殲靡有孑遺其繫於籍者半丘名耳

本朝生聚垂四十年彫敝之邑日蒸蒸起迄當編審增丁四十餘口登下之公頌聲作焉其賢於北海王成遠矣

明

成化八年戶壹萬陸百玖拾肆

口陸萬伍千伍百貳拾陸

嘉靖四十一年戶壹萬壹千肆百捌拾肆

口玖萬玖百伍拾叁

萬曆辛卯戶壹萬捌千陸百肆拾壹

口陸萬柒百玖拾叁

萬曆辛卯成丁貳萬伍千陸百壹拾

國朝人丁

原額貳萬伍千陸百壹拾丁每丁每年除優免外科則不等

內康熙肆年奉文豁除逕夫故丁叁百陸丁

實在人丁貳萬伍千叁百肆丁

順治拾肆年編審新增額外人丁貳千柒百柒拾捌丁

康熙拾壹年編審新增額外人丁貳拾肆丁

康熙貳拾壹年編審新增額外人丁貳拾丁

康熙貳拾伍年編審新增額外人丁貳拾貳丁

康熙叁拾年編審新增額外人丁叁拾貳丁

康熙肆拾年編審新增額外人丁伍丁

康熙肆拾伍年編審新增額外人丁伍丁

康熙伍拾年編審新增額外人丁陸丁

一前任大中丞劉公諱兆麒字瑞圖直隸順天府寶坻縣人下車慈祥愛民政簡刑清康熙初年間武昌府與江夏縣兩獄八府總滙解牧貧囚衆多額載囚糧無幾饑斃堪憐後　公歷任惻念圜扉重囚枵腹隨於康熙肆年捐俸置買五庄義田節年收租賑給年終造報自是府縣兩獄貧囚飽仁人之德無啼饑之虞歷經四十餘載由此而遞傳奕禩厚澤綿綿無巳是　公之芣棠遺愛直與方城漢水永垂於千秋萬世矣併將捐置各庄田畝數目附誌於後

一康熙四年買九峰官塘田一庄計種叁拾陸石每年額租叁百肆拾柒石地稞壹兩價銀捌百貳拾捌兩整

一康熙四年買紙坊張公渡地方田一庄計種壹拾陸石每年額租壹百陸拾石地稞貳兩壹錢價銀肆百兩整

一康熙四年買紙坊鹿老山田一庄計種五石捌斗每年額租肆拾陸石地稞壹錢肆分價銀壹百壹拾陸兩整

一康熙四年買小塔寺田一庄計種壹拾叁石每年額租壹百壹拾柒石地稞無　價銀貳百捌拾陸兩

一康熙陸年續買九峯土橋地方田一庄計種壹拾捌石叁斗捌升每年額租壹百捌拾叁石捌斗地稞陸錢價銀叁百伍拾捌兩整

以上五庄義田共捌拾玖石壹斗捌升每年額租捌百伍拾叁石捌斗作三股分派府貳縣壹收賑貧囚其本田每年錢糧共肆拾陸兩柒錢在於江夏縣額載存留囚糧銀內扣存該縣完納並將伍庄田畝另立戸頭名曰施仁至每年糧

米共捌石伍斗伍合亦照府貳縣壹完交再此田一應雜項差徭飭令因公免派田如遇天乾水淹俱照民田一例蠲免

康熙肆拾柒年玖月貳拾捌日知武昌府事加二級楊懋紹同江夏縣知縣陳萬策付梓

江夏縣志卷之十一

開元劉朝英重脩
黄安張希艮編纂
古越洪國輔續脩
三韓陳萬策增修

賦役志

水利

江夏之得名也以水吞湘澤之浩森扼彭蠡之咽喉故稱夏口江與夏滙其間瀦爲湖漾爲津別爲沱洑爲渚沼沚溪澗魚蝦蠃蛤茭菰菱芡萑葦蘆蒲之産

所在都有而料鈔廠歲榷不下萬金然岷嶓建瓴而下往往横决有城壞壓境之憂所恃以捍蔽者江岍也明正德萬曆間岍石崩弛墊溺幾不可支郡守韓公脩之費一千四百有奇其後復圮郡守張公請於御史史公大修之費贖鍰五千金自王惠橋至閱兵樓長一千一百三十五丈高廣四丈有奇凡用石十萬松椿一萬二千一百松片二千一百有奇俱錮鐵鈐之鐵凡千百斤有奇又鑄四鐵犀以鎮焉於是江患少戢今俱嚙蝕無餘矣聞往者以艤船載石歲爲倍增郭太史記張公脩岍事亦云因石於繁昌因檝於舟師久之以岍堅遂輟今不循其舊未易言與庀也自金口下至金沙洲所恃以限隔江湖而免數百里内於巨浸者新舊長隄也忠愍熊公倡建逶迤二百里費可六千計近亦大壞歲役二十四里之民力不能塞漏卮也此非及時脩舉害之不圖利於何有踵石韓諸君子之跡是所望於守土者志水利

大江自嘉魚入境會沔水流然大江遍繞會城舊恃金沙洲障之項來洲徙水泛横流直衝江岍侵齧城趾岍石崩陀亟宜甃治以防城患

金沙洲詳具山川

隄防

江堤四邑長堤詳具藝文

長堤一名花隄詳具建置

郭公堤自長街東至新開路二里詳具建置

萬金堤詳具建置

路堤詳具建置

料鈔

長江關稅舊例布政司委官抽收解司

國朝專屬武昌府清軍水利同知職掌設立料鈔廠在漢陽門外夏口每年額解料鈔銀壹萬兩有零

自軍興以來商賈不前同知牛公亢公徃多詰蟄
康熙二十一年庀代覘知府杜公攝理皆以疏商
剔弊聞

湖洲雜課

梁子等九湖　漁稞銀壹千捌百捌拾叁兩柒錢肆
分伍厘玖毫
梁天字號坐落來蘇三里龍泉二里　漁稞銀叁
拾壹兩玖錢叁分陸厘捌毫捌絲
梁地字號坐落夾山三里　漁稞銀柒拾陸兩玖
錢柒分玖厘伍毫

梁元字號坐落積善里　漁稞銀叁拾貳兩貳錢
貳分貳厘伍毫
梁黃字號坐落湘東二里　漁稞銀叁拾叁兩貳
錢柒分叁厘叁毫
梁宇字號坐落三城三里　漁稞銀叁拾兩伍錢
玖分伍厘伍毫
梁宙字號坐落西徑里　漁稞銀叁拾兩壹錢柒
分捌厘壹毫伍絲
家湖坐落從善村　漁稞銀壹百貳拾玖兩玖錢
肆分叁厘陸毫內有伍兩肆錢在都撫湖坐落藩
司後
嚴家湖坐落永豐里　漁稞銀捌拾貳兩壹錢陸分
金口壋坐落修賢里　漁稞銀玖拾陸兩捌錢壹分
玖釐叁毫陸絲
金東西水係代徵嘉魚蒲圻咸寧三縣　漁稞銀壹百陸拾陸兩
叁錢肆分壹釐捌毫貳絲
湯孫湖坐落夾山一里　漁稞銀壹百兩零捌錢伍
分
石嘴長江總坐落修賢里　漁稞銀伍拾玖兩捌錢
肆分

青江總係代徵嘉魚蒲圻咸寧三縣　漁稞銀陸拾陸兩伍錢
青山長河坐落橫山里　漁稞銀伍拾玖兩捌錢肆
分
簰洲長河坐落嘉魚縣　漁稞銀陸拾陸兩伍錢
嚴西湖坐落招賢里　漁稞銀捌拾貳兩壹錢陸分
青林黃家湖坐落下恩一里修賢二里　漁稞銀壹
百零伍兩捌錢玖分
南湖坐落附城里　漁稞銀柒拾肆兩肆錢叁分
賽湖坐落從善村里　漁稞銀貳拾玖兩捌錢肆分
魯東湖坐落修賢一里　漁稞銀玖拾捌兩肆錢叁

分

魯西湖坐落修賢二里　漁稞銀壹百叁拾貳兩玖錢壹分肆釐

斧頭湖坐落湘東一里　漁稞銀壹百柒拾兩

郭鄭湖坐落保安二里　漁稞銀壹百叁拾壹兩壹錢貳分

黃鶴洲坐落大江王楚良等承納　額銀貳百叁拾兩零陸錢陸分叁厘壹毫陸絲　地壹百陸拾玖頃柒拾畝零捌分伍釐壹毫

馬家洲坐落青山大江胡我賓等承納　額銀貳百兩零柒錢捌分陸厘貳毫　地貳百貳拾壹

頃叁拾玖畝陸分玖厘伍毫伍絲伍忽　康熙貳拾貳年叁月奉文豁免崩卸蘆地具載全書

老李黃絲洲坐落大江李廷月等承納　額銀柒拾貳兩壹錢伍分柒釐肆毫壹絲　地叁拾捌頃伍拾陸畝玖分叁釐陸毫捌忽

浮泥洲坐落大江高斬承納　額銀伍拾伍兩零壹分陸釐陸毫柒絲　地叁拾叁頃壹拾貳畝玖分叁釐肆毫

蔡子沙洲坐落青山大江邊曾登二等承納　額銀陸拾柒兩玖錢貳分叁厘貳毫伍絲　地肆拾壹頃叁拾捌畝壹分零柒毫

蔡磯灘坐落大江張常懷承納　額銀捌兩伍錢貳分捌釐玖毫捌絲　地陸頃零柒畝玖分玖釐玖毫

邊洲坐落大江邊萬從賢承納　額銀貳兩捌錢零捌釐叁毫陸絲　地壹頃玖拾叁畝玖分叁釐柒毫

泥灘泥坐落大江邊曾爾俸承納　額銀貳拾陸兩玖錢玖分柒釐肆毫伍絲　地貳拾頃壹拾玖畝伍分柒釐伍毫

泥灘舌頭洲坐落大江朱世貴承納　額銀捌拾肆

兩柒錢貳分陸釐陸毫玖絲柒忽貳微肆塵　地伍拾玖頃貳拾伍畝捌分叁釐壹絲捌忽

沙坡寺洲坐落大江錢承寧承納　額銀叁兩陸錢肆分叁釐陸毫叁絲　地壹頃捌拾貳畝伍分叁釐伍絲

上下泥洲坐落大江邊袁蔡張承納　額銀拾兩壹錢肆分柒釐肆毫玖絲叁忽捌微貳塵　地肆頃叁拾伍畝陸分壹釐伍毫陸絲叁忽

小嘴地洲坐落邊江楊杷承納　額銀叁兩肆錢肆分玖釐柒毫玖絲肆忽玖微肆塵　地貳頃柒拾

伍畝壹分陸釐貳毫貳絲叁忽

地嶺百姓洲坐落大江邊周科稅承納　額銀貳拾兩玖錢壹分貳釐陸毫　地柒項陸拾捌畝伍分貳釐捌毫壹絲柒忽

木鵝泥洲坐落大江邊黎先寬承納　額銀壹拾貳兩壹錢捌分壹釐柒毫陸絲　地柒項貳拾叁畝肆分壹釐叁毫壹絲柒忽

洑青埠坐落本埠胡金承納　額銀貳兩陸錢肆分　地壹項柒拾陸畝

順治拾陸年冊報蘆洲地叁百陸拾柒項肆拾陸畝

壹分壹釐壹毫

額稞銀肆百肆拾叁兩捌錢伍分捌釐順治拾肆年崩卸缺稞銀伍拾兩柒分伍釐叁毫未經開除仍照原稞徵解

康熙叁年查丈得各洲原納藩租地外應納蘆稞地伍百陸拾肆項捌拾玖畝捌分陸釐叁絲內除白沙不堪載稞地肆拾柒項陸拾貳畝柒分肆釐伍毫外現在納稞窖蘆稀蘆麥地草塌草嘗共伍百壹拾柒項貳拾柒畝壹分壹釐捌毫共稞捌百壹拾貳兩伍錢捌分叁釐肆毫

白沙洲坐落大江承佃呂葉陳楊　載洲地肆拾項壹拾壹畝叁分　載銀貳百肆拾伍兩壹錢內除崩卸無徵銀壹百壹拾肆兩捌錢伍分陸釐壹毫

楊林洲坐落黄岡縣界承佃魏楊　載洲地壹拾玖項柒拾壹畝　載銀壹百零柒兩壹錢壹分內除崩卸無徵銀陸拾貳兩捌錢玖分伍釐伍毫

沙口坐落黄岡縣界承佃周吳何　載麥地叁項柒拾陸畝捌分柒釐　載銀貳拾兩肆錢捌分

吊尾洲坐落黄岡縣界　載洲地叁項肆畝壹分

載銀壹拾陸兩伍錢貳分叁釐

龍坑洲坐落黄岡縣界承佃尉王惠　載洲地叁項貳拾叁畝肆分　載銀壹拾柒兩伍錢柒分

蘆洲沙包坐落馬家洲頭承佃潘先　載洲地陸項玖拾玖畝貳分　載銀叁拾捌兩

新溢洲坐落金沙洲尾承佃高張　載洲地柒項捌拾陸畝玖分　載銀肆拾伍兩伍錢肆分

墩子湖東西馬池董家塘坐落中和保護承佃陳魏羅　載稞伍拾肆兩　頃畝無

王家港坐落湖東三里　水稞銀壹兩

陂塘附

陂之屬五　西徑村二　來蘇村一　三城村一

湘東村一　塒之屬四　保安村一　西徑村一

永豐村一　湘東村一

江夏縣志卷之十二

開元劉朝英重修
黃安張希良編纂
古越洪國輔續修
三韓陳萬策增修

風俗志

五方之風土不同而俗亦因之以異北土高而民俗多勁南土卑而民氣多柔其大較然也楚界南北之交而江邑得地氣之中故剛毅激發近於北仁柔退讓習於南特民不知濟以中和每多偏出之患而俗亦純雜相半若因其雜而矯之以純則高明柔克沉潛剛克庶幾哉淳古敦龐之習不難復見於斯邑然俗之漸民久矣相剛柔緩急之序而調濟之是在移風易俗之君子志風俗

郭太史風俗志云漢書謂楚俗呰窳而無積聚則莫吾邑爲甚吾邑不滿百里當省會衝而租稅半以食諸侯王其餘山爲複嶺澤爲巨浸稻苗之場十不三四有田之家亦不躬畎畝難置產而輕棄業故田廬不一二代而數易主俗不喜入公庭白首不見官司畏避訟事不喜偵吏長短與市廛之人

不能道官府姓字自郡邑藩臬及兩臺制使吏投胥徒盡黄岳之人吾邑百無一二即有之亦不能因緣爲奸故嘗衡論楚民其膏田腴澤沃衍湖陂旣收五穀糴放輕重之利而又擅果蓏漁葦之饒者邑之人也其薄田塉瘠比於寢丘子孫不能世業者流戸也其自鹽商之牙儈絲帛之鄽肆魚米之市魁肥其妻子雄闤里中則徘優侏儒寸積銖累屋潤身肥者游人也其閉門而胥坐戟手而鬪行者邑之人也皓首公庭弄文巧比株連茹引屨絲剌繡高門踼食者客籍也出則不能當人意語則

不能達事情有事則甘爲人侮同事則甘爲人愚者邑之人也一挂訟諜其餙繁言以愚聽斷造蜚語以嚇有司運神奸以逼胥吏者流人也期期而入雅雅而出寧受枉誣服而不一吐氣者邑之人也庠膠之士執羔鴈以游大人漁陳言以博各高樹私交而相標榜者借籍也其悃悃欵欵抱不見之節以獻身爲耻者邑之人也然吾邑淳龐之氣雖以五方人雜揉其間數百年而不變即彼於此長子孫一二世後其習氣與邑人同矣將山川之風氣使然哉然五方之民流寓發身者亦旋起旋

廢其以詩書起家簪纓奕世盡吾邑之人故自洪永以來屬跡仕版者流寓百無一二蓋吾邑土著之人拙於豐殖而敦於誦讀躋於武健而固於仁柔短於逢迎而亦自優於仕學矣歲時吉凶之禮家自爲俗婚姻不計妝奩葬瘞不計風水合族多葬先隴以爲美事祭祀士大夫半用家禮閭閻半循佛事清明掃墓七月七日臘月除日祭先祖端午龍舟競渡不改荆楚故習多張旗幟擊鼓迎神以爲儺其他上巳重陽中秋歲時俗尚無異他郡郭太史曰余聞先大夫言往諸侯王之祿肥民間

利爲婚姻凡民之秀不事學問今宗祿寡約民間以誦讀爲美事闤闠詩書矣此一變也往者黌序之老儒治一經而外不問他學縉紳先生懸車之後心不雜異教目不識異書今五尺之童文章自命稍離本業唆口雕蟲矣又一變也弘成之際居人不知仕宦爲榮其有躋膴仕涉華津者輒與分庭抗禮或老死不相往來以爲志節然亦不相妬嫉不相淩犯今四方流寓者稍迎合其間而混沌之竅不無少鑿或悅羶而嚇腐矣不然而無賴惡少或有所憑以爲城社或有所藉以爲神藂而縉

紳先生束手避之矣又一變也大凡吾邑之人仕則尚氣而不爲遇合孤立而不爲黨援處則循出而不與公事其小民緘訥而不能道長短易厭而不廣爲貨殖上之人長養而芟剔之去其蟊賊剪其根荄庶乎仁里矣

張太史風俗志云剛柔緩急繫乎水土謂之風好惡取舍隨乎君上謂之俗入其國覘其風俗之貞淫而政治之得失可憑而知也故輶軒尚焉江夏舊俗載在史策及郭文毅所論著詳矣然其間質文之相推盛衰之相盪性習之相雜主客之相揉亦

有月異而歲不同者請言其畧隆萬以前人尚素樸其時士大夫家未嘗有園池宅第輿馬竹肉羅綺粉黛之麗以予所見崇禎間豆觴衣服之制猶有古法而其後乃濡靡相漸也王孫貴胄席累世之餘蔭不復知物力爲可靳殫欲窮驕轉相慕效庶人屋壁塗丹堊高門連苑擬於王侯尋常一讌飲徵優伶錯山海費以中人之産甚者棹楔之崇濫於輿臺製錦之字施及童穉而喪塟尤爲不經哀戚之情衰塗飾之節備歌挽芻靈酒食旌幢伊蒲塞桑門黃冠青鳥之費相耀相軋其親死率以爲蕩家隳業之患少不具傍人即得引不孝以律之習俗移人賢者不免此質極而文之敝也往者啓禎際承累朝富庶之餘烟火欝葱舟車輻輳公私裕如維時寇氛四起鄂獨以一江屏蔽衣冠士女厚藏之族多歸之濂溪之絃誦相聞大堤之花月相望可謂極矣洎癸未羅獻逆之禍衣冠文物掃地無餘本朝定鼎生養休息垂四紀於兹而一困於土庸之輓輸再困於滇黔之致武章縫家往多輟棄詩書謀生徙業委巷之細民朝而荷肩夕還捧腹甚有腴區美宅曩以尺寸量金今且候伺

富人之門庭懷券漫滅曾無售者此盛極而衰之敝也楚俗剽悍自古巳然鄂爲甚昔崔郾治虢以寬而治鄂則以嚴爲此也今三尺之童荷擔之夫猝與士大夫相遇不知遜避少加訶則反唇而相稽比閭中一語牴牾攘臂而起訐詐上及天親咆哮撇烈之狀萬夫莫敢當及至公庭俛而也近則頻經兵革狎與健兒處膽智益充獷狠之氣雖三尺無所畏此性成於習之敝也圖策云五方雜寓家自爲俗卽郭志所條流人邑人猶有鑿枘之殊焉今則混而一矣漏網之魚冠翼之虎奮其筆舌

以煽我良人表裏爲姦常不可致詰而民俗因以大壞又沔漢之通人浮家梗寄猾賊健訐勢亙右於土著時方銷兵山海歸命之雄皆得實逼處此其爲紫色蠅聲淆緐近墨憂將大焉此王移於客之敝也惟舊志云士子以文辭相尚今庠序彬彬稱先道古猶有郭文毅之遺風然鶩聲名而佚邊幅篤于閭者亦寥寥也至好巫尚鬼祈賽之煩黷於秩祀福田之費急於嚢殓委金錢於無何有之鄉愚妄惑溺莫可斷防昏禮人倫之本贅壻重財已爲猥薄而甚且有不親迎者於正始之義不已

蹂乎若夫俚俗之訛姊毋而姑女必也正名安得以是爲細故也然山川曠莽故其土風激烈雖負氣難馴亦無依阿澳忍之習一變至道其力甚易又士女敦愨駘椎出城闉數里即不復識路語以五穀播種詫爲異聞居然太古而市民華山民樸流入儈邑人靡即世變風移要未離其大致也

江邑風俗見之兩太史之論著詳矣其眞其似必有能辨之者姑撮其近今云相沿者條列于後以俟採風者覽焉

風敎

從來邑俗之淳漓雖曰風氣良由父兄之敎有以先之也江邑俗號朴茂縉紳之後往往以詩禮世其家即奕世式微當時猶有書香世胄之目下至工賈亦有習一技而延及累世者至於農尤安土重遷王伯亞旅聚族而居有傳自漢晉者有傳自唐宋者其子孫瓜瓞蔓衍累千百丁而所守之土宇猶是祖宗丘壟之舊葢邑里嗜好之相習親戚廬墓之相依則寧死而不忍輕棄其鄉族大之家一人所耕不過數畝贍足之日少空乏之日多然辛苦拮据窮餓乏亦終身甘之若遷徙他方苟且圖存自不忍爲葢俗多

呰窳而無積聚職此之故視他方之巧於豊殖知固不逮然愚而厚者也亦風敎之義矣

俗尙

邑人喜談氣節惡聞脂韋即市里細民聞一義舉輒抵掌而談攘袂而起豈民俗之相染而然歟抑亦山川之正氣所鍾也故仕於朝者多孤立而少迎合隱於野者多磊落而慫慂於道義即謀生他業者亦自有梗槩之氣以故居平俗尙類皆貴仕進賤胥徒貴端方賤依附貴仁厚賤武斷貴廉耻賤貪鄙貴孝弟賤忤逆然有一行可稱鄉黨莫不交口譽之有一行

足鄙鄉黨莫不群爲譏之決未有反常逆理阿私其否德者良由公好公惡自在人心而江邑則其較著者也於此可以徵俗尚云

冠

冠禮之不行久矣然邑人猶有延其意者子弟當總角以後父兄即令服衣冠習拜跪謁祖禰嘉時令節即童子莫不以冠履華服爲榮而先生長者亦莫不以成人待之因是而知收斂畏避習揖讓恭敬之節由此以觀可知先王緣人情而制禮初非有所強而然也古禮之不復慎自元首始司世道者其可忽諸

婚

婚重六禮而邑首嚴門第若門第不稱雖厚奩送不願也縉紳之家往往世締絲蘿即奕業貧乏不以爲嫌或有夙非婚媾新訂姻好者但世系足徵而單寒亦所不計下逮里落村墟必大姓始與大姓婚然亦互相婚嫁即杜陵詩所云婚嫁不出村者大有朱陳遺意至彼此資送各稱其力不尚財也婚禮之有古風江邑爲最

喪

喪禮各稱有無稍有力者不以物力儉其親非直爲觀美也猗歟猶有慎終之遺意焉但市民多拘泥形家言必卜吉而後舉往往有久淹親喪而不葬者若山民則合族多葬先壟窆不擇期送不尚文迎七而殯合族而營親戚故舊不過炙鷄絮酒以爲吊唁然而揆之生則聚族死則合壟其義猶爲近古雖不卜吉其子孫世族亦有延及屢世而益昌者地固未嘗靳其靈也即此亦可破世俗之惑於形家言以求後世福利之說者

祭

世俗多作福事士大夫半用家禮然於春秋霜露掃

墓薦新上下皆同獨大姓冬祭一節有合於禮冬至合祖大祭之義山民大姓於除夕日必登祖堂族長鳴金聚衆子孫各挈殽榼齊集羅列出昭穆之主東西向子孫以是爲序拜祭薦饌奠酒纍退而飲福飲畢各於先人之壠摽挂陌錢焚稽而歸歲終率以爲常於此大有禮意君子謂觀於鄉而知王道之易易於江邑益信

節序

立春前三日縣正傚令各行貿易者視古傳奇中已事倩人肖像粧點故事及彩亭牌方縣尉點視之迎春之日俱集長春觀遠近童叟襍沓競觀爲樂以迎春各官晏畢導入府署前詣朝鞭春如制

正旦是日男婦夙興盛服祀家神畢視歲吉所向拜廟神曰出方啓門持各以爆竹聲占利否歸始閭門而拜幼者拜尊長以次爲差鄉里親故交拜或欵盛饌或榼酒以致椒盤屠蘇之瑞五六日方止比戶以爆竹聲角勝至村中道遠則不拘也村中人必致羔相餉俗曰年糕

人日荆楚歲時記剪綵事今不行惟以果食爲羨薦祖先羣覗是日陰晴以占疾病

穀日以陰晴占豐歉前此如初雞二犬三之說亦以陰晴驗之

上元前三日剪紙爲燈綴以五彩好事者彫刋之細稍有力者或繪紗或料絲或羊鞹或鰲山或屛或領以勝相尚或架綵橫棚於衢而垂燈其下或藏詩謎以試推測或聚族爲龍燈或披錦爲師猊咸鼓吹導之自十一夜爲試燈十五夜爲正燈檀板度曲簫鼓相答火樹互角卜夜爲歡至十九夜方止元夜家製元宵團相餉又大者如鵞卵視火候以占生産置燈釜上以膏餘否占本年休咎十六夜婦女出遊曰走百病然亦舂常家有之紳士家及稍有體者禁村中多請紫姑神以爲樂

晦日古制今畧

二月社日鄉各爲社會以祀社日祈穀

花朝女郎穿耳年十二三以上者留髮及納采問盟多以是日爲吉

三月三日爲祓除日士女以是日祓除不祥多風人皆禁渡

清明是日採柳枝供家神亦或插於鬢俱醮先塋

四月八日各爲浴佛會于寺廟或亦爲女郎穿耳問盟

午日造龍舟角黍以弔屈原女未字者壻家送花幣果羨曰賀節女家酬亦如之然先數日舉行不拘午日也本日則採艾供家神餘蓄之採菖蒲及雄精滲酒大小俱飲仍邀集賓好小兒則塗雄於額耳以避時氣

十三日爲關莊繆會城中演劇以賀村則醮

伏日荆楚歲時記曰進湯餅爲辟惡今畧惟好事者多製六一散香薷引以却暑

七夕荆楚歲時記曰七夕婦人結綵縷穿七孔針或陳瓜果於庭中以乞巧

中元家俱以冥錢羨酒祀祖先僧道募盂蘭會費至不貲

中秋家設月餅瓜果讌集曰賞月亦或彼此相餉

二十七日先聖誕辰府縣兩庠士子各指分于學宮慶賀每年推文行素著者首其事

重九士大夫採茱萸携酒登高同侶嘯咏亦或製羔相餉多就籬培黄花好事者累至數十本種多而佳者爲勝貧者亦分植數本是日造酒

冬至官相慶賀士大夫亦然今畧

臘月八日家以米餅爲粥以祀佛

小除日夜半祀竈神以飴餅生茗亦具細草數莖豆少許于盂中曰爲竈神芻馬

除日具羹飯庶饈冥複以祀祖先婣黨合家分犒爲羹男女姻家綵幣禮及親好餽遺與午日同貼桃符春聯與諸方無異夜則家人行辭年禮置酒守歲簫鼓爆竹聲不絕

物産附

江夏爲水陸之凑百貨克斥其實非邑有也明季金沙翣而漢汭轉盛貨之至於邑者盍鮮矣唐宋所載銀碌諸物僅沿其名附書之

唐

鄂州江夏郡銀碌貲布

明

武昌江夏鱓鰉魚出大江 敗醬本草云生江夏川谷花黄根紫色似柴胡

攻暴熱癰腫産後
諸病於八月採根

江夏縣志卷之十三

開元劉朝英重修
黃安張希良編纂
古越洪國輔續修
三韓陳萬策增修

兵事志

鄂渚爲水陸襟喉東連吳會西控夔巫北枕三關南引百粵割寓内之半而爲邊自古兵交於茲爲劇焉攷春秋魯昭五年楚子伐吳師會於夏汭定公四年戰栢舉楚子濟漢而陳漢之末造黃祖伐吳寧以夏口爲重鎭屯軍之浦講武之湖儼然在望也晉太康初大舉伐吳詔王濬胡奮共平夏口武昌順流長騖直造秣陵夫亦其地居上游挾建瓴之勢然也李唐之際陷仙芝窺希烈緼淮南民生其間蓋孔棘焉宋元以還兵交尤數洎乎明季魚于獻騷于左豕突于闖猲狗不仁思之猶有餘痛

本朝一掃羣氛生養休息垂六十餘年雖滇黔肆逆于前夏孽跳梁于後吾邑疲劇棼若亂絲幸

聖武布昭兵不血刃而鯨鯢以剪士女熙恬載觀太平一統之盛江漢之間幾不知有兵革然由後思前

三軍之出入芻糧之輸輓實繁供億也其何可不念
佳兵之戒志兵事

周

景王八年冬楚子蔡侯陳侯許男頓子沈子徐人越
人伐吳以報櫟棘麻之役薳射以繁陽之師會於
夏汭

敬王十四年吳自豫章與楚夾漢楚囊瓦濟漢而陳
自小別至於大別

漢

獻帝興平四年孫策進擊黃祖十二月辛亥軍至沙

羨劉表遣從子虎及南陽韓晞將長矛五千來救
甲寅策與戰大破之祖脫身走獲其妻子及舡六
千艘士卒殺溺死者數萬人

八年冬十月孫權西征黃祖破其舟軍惟城未克

十二年孫權西擊黃祖擄其人民而還

十三年權復擊祖祖橫兩蒙衝挾守沔口偏將軍董
襲與別部司馬凌統各將敢死士百人人被兩鎧
突入蒙衝裏以刀斷兩紲大兵遂進祖令都督陳
就以水軍逆戰平北都尉呂蒙勒前鋒親梟就首
于是乘勝水陸並進傳其城盡銳攻之遂屠其城
祖挺身走追斬之虜其男女數萬口

是年劉備敗當陽與關羽船會遇劉琦兵萬餘人與
俱到夏口

是冬劉備及周瑜進逆操兵於赤壁以火攻大破之
操遁還南郡

後帝建興十二年夏五月孫權遣陸遜諸葛瑾將萬
餘人入江夏沔口向襄陽

景耀三年吳王從弟秀爲夏口督吳王惡之會遣何
定將兵五千獵夏口秀驚奔於魏

晉

武帝咸寧三年冬十二月吳夏口督孫慎入江夏汝

南略千餘人而去

五年冬十一月大舉伐吳遣建威將軍王戎出武昌
平南將軍胡奮出夏口

太康元年二月乙亥詔王濬唐彬與胡奮共平夏口
武昌順流長騖直造秣陵

惠帝永興二年陳敏據歷陽叛列上尚書稱被詔占
自漢沔奉迎鑾駕太宰顒以張光爲順陽太守帥
步騎五千詣荊州討敏劉弘遣江夏太守陶侃武
陵太守苗光屯夏口

懷帝永嘉四年山簡爲嚴嶷所逼自襄陽徙屯夏口

永嘉中石勒破江夏朱伺與楊珉走夏口

宋

順帝昇明元年十二月荆州刺史沈攸之舉兵不從執政閏月癸巳攻郢城前軍長史柳世隆固守

齊

廢帝永元三年二月蕭衍發襄陽荆州遣冠軍將軍鄧元起軍主王世興田安等會大軍於夏口四月命王茂蕭頴達逼郢城五月東昏遣寧朔將軍吳子防光子衿等十三軍救郢州戰敗郢城降於衍

梁

簡文大寶元年八月湘東王繹遣領軍將軍王僧辯逼郢州邵陵王綸棄城走

孝元太清二年閏四月侯景遣其將宋子仙任約襲郢州執刺史方諸

六月王僧辯圍郢州獲賊將宋子仙等

敬帝承制四年四月司徒陸法和以郢州附齊遣江州刺史侯瑱討之齊使慕容恃德鎮夏口瑱攻之恃德食盡請和

陳武帝永定元年冬十月西討都督周文育侯安都於郢城敗績沒於王琳

二年三月王琳立梁永嘉王莊以奉梁後於郢州孫瑒爲少府周遣大將軍史寧乘虛攻之瑒兵不滿千人乘城拒守不能克

文帝天嘉元年三月孫瑒舉州內附

廢帝光大元年九月周將拓拔定入郢州與華皎水陸俱進都督淳於量吳明徹等大破之皎單舸奔江陵禽定送建鄴

唐

德宗興元元年李希烈以夏口上流要地使其驍將

董侍募死士七千人襲鄂州刺史李兼偃旗臥鼓以待侍撤屋材焚門兼帥士卒出戰大破之於是希烈不敢有窺江淮之志

憲宗元和十年二月詔鄂岳觀察使柳公綽以兵五千授安州刺史李聽討吳元濟公綽請自討之號令嚴明每戰皆捷

文宗太和五年鄂岳多盜剽行舟觀察使崔郾訓卒招兵作蒙衝悉誅之

僖宗乾符二年王仙芝陷鄂州

昭宗乾寧四年春二月詔以楊行密爲江南諸道行

營都統以討武昌節度使杜洪杜洪鄂州人為里俳兒乾符末黃巢亂江南永興民皆亡為盜刺史崔紹募民彊雄為土團軍賊不敢侵於是人人知兵杭州刺史路審中為黃巢所拒走客黃州中和末聞紹卒募士三千人鄂州守以洪為州將有功亦逐岳州刺史居之光啓二年安陸賊周通率兵攻審中審中亡去洪乘虛入鄂自為節度留後僖宗即拜本軍節度使是時永興民吳討據黃州駱殷據永興二人皆隸土團者也故軍剽甚洪雖得節制而附朱全忠絕東南貢路乾寧初自將擊討乞師淮南楊行密遣朱延壽塋之洪引還延壽援黃州俘討獻京師駱殷棄永興走行密取其地洪得駱殷倚為心腹問取永興守之全忠方圖鳳翔昭宗遣使者東出道武昌洪皆殺之時行密畧光州詔洪出兵與忠義趙匡凝武安馬殷襲安州行密使李神福劉存率舟師萬人討洪駱殷棄永興走遂進圍鄂州洪嬰城請救於汴全忠率兵五萬營霍丘行密禦之汴兵不利引還使別將吳章以三千兵解圍神福迎擊破之時全忠方與河東軍薄戰故不能救洪洪乃求救於馬殷殷不荅洪計窮復走全忠全忠遣曹延祚令吳章兵萬三千救洪淮南將濬坎傳城殷為洪謀曰淮兵深入卯永興以濟若奇兵取之不戰而潰以精兵合汴入闘道掩永興劉存擊敗之會汴士三百狗城下洪軍氣沮存使辯士臨說洪恃汴方盛無降意俄而汴軍走城陷執洪及曹延祚斬其餘行密見洪責曰爾同逆賊弑于與孤為仇吾軍還而復為賊拒今定何如洪謝曰不恐負朱公與延祚皆斬揚州有以劉存守鄂州行密厖馬殷遂取其地

後周

武帝顯德三年詔以武平節度使兼中書令王逵為南面行營都統攻唐之鄂州

三年庚寅王逵奏拔鄂州長山寨執其將陳澤等殺之

五年荆南節度使高保融遣指揮使魏璘將戰船百艘東下會伐唐至於鄂州

宋

太祖開寶七年遣曹彬等伐南唐十一月知漢陽軍李恕敗江南水軍於鄂

高祖紹興四年楊么大敗官軍於鄂江詔岳飛為湖北荆襄潭州制置使坎於鄂州移兵討之

理宗開慶元年九月元忽必烈圍鄂州冬十月以賈似道為右丞相兼樞密使進師漢陽以援鄂州鄂州都統權州事張勝堅守不下遂死之十一月元

人攻城益急死傷至萬三千人似道大懼乃密遣宋京如元師乞和會有元憲宗之變太弟乃許之拔砦而去

景定元年春二月元兀良哈歹會張傑於鄂州師師北還

度宗咸淳十年十二月元伯顏至蔡店大會諸將刻期渡江時夏貴以漢鄂舟師分據要害彌亘三十餘里王達守陽邏堡朱禩孫以遊擊軍扼中流兵不得進伯顏乃進圍漢陽聲言取漢口渡江貴果移兵援漢陽伯顏乘間襲沙蕪口奪之通舟於江

遣人招諭陽邏堡不應攻之不克因密諜於阿术遣阿里海涯進薄陽邏堡貴率衆來援阿术即以昏時率四翼軍遡流二十里至青山磯是夜雪大作黎明阿术遙見南岸多露沙洲即率衆徑渡宋都統程鵬飛拒於江阿术横身蹀血力戰中流鵬飛負重創走還鄂州阿术遂登南岸乘勢追殺至鄂東門伯顔復侵陽邏堡堡潰伯顔遂濟江會阿术趨鄂州呂文煥列兵城下曰汝國恃者江淮今大軍渡江如蹈平地汝輩不降何待會元軍焚艨艟三千艘火照城中權守張晏然與都統程鵬飛

遂以州軍降幕僚張山翁獨不屈諸將請殺之伯顔曰義士也釋之遂命阿里海涯及賈居貞以四萬人守鄂規取荆湖而自率大衆與阿术東下

元

順帝至正十二年正月徐壽輝兵陷漢陽遂陷武昌行省丞相威順王寛徹普化等棄城走

二十一年明太祖帥師伐漢大破之友諒挈妻子夜奔武昌友諒沔陽人本姓謝祖千一贅於陳遂冒其姓父普才黄蓬漁子也友諒膂力過人嫺於武藝嘗爲縣吏不樂會羅田徐壽輝與倪文俊兵起慨然往從之爲文俊簿書掾壽亦統兵爲元帥襲殺文俊遂并其軍自稱平章至元戊戌陷安慶龍興瑞州等路徐壽輝聞其破龍興欲徙都

之友諒不從壽輝引兵發漢陽下江州友諒陽閉迎伏兵於城西盡殺壽輝部曲遂自稱漢王立王府置官屬庚子五月犯龍江明太祖擊破之還至釆石弑其主壽輝稱帝國號漢改元大義尋遣其將張定邊陷安慶明太祖帥舟師討之大破友諒軍友諒奔武昌久之憤其疆埸日蹙乃作大艦載家屬空國而行兵號六十萬攻洪都明太祖親總舟師來援戰於左蠡屢破友諒友諒窮蹙欲由禁江口奔武昌明兵復邀擊之友諒中流矢貫睛及顱而死友諒自稱帝至死僅四年年四十僞帥張定邊乘夜以小舟載友諒屍及其子理徑趨武昌復立理爲帝改元德壽明兵復圍之

二十四年明太祖以武昌圍久不下乃親往視師督諸將擊之擒其元帥張必先遣降將羅復仁入城招諭理遂帥其太尉張定邊詣軍門降城中民多饑困命給粟賑之乃封友諒父普才承恩侯理歸德侯後普才徙除理徙高麗

明

武宗正德六年夏五月流盜劉六劉七往來江上劉六旋敗死江中獲其尸

懷宗崇禎乙亥丙子間流寇過天星扒山虎老徊徊一點油托天王一斗粟黑旋風格裡眼混十萬草上飛獨腳虎八爪龍整世王曹操蝎子塊邢管隊八大王闖塌天出獵鷹黑心虎混天王四十八股往來江北焚掠無虛日省會晏如富家巨室多渡江依棲焉

十五年冬左良玉爲賊李自成所敗收散卒而南踞
城外金沙洲淫掠無異於賊民苦之故相賀文忠
流語良玉乃斬不戢者以徇人心稍安
十六年春左師移師東下掠兩岸船幾盡止於九江
夏五月晦日獻賊陷會城先是賊張獻忠爲督師
武陵楊公困於瑪瑙山僅以數十騎逸去紿破襄
陽其衆不滿千人乃遁入六安山中踰年始出陷
蘄州蘄水繼陷黃州益以麻城里仁叛黨洪明諸
逆及黃屬新附之衆各數萬人其勢益張漸有飲
江之志密遣姦諜偏布城中而楚藩所募護衛新

兵弁領張以敬者黃岡諸生也嘗犯教楚藩督過
之因與賊通約爲內應獻賊遂從樊口渉江西上
故相賀文忠聞之親啓楚藩請發鏹犒士卒議守
禦楚藩不以爲虞曰縱朝廷警寇若騎毋猶亦應
至矣監軍王揚基適奉巡撫江北之命聞寇逼欲
去賀公涕泣挽之不得二十八日遽揚帆西渡防
守鎭䇿兵亦跳走人心洶洶前三日有發以敬等
通賊逆謀馮生雲路以告賀公公不央密問北撫
大笑斥爲狂生於是以敬等懼誅謀益急時賊猶
徘徊馬橋而城人速之故宵馳二十九日攻大東

門裸婦人以禦礮及巽日未刻大雷雨城上人不
能仰視有寒而仆者雨止各巷口有白衣一二人
呼曰賊已從某門入矣於是婦女並出走而守者
內顧賊登其堞遂不守賊入大肆焚殺踞王官以
竹兜舁楚藩萃焠浮之江賀公聞變入告夫人危
氏先自盡乃投滋陽橋下以死同時致命者有長
史徐學顏諸生馮雲路明睿汪陛延朱華趨等而
明睿一門爲最烈其餘抗節於兵鋒水火名湮沒
而無稽者難悉數也賊凡大殺城中三晝夜乃封
刀驅男婦百萬閉於上下兩壇時方暘饑渴已不

欲生旋傳令鋌而擠之江浮尸數千里相屬水爲
腥臭不可汲者累日而楚宗之幸脫者賊皆懸賞
購捕及爲怨家所擒獻剪薙尤無遺焉賊乃僭稱
西王改武昌爲天授府江夏爲上江縣設僞官以
李時榮爲僞巡撫舉人謝鳳洲爲僞天授府知府
未幾時榮亦鳳洲代之並設僞科取士然獻忠每
[illegible]王座郎頭眩又性狷躁常跳擲調弄弓刀不能
頃刻息其殘忍禍賊亦有由然也久之左帥乃遣
將方國安等恢復賊遂取楚藩金寶掠遺民男女
泝江以入西蜀左師始至以功封寧南伯尋進封

侯開藩鎮楚將佐佩總兵印者纍纍而江北諸城郭半爲李自成有不能取也相傳良玉以敗襄城戴罪立功故以鄂城委賊而後收之當賊陷鄂時容以楚府藏鏹數舟遺左又傳前此左之駐鄂也楚人疾之不得已去亦怨楚人有不日城破之語以鄂委賊之二說者必有一焉使會城億萬生靈剪爲芻狗迄今官司廨舍猶在銅駝荆棘中誰之罪也

國朝

順治二年左帥屢與闖帥白旺戰潰沔間不勝其子

夢庚有異圖乃以誅馬士英爲名反於武昌爲撫按不從何公騰蛟尤以死拒加之以刃不動也闔城難民聞何公所在奔赴哭繞亦依之以爲命夢庚乃縱兵沿江大掠而東左帥不能制行至九江恚死

三月逆闖李自成自陝西敗竄衆尚數十萬掠省城江南北無不被其毒至通山九宫山爲士人李九伯所誅衆遂散世謂死於黔之羅公山者妄也

英藩靖遠大將軍躡逐賊至省置官撫輯而去

五年秋七月固山劉大將軍自江南歸師至鄂進取

湖南

六年我師踐更息馬會城不坎

十一年春經畧內院洪公成疇督師至省規取滇黔

十六年夏海寇犯江南風鶴及於鄂渚

康熙二年西山用兵民困夫役

十三年逆賊吳三桂反於雲南湖湘繼陷烏獸駭散

王師進討供億維艱　貝勒大將軍統旗兵駐省

復撫標兵

十四年我兵進攻岳州自是　禁旅薦至　御馬絡繹麻鐵綿篾馱夫戰艦之征歲無虛月不勝紀矣

十九年布政使徐公護理撫事奏免辰厰船解費湖南自催地方便之

是年馬將軍統旗兵入廣息馬諸門先時有標兵數千人離伍而歸者及旗軍分布益不自安將爲橫央計賴撫臺王公方伯徐公多方撫諭人給月糧及軍裝馬疋而遣之由是帖然兵民感紀頌其事於碣

一冬總督蔡公提兵入黔乃詔都御史王公移鎮荆川料理糧糗採布政使徐公議奏免黔夫七千名士民感頌

二十年雲南平徭役少息

二十一年諸王大將軍班師回京捉船不次然常如桄席過師以分守盧公親爲監護也是年議汰綠旗兵

冬總部院董公自荆旋鎮鄂渚兵民以和

二十二年滇蜀大師留後者携家口陸續回京及運送逆藩家口俱由武昌募船更换遞至江南

二十三年滇中大師留後者奉
旨回京由武昌募船更换遞至江南

二十六年巡撫張汧下車糾參荆南道祖澤深祖亦

揭張陰事案內總制徐公國相以事在同城自陳失於覺察罪當黜部議

二十七年二月
命下裁去總督衙門并標兵而汰之

四月二十八日新撫柯公永昇繼任始視事是時季餉未發裁兵夏逢龍乘機煽惑詭以請廽給餉爲詞倡謀糾衆樹幟楚王臺者月餘意欲挾餉威衆以圖安插當事不爲意附者日衆遂謀亂五月二十二日昧爽齊集巡撫衙門披猖要脅巡撫柯閉門鎮靜之値總兵許過省來謁見而叱衆遂譁於是箭中許右肩刃前道一人而亂遂起柯不能支印被劫賊竟張蓋乘輿傳呼過山於二十三日賊復坐公衙門布署僞職號召醜類齊脅從者於閱馬厰盡髡其髮使不得脫閉城掠庫大肆猖獗士女驚惶莫知所措都使司宣公德仁聞變閉門沐浴肅衣冠北向再拜從容縊於內署僕某某殉之及賊啓戶見公縊於中僕縊左右大爲詫異一時聞者莫不感傷葉公映榴當欲自盡以攝諸篆在身萬姓又陷賊圍計脫之賊誘公降公以開城放民紿賊賊信民去而公志决嚙指血

書遺本具朝服坐大堂望
闕謝恩遣僕葉忠懷印逹
帝闕然後自刎賊聞而義之具棺衾收殮設祭再拜插僞令於署前餘黨不敢犯忠烈之感人如此後建忠節祠

先時有妖僧大元傍賓陽門內山阬獨坐不語者數年賊過忽曰吾見東南有白氣故坐此久候君賊喜以爲讖迎妖僧至帳奉爲軍謀主因藉此以愚黔首曰吾今得異師於是臧獲奴隸咸被鼓惑多叛主歸投賊迺大蒐甲乘旗幟鍪矛以白爲號

衆至數萬人勢益熾又於公衙門僞稱永王令旨
賜黄旄白鉞掠民舍爲僞府立下馬牌分兵四出
西掠漢陽至應城北掠武昌至黄州南掠咸寧至
嘉魚顯悖
王綱肆行無忌逆天之罪萬不可贖矣
六月二十四日提督全省軍門後加鎮平將軍徐
公治都率師抵金口賊悉衆拒敵將軍規度形勢
阻水面山據賊上游以制其死命是時賊鋒初起
銳甚利於速戰將軍老其師深溝高壘不與交鋒
賊首夏逢龍親率賊衆犯德安之應城鎮守荆州

將軍噶統領
禁旅敗賊於城下衆遂潰賊復收餘黨至金口南向
爭死敵將軍調度有方隨機應之而賊已坐困
七月襄陽總兵官蔡毅陵總兵官嚴含兵東下敗
賊於蔡店殲其衆千餘人賊益惶懼
鎮守南浙博厇二將軍率師沂流與賊拒於黄州
是時天兵壓境賊勢日促乃率艨艟數十艘揚帆
南上思尾鎮平將軍後以阻餉道而不知將軍已
待之矣
十五日將軍徐遣將率師次赤磯山之鯉魚瀏値

溽暑賊舟方泊未及陣我師乘其未定而擊之賊
大潰盡赴水死逢龍僅以身免逃歸省城賊僞總
兵胡耀乾見逢龍勢敗閉城不納賊夜遁黄州被
諸生陳王謝所執獻博厇二將軍營縛賊于黄州
府剮之
十七日滿漢將軍各統兵雲集會城賊黨悉降
欽命特簡巡撫丁公思孔布政司于公養志按察司
李公炳守道孟公世泰糧道王公道熙知府武公
廷适馳驛兼程同時赴任民賴以集然賊雖平賊
將胡耀乾等餘黨數萬人尚未解散當事慮有後

虞
八月朔日滿漢諸將軍凱旋誘執渠魁胡耀乾妻
倣舜傅爾學靳起功等於武勝門外斬之餘黨悉
發遣省會以平旋緝獲助賊協謀諸叛首婁鎮遠
胡定國婁倣文婁倣漢談心宗等監禁本年十一
月十九日具
題二十八年二月十五日
命下立决家口産業變價賞給有功官兵雖裁兵煽
亂盜弄潢池然虔劉我赤子蹂躪我邊疆罪在九
族而

天戈所指止戮巨魁數人脅從罔治
聖朝解難之政何寬大云
二十七年冬十二月夏逆平人心未定時傳訛言畏
事者紛紛出城禁弗止巡撫楊公素蘊偵知無異
故藉上元大放花燈城門不閉者三夜民心定訛
言止
二十八年六月二十三日有市井無賴爇八鄭龍等
六人乘旱約夜放火以肆搶奪機露旋被獲總督
丁公思孔巡撫楊公素蘊當請
王令縛赴市曹斬之

四十二年鎮筸紅猫跳梁總督喻公成龍奉
旨親總六師往征之
四十三年春猫民服總督喻班師還後撥兩標兵卒
對年輪易鎮守
四十四年以噶爾旦蕩平
頒示天下昭中外一統之盛正月望日督撫司道暨
大小文武地方官并紳衿耆庶齊集學宮聽讀
詔誥羣情欣悅咸誦
盛朝神武云

江夏縣志卷之十四

開元劉朝英重修
黃安張希良編纂
古越洪國輔續修
三韓陳萬策增修

藩封志

自嬴氏罷封建漢剖符盟馬惟同姓傳國少綿異姓
諸侯王未再世往往隆在編隷魏晉以後防約愈嚴
唐宋雖有封號實未嘗之國公天下之義微焉明代
分王子弟食租衣稅而外吏則治之維城之固垂二

百餘年乃其後枝葉扶疏廩祿屢絀頗壓司會憂曾
未踰時而炎運忽諸矣謹詳其世次合諸曩牒所紀
著之於篇爲載筆者攷正焉志藩封

春秋

周夷王時熊渠興兵至鄂立中子紅爲鄂王楚之有
鄂自此始也渠三子長子康爲句亶王今江陵縣
少子執疵爲越章王今雲夢縣而中子紅王鄂則
鄂之有王自紅始也

三國吳

沙羡侯孫奂字季明皎之弟也初以中郎將守江夏

遵皎舊跡禮閭丘舉黃武五年爲權先鋒拜揚武
將軍封沙羨侯

南北朝宋

江夏王義恭元嘉六年都督荆湘等州軍事宋主與義恭書曰天下艱難國家事重隆替安危在吾曹爾汝當遇士大夫以禮待小民以恩愼無喜怒加人能擇其善者而從矣自歸已不可專決以矜獨斷蓋以貴凌物物終不服以威加人人易能悅時宋主義隆先爲宜都王故知民間疾苦如此

南齊

江夏王鋒武帝所封好琴書有武力高宗憚之後遇害

江夏王寶元明帝第三子建武元年封持節都督郢州

梁

江夏郡王大款簡文第三子也初封石城公位中書侍郎太清三年簡文卽位封江夏大寶元年奔江陵湘東王承制改封臨川魏克江陵遇害

永嘉王莊元帝之孫忠烈世子方等子初封永嘉魏尅江陵莊年甫七歲爲人家所匿後王琳迎送建鄴敬帝立爲質於齊敬帝太平二年陳武帝將受禪王琳請之於齊以主梁嗣二月卽帝位於郢州年號天啓置百官王琳總其軍國明年莊爲陳人所敗其御史中丞劉仲威奉以奔壽陽遂入齊許以興復竟不果而齊亡莊在鄴飲氣而死按莊稱帝在陳受禪之後於陳爲僭而於梁則爲義矣況事涉此邦因録之

陳

江夏王伯義文帝第九子天嘉六年封位金紫光祿大夫陳亡入長[illegible]八州道卒

唐

江夏王道宗畢王璋之子太宗爲秦王討武周時道宗年甫十七登玉壁城望之謂道宗曰賊恃衆欲戰爾計謂何對曰武周席勝鋒未可當宜以計摧卒如所料出爲靈州總管破梁洛仁及突厥兵數萬衆高祖嘉之封任城王貞觀元年召拜鴻臚卿遷大理太宗方經略突厥授靈州都督復助李靖破虜親執頡利可汗遷刑部尚書後討吐谷渾有功徙封江夏王鄂州刺史

江夏王承度巢刺王元吉子元吉遇害坐誅

鄂王瑶元宗庶子開元二年封遥領幽州都督河北節度大使二十三年授開府儀同三司實封二千戸二十五年爲武惠妃所搆與太子瑛光王琚並廢爲庶人尋遇害

宋

楚恭惠王元偁太宗子七歲授檢校太保涇國公久之領鄂州都督武昌軍節度使眞宗卽位加同平章七年薨有集三卷筆禮一卷上親製序藏之祕閣

楚榮憲王似神宗子初爲集慶軍節度使徽宗立改鎮武昌崇寧中徙鎮荆南

鄂王岳飛以武昌縣開國子進封武昌郡開國侯追封鄂王謚忠武王世貞曰唐尉遲敬德宋岳飛明常遇春皆封鄂王皆謚忠武

元

威順王寬徹普化世祖之孫鎮南王脫歡子也泰定三年封威順王鎮武昌賜以金印縱麾下怯薛册等侵奪民利播弄威福以致寇盜縱橫宗社隨墟今黃鵠磯上黃鶴樓下石掄爲威順王太子墓

明

楚昭王楨高皇帝第六子也母昭敬充妃胡氏生王於甲辰三月三日于天資英睿高皇后重愛之洪武三年夏四月乙丑封楚王四年春二月甲子入大本堂讀書九年冬十月丁卯之國武昌皇太子率諸王公文武群僚餞於龍江十一年春隨皇太子往謁皇陵於鳳陽十二年夏四月丁酉上賜王經史圖籍是歲十二月乙巳隨皇太子入文華殿聽儒臣進講十四年五月丁未上命率江夏侯周德興討散毛諸洞蠻十五年春正月丙辰復討大庸諸洞蠻十八年庚子命率湯和討靖州上黃諸蠻吳回兒等捷奏上喜甚曰湯和言爾有謀略眞吾子也二十年秋九月甲戌上賜祖訓録冬十月丙子往討雲南阿魯禿遁走武關至鄖州擒之二十二年肇建宗人府上命王署之二十四年往征西番二十七年道州杜回子叛討平之是年復討全州叛猺二十八年討桂陽山寇平之二十九年八月丁亥盧溪黔陽諸洞蠻叛王出師自沅州伐山踰阻至天柱山深入苗寨平之三十年三月壬午熒惑入太微上勅曰自古及今有土有國者務謹身心觀天道察人事罔敢自暇自逸益人事作

於下則天道應於上可不謹哉吾諭爾久矣周天列宿五星出入洞燭休咎以修人事近熒惑入太微况太微居翼軫楚分野也太微爲天廷五星無故而入災必甚焉且五星徑入而東徃犯之可也今順入而逆出已八十日矣在内庭十日占有妨君者有妨后者有妨相者剏八十日乎爾冢子悼簡王忽因疾云逝天象豈虛示哉爾其省愆愼德以囘天意王受命惟謹乃書尊朝廷守祖訓等十事上之五月乙卯會同湘王征古州蠻林小厮勑曰近蠻蠈倡亂爾能與民同憂率護衛軍馬親往

征之豈不稱爲賢王夫尊居王位安享富貴凡官室衣服輿馬皆民力所供若能奮威武除民患山川鬼神亦能助順矣爾其欽承七月辛巳復命征清平黔陽諸蠻平之三十二年五月庚寅封王嫡子孟烷爲楚世子三十三年春正月戊辰王薨謚曰昭長子孟烷嗣是爲莊王毋妃王氏王生而孝友仁厚博洽能文章洪武三十二年封文皇帝入靖内難諸王守邊者多調内郡恒被譴責王辭護衛暨原賜內安名馬深自貶　書堂招文學管時斂貝翺雷貫輩晰夕討論永樂癸巳歲旱王躬

禱仰山澍雨隨應宣德甲寅武昌大饑王發廩爲糜粥濟之多所全活近城有虎爲民患王射斃之正統四年薨庶第一子季堄嗣季堄初封武陵王宣德二年晉封楚王正統八年薨是爲憲王憲王亡子以弟季埱嗣是爲康王康王者莊王庶第二子也正統九年五月以黔陽王晉封楚王天順六年三月薨亡子以莊王孫東安恭定王子均鈋嗣毋妃王氏嘗夢天使授元圭已而毋鄧氏有娠生王王幼不好狎凝重老成有鉅志成化元年夏六月晉封楚王事憲康二妃如毋正德初諭闔瑾用

事不報五年秋七月薨是爲靖王長子榮滅嗣是爲端王毋周氏弘治元年十二月戊申册爲世子正德七年十月襲封王性儉約知民隱居親喪骨立葬時跣行雪雨中嘗疏請倣古立宗廟毅皇帝賜彰孝坊嘉之嘉靖十三年薨庶第一子顯榕嗣顯榕初封長樂王嘉靖十五年進封楚王二十四年春正月爲世子英燿所弑是爲愍王先是英燿上烝宮婢方三兒及逼妓女宋么兒楚王聞之繩以法英燿慚恚遂與武昌護衛軍餘徐景榮及劉金楊惠田堯謝六兒曹景昂曹良輔夏臘兒周廋

兒張貴李林官保孫保保兒王大學楊洪孟章楊廷佐汪漢梁棟吳銃彭廷玉馬仁胡瀟盧玉李仁段祖兒劉六兒等歃血爲盟謀弑楚王以舉炮揚聲揮手爲號正月十八夜張燈置酒豫伏群凶於暗室伺王出群凶田堯等蠭起奮銅瓜棗棒以撾王首五竅血流而薨賄儀賓李瑞長史孫立及承奉王憲張慶等以中風訃聞而武岡王顯槐被難出首楚府禮生朱恩楊鏜逸出奔告巡撫某某難之提學副使某力主其事於是巡按伊敏生上變上遣駙馬都尉鄔景和刑部左侍郎喻茂堅郎訊具

得滔天狀磔誅凶黨有差逮元凶於京斬首焚其尸而棄之葅楚自商臣來再見之大變也詳具小註

讞詞　巡撫都御史車純巡按御史伊敏生具奏內閣參照徐景榮等各犯本由老奸巨猾資以極惡窮兇競以艷淫蠱惑英燿繼因罪惡閩知楚王自知身命之難容又恐富貴之難保遂謀不道延禍滔天內造意徐景榮劉金楊惠包藏禍心鼓掉舋舌鴛捏奪嫡之飛語釀成弒王之兇謀每不時商說於臥房更臨時王使於暗室加功田堯謝六兒曹景昂曹良輔夏臘兒周瘦兒張貴李林官保刑雞結誓舉砲揚聲席方設而藏伏於後堂門甫開而擁出於旁座乘箠燈之沉闇逞兇器之紛撓銅瓜一擊而腦先破棗棍亂搥而首已垂五竅血流一身氣絕罪擬極典惡浮扳情葢家王豈敢伸比於親王而奴婢又難同於各犯段祖兒先事鎖門以杜聲問楊洪臨事拟乃以遏救援孫保兒之改裝吳銃之持杖劉六兒敢施敲挺之兇器馬仁遏取妝奩之冠袍彭廷玉款待武岡於酉房李仁穩任朱恩於雪洞汪漢妄應浙酒王大學故黜渾油孟章梁棟楊廷佐分布堂旁司尊捧盞俱藏逆機胡瀟盧玉提打武岡落冠披髮亂施毒手北擬前罪情法允宜及照李瑞李世爵張瀟張玘井王瀨朱銘李繼謝震胡雄邵惠井甫湯茂徐淵徐恩柴朋舞文枉法設計騙財捏奏辯之詞敢於欺法違打點之例曲爲彌縫顛倒是非瀆亂名義趙廷鑾廖彬樊鑾彭慶設元兒吳貞楊廷芳陳爵般眞市井無賴槽櫪下材懷雞狗之心隨事擬置肆豁壑之慾先意逢迎背負先王蠱惑英燿雲掃鐵尺風實驚人呂拐鐵鞭意在結王內儀賓李瑞有嫉覆遺內官李紹難擬充軍但李瑞受賍肆百捏撰妄辯本稿李繼詎銀五百齎奏報訃虛情實與常犯不同合無別從重處再照右長史孫立承奉張慶王憲才本陳庸職居輔導明知親王被弑捏稱中風反與英燿逆謀妄行奏辯其心黨惡自謂富貴可圖背德忘公豈知名義爲重行同狗彘身愧衣冠又與別犯不同似應更加重處但王憲指稱打點而片語萬金孫立詎受帶銙而一身二主原情尤爲不忠論義似應重處樊鸞朱么兒

狎邪小人倡優下賤園中之繫已蓄怨心湖上之逢遂成淫慝觀其逆刃未投而頓開禁鋼親尸始葢而輒啓延暉居明陽宮褻瀆尊嚴服團龍袍僭擬妃配蠱惑得計擬置成姦雖無與謀之情實爲首禍之地若論大變所由各應從重極處再照護衛指揮翟璧千戶張沂劉鸞周福徐椿常勝徐彬儀衛萬蔓奉祠姚珪紀善朱綸典儀陸中典寶何潭工正楊雍典膳程恩良醫王萬春均屬王官各有臣道當君父之變若罔聞知懷顧忌之心不能舉正既昧纓冠之義難辯閉戶之愆與夫百戶黃甲魁留盜賍典寶閻倫聽從用印問擬前罪誠爲允當照得英燿冥悍已極悖逆罔知聽儉人離間之言懷孽子奪嫡之懼遂嫁外淫之故輒生內弑之謀舉手機關天理已絕歃血寢室鬼神難欺一念于九廟之靈片時成萬古之禍檢諸律例五刑無聞稽之典章百王罕見天厭其逆神殛其魄執先王之喪既不寢苫枕塊妥祖靈之地乃復肆妓宣淫脅嫡各宗意圖滅法計用諸寶事涉欺君而身而家而國覆載所不容無父無君無天神人所共怒天憲照布祖訓具存及照顯休榮漢顯倍榮

淑金列宗藩親開弑逆既不攻發以正其罪乃復
妄保以歸其非情雖出於逼從事寔干於違枉俱
於祖訓亦各有違臣等俱未敢遽議逼前勘議事
情均乞聖明裁處題奉聖旨依擬便會多官議擬
明白來說刑部尚書聞淵會同東寧伯焦棟吏部
尚書熊浹等將司禮監太監溫祥駙馬都尉鄔景
和刑部左侍郎喻茂堅錦衣衛都指揮使袁天章
會同勘問徐景榮等二十六名俱係英燿隨侍人
役同行謀弑親王罪惡深重比擬前律情法相應
內造意徐景榮等三名加功田堯等八名惡勦淫
於同伴處死未盡其辜勘官參要仍照謀叛律條
籍沒財產妻子入官爲奴相應依擬孫立王憲張
慶均爲藩府之親臣濫叨輔導之責任明知弑逆
全無討賊之心謀捏奏詞實同故縱之罪若依前
擬情重律輕原未擬罪宮人方三兒私通世子啓
天親離間之端原擬徒罪樂婦宋么兒蠱惑英燿
釀宗藩弑逆之變根究禍源亦難輕貸以上各犯
勘官參要從重極處論罪雖無正條原情俱該處
死參照英燿性本兇殘行多穢惡聽信讒言謀弑
父王忍心害理歃血於舉事之先報怨行兇鞭屍

於既殺之後古今罕見覆載難容絕滅天地之綱
常敗壞祖宗之家法罪大惡極國典具存伏望皇
上大奮乾剛割恩正法五月二十二日欽奉聖旨
英燿悖逆天道主謀弑父罪惡無前覆載不容既
經多官勘實并多官會議明白皆欲明正典刑
朕不敢赦本當凌遲處死但係宗支姑從輕着告
於皇祖斬首以示仍焚棄身屍不與埋葬徐景榮
等二十六名同謀弑逆罪惡深重俱凌遲處死着
在彼處便會官決了內除徐景榮等三名田堯等
八名財產籍沒妻子解京給功臣爲奴宋么兒方
三兒各打壹百孫立王憲張慶聞難不能討賊却
又黨逆捏奏都着處斬馬天佑提問革職其餘俱
依擬發遣發落顯休榮濮顯梧榮淑扶同保奏本
當處治姑從寬革去祿米三分之一英炊守正不
阿題梱破難出首各寫勑獎諭還各賜慰銀五十
兩綵段四表裏該府應行事宜并楚王應得卹典
着禮兵二部查議　恭王英㷿者愍王庶第二子也風儀都
雅能折節禮士大夫有賢聲嘉靖三十年春三月

嗣封隆慶六年薨世子華煃嗣字雋瞻崇禎十七
年癸未五月三十日獻逆陷武昌昇王至時王巳
老瞶目而叱之獻逆怒令以竹兜載之投於江水
爲沸開者數尺先是楚宗華趆具奏王非恭王子
類苢臧鄖楚紳給事段然亦疏論之而四明于其
事得不竟郭宗伯以是忤四明勒令歸勘至今語
嘖嘖但王享國多年貌豐偉歲大祲躬禱於黃鶴
樓木緊退且能爲社稷死雖無深論其眞僞可也
世子漢陽王蘊鑨先王卒未及難餘子俱罹獻逆
之禍應與國諸宗承襲命未下自成復陷京師遂
寢

郡王附

巴陵悼簡王孟熜昭王庶第二子洪武三十二年封
薨二子國不嗣
永安懿簡王孟烱昭王庶第三子洪武三十二年封
薨子莊惠王季埅嗣正統二年以鎮國將軍進封
永安王薨子悼懷王均鏢嗣薨子靖懿王榮澹嗣
薨子昭定王顯梧嗣薨子恭順王英燧嗣薨子華
沐嗣
壽昌安僖王孟焯昭王嫡第四子洪武三十二年封

薨子靖和王季垏嗣薨亡子

國不嗣

崇陽靖簡王孟熵昭王庶第五子永樂二年封薨子

莊僖王季㻎嗣薨子端懿王均鐓嗣薨子端隱王

榮灉嗣薨子顯休嗣坐事奪爵子英𤇣降封鎮國

將軍

通山靖恭王孟爚昭王庶第六子永樂二年封薨子

莊簡王季𡸣嗣薨子通憲王均鏇嗣薨子温定王

榮濠嗣薨子端穆王顯槁嗣薨子英炊嗣英燿之

變守正不阿與武岡王賜勅獎慰及銀幣有差薨

通城莊靖王孟燦昭王庶第七子永樂二年封薨子

榮順王季塂嗣薨子僖穆王均鐲嗣薨子温惠王

榮渡嗣薨子懷簡王顯柜嗣薨子英峪嗣薨

景陵順靖王孟炤昭王庶第八子永樂二年封薨亡

子國不嗣

岳陽悼惠王孟爟昭王庶第九子永樂二年封薨子

恭僖王季境嗣薨亡子國不嗣

江夏康靖王孟炬昭王庶第十子宣德三年封薨子

悼順王季墼嗣薨子安惠王均鈲嗣薨子端僖王

榮漠嗣薨子顯梧嗣

右昭九郡

東安恭定王季塛莊王庶第三子正統二年封薨長

子靖王繼康王嗣第二子昭簡王均鈽進封嗣薨

子榮淑嗣薨子顯梡嗣

大冶王季煐莊王庶第四子亡子國不嗣

右莊二郡

緇雲懷僖王榮淋靖王庶第二子弘治十五年封薨

亡子國不嗣

右靖一郡

保康榮康王顯湍端王庶第二子嘉靖六年薨亡子

國不嗣

武岡王顯槐端王庶第三子嘉靖十七年春三月封

以告英燿之變賜勅獎慰加賜銀幣

右端二郡

宣化王華壁恭王第二子萬曆間封當時亦有議其

非恭王子者後無考

右恭一郡

楚紀又有壽昌長樂諸王志不載然諸王惟通山通城最賢昭王紀詠則通城爲之撰序

江夏侯周德興濠州人有勇略善騎射洪武三年十

月命爲征南將軍以討覃垕功封江夏侯

江夏縣志卷之十五

開元劉朝英重修
黃安張希良編纂
古越洪國輔續修
三韓陳萬策增修

封謚志

邑志紀名宦節義例惟載令侯以下不得上及貳副懼僭也剏進郡伯而上躋之大叅更躋之王公崇封且旁及之如本省靖難諸公乎雖然邑屬省會號首望功在社稷錫封鄂土靖節王室立廟省會邑志之不備將疎漏之是懼而他日編郡乘纂通史又何由攷徵耶令迺上下千載於唐一人焉曰尉遲公敬德於宋得一人焉曰岳公鵬舉於明得一人焉曰常公遇春此封忠武而血食於鄂者也如樊姚廖周四賢立廟於邑邑志其可忽諸

本朝培養人材等於菁莪棫樸卽戊辰小醜而凛凛罵賊文臣如大叅葉公武臣如閫戎宣公敢不大書特書以彰

聖天子作人培植之效乎用是寧詳勿畧竊附載瀋封之後以俟後之操筆者採覽焉爲封謚志

唐

尉遲恭字敬德安邑人武德初秦王引爲叅軍屢立軍功劉武周降將尋相多叛去咸疑恭囚之屈突通殷開山言於世民曰敬德驍勇絕倫今囚之心必怨留之恐爲後患不如殺之世民曰不然敬德若叛豈在尋相之後命釋之引入卧內賜金曰丈夫意氣相期勿以小嫌介意吾不信讒言以害忠良公宜體之必欲去以此相資表一時共事之情也已而世民以五百騎行戰地登魏宣武帝陵世充帥騎萬餘猝至圍之單雄信直趨世民恭躍馬大呼橫刺雄信墜馬世充兵稍卻恭翼世民出圍世民敬德更帥騎兵還戰出入世充陳往返無所礙屈突通引兵至世充兵敗僅以身免斬首千餘世民謂曰公何相報之速也賜敬德金銀自是寵遇日隆敬德善避矟每單騎入敵陳中敵叢矟刺之終莫能傷且奪敵矟返刺之齊王元吉以善馬矟自負聞敬德之能請與較勝負元吉操矟躍馬志在刺之敬德須臾三奪其矟秦王常曰公心如山岳詎能移耶論功第一封鄂國公

宋

岳飛字鵬舉湯陰人也未冠挽弓三百斤弩八石學射於周同能左右射先隸劉守宗澤澤大奇之曰爾勇智力藝古良將不能過然好野戰非萬全計因授以陣圖飛曰陣而後戰兵法之常運用之妙存乎一心澤是其言建炎元年飛上書數千言謂陛下已登大寶而勤王之師日集黄潛善汪伯彦輩不能承聖意奉車駕日益南恐不足繫中原之望書聞以越職奪官歸詣河北招討使張所所問曰汝能敵幾何飛曰勇不足恃用兵在先定謀欒枝曳柴以敗荆莫敖採樵以致絞皆謀定也所矍

然曰君殆非行伍中人飛因說之曰國家都汴恃河北以爲固苟憑據要衝峙列重鎮一城受圍則諸城或撓或救金人不能窺河南而京師根本之地固矣所大喜命從王彦渡河至新鄉金兵盛彦不敢進飛獨引所部鏖戰奪其纛而舞諸軍爭奮遂拔新鄉明日戰侯兆川身被十餘創士皆死戰又敗之飛引兵益北戰太行山下擒金將拓跋烏居數日復遇敵飛單騎持丈八鐵鎗刺殺黑風大王敵衆敗走飛復歸宗澤爲留守司統制二年宗澤卒杜充代之飛居故職與金人大戰汜水關射

殪金將大破其衆充將還建康飛曰今一舉足此地便非我有他日欲復取之非數十萬衆不可克不聽遂與俱歸充守建康金兵至充迎降建康失守兀朮趨杭州飛要擊至廣德境中六戰皆捷擒其將王權金所籍兵相謂曰此岳爺爺軍也爭來降之四年兀朮趨建康飛設伏牛頭山待之夜令百人黑衣混金營金兵自相攻擊兀朮奔淮西遂復建康時孔彦舟據武陵張用據襄漢李成據江淮湖湘連兵數萬圍江州久未解招討使張俊請與飛楊沂中分道進討賊黨馬進在筠州豫章介

筠江之間俊急趨之飛曰賊貪而不慮後若以騎兵自上流絶生米渡出其不意破之必矣飛請自爲先鋒俊大喜令沂中絶生米渡飛重鎧躍馬潛出賊右突其陣所部從之進大敗追奔至筠州賊背筠河而陣長十五里沂中曰彼衆我寡擊之當用奇俊以精騎數千授沂中使夜啣枚渡筠河出西山從山後夾擊以午爲期及戰飛設伏遣紅羅幟上刺岳字選騎二百隨幟而前賊易其少薄之伏發俊亦以步兵鏖戰至午沂中精騎自山後馳下賊駭亂退走飛使人呼曰不從賊者坐吾不殺

汝坐而降者八萬餘人賊大賊進爲追兵所殺成北走降劉豫張用寇江西飛以書諭之曰吾與汝同里南薰門鐵路步之戰皆汝所悉今吾在此欲戰則出不戰則降用得書曰果吾父也遂降江淮平俊奏飛功第一飛初過盧陵託宿壓市質明爲主人汛掃門宇洗滌盆盎而去郡守供帳餞別師行將絶謁問大將軍何在殿者云已雜偏裨去矣其嚴肅如此紹興二年賊曹成擁衆十餘萬由江西歷湖湘據道賀二州命飛權荆湖東路安撫都總管飛入賀州連破其砦成走宣撫司時盛夏行

師瘴地撫循有方士無一人死癘者嶺表平授武安軍承宣使屯江州虔吉盜連兵寇掠循梅廣惠英韶南雄南安建昌汀邵諸郡帝復專命飛討平之入見帝手書精忠岳飛字製旗以賜飛僞齊遣李成挾金人入侵破襄陽唐鄧隨郢諸州及信陽軍湖寇楊么亦與僞齊通欲順流而下李成又欲自江西陸行趨兩浙與么會帝命飛爲之備飛奏襄陽六郡爲恢復基本今當先取六郡以除心膂之病李成遠遁然後加兵湖湘以殄羣盜帝以諭趙鼎鼎曰知上流利害無如飛者飛趨襄陽李成

迎戰左臨襄江飛舉鞭指王貴曰爾以長鎗步卒擊其騎兵指牛臯曰爾以騎兵擊其步卒合戰馬應鎗而斃後騎皆入江步卒死者無數成夜遁復襄陽進復鄧州又復唐■信陽軍襄漢平飛移屯鄂命招捕楊么或謂飛所部皆西北人不習水戰飛曰兵何常顧用之何如耳飛即先遣使招諭之賊黨黃佐曰岳節使號令如山若與之敵萬無生理遂降飛表授佐爲武義大夫單騎按其部拊其背曰子知逆順者果能立功封侯豈足道欲遣子至湖中視其可乘者擒之可勸者招之佐感泣誓

以死報時張浚以都督軍士至潭參政席益疑飛玩寇欲以聞浚曰岳侯忠孝人也兵有深機胡可易言益慚而止黃佐果襲周倫砦殺倫擒其統制陳貴等飛上其功遷佐武功大夫統制會召浚還飛袖小圖以示浚曰已有定畫都督能少留不八日可破賊也浚曰何言之易飛曰王四廂以王師攻水寇則難飛以水寇攻水寇則易若因敵將用敵兵奪其手足之助離其腹心之託八日之內當俘諸酋浚壯之飛遂如鼎州黃佐招楊欽來降飛喜曰楊欽驍悍既降賊腹心潰矣遂表授欽爲武

義大夫禮遇之甚厚復遣欽入湖中欽說余端劉
詵等亦來降飛詭罵欽曰賊不盡降何來也杖之
復令入是夜掩賊營降其衆數萬么猶負固浮舟
胡中以輪激水如飛旁置撞竿官舟迎之輒碎飛
令伐君山木爲巨筏塞諸港汊又以腐木亂草浮
上流而下擇水淺處遣善罵者且行且罵賊來追
則草木壅積舟輪礙不行飛亟遣兵擊之賊奔港
中爲筏所拒官軍乘筏張牛革以蔽矢石舉巨木
撞其舟么投水中皐擒斬么餘酋具降飛親行諸
砦慰撫之縱老弱歸田籍少壯爲軍果八日而賊

平浚嘆曰岳侯神算也浚至江上會諸大帥獨稱
飛與韓世忠可倚大事乃命飛屯襄陽以窺中原
飛置司襄陽首遣王貴等攻虢州下之獲糧十五
萬石降其衆數萬張浚曰飛措畫甚大今已至伊
洛則太行一帶山砦必有應者九月劉豫遣子麟
猊分道寇淮西劉光世欲舍廬州張浚欲棄盱眙
同奏召飛張浚謂岳飛一動則襄漢何所制帝慮
俊光世不足任而飛自破曹成平楊么凡六年皆
盛夏行師以致目疾至是疾甚聞詔即日啟行未
至而麟敗帝語趙鼎曰劉麟敗北不足喜諸將知

尊朝廷爲可喜也七年入見赴行在帝因問曰卿
得良馬否飛曰臣始有二馬日啖芻豆數斗飲泉
一斛然非精潔即不受介而馳初不甚疾比行百
里始奮迅自午至酉猶可二百里褫鞍甲不息不
汗若無事然此其受大而不苟取力裕而不求逞
致遠之材也不幸相繼以死今所乘者日不過數
升而秣不擇粟飲不擇泉攬轡未安踴躍疾驅甫
百里力竭汗喘殆欲斃然此其寡取易盈好逞易
窮駑鈍之材也帝稱善飛數論恢復之略又手疏
言金人所以立劉豫於江南蓋欲荼毒中原以中

國攻中國粘罕得休兵觀釁臣欲陛下假臣月日
便則提兵趨京洛據河陽陝府潼關以號召五路
叛將叛將既還王師前進彼必棄汴而走河北京
畿陝右可以盡復帝荅曰有臣如此顧復何憂進
止之機朕不中制又召至寢閣命之曰中興之事
一以委卿飛方圖大舉會秦檜主和遂詔詣都督
府與張浚議事浚謂飛曰王德淮西軍所服浚欲
以爲都統而命呂祉以都統府參謀領之如何飛
曰德與酈瓊素不相下一旦握之在上必爭呂尚
書不習軍旅恐不足服衆浚曰張宣撫如何飛曰

暴而寡謀尤瓊所不服浚曰然則楊沂中爾飛曰沂中視德等爾浚艴然曰浚固知非太尉不可飛曰都督以正問飛不敢不盡其愚豈以得兵爲念耶即日上章乞解兵柄步歸廬母墓側浚怒奏以張宗元爲宣撫判官監其軍帝累詔趣飛還職飛力辭詔幕屬造廬以死請凡六日飛趨朝待罪帝慰遣之宗元還言將和士銳人懷忠孝皆飛訓養所致後酈瓊果叛飛復奏願進屯淮甸伺便擊瓊期於破滅不許飛知劉豫結粘罕而兀朮惡劉豫會軍中得兀朮諜者飛陽責之曰汝非張斌耶吾

向遣汝至齊約誘致四太子汝往不復來吾繼遣人問齊已許我今冬以會合寇江爲名致四太子於清河汝所持書竟不至何耶諜冀緩死即詭服乃作蠟書復遣至齊問舉兵期刲股納書諜歸以書示兀朮兀朮大驚遂廢豫飛奏宜乘廢豫之際擣其不備長驅中原不報八年金遣使將歸河南地飛言金人不可信和好不可恃相臣謀國不臧恐貽後世譏檜銜之九年以復河南大赦授開府儀同三司飛力辭謂今日之事可危而不可安可憂而不可賀可訓兵飭士謹備不虞而不可論功

行賞取笑敵人三詔不受十年金人攻拱亳劉錡告急飛乃遣王貴牛臯李寶等分布經略西京汝鄭潁昌陳曹光蔡諸郡又命梁興渡河糾合忠義社取河東北又遣兵東援劉錡西援郭浩自以其軍長驅以闞中原未幾諸將相繼奏捷飛自以輕騎駐郾城兵勢甚銳兀朮合龍虎大王蓋天大王與韓常之兵逼郾城飛遣子雲領騎兵直貫其陣戒之曰不勝先斬汝鏖戰數十合賊屍布野初兀朮有勁軍皆重鎧貫以韋索三人爲聯號拐子馬官軍不能當是役也以萬五千騎來飛戒兵卒以

麻札刀入陣勿仰視第斫馬足拐子馬相連一馬仆二馬不能行官軍奮擊遂大敗之兀朮大慟曰自海上起兵皆以此勝今已矣兀朮益兵來又戰敗之郾城再捷飛謂雲曰賊屢敗必還攻潁昌汝宜速援王貴既而兀朮果至貴將游奕雲將背嵬與戰城西雲以騎兵八百挺前決戰步軍張左右翼繼之殺兀朮壻夏金吾副統軍粘罕孛堇兀朮遁去梁興會太行忠義及兩河豪傑等又戰皆捷中原大震飛進軍朱仙鎮距汴京四十五里與兀朮對壘而陣遣驍將以背嵬騎五百奮擊大破之

兀木遁還先是紹興五年飛令梁興等布德意招結兩河豪傑山砦韋銓孫謀等斂兵固堡以待王師李通胡清李寶孫琪等舉衆來歸磁相開德澤潞晉絳汾隰之境皆期日興兵與官軍會其所揭旗以岳爲號父老百姓爭挽車牛載糗糧以餽義軍焚香迎候者充滿道路自燕以南金號令不行兀木欲簽軍以抗飛河北無一人從者金統制王鎭統領崔慶將官李覬崔虎華旺等皆率所部降禁衛龍虎大王下忔查千戶高勇之屬皆密受飛旗牓將軍韓常欲以五萬衆內附飛大喜語其下

曰直抵黃龍府與諸君痛飲方指日渡河而檜欲畫淮以北棄之風臺臣請班師飛奏金人銳氣沮喪盡棄輜重疾走渡河豪傑向風士卒用命時不再來機難輕失檜知飛志銳不可回乃請張俊楊沂中等先歸而後言飛軍不可久留乞令班師一日奉十二金字牌飛憤惋泣下東向再拜曰十年之力廢於一旦飛班師民遮馬慟哭訴曰我等戴香盆運糧草以迎官軍金人悉知之相公去我輩無噍類矣飛亦悲泣取詔示之曰吾不得擅留哭聲震野飛留五日以待其徙從而南者如市奏以

漢上六郡閒田處之方兀木棄汴去有書生叩馬曰太子毋走岳少保且退矣自古未有權臣在內而大將能立功於外者岳少保且不免況欲成功飛既歸所得州縣旋復失之飛力請解兵柄不許十一年金分道渡淮飛請合諸帥之兵破敵兀木韓常與龍虎大王疾驅至廬飛策金人舉國南來巢穴必虛若長驅京洛以擣之彼必奔命可坐而敝時飛方若寒嗽力疾行師至廬州金兵望風遁去飛還兵於舒以俟命兀木破濠州張俊駐軍黃連鎭不敢進楊沂中遇伏而敗帝命飛救之金人

聞飛至又遁時和議既決檜患飛異己五月詔同俊往楚州措置邊防總韓世忠軍初飛在諸將中年最少以列校拔起累立顯功世忠俊不能平飛屈己下之金人攻淮西俊始不敢行師卒無功飛聞命即行遂解廬州圍俊益恥楊么平飛獻俊世忠樓船各一兵械畢備世忠大悅俊反忌之淮西之役俊以前途粮乏訹飛飛不爲止帝賜札褒諭有曰轉餉艱阻卿不復顧俊疑飛漏言還朝反倡言飛逗留不進以乏餉爲辭及是飛覘世忠軍俊知世忠忤檜欲與飛分其背嵬軍飛不肯會世忠

軍吏景著與總領胡訪言二樞密若分世忠軍恐至生事訪上之朝檜捕著下大理寺將以扇誣世忠飛馳書告以檜意世忠見帝自明俊於是大憾飛遂倡言飛議棄山陽且客以飛報世忠事告檜檜大怒檜初逐趙鼎飛每對客歎息讀檜奏至德無常師主善爲師之語惡其欺罔恚曰君臣大倫根於天性大臣而忍面謾其主耶兀朮遺檜書曰汝朝夕以和請而岳飛方爲河北圖必殺飛始可和檜亦以飛不死終梗和議已事不成故力謀殺之以諫議大夫萬俟卨與飛有怨風卨劾飛又諭

張俊令劾王貴誘王俊誣告張憲謀還飛兵檜遣使捕飛父子證張憲事初命何鑄鞫之飛裂裳以背示鑄有盡忠報國四大字深入膚理既而閱實無左驗鑄明其無辜改命萬俟卨卨入臺月餘獄遂上於是飛以衆證坐死時年三十九憲雲棄市籍家貲徙家嶺南天下冤之獄之將上也韓世忠詣檜詰其實檜曰飛子雲與憲書雖不明其事體莫須有世忠曰莫須有三字何以服天下時洪皓在金蠟書馳奏以爲金人所畏服者惟飛諸酋聞其死皆酌酒相賀或問飛天下何時太平飛曰文不愛錢武不惜死天下平矣每休舍課將士注坡跳壕皆重鎧習之卒夜宿民開門願納無敢入卒有疾躬爲調藥諸將遠戍遣妻問勞其家死者哭之而育其孤善以少擊衆欲有所舉盡召諸統制與謀謀定後戰故有勝無敗猝遇敵不動故敵人常曰撼山易撼岳家軍難張俊問用兵術曰仁智信勇嚴闕一不可襄陽之役詔光世爲援六郡既復光世始至飛奏先賞光世軍平生好賢禮士然忠憤激烈議論持正不挫於人卒以此得禍檜死議復飛官萬俟卨謂金方願和一旦錄故將不可

淳熙六年謚武穆追封鄂王五子雲雷霖震霆

明

常遇春者濠之定遠人元末羣盜起盜魁劉聚得遇春而識之使爲什夫長有所攻剽遇春敢力深入必尅獲而歸以是爲聚所愛重然遇春察其急鹵略毋遠志屬高皇帝駐兵和州乙未遇春偕其私卒數十來歸請願爲先鋒上曰爾以饑來歸且有故主在遇春頓首泣曰劉聚盜耳無能爲也倘得效犬馬之力某雖死猶生上猶弗許既渡江抵采石元兵置陣磯上舟相去三丈餘遇春飛舸至上

麾之應聲挺戈躍而上敵皆披靡大兵乘之敗其衆遂乘勝取太平始授總管府先鋒無何進爲總管丙申上已渡江而諸將士家屬輜重皆在北滁和之守備單弱元中丞蠻子海牙擁舟師數萬襲據釆石界其中音問絶上使遇春多張疑兵而自帥正兵直擣之既合遇春别操輕舸以精兵横衝海牙之舟分而爲二左右縱擊大破之悉俘其精鋭自是元師扼江之勢衰而南北通矣遂從取集慶路再從徐達取鎮江復爲領軍先鋒徐達攻常州而降卒叛與張士誠合而圍達命遇春以師援

之表裏共擊大破士誠復爲總管進統軍大元帥明年克常州遷中翼大元帥等從達下寧國分兵取馬駄沙遂取池州戰功最進行中書省都督又明年擢都督馬步水軍大元帥又明年從上取婺州復有功進鎮國上將軍同僉書樞密院事守婺州遂以其兵攻衢州衢州下其院判張斌以卒萬人降進僉樞密院事庚子召還京師等從達守池州大破陳友諒之衆友諒入寇薄我於都城之龍灣上設伏大破之遇春功復最上追友諒於江州遇春留守用法嚴軍民肅欽辛丑進行省參知政

事復從上追友諒於安慶遂取江州還督龍灣寨之師張士誠之大將李伯昇圍我長興急上遣遇春以大軍援之兵至伯昇拔營遁俘斬其後軍五千餘人壬寅城安慶破池州之叛卒羅友賢斬之餘黨悉平上所任將帥其最著者三人曰平章鄧榮右丞徐達與遇春榮最爲宿舊且善戰既貴而驕有所不得志輒謀伏兵置酒要上飲而刼之事發就縛上猶語諸將吾欲宥榮死以慰勞臣衆唯唯遇春直前曰人臣而以反名寧可宥臣誼不與之共生上乃飲榮酒流涕而僇之以是心益愛重

遇春癸卯張士誠别將呂珍圍劉福通於安豐上救之師至而珍已破城殺劉福通矣其兵勢盛而連營水陸爲戰守備甚嚴時汪元帥爲前鋒拔其中壘而據之會左右軍敗汪元帥兵欲出走阻於塹則身死鬬卒不可敗而遇春以精騎横突其脅凡數戰二勝大軍乘之遂大勝進圍安豐元將左君弼自廬州來救達與遇春逆擊大破之遂移薄廬州且下而友諒傾其國兵來爭南昌上乃趣達遇春廬州之師歸遂從上往救遇於鄱陽湖之康郎山達首敗其前鋒縱火焚敵舟二十艘殺獲以

千計而敵不退友諒太尉張定邊奮前犯上上舟適膠淺遇春從傍射定邊中之始引退上舟脫而遇春舟復膠淺乃復力戰以脫明日復大戰乘風縱火焚其舟數十里湖水盡赤友諒弟友仁友貴等皆焚死連戰三日友諒之卒死者過半而我兵所亡失亦略相當既出湖口諸將佐氣稍稍奪欲縱之去遇春獨不言上悟乃移舟扼上流而別出奇兵絕餉道凡旬五日友諒軍食乏其左右金吾將軍皆降友諒迫以百艘突圍湖口上蹴之自晨至酉友諒中流矢死乃班師飲至策勳以遇春爲

廖永忠俞通海爲首賜土田金帛過當復從上討友諒之子理於武昌圍甫合而其丞相張必先自岳來援遇春以五千騎逆擊破擒之必先友諒驍將也甲辰陳理魄奪出降進遇春中書平章政事等從徐達取廬州始別將兵略定臨江之沙坑麻嶺十洞牛皮等寨乙巳遂定贑州下南安南雄韶州諸路師還取安陸襄陽丙午復從徐達克泰州巳克高郵徇淮安徐宿安豐悉下之丁未大發兵討張士誠命遇春仍副大將軍達而行舟師出太湖擒其萬戶尹義等直趣湖州之毘山與士誠兵

水陸鏖戰敵大潰遂薄其城飛車戰艦高與睥睨埒其丞相士信掃境內兵來援築壘舊館壓我師之背遇春率奇兵由大全港入營於東阡却壓其背士信急抽精兵搏戰遇春鼓將士立破之復破其援兵赤龍船於烏鎮士信跳舊館之卒六萬悉降湖州下遂進圍平江路縛士誠以歸藉其兵得二十五萬時上猶稱吳王召見戟門所以慰勞備至進銀青榮祿大夫上柱國錄軍國重事封鄂國公上念遇春功大欲尊貴之而李善長徐達已爲左右相國不能復置相乃以遇春爲平章軍國重

事制祿秩與相國等復議討中原遇春有所獻策大較欲輕兵直擣其心腹肢節當自解上持重不之用也而心伏其勇至是命遇春爲征虜副將軍與大將軍達率步騎二十五萬以北上親禡旗於龍江諭諸將當百萬之衆摧鋒陷陣所嚮披靡無如副將軍遇春第吾不慮其不能戰慮其輕戰耳夫遇春大將也而好與一小校爭能甚非吾所望也遇春頓首拜詔既與大將軍合略定山東諸郡洪武元年遂破汴梁走其帥李景昌進攻河南元兵五萬陣洛水北將合遇春單騎突其陣敵以二

十騎擐槊刺遇春遇春發一矢殪當先者大呼而入麾下壯士從之遂盡殺其二十騎敵遂大潰河南下諸郡邑悉平五月上幸汴梁遇春馳入謁上勞之曰將軍與大軍北征不踰歲而下中原之半功亦大矣勞且倍矣遇春頓首謝上悅三日辭復往河南遂與大將軍略定河北進逼其大都元主北走遂移兵徇太原元太傅河南王擴廓帖木兒自保安還師來援其鋒銳甚遇春與達謀夜劫之擴廓果潰走太原下改遇春爲左副將軍居右副將軍馮宗異上二年取大同轉徇河東西渡關下

奉元路遂與宗異合而西逼鳳翔其平章李思齊率所部十餘萬衆奔臨洮鳳翔下會元丞相也速以兵寇通州至白河而遁上乃遣遇春以所部馳至故元都部署將士而浙江行省平章李文忠副之遇春諜元主在開平乃選步卒八萬騎一萬取道三河經鹿兒嶺抵惠州敗其將江文清於錦川獲士馬千計次全寧遂與也速遇復敗之進次大興州遇春使分千騎爲八伏徼其歸大興之守兵走伏發遂大敗擒其丞相脫火赤遂薄開平元主已前走追北數百里俘其宗王三人及平章鼎住

等斬之凡得將士萬人車萬輛馬三千匹牛五萬頭子女貨寶稱是師還次柳河川暴得疾卒年僅四十上爲震動喪車至龍江親出奠爲文哭之敘其功甚詳已而大慟始命有司制聞大臣計用宋太宗爲韓王趙普舉哀禮擇葬地鍾山之陰明器芻靈凡九十一切皆官給不以煩其家仍驛書報大將軍達使歸而會葬特贈翊運推誠宣德靖遠功臣開府儀同三司上柱國太保中書右丞相追封開平王謚忠武復推恩王其三代皆賜謚明年論功賜金幣一與大將軍等而封子茂鄭國公歲

祿三千石予誥券配饗高帝廟庭與祠雞籠山功臣廟皆次大將軍爲第二王爲人沈鷙果毅撫士卒與同甘苦出則摧鋒退則殿後未嘗敗北雖不習書史而用兵決勝與古人合年差長於大將軍二歲數從征伐奉節制進止赴期不敢爽毫髮大將軍雅亦推愛之終始無小間唯性稍好殺而淫以此不能比大將軍而一時稱名將者猶曰徐常徐常云而上亦均重之晚節每舉以勵諸將帥必曰中山開平二王不偏廢也鄭國公茂弱冠而封其婦父爲宋國公馮勝以隸宋國公北征納哈出

不奉約束削爵安置廣西之龍州然猶念遇春功別封次子昇爲開國公明年加太子太保建文末以抗靖難師安置雲南臨安憂死弘治中錄六王後曾孫復得拜南京錦衣衛指揮使嘉靖中繼絶世乃更封懷遠侯鄭端簡曰嘉靖十年進劉基侑饗太廟并議常李鄧湯四王後十一年吏部會議遇春文忠愈和皆戮力中原廓清方㝢曾不再傳而子孫微替歲月彌久莫敢訟功廼我孝宗憫焉下詔錄其裔孫四人爲錦衣衛指揮使皇上神聖天啓勳遵祖法特詔誠意伯劉基裔孫世爵又推

念四臣之功俾悉如基議從事廣祖宗崇德報功之仁修聖王興滅繼絶之典臣等愚昧謂四臣宜世其爵制曰可封常弦振懷遠侯李性臨淮侯鄧繼坤定遠侯湯紹宗靈璧侯各食祿千石與世券弇州外史曰封鄂而謚忠武唐之尉遲氏宋之岳氏併開平而三

樊士信湖廣應城人洪武乙丑進士以兵部主事守淮河北兵南下士信禦之力不能支遂死之靖難後族之竟滅云

姚善字克一湖廣安陸人爲諸生時局讀書所曰待旦軒洪武中鄉舉歷祁門丞同知廬州重慶三十年擢知蘇州府善洞達政體張弛寬嚴允協時宜數造請郡賢考求治道稍因俗救正吏民回嚮轉稱大治爲列郡最隱士王賓居陋巷善往候舍車詣門賓問爲誰曰姚善賓乃開門延語及賓報謁面府門再拜而返又將候韓奕奕避入太湖善歎曰韓先生可謂名可聞而面不可見者錢芹自守甚高善願見不得有俞貞木者以明經見重于善月朔望必延致學宮講經書訓士一日饋米于貞木誤送芹所芹受之吏覺其誤詣貞木以告貞木

曰錢先生不苟取與今受不辭必仰府公之賢耳善聞之欲往候仍使人先道意芹對使者曰芹誠願見然芹民也若明公弘下士之風請俟月朔會于學宮善如期至迎芹置上坐請質經義芹曰此士子之業公今何不詢時務善益起敬請問今日急務芹出授一簡竟不交一言而出善視之皆戰守制勝之策時靖難兵已出北平善于是密結常鎮嘉松四郡守訓練民兵相約勤王而薦芹爲行軍司馬建文元年善至京師畫策防禦建文用漢破七國策斥齊黃于外善言于朝曰人有文武才

略可扶顛濟危者反置散地不用今事已狠狽須急召之詢其姓名不對再三詢之曰今人才豈有過于黃大卿者遂復召還二八四年詔善兼督蘇松嘉常鎮五郡兵勤王未及戰文皇即位索子澄甚急子澄避善所約共航海善謝曰公可去善不可去公朝臣內往號召圖興復善職守土義當與城存亡子澄遂去善爲麾下許千戶等縛見文皇詰善曰若一郡守乃敢舉兵抗我邪善厲聲不遜死時年四十三子節謫戍賀縣千戶所幼子繼兒蘇州坐配保兒項兒習匠正德十一年湖廣巡撫

秦金祀善鄉賢祠韓奕潛心理學尤精于醫洪武初累薦不起所著有韓山人集

廖昇湖廣襄陽人不知其所以進學行最知名與方孝孺王紳友善洪武中爲左府斷事上知其賢二十九年六月擢太常少卿建文元年正月勅修高廟實錄昇博雅有史才明達負氣書靖難兵事語多據實聞忠誠伯等自龍潭還慟哭與家人訣自縊死

周拱元湖廣沅州人少讀兵書出入辰沅蠻中相交易蠻人信之建文元年應募入京試騎射答策授錦衣所鎮撫軍前差遣占候輒中主將令引步兵防餉舟靖難後死

國朝

葉映榴字蒼巖松江上海人性穎悟五齡就外傅十歲屬文章下筆千言年十六中順治丁酉鄉試父左都御史公訓曰子文秀穎本天資耳鮮學問余乙卯一燈廣陵散矣公自是博經史規先正魁順治辛丑中馬公世俊榜由二甲選授庶常讀中秘書舉凡制誥典禮罔不洞悉公卿交薦公應博學鴻詞選公力辭蓋痛天下士習蠱吏治媮願得一

席出以相天下士且爲
天子愛養斯民也嗣是分校北闈出典秦試所得雖知名士亦鮮得當公意者巳未衡文三秦端士習振文教秦風爲之一變乙丑歲補楚北藩叅議剔奸釐弊洞若神明兼攝學使印二月一一遵學政不少假借又常時時引一時同事媮合取容娖娖不克舉厥職以爲憂戊辰春會部議裁楚總制標兵並裁總制去又值撫軍與荆南副使搆忤一時
天子澄清吏治撫軍罰當去而藩臬以下及郡守皆議去惟公以清廉矯潔獨留是時武昌郡守印則

武昌通判張[redacted]護理驛鹽道印則淸軍同知朱[redacted]
護理分守道印則漢陽郡守黃[redacted]護理臬司印則
黃州郡守蘓[redacted]護理北藩印則公護[illegible]日
裁兵造逆謀公無兵柄又苦同事不能共遠謀而
阻兵成[redacted]新撫印奪新撫勅分兵徧圍各公署而
一時被議去者睢盱遁去而議中僅降調臬司丁
公偉赴報安徽撫軍請題去其有官守者如學使
鄭公僑主則微服懷印詣荆請大兵去惟公與闔
戎宣公德仁巍然守死不去賊圍公公署偪脅公
公首項項然不自得有問輒頫頷而已強問則頫

若不曉事者賊怒白刃脅公從公曰爾依我兩事
我何不可做官賊衆請曰願聞公曰爾依我不燒
殺我可做官賊曰不燒殺公又曰爾依我勿閉城
任百姓出走我可做官賊曰不閉城於是賊大喜
喜得一才能官做我大官也解圍去走歸賊瞀中
公令閉門請太夫人升堂坐跪泣抱太夫人膝曰
兒不得生養我母矣兒受
世祖章皇帝深恩受
今皇上深恩既無智謀消賊於未然又無兵柄殺賊
於臨事

聖恩寬大舉家一逃非不可圖後效苟全性命也然
兒讀聖賢書豈肯爲此今遣家人幼子侍太夫人
從水溝出去兒自惟知
國事忠孝不能兩全矣隨命家丁奉太夫人夫人去
復升堂檢驗康字三千三百四十五號督理湖北
糧務關防一康字第二百十三號湖廣布政司印
一順字三千九百十六號布政司經歷印一順字
四百九十一號欽天監曆日印一順字三千五十
三號布政司廣備庫印一交付家丁葉華林旋寫
遺疏其畧曰臨難瀝血陳情恭謝

聖恩臣一介豎儒倖中進士選擢庶常歷任今職茲
於康熙二十七年五月初九日署布政司印務忽
本月二十二日督標裁兵倡亂劫奪撫臣勅印圍
臣衙署百計脅從臣幼讀史書粗知節義豈肯喪
恥苟生時即欲率同妻女闔門殉節第念臣母年
已七十有六矣隨臣任所長子監生葉專又遠在
原籍其餘二子年未成童煢煢孤嫠死將安歸臣
心不忍因遣妻女奉臣母從水[redacted]遁出臣將糧道
衙門及布政司道號印封付家屬[redacted]華林囑向所
過衙門呈繳疏付家人於臣盡節之後奔赴京師

詣通政司衙門賫投於是朝服向
闕九叩謝恩畢隨升公座大開門出所佩刀於案凝
神養氣堂下觀者百千人左右侍立家丁含淚不
忍又不敢阻意欲奪去刀不令公自靖公正色端
坐諭家丁不得仰視乃自時時頤眂視人忽昂首
顧頭脞齒厲聲大駡曰死賊死賊吾其滅爾矣手
所陳刀遂自刎血盈几案赤染公袍首顧然屹不
倒刀猶捉手中不釋百姓瞻者哭聲振天皆歎曰
公數日不死皆爲我等開城免燒殺故也因求拜
見太夫人方知太夫人去求拜見夫人公子方知

夫人公子去愈加痛心歎曰好忠臣好忠臣賊聞
之面黄膽落趨署至公前伏首至地云我等無狀
令公至此相顧曰眞忠臣眞忠臣顧署如懸罄百
姓醵錢酒以祭且爲櫬謀以藏扶從忠孝門去賊
衆及百姓送者數千人殯華林奉公命即前詣安
徽巡撫楊公交投號印請咨題又於八月初一日
詣通政司投疏疏上荷
聖恩諭葉映榴值裁兵鼓譟抗志不屈捐生殉難忠
節可嘉應從優賜䘏以表忠貞部遵例議叅議殉
難應賜光祿寺卿廕一子入監讀書因有從優
旨意議賜通政使司通政司廕一子入監讀書遹奉
特恩着贈工部右侍郎廕一子入監讀書賜子全葬
致祭遣官讀文越一載恭逢
聖駕南巡公子旉接
駕復塵
宸衷
詔議易名之典賜謚公卿會議復蒙
欽定謚忠節
御書旌忠二字以寵褒之楚鄂城因立忠節祠以祀
云公有子[redacted]人長旉以蔭除湖廣安陸府荆門州

知州居官清貞高才敷政能世其家學不愧忠節
次子[redacted]
宣德仁字[redacted]北直宣府籍浙江紹興人博通儒術
專精孫吳以騎射策論中順治辛卯科武舉挨序
於順治十五年十月除江南蘇州衛領運千夫長
漕艘挽運夙夜匪懈歷江河風濤暑雨祈寒艱難
險阻勿懼容怠志且多歷年所任内奉職奔挽如
是者凡六運前後俱報可功加都司僉書康熙九
年九月陞江南長淮衛掌印守備十七年五月轉
山西掌印都司俱稱職二十年五月以倉糧案牽

議降一級調用隨於是年八月赴大同遵例捐還
職于康熙二十二年正月推湖廣掌印都司所統
治兼楚湖南北一十五郡衛千戶所曹署運轉屯
衛卒伍精覈詳明不啻如黨步軍以杖記爲笏記
焉舉止端莊目光炯炯有若神人面微紫鬚髯若
銀絲雍雍儒將登壇和雅可親佐理文武兩鄉試
場二次俱稱職康熙戊辰會部議裁總制兵並裁
督制去撫軍以他議亦去五月二十二日裁兵譁
噪造逆謀奪新撫印勅劫司道帑庫會襄鎮總兵
許君盛如省謁新撫阻于道詢詰起事賊操弓党

戕許綁縛去旋立僞帥府于閱馬廠前公衙門綁
縛郡守以下文官及諸營將官脅從去剪辮爲記
大叅葉公則出臨難經濟以救
朝廷赤子徘徊糧道公署者四日賊得不燒殺不閉
城以全百萬生靈先生則惟知堅守臣節閉署不
出不以面目示賊賊探先生署空且取火藥而火
藥局又去先生公署二里許故綁縛亦不及先生
惟先生仰天呼籲閉署自守望外救不至歎內謀
無與共策舉平生所習孤虛旺相阨塞形勝虛實
向背臨機決勝之策至此俱無所用惟困頓束縛

闤闠于百十逆賊刃矢相向火器相攻之內而已
自二十二至二十六凡四晝夜先生時時迸乎時
相隨侍家丁不許近身家丁不忍離逮驅之不已
逐令立戶外間閉戶而家丁不敢逼視或從壁隙
間窺或以指以舌以濕牎紙破探望之但見先生
時而搔首空庭仰天長歎時而唇齒合閉怒聲振
撼牎牖間時而躬擐甲冑髭鬚皆磔豎怒目出數
分許時而端端默坐瞑目頫首時而或聞家丁述
傳聞綁縛某某官已去剪髻辮則頓足起左手執
刀舞右手作助舞勢遙向指賊外曰吾安得盡斫

之又或傳報剪髻者皆伏賊前盡人子禮唯謹則
又起舞厲聲曰吾安得盡斫之怒刀擲地下不顧
至二十六日薄暮聞葉公盡節忽作歡喜若壓得
起如迷得醒乃歎曰好人好人隨命家人邵華繕
寫詳文遞江南安徽藩司衙門去陳設香案冠帶
朝服望
闕泣叩曰臣無狀不能生報
皇恩矣惟死作厲殺賊以酬
聖主耳拜畢起繞香案若步趨追隨恐後者然曰葉
老爺葉老爺等我等我但聞靴底聲揚揚達堦外

也家丁聞之者以爲靖節必亦如大犇以刀自刎
上堂在次日也故防維稍縱及夜將半忽疾疾冷
風一陣悚人毛髮疾如兵馬行聲以爲賊相攻也
家丁同夥吏胥推戶覘之則仰見先生高懸雉經
紫面銀鬚有數莖短髮黑白相雜一小辮垂垂朝
冠下項以下帶金獅子錦繡麒麟生氣凜凜凜堂
堂也卽呈几案上與香烟燭焰共映忠臣之面而
已黎明觀者泣者盈數千人嗣是家丁扶櫬歸從
文昌門出去而賊勢猖狂黨羽萬計自五月廿二
及七月初

王師壓境天兵雲集時其搶劫火藥砲聲響數百里
震四十餘晝夜聞者尚心掉不自寧云及七月中
賊頭已授首黨羽伏誅來河南撫軍新陞楚撫軍
丁公確查盡節官員疏題表忠畧曰忘身盡節臣
子之恒經恤死褒忠
朝廷之定典武昌裁兵譁譟事起倉倅其時被陷各
官有抗志不屈竟以身殉者臣入城後卽行確查
玆據布政使于養志等會詳前來查有前任掌印
都司宣德仁於本年五月二十二日被賊迫脅守
志不移而逆焰方張勢無兩立遂於五月二十六

日夜望
闕泣叩在署自經據兩司查覆之情節合臣入省所
訪聞殉難既眞純忠足尚相應仰籲
皇恩敕部議恤以勵臣節奉
旨下部議宣德仁係署遊擊管掌印都司事身死情
眞相應照例加贈一級授爲署叅將廕子弟一人
以守備推用復奉
旨宣德仁値裁兵鼓噪抗志不屈殉難可憫從優加
副將餘依議先是先生次子化言赴藩司具請畧
云泣思國爾忘身臣分宜然父忠不白子職奚爲

皇仁簡授楚閫莅任四載慘遭叛逆猖獗逞威脅從
言父泳
言父感泳
皇恩浩蕩叅飬日深不能孤身滅賊以報効惟有不
屈身死以鳴節與葉糧道同日死忠繕寫懇請轉
詳咨文一角耑差家人邵華前赴江南安徽布政
使司衙門投遞及奔柩回籍之日查安徽藩司咨
文未經轉詳請題言若不匍匐呈白父忠湮沒莫
彰罪戾滋深泣懇矜情俯准詳請具題云云然吾
聞之先生所官在宋以節度司爲之梁號馬步軍

司而唐之方鎮軍校也攬兵權分京外職嚴且重
惟
本朝沿明制稱都指揮使稱掌印都司吉凶之禮雖
視藩伯而職僅掌衛屯轄火藥兵不與焉脫先生
得與方鎮馬步軍節度司埒其事亦烏至此而岳
少保又云文官不愛錢武官不惜死天下太平矣
廼先生與葉公同不愛錢同不惜死而顧罹此小
醜竟成大難則天下事亦不係盡有大權特非僅
一二人可謀也卓然大節一越人一吳人留芳於
楚上叨

聖主褒嘉下貽萬民稱誦矜與封忠武而血食于鄂
之尉遲公岳公常公可共千古已

江夏縣志卷之十六

開元劉朝英重修
黄安張希良編纂
古越洪國輔續修
三韓陳萬策增修

秩官志

漢世重親民吏往往不次遷擢朝對督郵夕登禁近故嚴訢七爲縣令不以爲煩杜詩自功曹趙三遷爲侍御史又兩持使節還拜成皐令而近世至視百里如重淵[illegible]捧除書輅頭岑岑然重若江夏則尤畏塗

本朝開國六十餘年令之睍然無望文編者未易多見也念之可爲於邑師儒一席視令校逸然以方之外庠其難又倍蓰矣丞尉以下其秩愈微皆詳載焉若政治卓犖則别爲之傳此但記姓名而已志秩官

秩官表

知縣

唐

馬珦　有傳

宋

王子瀓 有傳

王武 有傳

元

周鏜 有傳

明

李永信 有傳

王斐 正統間任增修黃鵠山後之舊學拓兩圖

徐鋐 有傳 吳世英 鹽城舉人 魏宏 胡 姜 湯溪進士 陳 祿 滕縣 龔 說

文誠 四川舉人 葉宗傑 四川舉人 王文卿 浙江官生 馬玉 江西舉人 王軒 四川舉人 馬舜民 江都舉人

蕭韶 永豐舉人 陳學夔 有傳 湯憲 溧陽舉人 吳德元 歙縣舉人 梁拱辰 雲南舉人 蕭九成 南昌舉人

丘時雍 福建舉人 韓棟 安慶舉人 黃世厚 蕭山舉人 葉祖堯 岳陽進士 莫揚 有傳 顏文選 有傳

何傑 崇慶進士 葉鳳翔 婺源進士 董紹舒 山陰進士 方道江 歙縣進士 徐日炌 有傳 樊尚[illegible] 有傳

李應公 四川進士 王爾玉 進士 趙江 進士 劉勷 江南進士 朱乾鎮 有傳 徐名[illegible] 浙江進士

徐學顏 有傳

國朝

尚沔 安陽舉人 董象乾 萬泉進士 張其脩 盛京廕人 黃雲會 貢 東流廕 吳日來 貢 候官拔 趙應登 上元吏員

馬中駿 宜陽舉人 蔡興鎬 盛京 王國輔 盛京 盧仲魁 盛京 吳世貢 烏程貢

劉朝英 辛丑大文安籍開元人甲午 馬雲會 盛京 周文煊 海寧例監 洪國輔 字左薇功加梅溪人有應

縣丞

明

沈　瑤溫　經周　慎高邦靖劉　相施　金
王顯邦鄭　釆歐世傑潘　錦陳　撰蘄　臣
周汝蘭安正孝楊一陽陳世瑞馮時雷高一上
劉鳴鶴林公輔向兆麟

國朝

郝　澎　北直歲貢
謝士賢　山陰
李調元　北直生員
吳汝棍　江甫
王燮吳　北直
王之衡　恩貢
王丰樞　陝西
韓居杲　洪洞歲貢
惠之璉　山東歲貢
趙　玉　山陰例監
曹秉仁　字長公富平歲貢

主簿

明

徐文瑛張　鳳朱　鍚蒲宗義劉知良程世μ
倪存耀李　敷孫　縉楊　震王　潮陳大經
鍾　逵張東關王　脩楊　機戴　儒高　銓
聶夢熊王　旂力　晁熊　渭王　爵王鵬翮
左　瑞楊文瀚韓　地章夢英劉立忠李　璀
歐陽地王嘉寧王萬春鄭天賓張文耀吳瑞隆

國朝

何守環
黃國鄉　以後缺載

訓導

唐

趙 琛寶 參 有傳

宋

王 武趙 憬

典史 有傳

明

張承福 羅 峻 陳 海 俞 禄 馬 逵 龔 銓

潘廷 學 梁 鍾 劉 蔓 黃 通 理 周 德 寵 余 洪 閣

黃 承芳 胡 玉麟 曾 文光 晏 起龍

國朝

劉奇名 陝西 曹鴻運 陝西 戴 貞 浙江 陳文顯 陝西 趙應元 陝西 程國樞 富平

魏培德 宛平吏員 劉繼聖 山東吏員 謝以仁 山西吏員 汪有梓 江南吏員 姚仁洪 大興吏員

教諭

明

沈浩然 洪武初創建縣學於黃鵠山北宋時總一學也

沈仲維 洪武九年教諭因改縣學爲楚府廣容倉公乃議遷於平湖門內尚義坊權爲縣學

劉 宗蔡 仁 張 雅簡 越 羅 袞 遷建今學於鳳凰山

徐 爵 余 仲舉 王 中 杜 從易 陸 穗 周 南

蘇大有 丁 用中 何 緯 劉 李芳 王 銓 姚 一理

楊秉紀 王廷椿 林應奎 歐陽東白

鄒琯 麻城舉人遷九江通判 唐之賓 廣東舉人聘廣西分考遷恭城知縣 萬同泰 天啓聘廣東分考歷汾陽府同知

蕭如蘭 王湯孫 戊子舉人中庚戌進士 陳鑑 字子明廣東舉人著江夏小史

尹際寅 字子明 胡來臣 魏國賓 張彧 如何 世延

國朝

王尉 邢臺舉人新寧知縣委署戊子科鄉試同考

汪載清 字于厚黃安舉人遷分宜知縣

何詢之 字號□□漢陽舉人聘貴州分考

黃國犖 荊門州歲貢

唐封 字又謙麻城舉人中庚戌進士

尋奇 瀏陽歲貢

杜士英 字復菴黃岡舉人壬子江西分考

張希良 字石虹黃安舉人康熙十九年九月到任

王煜 安陸舉人

劉楙弼 廣濟舉人

王樹 漢川舉人

訓導

明

王進 講明體適用之學永樂初預修四書性理大全選五經博士歷官侍講

李歆

何瑄　趙秉彝　張沆　廖麒　蒲作　陶賢

李會　徐伯鳳　李侃　陳見　馬陽　裘汝拱

杜惟翹　任可从　張叔豹　李懷明　堨世良　鄢彰

羅九思　劉瀛　王直卿　鄒昌言　何喬　趙元楨

潘煌　郭康　李御選　劉甸　王顯仁　鄧啓周

任弘道　陸迎　陳夢暘　劉科　樊衛　李芳春

李呈明　周繼初　鄭重　向日芳　何其志　屠宗逵

伍雲同　羅邦偉

國朝

張開 雲夢歲貢

魏蔡之芳 華容人歲貢

周頌孫 襄陽人歲貢康熙四年奉裁

魯録 字以載孝感人康熙三年歲貢康熙十七年復設

姜祚昌 黃岡歲貢

徐則淮 字海州漢川貢

楊亦奇 安陸歲貢

巡檢

國朝

施承紹 吳國祚 鄔時作（以上鮎魚口） 胡起貞 金鉦 盛國員

（以上黃州鎮） 劉增獻 曹萬里 張文炳 尉弘道 郭珽（以上金口） 欒芳

原有年 鄒正言 鮑紹當（以上鮎魚口） 柴廷瀚 姚景沂 趙世榮（以上金口鎮）

高耀 閻豈言 薛振（以上滸黃鎮）

驛丞

國朝

袁海 陳秦（以上夏口驛。順治十六年復裁） 王允提 張光先

陳恕 張化蛟 胡起麟（以上將臺驛） 張德化 吳士斌 張政教（以上金口驛）

謝維新 郭維鎮 張璘（以上東湖驛） 張文 周之浩 鍾樊翰

趙弘竟（以上山坡驛）

杜永祖 駱禮傑（以上將臺驛） 陶宗發 張安世（以上東湖驛） 趙佑 倪明德（以上山坡驛）

江夏縣志卷之十七

開元劉朝英重修
黃安張希良編纂
古越洪國輔續修
三韓陳萬策增修

名宦志

君子之出而綰符也則民聽於吏入而投簪也則吏聽于民當其聽于吏雖蒼鷹屠伯亦可赫赫樹威名闢道路之口而制其命及聽于民尺組甫脫延車而詬詈隨之乃知愛人思樹非獨俗厚使然其必有以

繫之也江夏循良吏上代失於紀載落落如朝星而唐宋來以尉史聲施於後者不乏明則有數十君子其最著者學顏以傳舍之官與城俱碎義尤烈焉

本朝激揚吏治鸞鳳多有近復特頒

御書清慎勤三字以風有位無患廉吏之難爲矣志名宦

唐

趙璟字退翁渭州隴西人治行峻潔寶應中時方營建二陵用度廣又吐蕃盜邊天下薦饑憬褐衣上疏請殺禮從儉士林歎美初試江夏尉累官鎮湖南時部刺史令狐峘崔儆不守法憬以正彈治之官至中書侍郎同中書門下平章事屢陳治道帝皆納之性清約不營私雖位臺宰而第室童僕蕭然儒生家

竇參字時中邢部尚書誕四世孫學律令爲人矜嚴伉直果於斷以蔭累爲萬年尉同舍當夕直者聞親疾遑遽參爲代之會失囚京兆按直簿劾其人參曰彼以不及謁親而往參實坐乃貶江夏尉人皆義之遷監察御史累御史中丞舉劾無所避宦官嫉之竟謫死邕州

宋

王子溉高宗時知江夏視民如子民久而慕之

王武字文翁豐城人寧宗初年爲江夏尉平租寬禁有功於民

明

李永信洪武間知江夏講明理學以淑生徒至今稱焉

徐善洪武中知江夏勸民稼穡脩縣志葺學校事神治民靡不究心治行爲諸邑最

羅勉吉水人洪武中舉賢良方正任江夏丞遷知孝

感公嚴有爲興舉废政庥民懷之
陳學䕫字汝諧宜山進士邑令舊鮮制科至者因循故事揖遜秉成事上官而已公至盡革宿弊吏人莫敢爲奸縣事鬯然一新又雅好士類所簡拔多名士今人稱賢令必首徐陳公
游季勲豐城人知江夏慈祥愛民公庭無事不用鞭笞居恒飲食無兼味持毋喪去無他囊篋行至白滸鎮群揄猝至穩知爲公曰游公廉吏觧散去
莫揚宇于充吉安進士知江夏天性惇篤無一語欺人居官四載上官有所需索多不應寧忤上官不

爲賤剥作偏値行丈量之令公率里老公正爲文祭城隍歃血爲誓已揖公正再拜曰令長不難拜若屬以若屬成令長矣事惟此再拜若屬或因緣爲奸令長聞知不爾貸禍於而家而身亦惟此再拜衆感泣不敢負公又力主行條編法邑人賴之歲旱微服蒲伏道路浹旬大雨如注公性不貸人過亦不欲以敲朴見功能邑人大治秩滿遷刑部主事死於官不能殮楚士民在京者爲捐貲會槖瘞焉
顔文選字巽之宜城進士知江夏性豪爽訟事兩言而決獄無滯囚六曹掾不敢措一語每歲造成不問贖鍰潞府請湖田力爲調停又請金口增民房七百餘間公覈得沿江崩阤連年火燒殆盡又力爲調停邑人便之辛卯同太史郭正域纂脩江夏縣志
徐日久字子卿西安進士知江夏雅意好士脩飭黌宮廣厲會課謂楚文奔放宜以沈鍊機警矯之立變至今人傳頌焉
樊尚燝號鍾陽進賢人萬曆末年知江夏脩學竭力董事會周公卒熊公出關賀公還期叚公病公行

取爲御史巡淮鹽念學宮未成復緘二百金來縣俾成之
朱統鎮字絳巖明江西瑞昌王宗室由丁丑進士知江夏縣事下車之日穩知楚宗剽悍一裁以法權貴歛手是時楚民凋敝已極公以興利除害爲己任脩城堡濬濠池夜寐夙興不憚勞勩又慮江夏逋税者匪閭閻小民咸屬强宗與權要之家公創爲小枷令里長戴之書逋税者姓名於其上恥辱甚於刑法善政率多類此
徐學顔浙江人任楚府長史崇禎末署江夏縣事適

獻賊告警顏晝夜隄防身先士卒誓死以守孤城繼而賊勢蜂擁北撫王揚基渡江去顏以綿力難支乃肅衣冠正襟危坐自縊於城南之望山門樓上城乃陷

國朝

劉朝英字千夫三韓人中順治甲午副榜于康熙十九年除江夏令廉明清慎勤勞國事于時大兵雲集資糧扉屨之供紛挐傍午多方措辦無譁卒亦無困民徵輸無羨耗以自肥折獄片言維良果于用法稍暇纂邑志以發潛德立文會以鼓舞人材

前後歷任四年勤勞如一日亦以是得疾卒逝後二十三年紳士耆庶尸祀嘖嘖爲綜其事以請入名宦浙江學院張公希良爲之記載藝文

洪國輔號左薇浙江臨海籍福建梅溪人康熙二十年由軍功而授山東平原縣丞帶加一十六級三十四年陞江夏令催科無擾撫字惟仁數已奉公剔奸除弊詳賑勸賑賴全活者無算葬欽明刑荷矜恤者多人修學宮捐資 聖靈建文昌閣以培風水嗣是人文蔚起科甲蟬聯皆公之澤也蒞任十一年善政多端陞任之日士民皆扳轅卧轍酾

江夏縣志卷之十八

開元劉朝英重修
黃安張希良編纂
古越洪國輔續修
三韓陳萬策增修

選舉志

古者鄉老鄉大夫羣吏獻賢能於王王受之登之天府故王制載選士俊士造士尚已及戰國嬴秦時縱橫家起傾王侯爭得士而一時無士難言選舉也漢興高帝詔有肯從我游者吾尊顯之武帝詔不舉士

者黜爵削地詔舉賢良方正如董仲舒公孫弘其表表者外辟士設德行學通明法多略等科其府寺郡國屬吏令得自辟若吳公召賈誼孫寶明經張忠辟寶爲屬楊震辟杜喬胡廣辟李膺等尤其著也維時選舉辟士庶幾近古云下逮晉南北朝以及隋唐北齊則選舉多謬後漢則濫劣奪其席隋更創進士科以爲榮則制科之名立也唐置貢士科有秀才明經進士明法書算選舉徵辟互相用而秀才明經進士之名以允然薛登上疏則有云明詔方下陳篇希恩俗號舉人而又名舉人矣有宋因之則狀元探花之

稱不可礙逆亢因之訛明亦因之布在會典禮部須守我朝又因益折衷之敷奏賓興準諸虞周勸駕準諸漢圍棘準諸唐糊名易書準諸宋主經藝參論策罷詩賦鄉會定期分經分省薦貢歲恩副間舉則準諸明至重五經撰詔誥啟式額惟我朝獨備故志進士志舉人志貢士周設師氏漢建祭酒明立國子監益重太學生焉況我朝又倣漢明貴郎遺意則備才成均發辟監生者科有傳人志貢監學稽唐宋大中元中立武廟置武學

明兩京設武學後申教條定秋九月設科惟三次鄉試武舉照文舉例赴京會試凡科舉武舉及會舉聽於兵部我朝因之鷹揚之才興焉爰是志武舉志武進士志武勳功他如報功德溯本源貽後昆法莫隆焉爲志貤封志録蔭抑聞之繩劍必以干莫則墨陽遜利繩人必以朱紫則嶔崟讓烈榮甲殊職二命皆榮雖非諸葛之辟費禕周景之辟幕亦左雄所云凡吏職滿歲宰府州郡邇得辟舉也官無倖位謂之選賢無留良謂之舉全選也亦全舉也則叢舉亦倂得備志爰是編作選舉志

選舉表一

徵辟

東漢

黃香 補傳

黃瓊 補傳

三國

費禕 有傳

唐

李邕 以賢良方正舉

李鄘 以賢良方正舉

宋

李宗孟 年十一以茂才舉名試舍人院

明

洪武初

李皋

曾泰

洪武中
田大圭　以人才舉薦參
劉紳　以智略舉尚書

正德
吳　禎　史雲　程呂　瑄謝　鎧　葉文蘭　駱　金
華昌通判　劉清逸
嘉靖
曾　鐘　龍　霖毛　瑞吳　憲張　通判　蕤熊鍾岳
王　重蕭　漢趙　儀葛　秀陳　聰陳　熙
楊　芳唐輔賢張　芳呂調元趙子仲劉　鉞
葉　翹蔣　成鄭　第張　楷陳　常羅　龍

李沛然葛九疇詹　恩貢　節謝　欽黃　華　鵾
萬曆
王應昌黃　芳毛　魯賀文舉劉體亨焦翱南
周至德王　錢余有執王虛巳羅　衣曾守禮　恩貢遂安通判
選貢教授
李　灼呂　翰王本和陳光祿郭化成劉文燦
呂廷鳴張應箕向本瀛陳　鑾劉崇文袁　旦　大名通
王宗皐孫　賜樂　有傳　顏國年曾　先張應亨

陳敬聲 程文煥 章 程王 瑤 讓世馨 吳元俊
張正芳 汪 澐 任之奎 詹大衡 黃陂教諭 萬爲隨 桂陽訓導 蔡 端 麻陽訓導
饒啓心 竹溪教諭 董象泰 陳 襄 平江教諭 胡士遷 應城訓導 蔣弘毅 新田教諭 吳世祿 光化教諭
嚴 奐 江縣教諭 王綏猷 誥封庶吉士 程大畢 陳大年 陳大章 汪其廣
張 珩 汪 泓 桂陽訓導 陳際昌 王家佐 蔡 瑞 程 琰
高維嶽 蒲臺縣丞 郭又述 聶應聯 李 濟 胡忠渭 胡 覲

江夏縣志 卷之十八 選舉 貢監 四

徐元掄 郁重輝 傅 嵩 陳錫祚 周 鎬 陳昌倫
雷士廸 陶雲龍 唐 佐 譚世略 歐國卿 董如容
陳 堃 胡 燾 高爾厚 張承謙 程雲鵬 曹世斌
余有智 全進文 吳 銓 李光郢 魏國佐 蕭啓光
吳良謨 雒南知縣 程 祉 劉國祚 舒 晃 舒 旻 張應宗
陳聖裔 劉文光 川判 李士昌 吳縣縣丞 李 瓊 榮經縣知縣 汪紹遠 前安陸諭陞九溪衛授崇祀安陸名宦

楊占春 廣濟訓導 羅物載 長陽教諭 汪 修 李 山教諭 陳元 鄖西訓導 劉國泰
涂業若 羅元凱 鄧士德 陝西盩厔知縣 李昇昉 陳同倫 王如瑾
支奇英 張芳烈 趙 鈞 蔡子雯 胡文啟 李 佐
劉明經 汪 梃 劉廷詔 汪自重 汪 爍 汪振繩
汪 樞 董廷颺 鄭廷璧 歐陽壂生 程大覃 汪 松
楊鶴來 任縣知縣 劉大觀 李經邦 許正笏 曹文蔚 隨州訓導 謝夔翔 都察院經歷

江夏縣志 卷之十八 選舉 歲貢監 五

傅正宸 荊州府訓導 黃雲生 余何人 晏 玠 順天通判 姚基延 項 謙 候補中書
汪 卓

選舉表二

進士

隋　黃鳳麟

唐　李鄘

宣宗大中　李磎

宋　英宗治平　馮京

元　泰定四年　聶炳

明　洪武乙丑　劉仲廉

洪武戊辰　李盛

洪武甲戌　張添祐　總志作武昌人

永樂甲申　王禮　知府　曾敬　僉事　杜宗　布政　梅熊　進武　揖

丙申　曹閭

己丑　鄧貞

戊戌　崔謙　劉淵　淵一作淵　有傳

正統己未　王玆

正統壬戌　王庚　辛浩

景泰甲戌　上泰　參政　熊俊

天順丁丑　杜玆　參議

庚辰　任璽　中山西鄉試御史

成化己丑　徐鏞　總志作典國人

- 成化戊戌　周仲芳　知縣
- 辛丑　許節　知府　陳九叙　知府　總志無
- 甲辰　王溥　知府
- 弘治庚戌　海鯉　知州　有傳　劉績　徐鉞　總志作吳國人　徐鈺
- 乙丑　張璞
- 正德辛未　何焌　知縣　殷時泰　江夏籍浙江餘姚人布政

江夏縣志　卷之十八　選舉　進士　七

- 甲戌　羅英　吳寶　殷承叙　陝西鄜州衛籍
- 丁丑　牟盛
- 辛巳　韓楷
- 嘉靖癸未　馮世雍
- 己丑　詹文光
- 壬辰　趙維　一姓李　參議

- 戊戌　順境　知縣
- 庚戌　萬民英　大寧都司茂山衛籍參議
- 壬戌　曹當勉
- 乙丑　黃茂　知縣
- 辛未　周文卿　江沛然
- 師蘭　諸子彙函校閲姓氏作江夏人按總志是科有師蘭作江陵人竟寄籍江夏者耶姑存於此

江夏縣志　卷之十八　選舉　進士　八

- 萬曆甲戌　常居敬
- 癸未　郭正域　禮部侍郎　丁應泰
- 壬辰　朱文卿　知府　劉廷桂　知府
- 乙未　梅開先　主事　段　然　給事
- 戊戌　熊廷弼　經略　張文光　汪之彥
- 甲辰　道　遷

戊戌　陳之淯　士任
癸丑　向于宸　主事
丙辰　賀逢聖　榜眼
己未　吳裕中　劉民悅
天啓壬戌　李玉華　歷合肥水知縣
乙丑　李應遴

江夏縣志　卷之十八　選舉　進士

崇禎甲戌　魯鏋　太僕卿
丁丑　李大年　溫州推官
庚辰　丁時魁　欽賜進士　吳元佰　李自重　濟南推官

國朝選舉表

諸選舉康熙二十三年以前悉仍舊志二十三年以後及今康熙四十五年悉遵照江夏縣學憲綱印冊所註本學鄉紳進士舉人歲恩拔副貢生例監生不敢增遺一名其武昌府學詳載府志不敢僭志此縣志也然府學任居邑治內者亦附錄不敢遺至憲綱冊內所無者亦不敢以意濫增若寄籍他學現任邑治者附錄以備攷其不知者俟補入

進士

江夏縣志　卷之十八　選舉　進士　十

順治丁亥　陳一道
己丑　吳正治　大學士　張廷賓　陳基　郎墨知縣　蕭維楧
壬辰　戴治盛　崔丘知縣　劉臨孫
戊戌　陳肇昌　順天府尹　袁鼎先　新河知縣　范其鑄　山陰知縣
己亥　張瑾光　吳升東　御史　汪士奇　中書
辛丑　程啟　武城知縣　張啓天佑　知縣　鄭二成　知縣　江源

康熙丁未　陳國覼　北城兵馬司正指揮

庚戌　胡鳴臯　臨清州知州　汪　鐏　吏部郎中　周之麟　周之美　青浦知縣

丙辰　楊之奇　西鄉知縣

壬戌　羅　俊　今博白知縣

乙丑　曹　覺

戊辰　陳大章　今庶吉士

辛未　胡　潤　今侍講

甲戌　方文瑞　今考城知縣　汪　澄　今編修

丁丑　周國覞　岳陽知縣　陸　韜　今鳳陽知縣

庚辰　王開泰　庶吉士今博羅知縣　周士佃　庶吉士今知縣　李廷謨　候選知縣　余尚珏　候選知縣

癸未　楊士文　候選知縣

丙戌　張若衡　候選知縣　王閎運　候選知縣　陳大犨　候選知縣

舉人

明

洪武甲子　秦　進　奚　瑛　樊時中　徐　觀　劉仲廉　總志訛典國人

丁卯　徐克溫　譚　彬　何　源　余思泰

庚午　易文政　學正總志訛武昌人　汪茂實　僉事　劉朝宗　主事　宋　啓　李時亮

溫仲和　萬　嵩　教授是科總志有方嵩無萬嵩想傳寫之訛也然總志又訛咸寧人　王壬中　總志作崇陽人

癸酉　楊繼本　傅宗仁　張　郁　張源祐　郭　平　楊　貴

丙子　鄭　璧　劉　端　劉　鏞　袁　啓　傅　訓　張必貴

陳　岳　余　祐　黃　瑱　胡　源　宋　惠

己卯　盧文政　太僕寺丞　徐海宗　李元善　劉　先　李　巽　栢　堅

萬　義

永樂壬午　劉文斌　張尚德　王永錫　吳　謐　馬　武　武　楫

曹 聞王 禮曾 敬杜宗晦熊 進

乙酉 熊 傑李 純何 清宋 鏞朱 質喻 純

盧 韶杜勝宗

戊子 徐文質熊 宣吳 信余 安唐 璽鄧 真 解元

易 真辛友真楊 遂魯 竑張 弘

辛卯 熊 英何 諒鄧 真

甲午 賀 瓛鍾思榮劉 忠陳 廉許 彬王 旬

劉弘道董 禮丁 璽劉 潤崔 謙

丁酉 劉 源許崇善劉 翀劉 鍾陳 鑑

庚子 薛思敬史 知縣 芳任 宣李 觀任 瓌嚴 簡

許 謙李友文

癸卯 吳 軏張 祥劉文海奚 鐸熊 英韓 忠

丁 啓貝宗海曾永和

宣德丙午 陳 冕吳 勤鄧 珏 貴州副使歷任

己酉 王彥誠 參議

壬子 馬嗣宗

乙卯 奚 鉞李 俊

正統戊午 王 竑

辛酉 辛 浩王 庾

丁卯 楊 麟劉 知州 觀陳文焴孫 熙 總志訛武昌人

景泰庚午 劉 知州 毅游永寧王 知縣 賓陳文英 知縣 劉志純 知縣 劉允寬

任 璽樊 鏞

癸酉 劉餘慶 解元 何 同知 本李吳森陳 知府 昌宋 鑑宰 敬

張 敏熊 俊上 泰

丙子 傅銓 韓孟端 杜竑 陳瑄 陝西布政

天順己卯 余本 知縣 政 胡中 運副

壬午 田倫 趙文

甲申 曾賢仲

成化乙酉 吳琦 王紀 湯泓 丁銳 知縣 徐鏞

戊子 余本釗 績唐知縣 有政績 韓伯清 通判 余鑑 武昌府學 上觀 知府

辛卯 辛鑑 知府 陳九敘 海瑄 王溥 許節

甲午 廖瓚 田昂 徐鉞

丁酉 張才 通判 潘縉 教諭 楊覲 周仲芳

庚子 余瑤 知縣 陳元 知縣 劉紹伭

癸卯 林貴 知縣 陳梃

丙午 劉綬 吏部司務 徐鋐 司務 海鯉 [illegible] 經 [illegible] 翀

弘治己酉 劉績 徐鈺 總志訛武昌人 黃寧 總志訛武昌人 海鯨 總志訛武昌人

黃金 襄指揮陞叅將 [illegible] 嚴傑 總志訛武昌人

壬子 鄒彥魁 總志訛武昌人 姚文道 康貴 陸彥廣 寇中芳 吳廷章 總志訛武昌人

乙卯 趙遷 總志訛武昌人 李鵬 徐磬 總志訛武昌人

戊午 張鍾靈 解元 沈賁 總志訛武昌人雷州同知 楊瑞 總志訛武昌人 林本 總志訛武昌人

張璞 總志訛武昌人 羅鏜 州 黃釜 總志俱訛武昌人

辛酉 翟懋 武昌護衛人 何炌 安節 嚴時泰 總志訛武昌人 王鳳 總志訛武昌人

陳輔 總志訛武昌人

甲子 林一鳳 總志訛武昌人 張輅 劉綸 胡康 田嘉禾 總志俱訛武昌人

正德丁卯 吳瑄 總志訛武昌人 陳大績 丘璠 武昌衛籍訛 許耿濟 知縣總志訛武昌人 段繡 考城知縣

陳梅 禮部司務

庚午 牟鎰 總志訛武昌人

癸酉韓楷 總志訛武昌人 羅英 周鉞 王錞 總志訛武昌人 吳寶
李珍 李粹然 王洪 李璋 總志俱訛武昌人
丙子羅雲 知州 吳拱辰 知府總志訛武昌人
己卯馮世雍 詹文光 詹文慶 同知總志訛武昌人 康科 高岱
翟表 詹乾 總志訛武昌人 鄧材 教諭總志訛武昌人
嘉靖壬午吳光祖 吳旻 華州知州俱武昌府學 楊維英 王瑞 武昌府學

乙酉李萃 知縣武昌府學 劉管 知縣總志訛武昌人 劉珊 知縣武昌府學 陳宗年 知州 鄧彬
戊子張札 趙維 一作李維見進士總志俱訛武昌人 順境 蕭溥 井陘知縣有文學俱武昌府學
辛卯呂調音 知縣 吳紹曾 知縣總志俱訛武昌人
甲午張桃 解元知縣 歐陽梧 知縣 劉贇 通判俱武昌府學
丁酉彭翼 同知 衛年 通判 舉徐直之 知縣 陳仁 俱武昌府學 張鵬 金華通判
荼芳 華縣知縣武昌府學

庚子王守成 袁州同知武昌府學 陳墀 趙子伯 知州 杜一山 南鄭知縣 張搕 知縣武昌府學
癸卯王應明 江安知縣武昌府學 周冲 方、清 知縣 順廷訓 丘桂芳
王克欽
丙午張啟晨 蕭縣知縣 張翼 武昌府學 栗應瑞 山陽知縣
己酉羅琳 長寧知縣 蕭鳴虞 內鄉知縣 郭懋 張希范 蓬溪知縣 黃茂
壬子侯甸 劉孜 銅陵知縣武昌府學

乙卯韓原柱
戊午胡鶴 知縣 來田 應鳴 莘野知縣 王翰 馮倘 孝城知縣 劉龍 元陳 商丘知縣 嘉言 山縣
習當 勉 見進士 侯應爵 參政 李廷魁 新寧知縣
辛酉周文卿 知縣 陳善曾 朝 總志作龔朝 廣州通判 陞 謝霽 雲南副使 黃孝 侯犢知縣
甲子張啟明 重慶通判 余燦 柳城知縣
隆慶丁卯江沛然 吳時泰 馬湖[illegible]官

庚午 周廷臬 知際 吳守約 盧足知縣 聶文湛 知縣
萬曆 常居敬 陳鑒 南戶部主事總志訛武昌人 丁應泰 見進士總志訛武昌人 葛大禮
癸酉 馬彥 上蔡知縣
丙子 張文光 包萬象 知府 蕭時鳴 重慶通判
己卯 楊啓榮 通判 朱文卿 郭自成
壬午 梅開先 劉廷柱 郭正域

乙酉 牟三近 歐陽晟
戊子 郭正位 國子監丞 常居安 薛應期 同知 任家相
辛卯 栁 知縣 東 侯世屏 劉崇舉 知縣 馮國禎 張鳳翼 劉成功
段 然 黃養正 知州
甲午 向于宸 吳思溫 同知
丁酉 熊廷弼 解元 張雲鶚 刑部員 刻 胡之寧 知州 汪之彥 葛大同

庚子 張維楨 劉 彥 雲南副使 王宗臣 孫志元 知縣 董 遲 艾 棐 成都同知
陳之甯 吳時煥
癸卯 楊大名 賀逢聖
丙午 楊 煥 游士任
己酉 王時化 解元 劉有聲 知州
壬子 謝登第 李呈芳 易文明 同知

乙卯 吳裕中 李應選
戊午 彭光祖 遷安知縣 胡桂明 盧維先 劉民悅
天啓辛酉 陳沂 東昌兵備道 劉映宸 教諭 劉相可 莪眉知縣 李玉華 常士顯 宜賓知縣 吳思文 岳池知縣
馮 奇 知縣
甲子 貢其志
丁卯 金 城 合州知州 魏希哲 陳堯典 鄷都知州

崇禎 詹大有 謝鳳洲
庚午 金谿知縣
癸酉 吳元伯 李大年 丁時魁 楊士吉 魯鑑 朱盛淰
丙子 黃正色 夏九功 黃文旦 胡公陳 吳球 朱盛浸
蕪湖知縣 祁陽知縣
萬爾昌 居奏績 謝時揚 陳楚望 李自重 詹謹之
臨川教諭 崇德知縣 合肥知縣
陳一道
見進士
己卯 周家鼎 張廷賓 鄒振奇 黃鳴陽 朱正國 萬宗孟
崇祀鄉賢有傳 安鄉教諭

蔡之俊
壬午 朱盛洊 朱容楨 丁之鴻 詹大衍 劉敷仁 戴治盛
京闈中式
李以範 向瀾
府學

國朝

順治丙戌 劉蔡燦 師覺先
安定知縣 蓬溪知縣遷保定同知未任卒
戊子 吳正治 張瑾光 劉臨孫 蕭維楧 張燕翼 陳基
大學士 府志 禮部司務有傳

辛卯 陳肇昌 范儀 殷安國
府學 京闈中式招化知縣 武岡州學正
甲午 汪源 胥天佑 汪開楚 徐步雲 程敢張 田卜昌
孟縣知縣 廣平知縣 府學汶川知縣
任敢余 徐奇功 陳翼明 袁鼎先 徐如梅 楊碩
固安知縣 博羅知縣
陳昌謨
武功知縣
丁酉 吳升東 周之美 楊兆傑 林賡生 華生甫 汪輿甫
清豐知縣 閿鄉知縣 武邑知縣
艾自馨 蔡自巖 汪士奇 范其鑄
施州衛教授 黃岡教諭

庚子 夏雨澍 鄭二成
康熙癸卯 汪錞 陳國祝 丁盛時 梅嘉楠 白鼎應
丙午 吳大成 黃嘉應 周之麟 鄧文源 徐尚達
黃梅教諭 府學 肇昌府知府
龐遐楧
蘄州知州本姓袁
己酉 胡鳴臯 張耀 劉奇
永年知縣 本姓雷
壬子 楊之奇 黃五美 羅俊 費映蓀 王鼎隆 周澤
府學應城知縣 府學

丁巳 陸韜 吳嶽

戊午 黃松 俱江南中式 啓士懿 湘陰教諭

辛酉 曹覺 通城學 孫篤棐 黃州府學 孝感教諭 林儀驪 嘉魚學 今湘潭教諭

甲子 秦如鎬 周國睍 余尚鈺

丁卯 方文瑞 胡潤 通山學 王居仁 咸寧學 今隨州學正

庚午 陳大華 解元 陳大羣 黃陂學 選知縣 陳大韡 陳文錦

癸酉 周士佃 解元 本姓欽 張文鋮 黃陂縣學 萬燦 府學 汪瀅

袁豐 府學

丙子 張世任

己卯 李廷模 王開泰 府學 楊士文 通城學 金生 任啓熹

壬午 朱和均 解元 巴東學 岳廷項 王開銓 張若衡 王肯構 府學

高世周 陳大韡 王開運 通城學 容巘 嘉魚學 亞元

李士籓 府學

乙酉 曹亮 齊宗望 府學 張欒

戊子 汪構 周天祐 秦天洪 汪其彬

辛卯 徐士俊 易之謙 劉鎮 本姓熊 漢川學

癸巳恩科 張天謨 錢師模 劉廷元 陳文源 鄖陽學 閔顯 鄖西學

武舉人

明

崇禎丁卯　汪海若 解元

癸酉　尹欽 見進士　汪鉊 守備　桂聯芳 守備　劉成祥 守備

丙子　尹欽

國朝

順治辛卯　周斌　周正昌　王遐選　尹欽

甲午　徐三才　劉志遠　楊安國 浙江城守遊擊　張孫易 京闈中式　任　董齊之　楚

丁酉　孫子俊 見進士　杜斐　李逢太　江九禹　禹應選　黄佐 鎮西衛守備

庚子　沈慶昌 官籍　嚴萬年　戚必選　胄世榮　任其經　袁鍾靈

丁　彭　黄明道

康熙癸卯　朱永年　周大成　孫繼仲　楊德明　李延諫　吳蕣生

郭邦彦　解天禧　劉克剛　葉文桂　劉遐　吳秉忠

胡宗海　尹之治　李允遲　陸邦畿　萬民欽

丙午　丘紹孔　吳璠　徐斌猷 江南衛千總　吳國治 見進士　余瑨　夏明 衛千總

王威 滁州守備由崇陽學中式本姓胡　王之鼎　萬承祚 由崇陽學中式

己酉　齊賢 見進士　趙佳英

戊午　張士傑 江南千總　錢衡 由通城學中式

舒其昌　陳銘 衛千總　陳龔　周旦 江西衛千總　龔斌　蕭如菁 由竹谿學中式

李盛唐 由長沙學中式

甲子　吳中禧　任　濬　傅承詔

丁卯　應　名　晁元愷

庚午　田有鍠　杜詩韻（由興國州學中式見進士）

丙子　蕭汝芹　劉　贊

乙卯　黄之珍（由咸寧學中式）　蔡正雄　周延儒　楊升元　魏之璧（由興國州中式）　任　溥（由南?學中式）

魏晋基（由漢陽學中式）

壬午　周　南　徐弘達（由岳州府學中式）　蕭　雯

乙酉　祁人傑　蕭性善　金文儒　周必達（由漢陽學中式）　李秉義

選舉表

武進士

順治壬辰　尹欽　孫子厚（副總）

丁酉　周懋勲（由武昌學中式）

康熙丁未　吳國治（南海衛守備）

丙辰　胡宗道（守備）

己未　齊　賢（參將）

庚辰　杜詩韻（由興國州學中式）

甲午　周　南

選舉表

武勳

漢

馬震　以功封鄉亭侯

明

王貴　千戶

國朝

羅文燦　副將管北直撫標中軍遊擊以薦陞澧州參將

鄧玉印　寧波副將

張一鳳　撫標遊擊

孫鼎銓　雲南廣南參將遊擊

朱紱　長沙協副將

邵三異

趙國勳　萊州參將撫標右營遊擊

張國麟　[illegible]

蕭宗舜　永州鎮守備

李占先　山西太原守備

劉天棟　守備

貤封附

明

曹遷　以子富勉封給事中

馮棐　以子世雍封主事

詹祿　以子文光封主事

韓伯清　以子楷贈知府

秊　以子盛封知縣

董吳鏞　以子拱辰封員外

彭淮　以子異衡贈知縣

余仲秤　以子本釗贈知縣

羅本道　以子奐贈主事

郭燧　以子正域贈禮部侍郎

賀廷秀　以孫逢聖贈大學士

賀時泰　以子逢聖贈大學士

國朝

陳天生　以子登昌贈朝議大夫戶部貴州清吏司郎中

吳元伯　以子升東贈文林郎

楊于崑　以子兆傑封奉直大夫兵部武選清吏司主事加一級

項璘　理藩院知事敕授修職郎以子詩贈中憲大夫汝寧知府

薦舉附

明

曾應星 蜀府長史加四品服俸　徐達上 龍驤衛指揮封[illegible]　楊正 大名府經歷　熊應翔 成都經歷

凌昇 布政司經歷　李震東 平陽府經歷　胡景梅 陝西按察司經歷　周鎭昌 漵陽典史　王能 大足典史

東登之 曲江主簿

國朝

陳師範 順治教諭　瞿良才　康世熙　王爾卓　蔣其枝　陳[illegible]道

黄應嵩　宋之先　夏尚元　楊振琦　吴潞 以上俱順治初創授

録廕附

明

郭 以父正城廕中書舍人

吳寀 以父裕中死諫廕入監讀書

賀 以父逢聖廕中書舍人

國朝

高攀桂 以父廕入監

康熙　鄉耆

十年　大賓基　傳築介賓　楊守傑耆賓　皮文炳介賓　陳源新耆賓

十五年　周家昺大賓　路青雲介賓　李正朝耆賓　饒輔中介賓　蕭必遇耆賓

十七年　胡從化大賓　池騰鯤介賓　吳之秀耆賓　吳起鳶大賓　劉以定耆賓

二十一年　孫明滋大賓　蔣其祥介賓　徐封英耆賓　董士進介賓　劉光先耆賓

二十三年　劉蔡燦大賓　方售璜介賓　陳昺元耆賓　董如容大賓　張謙大賓

五十三年　金進文大賓　劉祖賜介賓　陳德潤耆賓

江夏縣志卷之二十

開元劉剘英重修
黃安張希良編纂
古越洪國輔續修
三韓陳萬策增修

人物志

語云何地無才况衡嶽洞庭之鍾奇士瀟湘雲夢之產偉人如古所稱惟楚有才者乎鬻熊季梁左史倚相屈宋唐景述不勝述但就江夏以志江夏周秦以上難稽焉強而譔之恐涉繁侈故言辟舉則必自范蔚宗之傳黃文彊始隋置進士之科唐立舉人之名故制科必自黃氏鳳麟始此志人物之大概也然舊志統名人物概無分辨過於渾同郡志叙人物又分列勳德忠烈儒林勞績剛正經濟才猷端良文章武功篤行孝義共一十二門雖倣李氏正藏例然亦弗甚分辨其所稱勳德何異於勞績經濟才猷武功等條而儒林又何異乎文章若篤行孝義剛方端良等事儒林中詎無其人耶舉偏漏全殊非所宜今將才全德備不可以一端名者尊以先賢其孝義篤行端良剛正統名之爲德行科於各傳名下各註孝義等

名其勳德忠烈勞績經濟才猷武功統名之為政事科文章即名文章無庸另名至於三事未能克兼隱見又不一致乎若重然諾任義俠尚平原豪舉慷慨施濟則統之曰俠義若婦德貴貞隱逸持節必特書焉他如方外奇踪亦尚論得失之林也爰酌古準今折衷剛目遍鑑而並列之壁乎蘭桂異質而齊芳韶武殊音而并美脫一長足錄必兼收傳採是以於鄉耆外附錄優老之典亦如勝國壽官遺意是亦人物而得附驥也為統作人物志

人物

先賢

東漢

黃香字文彊江夏人幼失母思慕憔悴人稱至孝太守劉護召署門下孝子家貧無僕妾躬勤苦竭奉養通經典能文章京師號天下無雙江夏黃童也初除郎中詔詣東觀讀未見書告休詔立殿下顧諸王曰此天下無雙江夏黃童左右改觀後言政拜尚書郎陳得失賞賚倍增上直不離省闥帝善之拜左丞累遷尚書令後以為東郡太守疏曰臣江淮孤賤無可算錄遭值太平得以弱冠特蒙徵用臣聞量能授官則職無廢事因勞施爵則賢愚得宜臣香小醜少為諸生典郡從政固非所堪誠恐矇頑孤忝聖恩又惟機密端首至為尊要復非臣香所當久奉承詔驚惶不知所裁云云留為尚書令增秩二千石賜錢三十萬管樞機東平清河奏妖言卿仲遼等所連及千人香科別據奏全活甚衆每郡國疑罪輒務求輕科愛惜人命每存憂濟又曉習邊事均量軍政皆得事宜帝數加恩賞疾病存問賜醫藥在位多所薦達延光元年遷魏郡太守郡舊有內外園田常與人分種收穀歲數

千斛香曰田令商者不農王制仕者不耕伐冰食祿之人不與百姓爭利乃悉以賦人課令耕種時年饑乃分俸祿及所得賞賜班贍貧者於是豐厚之家各出義穀助官稟貸荒民獲全後坐水潦事免卒於家所著賦牋奏書令凡五篇

宋

馮京字當世少雋邁不羣舉進士鄉舉禮部廷試皆第一時猶未娶張堯佐方負宮掖勢欲妻以女擁至其家束以金帶曰上意也頃之宮中持酒殽來直出奩具京笑不視力辭出守將作監丞通判荆

軍府事還直集賢院判吏部南曹同修起居注吳充以論温成皇后追册事出知高郵京疏充言是不當黜劉沆請并出京仁宗曰京亦何罪但解其起居注旋復之試知制誥避婦父富弼當國嫌拜龍圖閣待制知揚州改江寧府以翰林侍讀學士召還糾察在京刑獄爲翰林學士知開封府數月不詣丞相府韓琦語弼以京爲傲弼使往見琦京曰公爲宰相從官不妄造請乃爲公重非傲也出安撫陝西請城古渭通西羌嗃氏畀木征官以斷夏人右臂出端明殿學士知太原府神宗立復爲

翰林學士改御史中丞王安石爲政京論其更張失當累數千百言安石指爲邪說請黜之帝以爲可用擢樞密副使進參知政事與安石論辨又薦劉攽蘇軾掌外制安石令保甲養馬京謂必不可行會遼人鄭俠上書言時政薦京可相呂惠卿因是譖京與俠通罷知亳州未幾以資政殿學士知渭州茂州尼叛從知成都府蕃部何丹方寇鷄棕關聞京兵至請降議者遂欲蕩其巢窟京請禁侵掠給稼器糧食使之歸尼人喜爭出犬豕割血盟願世世爲漢藩惠卿告安石罪發其私書有曰勿

令齊年知謂京與安石同年帝以安石爲欺復召京知樞密院京以疾未至帝中夕呼左右語曰適夢馮京入朝甚慰人意乃賜京詔有渴想儀刑不忘夢寐之語入見首以所夢告焉頃之以觀文殿學士知河陽哲宗即位拜保寧軍節度使知大名府又改彰德范祖禹言京初與王安石不合後爲呂惠卿所傾中立不倚之操爲先帝稱且昭陵學士獨京一人存若付樞密必允公論時京已老乃已爲中太一宮使兼侍講改宣徽南院使拜太子少師致仕紹聖元年薨年七十四帝臨奠綴第贈

司徒贈文簡所著文集奏議三十卷或曰京父商有隱德焉

明

郭正域字美命贈侍郎州守公懋之季子也諸生時即慷慨尚氣節新城王都院延爲子師陳其書簏庭檢之一再宿輒稱病出都伯徵爲古文詞遣吏督促甚急故不應曰豈試士法耶解褐選庶常念李何諸君子逸於外妄謂登壇不繇史館思有以振之於是文必西京詩必鄴下一洗臺閣體相沿之陋而尤究心朝典自河漕鹽屯兵食大計四方

士風人物利獘與華之宜無能倣以所不知者然以是賈忌四明沈相癸未庶常館師也公服闋補編修不復執弟子禮又以他疑嫌忤四明自東朝講讀出爲南祭酒蓋遠之也比還朝官禮部侍郎則歸德沈公爲次相公服其名德歸德亦引爲忘年交遂有南北黨之目而四明恨益深嘗以謚法多濫其甚者議奪汏議改而故大學士餘姚李公在[illegible]之曰吾二人在誰敢公曰吾敢若以黃光昇當謚是海瑞當殺也若以許論當謚則沈鍊當殺也若以李本嘗謚則葛守禮諸人

皆當鐫其秩沒其卹也然疏上竟留中不報故事藩國由中尉進封者次子不得封郡王而秦王請次子爲世子公堅執不許秦王續奏曰既不得世子請封郡王又爭之巨璫魯保既竊兩淮鹺政又請兼南浙織造請專敕與關防內閣業與敕矣公獨不與關防爭之閣中不能得退而奏南浙各有內臣職司魯保欲任二職轄兩地諸閹效尤將誨爭何已時竟得無給四明既積不能平而時楚宗華越上疏謂王爲某氏子類郝滅鄖公素聞諸口語不能爲王辨而諸宗嘖嘖謂郭侍郎若爲王地

乎則須其歸以鐵錐椎其首爇其廬已耳公詣四明請行勘四明漫云體訪公徐以[illegible]賂上聞有詔廷臣會議於是人持一牘公慮繁蕪上不省也爲截略以進而言者謂其匿議單不以實聞疏辨語侵四明四明亦自理蜩螗不休且縱楚王訐之勒公歸楚聽勘行次陽村而妖書之事作妖書者爲東朝作危語而波四明不知誰何筆也四明言於上上震怒下詔大索臺省引繩批根意常在歸德與公至形之奏牘其黨坐是榜掠且死卒無狀又數以虛聲恫喝勸公自爲計公弗動而邏者謂皦

生光素險膚所引語略相似宜坐罪主讞者蕭恐生光自誣服無從牽引公欲置不問奈御史牛應元沈裕比部王述古証成之公始獲免公貌不踰中人然英氣勃崒膽智過人其爲南祭酒有王生者條上太學租獘諸生聞而譟將羣毆公陽怡輿臺解譟者而陰廉其魁率罪之李寧遠之孫就婚於魏國騎而過文廟門不下博士執而抶之須臾李家奴數百蹋邸門思逞魏公亦繼至公謂魏國今天子尚皮弁拜廟奈何人臣走馬戟門外乎已則廢禮而魚服之厄何恨也令兩及門相謝而罷

留都公卿制於臺諫之口卽臺諫所善豪逞[illegible]
問李文瞰者故太學生也而爲隷御史幕客以収
貴繫戸曹役人數十兵馬司獄公曰是故太學生
也而有佚罰乎張檄九達之衢而不名衆見之曰
李太歲事也訟者千五百人俱下吏訊遂坐法其
在禮部回尼以玉市不得値長跪控道傍爲具疏
上遽命予之闡化王遣僧入貢例予鈔市猾昂鈔
之値尼入病之公謂主客郎以錢易鈔疏入因絷
爲令常熟諸生試於郡以小忿辱郡伯或言衆怒
法所不及公曰以衆廢法孰不與衆有力者藉衆

犯法而以寒畯抵罪長此安竄請勒停一縣諸生
不得試使相訴梅庶有懲艾首倡者以三尺從事
報可公雖方亶自任亦時因權以濟大校如此而
世但以文章知之陋矣歸田歷十年乃卒熹宗卽
位奉遺詔疏恩舊講贈太子少保蔭一子中書舍
人加祭一壇謚文毅然學者恒稱明龍先生所著
黄離草三十卷及武江郡縣志行世

熊廷弼字芝崗高文偉辯身長七尺餘少髯有膂力
能左右射年二十九舉丁酉鄉試第一戊戌成進
士授保定推官官評吏治軍實民喦皆應手立辦
綜任計所出及改矜疑者三百餘人詳平反錄攝
府篆幾二年諸爲民苦者罔不釐正作徵收則例
由票比限起解銷錠諸式請撫臺汪公應蛟通行
六府永爲民便詳署事錄汪公謂之曰吾第以公
文章士何政事精敏至此吾不如也凡在郡六年
薦三十以上皆首剡爲天下理官第一召入爲御
史朝論以公文武才特命巡按遼東比至則撫輯
多方又築河東邊城七百里墩堡數百創常平倉
十七所積穀百萬斛時邊圉方無事公策其後必
有大變更十年而其言一一不爽辛亥督學南畿

士風歛戢請託不得行所拔皆名士進塞門罷黜
津要子弟旋中蜚語歸公旣家居謝賓客會郡逆
年水乃謁當事請江咸嘉蒲四縣民築堤二百餘
里民始安業公賦得無黜焉戊午張承應全軍覆
沒己未杜松劉綎馬麟三路敗卹鐵嶺開原奉集
瀋陽城堡盡燼巡撫李維翰被逮神宗用御史楊
鶴言詔起公爲大理丞兼河道御史前往宣慰隨
授兵部侍郎兼副都御史代鎬經畧遼東賜尚方
劍鎬亦繼逮公八月初三受命整頓才朞月築城
浚壕脩守備戰邊事以定會神宗光宗相繼賓天

熹宗郎位幼冲公與中朝議多不合爲閣科姚宗文搆退而以袁應泰代之四閱月而遼陽亡關門大震上忽思曰假令熊某在豈壞至此再起田間進爲兵部尚書且賜手詔曰汝當念先皇賜環之恩朕在冲年遘茲患難勉爲一出以全君臣始終大義公拜詔慟哭星馳赴召既至寵眷倍隆比出關大司馬張鶴鳴設餞三十里外意有所屬公輒手擊案曰今日不得言邊事鶴鳴由此銜之益公負才使氣內外多深忌之廼從臾巡撫王化貞以分其權職方郎耿如杞主事鹿善繼皆阻經袒撫

撫言戰經言守撫言三坌河可用全師經言可[illegible]巡徼撫言扼險奇勝大功在咫尺經言苦寒栗少將士且立潰經言當益兵撫言何必召募撫上疏請兵六萬可一舉大捷經上疏請如撫臣約並承罷臣無權戰士之氣由是經撫如水火矣是時公以五千人守右屯而化貞兵十三萬駐廣寧丁酉十月化貞進兵壬戌正月廿一日公赴援廣寧二十日早化貞忽倉皇乘罵駱駝載裝而逃而官民數十萬紛紛過驛而[illegible]廣寧遂失化貞見公於閭陽驛公囑其牢駐毋動[illegible]日星馳入關以放軍民

詎公入而化貞亦入河西陷矣上命三司會審問曰廣寧可復否對曰可復則不失又問曰何以不可復曰以平章如是主張以樞部如是調遣以經撫如是區畧以臺省如是議論一時廷臣胥欲殺公公在獄四年會楊忠烈劾璫二十四罪疏上黨人謂稿出公手時有蔣應暘者公故牙將也化貞乘璫意諜應暘觀音經後有圖讖數語遂坐妖言棄市牽及公越三日四鼓中貴捧駕帖至公洗沐整冠登堂曰我大臣也亦當拜旨豈容草草手持一疏提牢主事張時雍謂囚何得上書公呵之曰

此趙高之言也盛世安得有此從容就戮賦絕命詞有云他日儻拊髀安得起廉頗絕筆嘆可惜一嘆天地自聞者哀之後璫敗化貞伏誅輔臣韓爌爲訟冤自是廟堂每思公云

賀逢聖字克由一字對揚父陽亨先生理學醇儒也别有傳公少承雞豆之訓食貧力學風度端凝巳有公輔之望同邑熊襄愍與公齊名而學使熊石門負巽藻尤以國士目公嘗謂熊賀兩生固狎主文場然岸幘陵轢摧陷廓清賀不如熊他日柱天維地休休有身後令名熊不如賀萬曆丁酉襄愍

領楚解公獨報罷石門延見新雋士舉手爲熊賀然賀子益當大貴無疑諸士僅一揖退特遣吏趣公至握手欷歔款慰至再因以一公事相屬約可資三季膏火公謝之石門益嘆服仍簡笥金爲贈既捧金出陽亨公問金所由來學使召作何語公具述所以陽亨公笑謂眞吾兒矣越六年癸卯舉於鄉再上春官不第以二親急養請授學職得應城諭是時陽亨公春秋高不欲之官公僅攜一僕自隨而留危夫人奉菽水至則寄食於訓齋屬齋視學篆已得併志讀書嘗兀坐明倫堂見先聖於

屏間是日有持聖旨至者宛如目所接異之乃益淬厲勇進以大儒自期丙辰遂登進士第二八授編修時詞林雅尚風彩聲華烜赫公獨持簡樸嚴取與門庭闃然久之請告歸省前學使熊公適秉楚臬諸門生貴顯者紛紛陳乞不已公起居函丈之外一無所干而新撫其爲熊同邑人素有郤熊剛介不堪爲之下擬具疏拂衣諸門下士保留公獨趣熊去曰以廉使抗中丞傷國體若委曲潰忍非逢聖所望於師也熊悟謂公愛我竟去公故與襄愍不合以是益懲蒯然其識過襄愍遠矣壬戌

分校禮闈所得多節概士熹廟初遷國子司業尋充經筵講官會遼事敗當宁多右遼撫嵩罪經臣經臣既被逮楚人滿朝薦梅之煥等媯同鄉爲經臣訟冤出公揭求公署名或謂公視經略與君誰昔今日事殆無不可公艴然曰諸君誤矣逢聖與熊幼同學壯同朝第以芝兄果於自用不能臨事懼每用規切致差池此何時以小嫌廢公議逢聖於衙門固爲首便當起草郎援筆立灑數千言而熊公已不可救矣是時逆璫魏忠賢交通客崔諸奸竊國柄舉朝趨附公獨不假色辭璫思羅致之

乘間諷公云各省直建立生祠惟貴鄉從無功德公拒以此地方官事非某所得知璫又云聞上梁文是先生大筆公正色云作文借衙固俗態逢聖待罪經筵不能走筆數千里外爲他人署紙尾忠賢默然甲子歲當鄉比忠賢復主廷議推公典留都試屬所私諭意曰此出上公命宜入謝公笑而拒之即日嚴裝出都忠賢怒矯旨自涿州追還以他係往自是逆黨俱心銜公而楊左諸君子相繼罹璫禍公乃力疏歸養甫抵里門而削奪之命下推官禹好善知縣王爾王俱逆黨百計窘辱公公

益峻自防諸奸陰懾焉懷宗即位詔起公南癸酉尋遷少詹協理府事疊丁兩尊人艱喪葬一秉古禮爲靡俗式服闋入都陛見上喜慰深至由少詹遷禮部侍郎歷吏部侍郎尋遷正詹事教習館員禮部尚書明年即詔入閣辦事歷階少傅蔭一子中書舍人時首輔頗專恣與援黨附而公始終斂約持正如一京師呼爲賀聖人未幾致政歸懷宗思之不置奉特旨國事多艱亟需舊臣佐理賀逢聖定識沉力粹品猷鴻贊襄多勞忠猷未竟入閣匡弼慰朕佇望著照例敦趣護送於是再入中書

而終與首輔不協每念官途風靡習阿恬至使神州陸沉自慚罔濟時艱酬主眷因屢疏乞休久之上御便殿謂公曰先生忠謹端方朕深倚賴柰何遽引退公自陳疾狀上仍慰留公復抗章不已辭愈哀上復謂曰先生獨不爲朕強留耶堅志難挽暫歸攝行且召先生次日錫宴溫諭遣還時崇禎戊寅秋也乙亥遣大行賫璽書存問奬慰有加然公雖去國恒慮國事日非憂形於色目擊楚中寇燼洊臻不惜屈體當事借前箸而謙謹逾甚應門止一老蒼頭時與鄰曲握手平生道義相勗繩約子弟不使及公庭門內外若無宰相者癸未獻賊渡江公督守南門寇攻城急公親啓楚藩請發藏鏹犒軍不應猶以忠義厲守卑者五月晦日城陷公入告太夫人危氏曰吾家大臣不可爲賊辱夫人率婦婢投後園池中公俟舉家没乃投淄陽橋下以死八月城復索公尸不得及歲杪湖水涸得之凡六閱月貌如生公生平得力實自陽亭先生一步趨不敢失墜又喜吟韓魏公須與慰滿三農望收歛神功寂似無之句故其在政府申救黃石齋引薦謝靑墩皆以陰掖潛移有回天之力而觸逆

閹頻經摧折以迄殺身成仁從容不改其素葢其融冶於聖學者深也而當時止爲亞相所懷嘗不盡又登朝未幾輒引去欲責以寇韓范富之業難矣公子二長覲明次光明與三孫皆死獻逆之難覲明之配曾氏光明之配陳氏闔門就死者二十餘人惟孫士聰士廉存事聞懷宗震悼命禮官優卹會甲申國變易名之典未舉久之乃議謚文志

吳裕中字磊石其先自萬載徙江夏七傳至璧山公以積學教授鄉里嘗積穀數千石萬曆間歲大饑公廉其値以出估入德之璧山公生四子裕中其

季也五歲授句讀一日持兩梨歸奉父母父摩其頂曰孝子應聲曰忠臣璧山公深奇之時三兄皆有聲庠序屢躓棘闈璧山公恚曰教子逢年不如力田母夫人獨指季語曰此子屢有異徵豈長貧賤者哉未幾璧山公沒自是聞母訓益感憤刻苦筆墨時有淚痕作敗子篇以自警萬曆乙卯舉於鄉已未成進士內閣賀公對揚序其文曰磊石自言讀書爲人與歸形影相質之地此可得公之所學矣授順德令順爲劇邑事無巨細綜理周密尤以冰蘗自持邑有陋規吏凡二十四曹各以其

事之繁冷第而上之至三十金名曰公堂以遞豐商給引舟師告郵皆有常例拂衣起曰此賈人行耳一切斥絕之自諸生時諳里胥竇弊於徵收糧賦無所售其奸又置石關修海門嚴武備獎士類廉能大著粵東攝篆新會邑有豬頭山稱盜藪蹂躪鄰邑無寧歲力請於監司建署移官設哨二壢往來以壯聲援民利賴之辛酉分校棘闈所取多知名士後區聯芳官臺諫以直聞壬戌乙丑兩舉卓異入爲江西道御史巡視內城當是時群小嗾魏璫羅織忠讜次輔丁紹軾內黨客魏外怙崔田

舉朝側目無敢措一言公憤之於十二月二十四夜設香燭肅衣冠昭告二祖列宗曰國事一旦至此誓不與賊臣俱生濟則君之靈不濟則請以死繼祝訖伸紙具疏稿未數行風旋滅燭者三公怒叱曰何物鬼伯輒肆狂侮厲聲呼童子速續火頃刻而稿脫其略云次輔丁紹軾本一奸邪巧令之小人矢口經濟大率謂人人騙官事事鬻賞有題目而無文章近被臣同官趙應昌有言乃輒具疏求去中藏已畢露矣紹軾重復發揮謂緣馬世龍而去可謝天下可報皇上夫世龍一武臣耳去留

何與輕重當今內有客魏外有崔田人情慘於蜩螗國勢危於壘卵如此重大題目紹軾絕口不肯言僅借輕描淡寫之世龍以塞責悞國欺君莫此爲甚二十五日奏上閣票擬已有旨了姑不究紹軾嗾崔魏矯旨削奪廷杖百緹騎控馬索公公適之某侍郎所同兩諫垣兩庶常而緹騎至四座相顧無人色公從容向前曰昨具小疏此來必爲我被執牽挽去抵午門拜杖血飛如注肉成糜骨節碎折猶聞誦天子聖明不絕口稍甦語所知曰杖亦君恩惟具小疏四通才入其一耳諸君當爲我

繕後三疏次第封奏可告無罪於先皇又語侍者曰母氏遠隔千里豈知兒今夕爲國死未幾氣絕時丙寅正月初二日也諜者走報紹軾方手茶甌墮地碎俄見吳御史從外來驚怖失措相與力持庭前但傴身連呼曰不干我事越二日無疾而死公既卒訃抵江夏闔門懼匿不以聞毋夫人毋夫人驚曰兒其以諫死乎兒能學滂身得爲滂毋足矣戊辰懷宗即位追䘏死諫諸臣贈太僕寺卿恩褒三代蔭一子入監讀書予祭塟賜謚忠烈冊命有曰楚材摧折者多矣而爾獨杖杖或不至死爾

且死爾究極矣其加謚如法以表忠魂

江夏縣志卷之二十一

開元劉朝英重修
黃安張希良編纂
古越洪國輔續修
三韓陳萬策增修

人物志

理學

漢

黃瓊字世英魏郡太守香之子也瓊初以父任爲太子舍人辭病不就五府俱辟連年不應於是公車徵瓊瓊不得已應詔李固素慕瓊以書逆遺之至即拜議郎稍遷尚書僕射初瓊父在臺閣習見故事及後居職達練官曹爭議朝堂莫能抗奪永建初大旱瓊上疏言籍田之禮國之大典不宜久廢君見德陽殿行其言元熹元年遷司空桓帝欲褒崇大將軍梁冀使朝中二千石以上會議其禮特進胡廣等咸稱冀之勳德瓊獨以爲不可朝廷從之冀以爲恨會地動策免瓊爲太僕永興元年遷司徒轉太尉梁冀前後所託辟召一無所用雖有善人而爲冀所餙舉者亦不加命元禧元年以日

免復爲大司農明年冀誅附冀者皆免廢復拜瑗
爲太尉舉奏州郡貪污至死徒者十餘人尋以五
侯擅權乃稱疾引退

朝

賀時泰字陽亨父延秀世居里之南門泰少爲郡諸
生礪廉隅不苟顰笑不妄交遊惟與同里郭宗伯
大冶尹惠州相劘切諸公次第貴顯而時泰獨淹
留益力貧課子教授生徒著有思聰錄人模樣三
世事小錄及女箴二十四則學者稱爲陽亨先生
其訓文忠公也尤嚴謹嘗謂古人作字一點畫脫

誤便說到死處汝宜慎之當明嘉靖乙巳歲祲及
除日幾斷炊以一伏雌易米豆共五升始具三宿
食文忠既貴先生即書作堂聯云當年雞豆未忘
念此日兒孫莫妄思又爲詩云清苦丈夫志風霜
善自持陽和非不愛義命貴安之所朝夕庭立文
忠者惟餓死事小四字文忠奉以周旋自解禍泊
登揆席恭謹清約如一日卒以節義顯即此可知
先生矣貤贈如文忠官

國朝

周家鼎字峙鉉其先大冶人自道富公始徙江夏世
以儒顯鼎崇禎己卯舉于鄉出蕭雲濤之門癸未
城陷隨兩尊人竄伏湖濱定省無廢禮已而尊人
沒乃築室梅城題其門曰知止亭曰北山與毋偕
隱有終焉之意自是因號梅城云順治己丑歲當
會試臺司敦促不獲已就公車北入闈迅筆疾書
告成事而出然分考金公則已亟賞之曰如此高
篇何以七結俱無置乙榜是時乙榜有選用中書
例故有持捷音至里門者其母曰吾兒志不忍離
膝下圖溫飽斷不至以捧檄勞我倚門也越數日
果單騎旋矣歸則湛心學道訂貞通大會問又聚

里中素封輸囷積以備荒倣常平義倉之法條其
可行爲一書效之當事又輯江南種植書徧諭諸
農人其隱不違俗類如此間效涑水洛下聯爲眞
率會而性磊落不留心家人產往致窘乏或勸爲
奇贏計曰吾昔受知蕭夫子初上謁便曰人生不
能嚼菜根必非男子吾敢忘師訓哉親知通仕籍
者致書招之俱以他辭謝嘗謂處已於清而以饑
驅希潤誰爲其濁者同邑魏溟一續高士傳有云
舉孝舉廉惟梅城始可無媿先是邑中奉文均米
率有不便於民紳士大譁勢沸騰莫定公力爲區

書得守舊章事甫竣而母夫人卒會
詔脩湖廣通志方伯張公彥珩主其事屬之以制辭
丙辰楚大饑大司馬張公朝珍欲令官司及紳士
俱輸粟助賑雅不欲以官吏擾民乃俛公公曰此
固吾願吾前亦行之里中於是殫經畫全活不下
億計無何清風書院建張公復主公辭不就而爲
任文廟之役曰此予束髮親師地也然公亦自此
瘁矣公負經濟才甘心匏落而時時露一班然纓
冠之救非其得已也晚年喜著書念先賢與熊襄
愍吳忠烈賀少傳數公信史未立各爲傳以表之

又以近世家議禮家拘古者繁而難行信今者野
而失雅於是斟酌紫陽舊書取其情文之近名曰
家禮議宜尤欲復三年喪制著論二十七月非所
以示民有終也故其居胡夫人喪不御酒肉者滿
三年嘗痛哭謂禫除之期何太遽云其修聖廟因
考定七十子姓氏正兩廡位次先是二丁外諸生
自首有不知先師誕辰者乃率兩庠子弟卽八月
二十七日舉慶賀禮自是歲以爲常大校公所撰
述皆炳炳有裨名教非貢說鈴者至易詩貞通諸
解淺學不得而窺也公冲和坦率遇物無町畦飲
醇輒醉頹然適已而名義所關卒不少假易人以
是愛而憚之

陳述知字稺彭應城籍自三世祖金官總制賜第江
夏因家焉知生而沉篤頴悟過人嘗讀書盈帙外
若不甚解者而其內精義已洞徹無餘留心理學
言動皆有程式爲文不趨時豔尤長於左史傳記
崇禎季以明經授九江司李癸未獻賊屠楚知父
明域戰賊不屈奔關壯繆廟大呼曰公忠義人幸
助我賊尾至衆寡不敵身被數十鎗大罵赴水死
母姚氏赴水遇救獲免知聞信掛冠歸求父遺骸

不獲遂絕意仕進奉母入湘東之青山搆引堂設
木主朝夕侍奉如生時取明發有懷之卒章額其
堂曰念昔知痛先人之殉於難也遺骸之莫贖也
常以不獲事父爲恨而於事母爲尤篤寢膳必視
動作必稟母孺人亦以義方自持待知禮法雖老
大不少假鄉人見皤皤膝前起居拜跪奉命如孺
子莫不驚異歎爲純孝有司旌其閭曰節孝之門
自躬耕事母外餘則肆力於心性之學嘗喟然嘆
日謹身寡過以事其親士庶人之孝也予雖不獲
逮父猶可修身以事母於是取朱程語錄潛心探

索日以守身事親爲念鍵戶念昔堂中逾年不出一日有得心光烱烱直上直下竟夜假坐不寐毋孺人勞之日兒勞矣知應之日兒雖勞於形實樂於心也其生平得力於主靜之學居多與孝昌丁子素石梅城周子穉玄相友善其郵筒往來累累數千言非心性之事不道也

國朝巳亥中丞楊公聘修楚志會海氛起風鶴及楚事寢退刊楚會存書行於世所著有讀史偶見大易偶見四禮訂疑山居紀異湘東子集藏於家

江夏縣志卷之二十二

開元劉朝英重修
黃安張希良編纂
古越洪國輔續修
三韓陳萬策增修

文章

晉

李充字弘度汝南太守逼之孫世胄茂衍多俊士充善楷書王導辟爲丞相府椽轉記室參軍初好刑名學見晉尚虛談深痛抑之嘗著學箴宗本仁義後將軍褚裒引爲參軍充苦求外補乃除剡縣令尋爲著作郎時典籍散亂充分作四部秘閣以爲永制累遷中書侍郎所著有周易旨尚書註釋莊論詩賦表頌二百四十篇子顒亦有文義郡辟孝廉

孟嘉字萬年吳司空宗之重孫少知名太尉庾亮領江州辟爲從事尋爲陽新令亮嘗大會賓客豫章太守褚裒問嘉安在黙指得嘉後爲桓溫參軍九日遊宴龍山參左畢集風吹帽落不覺溫使左右勿言觀其舉止命孫盛爲文嘲之嘉請筆作答文

辭趍卓四座嗟嘆後遷長史時郭遜亦知名在孟
嘉之右
費昶善爲樂府又作鼓吹曲武帝重之嘆曰才意新
拔昔郎惲博物卞蘭巧辭束帛之賜實惟勸善可
賜絹十匹史稱爲閭里才子

隋

黄鳳麟大業中舉進士累遷侍御史比部員外有文
集十卷
李善字次孫淹貫古今而不能爲辭時人謂之書簏
後爲左侍中進崇賢館學士轉蘭臺郎坐事流嶺

外會赦還寓居汴鄭之間以講文選爲業年老疾
卒所註文選十六卷行於時
李邕字太和負盛名特造李嶠願一見秘書嶠薦之
假直秘閣未幾辭去嶠驚問與篇秘帙對辯如響
張廷珪薦拜左拾遺會御史中丞宋璟奏張昌宗
有不遜語請付法則天不應邕在階下應曰宋璟
之言事關社稷望陛下可其奏則天色稍解出或
曰子名位尚卑若不稱旨禍將不測何造次也邕
曰不顯不狂其名不彰後玄宗拜爲殿中侍御史
改戶部郎出爲陳州刺史張說忌其才俄而以事

下獄罪當死孔彰上書救之減死貶遵化縣尉後
從中官楊思勗討賊有功歷遷淄滑二州刺史上
計京師邕素有才名後進不識京洛阡陌聚觀以
爲古人天寶初歷汲郡北海太守性豪侈不拘細
行李林甫惡其負才使氣因事矯殺之年七十餘
有文集七十卷其後因恩例得贈秘書監

明

盧文政幼嗜學溫雅有度洪武己卯舉於鄉授吏部
主事累官太僕丞致仕年八十手不釋卷著歷代
一覽

劉淵字伯廣天姿俊逸字法趙松雪詩效陸天錫宣
德九年以經明行修舉宣宗御批卷曰文理通暢
宜授教職遂授嵩明學訓改安陸江夏歷京山教
諭修舉學政文人多出其門
辛浩字養正正統戊戌進士任監州御史彈劾不避
權勢謫戍遼陽乃選教將校子弟皆有成天順中
復其官
馮世雍字子和一字三石嘉靖癸未進士博學工書
及詩古文辭由吏部郎中出爲杭州知府調徽州
有惠政忽棄官歸時楚愍王恣睢世雍譏詆自知

著有三石文集呂梁志行世
叚然字幻然萬曆乙未進士授南平知縣調吳縣守制復補輝縣所至有異政遷南戶科給事屢獻讜言會宗室華越等訐奏楚籓公上疏直華越四明忌之謫江西按察司知事久之遷兵部員外歷官以風節聞朝野憚之
葛大同字更生性廉介穎悟行草工妙工詩補邑庠中萬曆丁酉鄉試就夔陵學諭陞南雍學博晉繕部郎於庫羨金封識以備公用遷袁州郡伯公堂有塚相傳袁天罡墓往太守涖任避位視事不則

爲祟吏白同日幽有鬼神明有命吏相輔而治豈有正直爭一位次者哉不聽視事刑清政簡竟無恙後歸里杜門謝客能詩詠月詩云涼雲秋靜耿銀河灝氣中宵敞素娥忽散葳蕤澄桂魄全看瀲灩委金波清輝倒掣方諸潤流艷虛疑帳殿過縱使謝莊能作賦也輸飛彩鏡中多貧乏至茹水絕不干與當事
張文光字公覲弱冠舉萬曆丙子經魁博學雄文於書無不讀戊戌成進士選庶吉士授檢討旋以楚籓事獲罪沈相國謫光山縣丞久之遷尚寶司丞

忠不忌君每慷慨陳言述古今法戒修身講學之要尋遷少卿乞差南旋卒於道
劉民悅字時可爲諸生以平播表得名年五十餘始舉萬曆戊午鄉試己未成進士授富順知縣富俗豪者役貧賤者代貴里收賦多不歸縣藏因緣爲奸公釐其弊悉爲釐正每有讞斷不肯曲承上官指以是有中者遂歸天啟辛酉請開地得教授蘇州修廟學攷諸祭器作郡學志遷南國子先生尋遷南戶部主事筦江北倉務舊以此美差也公曰會計有定額奚例盡籍以報部是時鄭三俊爲尚

書有聲服其廉正指所坐以期之遂以郎官高等贈兩尊人如其官遷汝寧知府郡有持官府短長者號爲八部逼家公廉其名不少貸以是不能貼席亦甫朞而歸築漢陰園開渠具舫逍遥林壑以壽終所著有杖景園集憤語作論錄教家集錄富順汝寧日曆蘇郡學誌及勸民曉俗諸書焦尾集秉燭編瑣尾集行世
任家相字白甫十歲能文成童補弟子員與郭美命樹幟文壇學使金省吾憐其才貢於廷試第一戊子舉北闈後歸値歲歉賑饑活千人與郭二美賀

陽亨訂濂洛關閩之學甲辰乞署婺源學博刻朱子孝經刊誤建文起堂輯論世景行二編以楷模多士舉節烈兩臺薦陞翰林待詔充福王講官條陳時務尊孝經以定試題制宗學以廣人才祠國學以崇名宦鄉賢移工部司務其請瑞王婚禮及諸疏俱無諱有古名臣風邑梁湖逋賦歷年帶征言之當事照戸票征官民便之乙卯卒於官著雲龍閣集行世

周炳靈字公舍泰昌龍飛恩選第一天啟辛酉北闈傳良選得卷欲元座主以文奇擬第二傳力爭竟置副榜仕光化訓導直指薦牘有學富五車才傾八斗之語陞興縣令卒於官生平博極羣書所撰詩文盡毀於兵

詹謹之字仲庸學士同文公後裔生而端方有遠量爲文根極六經下筆纚纚數千言弱齡冠郷校督學葛公有唐應德之譽天啟丙子登賢書屡上春官未售

國朝筮仕濟南推官平反大獄沉痾一蘇旋解綬歸

劉敷仁字濟甫與景陵譚元春以文行相砥礪所交皆吳楚名士凌給諫茗柯林太史可任悉屏騶從戒徒隸曰劉先生門無雜賓勿以僕御溷高士之廬也崇禎壬午以曲臺魁京闈甲申歸隱築室餘荷塘著有添學草悟山草桐栢軒等集

胡昌任字任可幼聰頴能屬文既冠益肆厥才力傳見疆志過絶於人爲郡庠名諸生時藝步歸茅古學追班馬著有詩文以孫潤翰林院侍講贈如其官

朱蘊錦字希周明宗藩世以詩禮忠厚傳家錦博聞強記親賢樂善不以華腴驕人年二十五力辭中尉祿不獲熹宗甲子設宗科錦遂冠軍試輙高等擅詩古文當懷宗初詔宗室中有文武全才者許照品俸換授職官錦以介拂王意初議首舉竟報罷直指汪公聞其賢特疏未下獻逆破城錦罵賊死其事亦寢子四人各治一經伯盛滴以麟經應巳卯闈試巳首薦因孤經宗科僅一卷引嫌置副榜次聖裔出嗣陳姓貢士孫駿聲驥聲皆國學

國朝

陳一道字貞庵崇禎丙子舉於郷順治初拜嘉魚縣事興利除弊丁亥成進士令孟縣勤敏清慎多善政有古循良風公餘寄情詩畫牡丹竹蘭傳世

陳肇昌字扶昇一字省齋少負奇才爲諸生有盛名

辛卯舉於鄉戊戌成進士初任寶鷄縣令縣當蹂躪凋敝之餘招徠撫字蠲逋賦累萬民戴之如父母課最陞工部主事轉員外出督淮安鈔關由戶部郎中提督廣東學政敦實行正文體所拔士必覆試至再至三請託不行苞苴路絕士習爲之丕變諸郡皆立祠祀之以公明優著內陞累官都察院左僉都御史順天府府尹公風釆岳立德量淵涵平居不見喜愠之色與人交和易愷惻不爲圭角崖岸而義所不可侃侃持正雖薰天之勢無以奪也仕宦四十餘年忠勤端亮人無敢干以毫髮

私爲九卿時凡廷議會推秋讞諸大政公卿多從其議條上輒報可平生以汲引人才爲己任有片言之善稱道不去口凡所薦達率爲名臣如端消十公侍御稼著睦公安撫李公皆其所推轂也慷慨樂施見人之厄則義形于色遇歲饑則傾廩倒囷以周之不問家之有無諸如建祠堂以展親營義田以䘏族設喪櫬以給貧乏置橋梁以便行人至今宗族鄉里言之輒爲感泣性好讀書雖在倥傯之時一編未嘗釋手晚尤精于易理凡一動一靜必筮之作易潛數十篇嘗曰大易所謂進退存亡者推不失其正而已其他推測占驗之術皆後世矯誣之言非聖人意也所著南湖居士集行於世

龐載字厚伯性嗜酒拓落不偶每持觴則坐忘以戊子鄉副謁選除汾陽令汾固三晉饒邑載惟靜以安人日唫咏飲純醪數斗面已人多以拙目之歸田自依然故我齒脫落華髮毿毿有乞字画者必盡醉醉愈佳詩老更入微自號休亭云

徐封魏字青芝性聰穎每辰起讀書一紂爲文簡勁得力秦漢食餼縣庠試輒冠軍以禮記中崇禎壬午科乙榜國變遁跡北門山居惟著書講學所著

有禮記明遡行世序載藝文

楊之杰字來兆穎悟傳經吏補諸生食餼當流寇克斤凛避者多徙而南所居八吉堡係要津杰捍禦賊不得渡里中賴以安全性至孝倣檀弓意預爲父椑歲漆藏之地後父亡掘地求之早爲里宄竊去泣血呼天誓必更求如前所藏地椑方已越三日忽有椑具自上流抵岸居民分拾居奇杰不惜多金以購與前所預藏者無異里中稱爲至孝所感云壬辰歲複售己產置米數千斛以賑于士交登進士咸以爲杰盛德之報云

吳元俊字千人號岵泉篤行濂洛關閩之學總角補廪子員文名噪甚匹中丁酉副車性至孝居鄉邑養宅憂六載泣血廬墓一遵古禮鄉人感化之年四十斷弦不忍續與人忠而語行事果而慤立身正而靜恭純儒也聘衡楚文脩全省志爲書院長數大任不愧厥職楚人士無論知與不知無不以先生爲典型者年八十童顏鶴髮望若神仙爲辰溪廣文越洞庭探二酉課文訓士無疾而逝辰士環泣惜也其以廣文終也歸葬六老山之陽所著有喪禮確遵錄參訂四禮翼北涇語錄學庸邇言周

易貫通解自訟錄河洛圖解詩文則有香浮堂相規堂鹿泉集相港別業楓香堂手稿藏于家

郭炳字遺生一字虎其母孫氏遺腹生炳炳將生時與未生時夢虎外侵鵰鶚內侮母備極艱難保護詳載列女傳炳生而穎悟七歲能文十四歲補博士弟子員試輒高等性至孝母瘺人卒炳水漿不入口者累日雖胃支床幾不有生踰年當遲暮而春雨秋霜奉雞豚以禰其先猶然孺子泣也明癸未五月三十夜獻賊焚屠武昌炳絕武勝門城下若有神翼

國朝定鼎遷居武昌田園廬舍蕩然無餘甘貧樂道於書無所不讀而作文要歸至理古文可以伯仲蘇韓詩歌可以敵手王孟積學養氣爲制藝可以比肩歸茅後先金黃而數十年之著作則有郝京山九經解摘謬廿一史詠經史源流論卷帙浩繁稿藏于家尚未行世性尤豪放尚氣節行藏不苟讀書蓬戶室如懸磬時有人多金來聘席未煖而抑鬱不投遂拂衣拂顧喜飲酒朋友過從必設醴不醉無歸每對人曰陶元亮飽則雞黍迎客飢則叩門乞食與人交如嘆問有物吐出乃已無幾微

隱忍而樂與人善後進執經問難解說披剝不使其人理明疑釋不止即文章以衡人品必術若燭照數計而龜卜至今人稱爲衡文之神鑑云

周國覞字我嘉性醇朴不事繁華恂恂若孺子讀書飲酒而外無餘事初應童子試即冠軍里子舉於鄉丁丑成進士公庭從無覞跡行于市依然寒素宦不知其爲科第中人也除授山西岳陽令清廉耿介年餘卒于官櫬歸蕭條狀人咸服其清白云

陳大華字西岳肇昌第五子年十四與諸文士泛舟鸚鵡洲賦詩曰漢祚日以非志士憤不已禍心固

其常英氣亦何偉不見大小兒捐生同一理長嘯俯大江日暮酸風起孫徵君豹人見之曰此曠代逸才也諸文士爲之閣筆年二十二舉鄉試第一傳經史鈎章剔句手自摸錄書法雋逸遒麗取古人諸家書法論薈萃丹鉛所以已意分眞行草共十卷名曰書法緒言相國合肥李公新城司寇王公少宗伯樹峰孫公皆稱爲近時書法第一性至孝遭內外喪哀毀咯血而卒所著有石髓詩集

江夏縣志卷之二十三

開元劉朝英重修
黃安張希良編纂
古越洪國輔續修
三韓陳萬策增修

人物志

政事

費禕爲蜀先主舍人後主時爲黃門侍郎丞相亮請爲參軍後爲司馬值軍師魏延與長史楊儀相憎惡禕常入其坐閒諫諭分別終亮之世各盡延儀之用亮卒禕爲後軍師頃之代蔣琬爲尚書令國方多事公務煩猥禕識悟過人每朝晡聽事日中接納賓客盡人之歡事亦不廢遷大將軍錄尚書事延熙七年魏軍次於興勢假禕節率衆往禦之光祿大夫來敏至求共圍碁於時羽檄交馳嚴駕已訖禕留意對奕色無厭倦敏曰向聊觀試君耳君信可人必能辦賊禕至敵遂退禕當國功名畧與琬比十一年出駐漢中自琬至禕雖身在外慶賀威刑皆遙先諮斷乃行其推任如此十六年歲

肯大會魏降人郭循在坐禕飲沉醉爲循所害謚
敬侯
李通字文達與陳恭共起兵朗陵建安初歸魏拜中
郎將破張繡軍封建功侯袁紹嘗誘以官爵通斬
其使擊群賊定淮汝之地拜汝南太守卒謚剛侯
晉
張光字景武身長八尺少爲郡吏家世有部曲以牙
門將伐吳有功歷遷北地都尉以百餘兵戍馬蘭
山羌圍之百餘日屢出奇計擊破之擢守順陽加
陵江將軍時討陳敏光與江夏太守陶侃敗敏將

錢端於長岐劉弘表光勳遷材官將軍梁州刺史
先是秦州流人鄧定等爲盜因討賂張燕寄結李
雄進逼漢中光至魏興乃結諸郡守共謀進取而
巴西太守張燕受賂阻兵光怒呵出斬之以徇綏
撫荒殘百姓悅服光於是却鎮漢中時逆賊王如
餘黨李運等自襄陽入漢中光遣參軍晉邈距之
邈受運賂反復欺光賊遂大勝光嬰城固守自夏
迄冬憤激成疾佐吏勸光退據魏興光按劍曰吾
受國厚恩不能剪除寇賊今得自死便如登仙何
得退還也聲絕而卒于炅邁多才畧有父風與賊
戰沒
南齊
李珪字孔璋父祖皆縣令珪遷鎮諮議右軍將軍兼
都水使者珪歷職稱清能進尚書右丞中外穀帛
至賤珪議出上庫錢五千萬及諸州錢皆令雜買
從之後兼少府
唐
李鄘字建侯邕從孫舉進士官淮南節度使吐谷承
璀薦之召拜同中書門下平章事鄘不喜由權幸
進固辭以太子少傅致仕鄘強直無私以氣自任

當官以峭法操下所至稱治子栻仕鳳翔節度使
李磎字景望栻之子大中末進士累遷戶部郎中分
司東都黃巢陷洛磎挾尚書印走河陽時留守劉
允章爲賊脇遣人索印磎不與光章悟不臣賊昭
宗素重磎後召爲同中書門下平章事李茂貞等
上言其非帝不獲已罷爲太子少師時茂貞及王
行瑜擁兵闕下列磎罪殺之都亭驛行瑜誅詔復
爵謚文磎好學家有書萬卷世號李書樓子沆字
東濟亦負俊才俱遇害
元

聶炳字韞夫泰定四年同周鏜試大別山賦登進士第初授承事郎同知平昌州事轉寶慶路推官會尙猺寇邊湖廣行省右丞秃赤統兵討之屯於武岡以炳攝分省理問官悍卒多掠民爲俘炳言於秃赤釋其無念者數千人至正十二年遷知荆門州無何淮漢賊起荆門失守炳出募士兵得衆七萬復其城又與四川行省平章咬住復江陵既而蘄黄安陸賊復熾賊帥俞君正合兵攻荆門炳率孤軍晝夜血戰援絶城陷爲賊所執極口駡不絶賊以刃斷舌抉其齒盡乃斷左臂而支解之

明

曾泰洪武初以秀才徵學行允孚上重之每慷慨論事言無不從超拜戸部尙書

辜皋洪武初知饒州德興縣招撫流亡聚兵障寇時開礦権銅爲民患奏請罷之乃修學校建橋梁拓蓁蕪鷄犬相聞遂爲樂土

劉仲廉洪武乙丑進士淳質有守永樂初營建北京多効勞績陟工部侍郎

武栶永樂甲申進士任知縣司牧有方民安如堵秩滿百姓詣留命馳驛復任

鄧眞字存誠永樂辛卯進士授監察御史上疏言時務十事擢山東藩臬讞獄詳明政事通敏愛民如子卒於官吏民或見行止如生以爲神繪像祀之

吳軏永樂癸卯鄉舉授兵部主事廉勤明敏沉機先物守外艱用當道薦詔奪情起復改戸部遷山東按察司僉事

曾敬字以恭永樂壬午舉人甲申進士任四川道監察御史陞四川督學僉事有賢聲

王竑字公度正統己未進士授戸科給事景帝監國廷臣伏闕劾中官王振罪錦衣指揮馬順叱衆令

起竑奮臂捽順髮嚙其肉百官爭捶順死由是直聲震天下擢僉都御史督守居庸諸關巡撫淮陽兼總督漕運官軍畏服英宗復辟石亨論其擊順事罷爲民四年復起原職征平凉寇歷官至兵部尙書致仕卒賜祭葬

陳文偉中正統丁卯武科膂力過人常曉行遇虎以手搏之竟斃虎會試場屋火文偉左據墻右持同事生履肩而出活若干人知安丘縣有賊百餘掠庫金去文偉單騎挾彈馳追之問諸賊誰爲首者彈發中其左目再發中右目賊皆伏地請送庫金

還偉以一騎尾其後賊抵縣請死偉曰吾何有於諸賊各杖三十遣之而御史竟以縱賊論免其官

羅英字汝延授戶部主事遷員外郎再遷安慶知府稱清白吏所較量斗斛秤尺以銅爲範安慶人至今守之曰羅斗羅尺云歲旱步禱旋大澍兩郡人立生祠仕終叅政

黎忠字行恕正統中初任建昌推官閩寇鄧茂七攻陷隣境忠選驍勇屢出奇謀克摧賊鋒遷福建知府

王庚字仲景任戶科給事中因邊患以練達暫改御

史廵按山西練兵守備事平遷左給事中歷官廣東右布政使

翟表字立之由選貢授松江教授遷知縣御史行部乘馬馬逸知府令表往御揺首曰焉有爲令長而作御史厮養卒者乎卽拂袖不出

劉允寬字公量景泰庚午鄉舉任嚴州通判有惠政遷霸州知州霸爲九河故地水潦頻害公造橋梁水患除又積粟四萬斛銀三千兩備荒三年考滿州民請留廵撫彭韶下霸州所行事令他邑爲法歷任十二年稍遷慶遠同知所至皆以方正聞吏民畏懷致仕歸有不便於民者侃侃言之邑故便民倉在青山公爲言廵撫湯公屯糧五十里外不便移置平湖門外又有長短夫馬公議爲六差等行之時當道之峻刑者有女穿梭魚上灘等名公皆爲書勸除之凡可爲德於鄉里者葢不遺餘力而性亢直嘗面斥人過人愈敬憚焉

曾賢字時望天順甲申歲貢任雲南曲靖軍民府經歷片言折獄當情協律攝官南寧土官安東安奢兄弟仇殺賢爲區處及復開導釋夙怨咸得歡心各餽金馬不受弘治庚戌考績報最

徐鏞字用和成化己丑進士授行人遷監察御史廵視通州時濬大通河鏞獻疏不可旣而漕舟果不達廵按福建多善政還朝以災異陳疏條議獻貢賦正課程革奸弊均祿食四事臺長重之與同官共劾小人之附權臣者又極論名器之濫請汰冗官會宮變請免慶成宴謫鎭原知縣脩預備倉掘地得古窖錢十萬周人貧乏及代流亡輸累歲逋課改臨潼令父老泣送之弘治初遷淮安知府轉廣西叅政歷河南布政督漕副都御史

徐鈺字用厲與兄鉞同舉進士使交阯年僅弱冠交

阯設宴禮烹猩首以進公舉箸刺其兩眼交人悚服改南貴州道御史告歸嘉靖初起漢中知府歷四川布政

張璞字中美弘治乙丑進士授監察御史按雲南時鎮守中官役重虐民璞重懲之忤逆璞逮繫詔獄卒贈少卿

牟盛字汝登正德丁丑進士授吉水令有清白聲識羅殿元於諸生中宸濠之變武宗議親征調度百出公獨急保障吉水人賴以無恐遷戸部主事歷郎中督餉易州不娟閹監亡何以內帑盜發坐典守落職蕭然家居執父母喪盡哀廬墓

彭冀衡字孟登嘉靖丁酉鄉舉由長葛教諭遷中牟知縣值寇攻城督民兵親與之戰殲巨魁馮錫張東山等有功遷寧州知州寧俗輕悍稍忿輒自投崖死冀衡爲約法民不敢犯尋以母老致歸時報遷麗江同知矣寧人思之生祀焉

侯應爵字天錫嘉靖戊午鄉舉授乳源知縣清浮糧均徭於英德持訟於曲江韶人德之攝篆新會創建海城遷廉州同知勦羅旁首功加四級超遷羅定僉事又擒猺寇飛龍虎等撫其衆數百人遷貴

州叅議以母老乞歸地方利病知無不言楚賦役叅以食衛軍謂之府米公力請於當道裁其半年七十有七卒

郭懋字子德明信校尉郭用裔孫舉嘉靖乙酉鄉試授杞縣教諭流寇薄杞杞人爭門出邑令且棄城走懋毅然居守民藉以安兩臺異之檄代行杞事於是下令邑中集丁壯日張盖鼓樂巡城宣言大軍且至賊引卻事聞遷威遠知縣遭喪起補舒城舒故無城而其民又善訟因範土爲墉令訟者如式輸之以當金矢不半載城成後遷趙州牧以子正域貴贈如其官

周文卿字藎之隆慶辛未進士授韓成知縣丁艱補南海以清潔聞縣多虛糧爲害乃清沙坦以無稅之坦補無田之糧共七百餘石士民利之又小海中所在多涌源豪強利焉公不避權勢悉清之以利農創建龍津橋以濟行李至今南海尸祝之遷戸部主事遼東管餉郎中遷陝西兵備副使致政歸所著有詩經便意行世

游士任字肩生世爲嘉魚人徙江夏萬曆庚戌進士任長興知縣遷廣西道御史每當廷獻替可否侃

侃而談罔不中款當路嫉之熹廟初魏璫附客氏以蠱上心慨然曰此亂本矣會差山東巡按監軍陛辭先一日疏參客氏及魏璫自是臺省交章士任啓之也璫既矯旨逮殺楊大洪未幾並逮士任下錦衣獄拷掠備至幸不死謫安慶戍崇禎改元乃詔釋士任還其冠服

吳思温字江黄萬曆乙卯鄉舉始任均州學正鑄祭器祀先聖陞雲南順州知州苗蠻犯順撫循有方歷仕至廣西布政致政歸值獻賊薄城率兵守保安門抗節而死蘆蓆蔽尸數月不變

常居敬字惟一萬曆甲戌進士授南昌推官訊獄詳慎遷戶部給事尋掌工科以督理漕河功遷太僕卿巡撫浙江時倭寇披猖自募兵三千人討之而以千人助攻寧夏糗糧自辦上嘉其忠

常居安字惟靜萬曆戊子鄉舉授隆昌知縣安奢兩蠻搆釁時議剿欲奪隆積儲以佐軍力持不可曰萬一隆昌旱將奈何牘抗上官者再後廷議竟與居安合而隆果旱得積儲賑濟遷延平通判署福寧篆有議量革海艘省金錢萬餘者復力持之曰海寇叵測無貪省事之名後海寇果大發當事輙服公之深計

曾先字覺吾恩貢除博士陞岐山知縣勸撫字課農桑減賦耗百姓如得慈母焉所拔士如李君崇稷後司李武昌廉明不負所拔先致仕後年九十二以壽終

程鐸字仲聲天啓戊辰進士授惠州推官多所平反會九連山賊程萬等亂起諸生廖理申爲萬所獲萬素憚服鐸乃得因理申以請單車抵賊巢諭以大義旋即歸命其黨鍾林秀猶負固遂率程萬等衆往殲之九連山悉平凱旋疾作取筆書英雄氣

盡四字而卒民爲特祠祀之

丁時魁字斗生崇禎癸酉以麟經魁楚榜中庚辰進士生平以大節自勵丁外艱三年守禮法罔踰服闋赴選除農部郎督餉江西是時歲祲魁措捂經營輓運籌畫後值秣陵解體狼狽走袁山出沅陵入牂牁監國以論事過激予杖削籍遂下桂陵阻於兵定南籓羅至之請用魁固辭惟求一歸省墓弗許留軍中嘗縱飲王召飲巨觥立盡王賓佐強飲弗拒沉湎數月以死嗚呼丁先生果死於酒哉

國朝

張廷賓字上卿一字天若明崇禎己卯鄉舉司鐸崇邑修葺學署乙酉賊入崇戕害侵掠江邑名宿陳學富才高賊欲殺之賓片言解圍今年登九十後裔延綿賓之力也賓爲人渾厚澗畧不事家人産
國朝順治六年己丑成進士任黎城知縣有詩平山賊功復親歷各村鎮撫集流亡襁繈而還者相屬未幾　王師旋經黎邑公單騎伏謁爲言戕黎之苦請嚴禁侵掠以安新集民　王頷之秋毫無犯於是治聲大起薦章且上而公遽卒先是公配許氏死闖賊之難公爲詩哭之極慘痛今其詩與長

安春集俱存仲子其廉府庠生授徒自給見公之清白矣許氏詳具列女傳

沈寛字典門少宰惟炳公第五子生而仁孝賦性簡重撫幼弟奉孀姊皆成終始宗族咸無間言弱冠蜚聲黌序以明經爲國初江夏歲薦第一人除別駕久之改授中州府幕歷署商丘鹿邑虞柘等縣振學校覈糧獎營黄河清丈量歷多惠政所在建生祠記之陞東城兵馬副指揮隨簡香河令香河乃少宰公舊治寛益勤吏治思續先聲舊有驛馬賠補暨隱匿錢糧諸弊寛悉清之庄頭豪右率皆奉法卒於官士民痛之爲建二沈祠以祀

楊兆傑字又仁一字鄂州少郎倜儻多奇氣父五美以武舉團練北山慮烏合不足恃將散去山寇張其倫掠入巢勒以良馬贖公聞難亟赴之語其倫曰稚子無從得馬第令阿爺歸謀所以贖者乃留公而五美得脫歸無何其倫敗公沒入南陽營中其弁愛之撫爲子出就府縣試遂首南陽南陽大弁聞而喜致之麾下公固聰慧度其伯父方幕楚督適大弁以軍務檄楚潛寫赫蹏附公移督院見之驚訊其伯父得實因令飛騎取還益攻苦每念

曾祖逮其母夫人皆懸襯署其案曰四喪未舉兆傑而忍忘之乎年二十五領丁酉鄉薦一上春官不第即謁選授大理推官時滇初附版圖公少年鋒鋭措兵籌餉悉中機宜所平反大案數十全活人以百十計而悍將驕兵及同官簠簋鮮飾者皆犯顏法諍無所忌嘗飲洱海樓觀魚索管書壁曰一綱停泓休打盡留些明月照清秋其亢直若此然臺司益器重之入爲兵部職方主事上謁大司馬詢沿途武備自滇黔抵京邑水陸形勢兵馬强弱鎮將才否罔不聚米成圖而所條省冗費以便

民生復文武兼制清盜源及指畫邊方請裁提督并申議楚糧諸務雖未見之施行天下咋舌焉戊申安南王黎維禧逐都統莫元清流寄滇境
勅命檢材幹善辭令者往諭廷議推兆傑偕侍讀李仙根往賜正一品麟蟒服抵交趾臨賀舘諭令迎
勅開讀而交之輔國鄭檍官屬胡士楊等姝簡傲公引律典切責比渡富良江至交東門維禧猶不出公憤欲斬引禮官反駕公舘待命卒令迎謁如儀然維禧具奏竟無退還尺土一民意公與正使致書黎維禧反覆引經詰責久之始退還高平四州

地及四州降人黎莫禍乃豸還報舉朝服其膽略庚戌奉
命權淮關抵任才四日以父計歸卜葬後常廬墓山間然他方利弊民生疾苦不諱爲當塗侃侃陳之癸丑冬服闋且赴補會西南變起逆諜陳鵬舉走險分布僞劄妄意公會官滇中與吳逆善因誣附公名事聞自淮陽被逮還屢訊無狀而公素負痾自念生平骯髒從不輕下人一旦屈體庭讞蒙詬隱忍不甘鬱鬱以死時乙卯七月十三日也後數日卽接
溫旨滌除顧無及矣公生李北海熊襄愍之鄉其剛挺略相似遇事敢言又疾惡甚目不能着纖翳動則罵麒麟楦視世之脂韋者無足當一盼卒以是得禍殆所謂莫鎁于將終虞缺折[illegible]邪乃其義俠亦晚末所難其官大理時買妾何氏詢知故夫在立還之又閒關萬里舉同鄉何冏卿曹石霞之櫬以歸諸熱中事難悉數而內行尤篤至自入齡失恃萬孺人子之雖貴少失孺人歡往往拜杖如飴異母弟三呼吸與共凡可爲之朋翼者卽剥膚蹈水火不惜也而卒以無後奈之何其言天道也配

黃氏封宜人公歿茹苦九年乃卒閭邑有故家子夫婦失身他姓者公將贖之無貲宜人欣然[illegible]粧環佐之蓋職方純孝友非宜人亦未能婉曲自致云先是公艱嗣息以仲兆億之子爲巳子所著日南紀事雜詩文數十卷藏於家

汪錞字鐘如未弱冠補博士弟子員肄業江漢書院受知方伯翟公癸卯膺鄉薦庚戌成進士初任中書時當三藩叛章奏日夜不絕入直 內廷勤勞不少暇轉戶部主事典倉差糧儲皆手自清算嚴察諸弊積吏凜然嗣考選吏部歷四司者十年淸

流品選賢能凡黜陟大政引例據典毅然持正不阿滿漢冢宰倚重之乙卯分校順天甲子典試陝西榜發咸慶得人錞爲諸生時家貧事母孝奔走四方竭力以奉甘旨及歷官京師母老留家室以待色養其請假省親請假終養屢邀　予告母卒哀毀幾滅性尤友愛兩世未嘗析居性嗜理學一以躬行實踐爲主自鐫銘章曰十二時中莫欺自已堂中聯句云立心只恐違天地行事何須計子孫著有觀瀾閣文稿易講行世累官吏部文選司郎中四膺　覃恩誥授朝議大夫年六十六以疾卒

鄧文源字蒼麓先世籍蜀內江自萬鎰以進士除西陵令因悲江夏五傳生源源生穎秀補弟子員中康熙丙午鄉試揀選除令任丘謹身帥先居以廉平端本源有庫車高捆之識杼奸吏民不知所出稱神明收學官弟子講業比齊魯焉庚午晉比部理山西司讞案未幾遷本部浙江司凜凜李離理有法言聽微決疑前後得臧等四百餘人移水部虞衡監車庫皆就理因除守秦鞏昌旋以憂還服闋赴補卒于京邸當入比部及出鞏昌中間五載

凡朝會郊壇授時祥刑庫中伏舍咸有詩歌即古名臣一飯不忘君恩義意殆彬彬乎有退食委蛇之風焉嗚呼司馬氏紀循良吏鈌傳吳公文翁班氏又多畧泰以上余甚怪之若東漢以及元明所稱何寥寥也爰收公治績約畧如此俾後之掌國史者得以覽焉以載漢良二千石之後

袁還樸字魯生世石首人其父以亂寄寓江夏因家焉樸生有異徵神氣秀爽而清苦自厲博學工文詞丙午歲舉於鄉筮仕劍南之梓橦邑數經兵燹井里蕭條樸至則招輯流逋解釋脅從民賴以安

秩滿晉刺莒州莒隸青齊多頑梗樸至期與更始慶不可革乃陰遣健隸縛其尤者一二人斃之奸人屏攝莒賦舊有宦耗民耗之別宦輕民重樸則概從其輕貧民樂之謳誦恰遠邇甲戌夏蝗蝻大作晝夜掩捕以積勞成疴堅乞休致州人攀留不得爲立生祠以祀尋卒於家

胡鳴臯字雲翥父德園公潛心理學爲楚名儒言論丰采一軌於正臯幼受庭訓未就外傳甫弱冠補弟子員屢試掇高等己酉舉於鄉庚戌成進士筮仕河間之靑邑氷蘖自矢民戴之如父母歲考績

將報最選以逃案罷撫軍北溟于公特疏開復補
蜀汶川令汶係羌番出沒地自國初抗賦叛役民
苦之皋初蒞卽宜以恩未卒乃請兵前往擒其魁
畜於署爲厮養卒坦然無疑羌民悅服擢代州刺
史代素有宽役皋設誓編審逐戶研訊役遂平歡
聲震地以憂去補判臨清肆應衝區愈厲精不倦
屢折大獄鐵面不稍假李撫軍嘉其賢卒於任臨
人悲之立祠奉焉
張燿字蔚章本籍姑蘇以父伯達公令楚黃陂因家
於江夏之塗川燿楚產也少負奇姿爲文磊落不

羣康熙己酉舉於鄉旋授直隸永年縣令繁劇邑
猾民佐吏爲奸燿一繩之以法會旱步禱甘霖立
霈時繪監門圖請賑獲內帑萬餘金按名給發以
杜中飽民沾實惠邑當孔道多響馬燿督健壯擒
渠魁置諸辟行旅如歸其他善政不勝書將報最
以病卒於官永邑至今咸思其德
汪紹遠字十雲先儒姓明楚藩儀賓傳文斗子也繼
嗣于表舅汪文極是爲汪年少力學有聲藝苑
立心正大喜周急樂教育事毋以孝聞戊午由歲
薦授廣濟訓捐俸貲修理學宮事載通志搜羅先
賢之湮沒者請祀鄉賢癸亥轉安陸諭有啓聖祠
敬一亭等處僅存故址乃殫力重建撫軍計典疏
薦戊辰裁兵猖獗潰城陷棄妻子不顧懷印徒步
走荊州請援　王師至復捧檄招撫百姓他如校
刻禮樂志圖秀葺江漢書院實多勞績遷九谿授
卒於官
陳肇熙字若周肇昌季弟也性穎慧數歲於經史中
疑義若素了者補府庠以歲貢需次敎諭以毋年
高不就選依依終其身後補授平江諭平故巖邑
兵燹凋敝熈首建文廟學宮與諸生講習先孝弟

次文藝壬申平令以積逋賦催科致民譁熈因詳
請當事檄師赴援公星夜馳見郡守白其無他願
以身保遂得駐師境上邑中安堵會令與公奉藩
檄署催委曲開諭輸將恐後熈生平不見喜愠之
色是非取舍則屹不可奪常自顏其齋曰三耐蓋
耐貧耐辱耐久也左箴曰恕右銘曰謙晚篤嗜春
秋所著有天岳集湖南草
孫禹銓字簡可號敬菴江夏東湖驛人好學能武以
將材授滇省廣南遊擊所轄民患煙瘴銓力行祈
禱是冬瑞雪遍佈嵐瘴潛消旋咸致叛逆韋登科

向化地方安堵軍民有神君之誦因慮邊夔失教
特會郡守　公詳　題
俞允創建學宮學鐸歲科額進文武生員一十五名
一時人文蔚起四境咸有儒將之稱後以巡邊而
卒漢夔皆環道泣襯送歸

江夏縣志卷之二十四

開元劉朝英重修
黄安張希良編纂
古越洪國輔續修
三韓陳萬策增修

德行

晉

孟陋字少孤嘉之弟也少而貞立清操絶倫布衣蔬食以文籍自娛口不及世事喪母毀瘠殆於滅性不飲酒食肉十餘年親族謂之曰毀性無嗣更爲

不孝然後從吉由是著名簡文帝輔政命爲參軍稱疾不起桓温躬往造焉或謂曰陋高行學爲儒宗宜引在府温嘆曰會稽王尚不能屈非敢擬議也陋博學長於三禮註論語行於世　孝義

宋

李昌國善教子長子康侯河陽守次康年監丞善古篆與蘇軾黄廷堅游次康直左司員外郎休官歸里自稱裕老　端良

李宗儀與從弟宗儒四世同居相友愛好學篤行築書院建祠以祀先聖給田以贍來學汴京失守程

吏部千秋勤王其子彥章開倉賫給 孝義

明

劉餘慶字廷吉景泰癸酉領鄉薦第一天順復辟時選二十八人入朝餘慶與焉其夜上夢二十八宿入朝盡授御史餘慶得浙江道歷貴州副使時都勻作亂捐俸撫綏事平致仕刑部嘗稱其斷無王之寃存有孕之婦居鄉絕迹公門獨以清白遺子孫云 篤行

周冲字深甫嘉靖癸卯舉人由德平教諭陞江安令廉潔有惠政會檄採買多病民冲遂止印綬辭署

中之一無所取家人私一門幔冲知令還之歸貧若諸生年七十七卒江安祠祀之 端介

熊熾字心軒廣東巡撫桴之子承父蔭未仕以子履初封都督府都事性恬淡制行高潔隨父任廣東父歿幕府無私槖所餘帑金盡付司庫祭奠賻贈皆却不受嶺南有清公子之名年八十餘卒著有衡岣子於於亭集 端介

韓楷字以正正德辛巳進士授刑科給事遷掌禮科以議大禮廷杖幾死出爲池州知府歷江西左布政遷右副都御史巡撫雲南致歸 端良

呂調音字宗夔嘉靖辛卯鄉舉授汝陽知縣調青浦遷沓州知州所至稱廉平宦歸猶如寒士當知汝陽時識巡撫趙公賢於總角頗聞父老稱呂德政及撫楚數式其廬公一無所請某王以罪廢行千金爲壽呂大罵揮去沒後趙公爲表其墓 清介

余蔭字庇之恩貢授普安州判有土司專擅不執頭目張朝覲翼之蔭始至矢必振刷覲懼假饋檳榔以納賄却之且杖覲而清其獘當道服其廉潔列薦剡遷汝寧同知因丁內艱未赴任遺覲反噬聞之憤欝而卒 端介

江沛然字應吾隆慶辛未進士知吉水俗產女多溺之然首禁焉累遷懷慶推官歷南都察院經歷執法不阿海忠介亟稱之尋遷南戶部郎以蜚語中京察再遷審理遂拂衣歸其所著有歐陽一老人稿藏於家 篤行

孫鵬舉字天孫一字何知爲諸生受知恩白董公石門熊公以明經爲新化學博著新說書子衿奉若山斗直指特薦遷渭源令艱歸復補松楊多惠政解組後獻賊攻城與賀文忠商堅壁計城陷罵賊不屈遂遇害一門抱持赴水死者十餘人有卧篤

園薇猷閣詩文行世 忠義

董暹字長馭萬曆甲辰進士江夏以麟經掇科者自暹始授宣城知縣丁艱補建陽入爲吏部主事會同里有忌之者攺南吏部爭論歸壬戌起禮部主事遷員外郎提學廣東持衡藻鑒所前士無不命中者遷按察使漕運都御史李公若星疏薦其才堪大用而公卒矣

李應遐字晉卿一字融峰天啟乙丑進士第五人由知縣遷至事督餉蔺州便民利國卒於陝西巡撫清操如水歷仕多年囊無長物子孫家不易隣田不易畔 端介

金城字天府天啟丁卯鄉魁初署景陵學博過巨宦閭者不禮怒曰吾邑師與邑父母敵尊焉敢無禮宦請罪虺然必執法乃已銓選除四川合州廉能過峽溺舟監司命漁司求獲貌若生州人祠祀城祖籍漢川羅氏繼於金見時罔知及壯得聞作告祖文有不背恩義不忘本源意後仍歸塋於羅讀其文攷其居官始不愧孝廉云 端介

吳元伯字開吳少孤銳志潛脩腹笥淹洽受業者遠近雲集癸酉舉於鄉不干謁當事與辰下第懷宗特恩八月重試賜進士授禮部司務選吏部歷武選員外郎遷山東沂州參議途次遭甲申之變郎掛冠歸里卧病不出年五十八卒以子升東貴贈文林郎陝西道監察御史

陳璹之由歲薦授太昌令介節自守罷歸無寸椽擔石獻賊陷城慷慨罵賊死之 端介

明睿字作聖江夏廪生力學甘貧名節自勵獻賊薄城趣造木主題明苦節明生之位語人曰吾讀書明理一旦引筆寫順民二字不如死城破妻陳氏先赴井睿繼之子女皆相繼入乃至二齔者井已塡宛轉而入皆死焉數月淘井得九尸里人稱之

曰明井 忠烈

朱英戭字賓桃受封江夏楚藩諸孫出就外傅凡講論問答苟有益於身心性命之言彙錄成冊不好浮詞及長築共學堂與同邑賀陽亨黄戚黄武皐武濱互相師友其學先敦修而後冥悟篤實力行父卒廬墓三載兩臺疏其行誼神廟嘉之時方建宗學求可爲宗子師者遂拜戭爲大宗正焉 篤行

國朝

陳基字受伯十歲能文釆芹邑庠督學水公以神童目之順治戊子登賢書聯捷進士官山東郎墨令訓士愛民六年報最以親老終養歸事母承歡色養眞孝子也雖宦後兩袖清風瀟灑出塵寄情詩畫尤工竹蘭詩集行世當事欽其品舉鄉飲大賓

胡金鉉字汝實幼業儒抱大志下帷攻苦值國變棄去未得遂所志律巳端方殆古所稱言無忝属垣行弗愧于顧影者子潤以大易魁康熙丁卯楚榜辛未成進士讀書中秘今官侍講得遂翁未遂之志云鉉以贈如其官潤官詹事府左春坊左庶子

張燕翼字安仲順治戊子鄉試戊戌會副署永興學博奉裁後補黄陂學諭轉國子監學正贈脩職佐郎轉禮部司務言動以禮昔有以金見寄者歷賊亂其人巳殁仍以金付其孤子隱德不孤類如此

胡從化字内寧因迺翁近山公生平喜吟康節焚香詩晚又號邵窩志孝也弱冠補郡庠胸笥奥博楚藩慕其賢請爲世孫師不亢不阿王敬憚焉年五十治舉子業益精然小試輙前茅終困塲屋乃益肆力於左國秦漢及唐宋諸大家又復泛洞庭陟衡嶽歸而文益加奇

國朝巳酉子鳴皋舉於鄉庚戌成進士化始棄去諸生講性命之學大中丞張公大修廟學重化行屬化主其役廟學成化復念邑先賢如吳忠烈賀文忠祭祀之典未舉條諸當事一一置主入祠時人誦服焉及鳴皋令青縣扳輿來迎化勉以冰櫱政聲大起公貌樸古居平正襟危坐喜怒不形對客則春和四煦談古今忠孝節烈旁逮風騷人各厭其懷而後巳年七十五書卷不去手所著有德園合稿藏于家尤莊奉感應篇身體立行率多隱德以故鄉國推服兩舉鄉飲大賓

士御龍字旳可先是蘄州籍原係先朝世襲指揮使明末遷江夏遂家焉其爲人克和容與慷慨俠施孝友兼篤父早世處兄弟如手足待姪兒如巳子歷來合爨不忍析初則拮据家計漸至素封日所須皆御龍身任之兩兄惟肆意觧推不獨弟御龍無倦色卽兩兄亦不知其爲弟物也待兩兄子撫之訓之爲名諸生卽御龍亦不知其非巳子也自幼以迄鶴髮六十餘年有如一日孝友繁昌之報以故御龍長子綏猷歲貢生封庶吉士其孫科甲

疊與兄弟同榜人皆謂祖德之報不爽也

陳鼎字禹九先世籍秦富平隨父承業官金口巡檢値獻逆亂父殉難遂家江夏順治初鼎効用軍門當事上其功給劄改授雲南廣西府通判有惠政後歸値江邑大飢鼎慨然自任竭力輸助年七十八卒于家

徐封英字青嶼通山王府儀賓魁岸廣顙倜儻精悍總角時少宰沈公惟炳見而奇之曰此異㨾英物也因以命名年十三應童子試邑侯劉公拔置第一旋以父達上任京衛遂棄舉子業得功頁例授

府幕未幾獻逆屠楚英即奉父歸養絶意仕進毅然以好善樂施爲任嘗設義田義學以教育族中子姓順治壬辰楚大饑英運米數千斛糜食通邑康熙己未又饑當事稔其賢以禮旌爲善人董煮賑事饑歿大振辛酉修輯江夏學宫心力兩輸詳載碑文癸亥舉鄉飲賓大宗伯王公澤弘有序見藝文晩年讀書至予欲無言章忽恍然曰宣尼教我矣爰更其號爲無言人手著言行録一十三卷堪爲後世楷模卒年七十有一府尹陳公肇昌誌其墓以季子敦本官北城兵馬司副指揮遷懷慶府通判贈如其官

方啓泰字定一樂善好施天性孝友早年業儒値國變遂棄去隱居鄉里鄉里有王彦方之目多隱德生子三長文瑞中康熙甲戌進士今除考成縣令有賢聲次宗頤文衡黌序有聲

劉純臣庠廪生性孝友表祖母孀節侍兄弟怡怡學使者舉行優二次藝精少齊如咸陽之術以此名動公卿性嗜飲言論丰采有晋人風

葉文郁廪生教授生徒多造就旁通孫武當獻逆時出計剿土寇有保障功歲饑自食苦藜推食活桑

梓修橋梁濟人甚夥鄉人稱爲盛德君子云

黄天祐字佑人江夏人少有文譽試輒高等食餼於庠行優兩次父元至値賊變逃避失所祐人徧覓偵訪晝夜啼泣如是者數十年無何髮妻蚤喪祐因父耗無踪遂終身不復再娶每日奉侍祖母躬親茶湯從無倦容又如惜字常云惜有形之字並當惜無形之字人以爲名言

容自謨字中立邑廪生性醇篤温厚事雙親倍極色養兼篤友于從無疾言遽色里人化之早年遊泮輒試高等爲學耻苟同訓飭子弟不出恂謹二字

明癸未寇氛陷城殺戮殆盡守土者不敢抵當去城三十里有白楊橋爲東路通衢比時水泛橋四面洶湧澎湃謨率里中義勇及家壯丁壘石豎欓堵截不敢過賴全活者無算

國朝壬辰大荒斗米四五錢不等流亡載道不可勝計謨募化里中少有力者襄益任獨而復具呈上控請諸長吏奏免稅糧蒙

俞允不獨闔邑之民咸沐膏澤兵燹之後鄉郵市巷白骨成坵謨延請白骨庵行僧無遠邇覔收瘞埋其仁心爲質類如此

李居上字尊之其先自郢徙鄂世業儒上生穎異弱冠工舉業應童子試受知於郡守洪公深器重之許以青箱大業轉瞬可期未幾賊變城陷痛怙恃棄世涕泣哀慕遂決意功名有勸進取者上曰人生奮志雄飛期榮親耳吾親見背即姝遇何益子廷模甫四歲即授論語忠孝經雖雪霜盈頂不少輟模卯辰獲雋成名進士上處鄉黨無貴賤老幼一待以坦易至誠和氣盎溢里中有不平者願藉一言以決彥方折過魯連解紛可謂兼之待弟廿苦與共無疾言遽色壽八十七而終

曹聖裔字漢嗣爲邑庠名諸生行巳廉潔望重鄉里見人有善輒喜形於色有不合於理者必欲規於正而後止慷慨好施予戚黨多仰給焉以經術世其家兩子接踵彙登科甲人咸以爲盛德之報云

江夏縣志卷之二十五

開元劉朝英重修
黄安張希良編纂
古越洪國輔續修
三韓陳萬策增修

人物志

儒林

晉

李重字茂曾少好學有文辭少孤與羣弟居以友愛著稱爲始平王文學上疏陳九品遷太子舍人轉

尚書郎後遷尚書吏部郎務抑華競不通私謁留心隱逸羣才畢舉拔用北海西郭湯瑯琊劉珩燕國霍原馮翊吉謀等爲祕書郎以清尚見稱又上疏曰凡山林避寵之才雖違世避時出處殊軌而先王許之者嘉其服膺高誼也宜垂聖恩顯加優命時不能從出爲行討鹵護軍平陽太守正身率下永康初趙王倫辟爲相國左司馬以憂逼成疾卒家貧無以殮詔於典客署營喪追贈散騎常侍謚曰成

明

徐鉞字用寧弘治庚戌進士性孝友兄鏞遘病鉞願以身代授浙江瑞安縣有德政遷户部主事再補工部監蕪湖關稅以母老乞終養正德中起禮部員外遷肇慶知府致歸

劉績字用熙弘治庚戌進士幼穎警不羈博洽經史凡所撰述古雅冲淡負一時物望與李獻吉友善歷吏部員外出知鎮江府所著有禮記正訓太佐註蘆泉詩文集以才名嬰忌晚年避迹于岳陽

詹文光字用賓與弟文慶子乾同舉於鄉嘉靖巳丑成進士授吳江知縣遷户部主事歷員外郎廉州

知府

康朴爲人骯髒不諧俗兩仕知縣以忤權貴罷歸囊篋止餘俸金八錢遂憤激毀裂冠冕隣人亦不多見其貧如洗誦讀不輟督學顏公胡公造焉褻衣出見卽謝於家不復往拜其門

詹朝字伯時嘉靖辛酉鄉舉文光季子乾之弟初任盱眙知縣清廉勤慎能識馮慕岡於諸生中許以國士調儀隴擢本有功遷廬州通判致歸杜門不出有子鳴瑞肄業國學携家而南

曹當勉字可賢嘉靖戊午舉人壬戌進士授行人遷

刑科給事出知開封歷霸州兵備江西參政生平
無遺行蓋純篤君子也
陳之清字淡夫萬曆庚戌進士授晉江知縣累山西
副使所至卓有政聲天啓丙寅魏璫柄政公念雙
親垂白未可以身許國乃以終養乞歸
楊懋官字德懋府庠生中天啓丁卯副榜補河南嵩
縣教諭以文章名於時
張翺南以明經授沔陽州學博訓士有方擢梁山令
多惠政梁人至今祠祀焉
朱藴錋字澍宇楚藩宗室其母三十而寡撫澍成立
擇傳慎友督課甚嚴澍由是淹雅與士大夫酧和

有文宗之譽事母至孝母當六十稱觴忽有白鳩
白鵲繞庭飛鳴良久而去人謂節孝所感同時有
雙白唱和草紀之初艱于嗣母以百金買一妾色
甚麗甫入室見妾有感容令婢探其意妾泣告曾
嫁夫倪烈巳四月因収軍裝貲誤失金故夫坐獄
舅姑鬻妾以贖夫罪澍聞立還之更贈以貲遂終
身不置妾媵崇禎戊寅巳卯冬中州大饑流莩楚
中者載道澍乃盡出廩粟煮賑更請戚屬之厚藏
者助輸全活不可數計其盛德事率此後妻連舉

二子

國朝

胡弇字射山明越國武莊公之裔始祖元凱以[illegible]封
王婚媾徙家鄂渚世爲衛籍公襁褓失怙及[illegible]
肆力於聖賢之業負性恬逸方正廉仁幼補弟子
員食餼郡庠屢試前列應康熙丙辰歲薦廷試第
一著有烟棹草居家錄五經正韵壽終七旬
陳治道字質修江夏縣明經
國朝初司鐸漢陽府學造士有方載漢陽志有子三
俱爲江夏諸生質修曰吾今既以詩書遺其子於

願足矣何苦戀此苜蓿寒氈爲遂改組歸以教子
爲事子[redacted]俱名諸生
張其廉字介庵幼頴異絶倫英偉駿發日記數千言
洒翰如萬斛迸泉衝口而出勢不可遏羣推文章
宿老獨步當時在廉虛懷若谷不以才智先人保
身凜若淵冰守巳不事干謁廬墓三年而罔怠事
繼母親嘗湯藥不啻所生閭里稱其至行醇全焉
任家栟字升公父伯瀾精內典善僧覺空構庵曰仁
蘭居之禮佛祈嗣生栟聰頴嗜學通典籍熟春秋
數奇不第隱著蒼山集卒年七十四

任之奎字次壁賦質穎慧十歲擅文譽壬戌歲薦廷試歸巢薇吳先生贈以詩云文章垂老工偏篤出處安貧道更堅可謂深知奎者嗣後小圃短徑誅茅搆宇作斗室一區自比康節安樂窩圖行樂一幅自題曰人圖我外體削頭童我寫其中陶樂周容胸無纖塵文或麗工秋宴春江非我志青氈苜蓿安我窮諸葛廬幼清蓬終朝杜甫歌秋風拋卿侯放楮公漫學橐駝鉏草中寄興在竹影松聲梅瘦桃濃吁嗟矍鑠哉是翁其自贊而自譽者曠觀爲不淺矣

傳以楨庠生篤行好學足不履城市入公府助修學宮誼篤戚黨藹醇儒也

容朝周字中含邑諸生性孝友兄弟六人白首相友愛澹於仕進寄情詩酒與同邑麗載孫明滋洪石碣相與唱酬著有石山小艸藏于家

彭植字森之府庠生性至孝遭兵亂毋子相失植號呼遍訪絕粒者數日後遇毋于通山道上承之歸植爲人恂謹粥粥若無能者而立心致行一以古人爲師其師湯玄子以孤兒相託植代爲經理家事俟其成立盡以歸之鄉里咸敬服焉

張公相字元臣庠生旋食餼性慷慨遇人有急難不啻身受多方拯救工詩著有望林拔藥集藏于家以中年卒人咸惜之

王士傑字子千年十五習韜鈐入庠旋復棄去應童子試食餼領歲薦傑敦孝友礪廉隅而性最恢諧有晏倩風其與人交推心置腹往往友朋有大疑難必爲之排解周旋名公卿多器重之宮鄖陽司訓葺聖宮建衙署課士以文行爲先奈之何以貧而卒于其官復抱伯道之戚吁天道尚可問哉

婁正韶字青州少穎悟弱冠補博士弟子員性慷慨好施會邑有大逋負陷身縲紲者數十人韶倡義捐募代償里人咸服其義

潘廷桂字貞庵爲郡諸生幼而出遊每得果餌歸遺奉親九歲時母病親侍湯藥籲天請代母愈遂終身不茹葷成化二年以歲薦授南昌府經歷其父就養卒於署桂奉柩歸猝遇颶風於鄱陽湖舟盡覆桂度不免以索繫棺於身誓死相隨忽飄至一洲得免比葬廬墓三年知府秦夔請詳提學薛綱旌其閭曰純孝格天

馮天祿爲馮炳養子事父孝父病天祿問人曰人言割股愈疾然乎人曰不然孝所感耳天祿卽焚香告天割脅骨盡出飼之病稍愈凡三年父遺屎溺

床簀手爲捧拾無難色後遇道士授禁方曰持此可療惡疾天祿故不識字爲人療疾輒愈凡與藥不問貧富常曰醫在方寸間卽刀圭有神明耳一日持藥囊入城門未啓枕囊而臥門啓其人誤持藥囊去天祿得所遺囊則金也候之三日不至偶過潘司前聞人失官錢被誣天祿慨然曰得金者我也卽入見封識宛然蕃篤行尚義者也然鄉人多稱馮孝子

周璽字廷用母陳氏卒廬墓三年有文豹馴于墓側人以爲孝感所致又捐貲建白洋橋輸粟賑饑有

步還里兩足俱穿對母大哭失聲與姊胡共哭求幾姊胡死珪曰我男兒也其俟諸未獲死所居無何魏閹用御史粱夢環疏懸贓十七萬牒告楚鎮巡下廷弼諸子獄是日珪就逮曰吾父卽戇激奚所得贓私十七萬乃舉田園器用圖書刀劍錄報都御史臺閱三月御史劉徽疏再上覆贓二百萬珪曰吾惟一死以報先君耳會縣有狡吏諶恩寵者諷之曰若無憂吾能爲若出于獄計畫諸贓珪佯許之以弟代獄出遂徧辭親友又往拜祖墓並塋諸母也而縣官不覺趨歸獄贓比益急曰吾豈

能毒派諸富民有向若議法耳珪退閉獄戶書字兩紙手授其僕汝士曰一以報吾母一以示縣官吾待得死所矣遂引刀自裁啓戶視之刀猶在手尸不仆而血盈戶矣蓋丁卯正月十八日也珪既死珪母率婢侍聚而罵縣官屍三日始出獄而如生郡人士莫不悲之傳播當路稍有回心以故部疏亦稍緩閱數月縣官會計其所鬻金僅得二萬崇禎改元乃獲免而珪之死無聲之者

朱盛鉢[illegible]楚藩宗室幼年割股療親手腕斑痕見人輒

掩[illegible]

蕭廷滿金口人父早逝母周氏病革籲天割股療母母愈尋再病其兒亦傚割股市脯以進無驗母死既葬廷滿絕不茹葷邑令顏造其廬賜之粟不受旌曰廉孝

李夢龍幼孤貧習醫母病服藥罔效引刀割股烹以進曰此仙方藥母啖之云果良藥吾病消除過半會巡撫徐公謁文廟里人以其事聞徐召驗問有子否曰家貧未娶徐給銀十兩付江夏令令擇配旌曰純孝格天龍病思魚膾子之茂復割股謬謂此魚膾也父食病即解獻逆變龍母謝氏自經死

賊入門見匾額如林問何人家對曰兩代割股官府所賜賊索觀刀痕釋之

郭儀母李氏生儀未兩月而卒父再聘李氏生六子愛儀倍已出儀奉後母以孝聞儀素豪俠晨起捕魚拾遺金一釜於湖中以足掩坎仰天頓首曰天乎如爲儀財勿以不義至當從生理中得之歸家絕口不以告妻子平居持一木挺里巷人有鬭輒杖其不義者人敬畏之

國朝

楊於崑字五美一字恬庵世居黃陂隨父泮所公徙江夏補弟子員旋投筆登武科庚辰授鎮筸守備撫降洞苗晉參將封懷遠將軍久之辭職經畧洪公黔撫卞公聞其才欲致之不起順治丁酉子兆傑舉于鄉及爲大理推官晉職方副使安南公皆諄復切責勿少假辭色小拂意輒庭立而輿以杖故職方卒爲孝子公任俠伉爽好面斥人過見事風生職方之氣概實似之然孝友皆從天植自恬庵而公而職方封股啖親者凡三世人以爲異云

戈自馨字德維江夏人丁酉鄉舉善事繼母人稱純孝

楊宗震字四知江夏人邑庠生事父母有異孝時獻賊屠城負母陳氏出爲賊所執母大罵賊欲兵之宗震痛哭懇以身代賊義釋之夜負行五十餘里母得脫隨回尋獲父守廉復遇賊欲刃其父宗震奮抱賊臂父得脫賊怒斫宗震碎其顱一賊力解免後闖賊屠戮徧野宗震匿其父母山谷中歲歉糧絕拾菽麥進者累月親以生全閱三十年母病侍湯藥竟夕不解帶夜半露跣仰天叩禱願減年益母壽哀聲動里閈母死哀毀備喪葬禮結茅墓側朝歸奉父夕出伴母又閱八年父病無異其母

病時事及父死哀慟呼搶櫬毋死時倍甚也曰毋
逝父猶存父又逝吾安適吾當事父毋於地下矣
擇日葬父先五日絕飲食妻子環泣諫不聽扶櫬
登山雞骨躃踊葬畢搥胸頓足呼吾父者三遂以
頭觸地流血殞命士民憐之公請旌表

江夏縣志卷之二十七

開元劉朝英重修
黃安張希良編纂
古越洪國輔續修
三韓陳萬策增修

人物志

義行

太史公敘列傳而不遺朱家郭解諸人蓋以白虹貫
日匕首凌霜雖無明哲保身之義要亦正氣之所鍾
也江邑之人少脂韋矜氣節如吳忠烈諸先正皎皎
與日月爭光矣然亦有抱關之吏草莽之夫往往誼
切君父不惜碎首捐軀又未可令其湮沒而不彰也
至于存孤兒于艱難險阻之中明大義于流離顛沛
之日豈非與古為徒者歟若夫濟人利物指囷捐囊
富而好行其德是亦可風者也志義行

宋

李宗儀江夏人與從弟宗儒四世同居相友愛好學
獨行築書院建祠以祀先聖給田以贍來學汴京

明

失守程吏部千秋勤王其子彥章開倉資給

逋邦周陝西鞏昌府成縣民壯也江夏劉士元官成縣尉謫三月忤鑛監被拘于會城左右皆逃匿獨邦周從之及士元獲釋邦周又獨送還籍踰八年而劉病死囑其子曰邦周自患難相隨十年我死當厚遣之邦周不忍去廬于其墓鄉人義之言于邑侯徐君魯人月給谷一石不受復言于邑侯樊君鍾陽亦給谷又不受樊君高其義立一坊於棚前額曰義民之廬司馬熊廷弼爲之傳

恭恩揚鏜明楚藩引禮生嘉靖二十四年正月十八日楚世子英燿張燈於酒閒弒父愍王先設酒果閉恩鏜別館二人聞變奪門出告變時府中群僚已將暴薨訃聞諸司矣二人以曳燈長繩繫腰越內城縋高觀山下恩足折鏜扶恩奔告巡撫時英燿遍索二人不可得巡撫其既得暴薨訃難其事時提學副使力主其事巡按伊敏生以狀聞英燿伏法初恩鏜奔出告變時倉皇過宮門叩銅鐶大言曰宮中人世子弒國王好爲藏少子後內臣藏少子英𤊾溝中竟免於難少子立是爲恭王而恩鏜以窮老人惜之

朱華趏字德心明崇陽郡藩七代孫慷慨任俠力能扛鼎每遇不平事輒裂眦豎髮寢處一劍酒後耳熱指謂親知曰將來必與此終始人莫測也崇禎末寇逼隣境遂命家人於屋後掘一土池終日撫劍沉吟厲聲不輟及城受圍集妻子池傍拔劍疾呼曰我託身肺腑與死賊不共生城亡汝輩當死此少濡劍碎之已而城破舉家如命趏率家丁巷戰殺賊三十餘人勢不支伏劍而死閱旬有五日親如生後從生盛浚焚其骸瘞之二府寢

楚宗朱恭敬當賊陷省借關外居民生縛數十賊被殺

汪澤長邑廩生王師文萊州通判皆死於賊見楚會存書

朱盛濃字楊亭明通山郡藩中尉荷逕之子食四品俸崇禎時開換授例兌池州府牧伯有惠政視民如子禮士如賓當時各省直宗室未免持寵而驕于上官多不循分濃恪共盡職卑牧自處彼時疆場多故濃則軼掌從事不敢告勞迨甲申鼎革

國朝兵南下臨城公聚妻妾子女曰吾死期已至勢無圖存之理爾輩各自爲計其親屬曰君既無可生之理我輩安有避死之地齊奔衙後書室冠帶

朝北謝恩舉火齊焚而絕

呂希徹其先世護衛先明昭藩襲封于楚之百戶也至徹生而魁偉英驍洪聲廣顙膂力方剛王器重之委巡藩属內外重地緝捕警嚴夜不閉戶道不拾遺癸未獻賊薄城徹奔入王內城啓王愿以身負王絕出王不從後城破徹復入王宮尋王不獲至端履門遇賊入徹手刃數賊自刎

熊兆琮字叔敬襄愍公第三子方司馬被議琮甫成童及弱冠始志學補博士弟子員常抱先人之痛自奮激讀書期以光顯前人爲父辯寃爲文雄偉

博大癸未賊近武昌紳士皆登陴捍禦琮執矛獨前城陷被執琮大呼太祖高皇成祖文皇列祖之靈降奪賊刃殺賊賊大怒攣臠之

滮宥字似仲歲貢生少宰惟炳公次子文重鷄壇篤孝友敦大節崇禎間隨父僑寓省城之包頭堤癸未獻賊圍楚謁撫軍請分垜守城遂命爲南城半壁領袖督禦極力上金城策所言儲衛戰守事甚悉有司置不爲意歸家痛哭謂其弟曰大事去矣其各自爲計命弟宜與寅入京侍親弟寬領諸姪歸鄉守先人墓宥誓與此城生死五月晦城陷[illegible]執不屈並縛其妻子益罵賊遂被殺妻劉氏子岐英岐賁環哭痛罵賊愈怒俱殺之闔家老幼無一人免者

陳一房字天驪家貧不能自給舌耕以贍雙親攻苦下帷平居嘗書燈屋上有雙親缺養四字對之輒讀郎念此四字不禁涕泣如雨鄰人窺其壁每對人語其事亦莫不代泣有愛莫能助之嘆僅主行年三十應童子試遇提學蔡公者始奇其文發落時對房曰子文久當傳世何相見如此之晚也次題泄泄猶沓沓也中有二語云三代以上詩合於

史三代以下詩擬於謠學使目之不勝擊節嘆賞人爭訟之無何獻逆未破省之先里中有私議編冊房甫聞風莫敢辨眞僞以手刺血徧室內書毋無求生以害仁有殺身以成仁二語夫婦子女各腰間帶麻繩圈坐臥不離身家人父子俱莫解其故私意屋傍保安城居想有危急房令絕城而出及城陷房夫妻子女用大麻繩束腰一齊父母前拜別曰兒不能全孝矣所居之屋抵墩于湖一齊投湖而死父毋亦相隨投亡絕

柱文翰字詞宗楚府儀賓幼精敏過目成誦年十二

督學葛公拔冠府庠楚藩延爲世孫師其館穀盡捐設祠堂置義田明癸未獻寇陷城其父先爲賊所執翰作出就執紿以不相識者父羸弱不能行翰身被重痛負出賊所免於害嘗出血衣一件示人後遂絕意仕進日惟以讀書談道種竹澆花有隱君風焉

婁貴宸字君淑通城王府儀賓聰明智勇猛不畏怯明崇禎癸未張獻忠寇楚時宸率鄉勇數百人接戰大敗賊於東郊賊合之次日賊大隊至被圍於賓陽門外鄉勇皆解散去獨宸橫搠奮呼斬賊數

級被擒賊壯其英勇百計誘從宸執節不屈大駡投滬而死楚人義之今子孫蕃衍京兆玠是其嫡孫也

胡覲明字來遠先世自江右移居楚黃之麻城縣自麻城遷居江夏八吉堡地遠幼穎悟未齔齠即能爲聲帨篆籀窮六義究八體年十六出應童子試提學周公拔武昌府庠第一旋食餼屢試諸生輒出其曹八入棘闈未第先朝癸未獻賊陷城大江以北賊不得渡避亂者亦苦之遠命僮僕輩南舡北渡晝夜不遑其得全者不下數千人閱甲申闖賊猖獗遠逃之不免欲以職官之堅不就僞令怒刺之刃僅連一喉管幾死移時少甦復正色責以大義終不就逆爲所感且敬禮之是年洊飢遠令舉家粥食餘谷以濟里中之不能火者當事聞之額其門曰志貧利濟又于里許外捐貲建橋郎令鄉人所稱板橋者是所著有詩經解惑等書行世年六十卒易簀時呼其子廣文士遷於榻前曰吾生平行事惟汝知爲最詳汝其善體吾志廣文士遷恪遵遺訓行成名立焉

朱英黎號復禮楚東安郡藩五世孫初授宗正説禮

敦詩禮賢下士有河間東平風且孝友著聞族黨悉爲之化萬曆四十年間舉賢良方正撫按合疏初授宗正崇禎九年遇覃恩賜大宗正坊額賢行可嘉建於忠孝門內府第前襲一子管理府事上懸聖旨二字自撫按以下諸色人等輿馬莫敢踰癸未獻賊陷鄂黎率子華墅縋城而出一瓢一衲削髮爲僧爰止于孝感李家庵至甲申值闖逆之難黎絕粟七日支庵僧出振衣北拜自縊而死里人程艮騏偹衣衾棺殮于庵右康熙甲戌次孫蘊舒自鹵下歸扶櫬傍靈泉感火山祖寢而瘞

渠帝春幼習儒遺獻賊亂棄舉子業隱修德里邑有
鬻子完逋欠者春代之以完父子賑濟桑梓能承
父已溺已饑之志

周懋德字克崇其先山海關人以叔父仲武官撫標
中軍因家焉德三歲失怙事繼母克孝先是仲武
官楚仲武之子懋勳成庚子科武進士閥閱鼎盛
人爭附之德貧約自甘恂恂無所表見無何仲武
父子相繼物故僅一遺孤天章譏藏之諱虎覘眈
眈者若而人德以保孤爲重一切阿堵不以介意
覬覦者得滿其欲而天章不致爲剖腹之藏者德

之識固以過人遠甚以故天章以國子生任西城
兵馬司副指揮德仍蕭然藜杖不改故我時論賢
之年七十而卒

陳得名籍本豫章夙號義門陳氏先朝遷楚江夏名
負姿偉岸言笑不苟父早世事母純孝視弟兄如
手足至老怡怡與人交謙抑遜順從無疾言遽色
性好施予已未歲饑　撫軍張公素知其賢委名
發賑名則持疏沿募在已不惜鬻售率先倡義而
裒多益寡使人均沾實惠上聞以一鄉善士匾額
旌其閭年八十七卒　子襄現在鋼鼓衛授次襲舉人次弘仁庠生

李士昌事孀母孝謹視諸弟友愛由監生授吳縣丞
善催科勤撫字民咸德之卒於官

孫自獻性孝友礪廉隅多行陰德事當道數敦式廬
之儀鄉人每高月旦之評益其行聖賢者也年九
十而卒

朱盛溪字巽吉明故昭藩九世孫事母以孝聞生而
穎異十四遊泮且武畧絶倫獻逆破城與兄禦賊
保母手刃數賊突圍得脫
國朝教授生徒負笈者日衆溪尤有幹理才已未大
饑流民騰聚溪捐貲賑濟所活不下數萬其濟人

以棺木湯藥代人贖掠賣子女修橋築路拯溺放
生雖借貸變售亦不少惜焉

程言伊川先生之苗裔也自七世祖得二從成祖文
皇帝征交趾安南有功授定南先鋒始居江
夏公少爲博士歷試有聲性醇篤坦易粥粥若無
能者父早世事母至孝家富于財尤樂施予解難
濟貧施棺瘞暴骨創置仙人橋約費近萬時有陰
德公之名赴鄉飲三賓德義旗匾三年七十六卒

郭金籥字价維邑庠生負性磊落不羣聰穎絶倫日
課可半針許與人交嚴嚴氣槩如登峯頂俯視培

發賑名則持疏沿募在巳不惜鬻售率先倡義而衰多益寡使人均沾實惠上聞以一鄉善士匾額旌其閭年八十七卒子襄現任銅鼓衛授次襲舉人次弘仁庠生

李士昌事孀母孝謹視諸弟友愛由監生授吳縣丞善催科勤撫字民咸德之卒於官

孫自獻性孝友礪廉隅多行陰德事當道數敦式廬之儀鄉人每高月旦之評蓋景行聖賢者也年九十而卒

李成名字次峯江夏處士也少博群書長抱逸志課子教人惟求不負所學崇禎十六年五月張献忠

破會城聞公之名強以從行公抗節不屈致縛市曹罵不絕口賊怒使衆亂斲手𦛗身而死厥三日子鳳山尋至故所苦棺殮之不得因權以火化旋雷騰其骨里人咸以忠義感天地假雷雨以收暴露至今子孫衣冠不替

劉思敬黃岡縣籍住邑之來蘇三里于崇禎十五年九月初五日母梅氏病篤敬割股救活里人聞于邑令申詳　按院汪　匾其門曰孝行可風其所居名孝子庄子漢亂邑庠生孫天棟初在黃岡成家入學不第投筆從伍補授湖北撫標左營把總簡陞湖南鎮筸前營千總陞見補授守備曾孫文光國學生累世俱有孝聞前提督學憲王　以孝能錫類匾額獎之載黃岡縣誌甚詳因其子若孫仍住邑之孝子庄故誌之

忠烈附

秦之相字鼎垣浙江會稽人以貢生除武昌府經歷佐郡治有賢聲遭崇禎癸未之變賊圍城急相請于王議行撫諭冀緩屠戮以待援至因挺身獨至新橋諭賊賊中以矢相乃拔劍裂眦罵賊遂遇害以死事在明崇禎癸未年五月三十日其忠湮沒六十餘年矣郡志闕紀今孫會稽文學秦金聲爲訪祖之相遺骸來楚具呈本末上其事郡憲邑憲以入邑乘查邑志例原不得載府端等官然閱聲情詞云以三千里外之孤踪覔六十餘年之枯骨傷矣爰擴例以書以

俟異日之纂郡志者昔人云求忠臣于孝子之門此乃識孝孫爲忠臣之後鳴呼癸未一厄如相之湮沒者可勝道哉俟郡憲邑憲准入祠補載各[illegible]

江夏縣志卷之二十八

開元劉朝英重修
黄安張希良編纂
古越洪國輔續修
三韓陳萬策增修

人物志

隱逸

昔阮士宗著高隱傳上自炎帝終於天監末分爲三品以言行超逸名氏弗傳爲上篇始終不耗姓名可錄爲中篇挂冠人世栖心塵表爲下篇余不謂然三

聖論列逸民伯夷叔齊虞仲夷逸朱張柳下惠少連姓字班班可考矣彼豈出耦耕荷蕢諸人下耶江夏高隱如北郭先生李宗子燕遺民尚矣李大癡數君子其行事類篤行而舊志列之隱逸今仍之

漢

馬廖字文起沙羨人父爲北地太守永初四年坐羌事下獄死感父以法喪身憚爲吏嘆曰老子有言名與身孰親吾豈爲名乎遂絶志世外教授鄉里數百人尤明天文風角之術官辟名不往當時因號北郭先生年八十終于家

晉

李廞字宗子江夏鍾武人祖康秦州刺史父重平陽太守世有名望廞好學善草隸與兄式齊名躄疾不能行坐嘗仰臥彈琴讀誦不輟河間王辟大尉掾以疾不赴後避難隨兄南渡司徒王導■辟之廞曰茂弘乃復以一爵加人廞嘗爲二府辟故號李府也武字景則廞長兄也思理儒隱有平素之譽渡江累辟臨海太守侍中

宋

胡叔江夏人居家蒿室草徑唯酒自適嘗謂人曰我

此生活似勝焦先不治生產饑貧不以爲恥養子曰螟蛉以自隨恒乘一牸牛布囊容三四升飲噉醉飽便盛餘肉以付螟蛉

杜淦江夏人自稱漢陰老人居水濱戴笠躬耕嘗言仕者忍恥耕者勞力寄形宇宙隨化委蛻吾何有此哉

明

吳徹字文通雅善吟咏家貧落魄好奇節元末天下亂爲陳友諒所得置諸親密呼爲先生歲壬寅友諒進攻豫章遣徹微行覘探爲明太祖所獲親釋

朱華圉字淮仙楚宗藩中尉英照次子六歲就外傅即舉大學二字問師曰此何等學也師奇之十四通古今不屑就試二十好新建之學及周程朱陸諸書會通一貫之旨尤喜著述有滙書宋元詩選暨梅湖桃溪諸集晚更爲一書曰聖學寶鑑論列聖賢發揚忠奸五十萬言崇禎癸未三月夢遊石壁見有詩云飛泉如白鶴隱見渡平林暗壁流花瓣漁郎何處尋隨告親友曰時危矣去之可也即棄家遁入桃谿不知所終

燕遺民字逸德號空空老人累以賢良徵不赴脩然

獨往深山絕壁或臨水濱嘯歌終日嘗作感興詩云寥落湖山曲憑誰話起居出門唯山水相見但樵漁酒熟還堪漉葵荒欲自鉏久深泉石想早晚賦歸與又云泉谷烟火靜林塘暑氣清幽花籬落見好鳥竹間鳴禾黍皆豐穩桑麻自長成遠聞茅屋裏燈火讀書聲

李德智字太痴生平薄名利好黃老養生之術一日晨起坐門前見丐者倚門而目逆之李老曰汝丐也而奚覗焉毋以丐而盜乎曰某非丐亦非盜也某銅鼓衛人本衛以墳房料銀六十餘金納之都

司綠過黑舟渡舟覆文移溺水中欲歸而請之某以孤身挾重資游洞庭恐不免聞公厚德願以相累俟返而復來取納焉以四十日爲期其人去死於路遇所知陳大道歸告喪喪歸衛勘官錢無有逮其家人則意前所知歸告喪者匿官錢文致其罪當死李老久不得其人至恐事有變遂封前銀詣都司納焉都司爲文往勘之則其告喪者尚在獄中縣令大驚曰楚有大賢人若此乎召因來焚香額天曰我拜前爾拜後此非常人也陳氏二人遂獲免李老生平服清齋不茹葷嘗以五靈神符治百病壽八十九終

桂時香字方宇萬曆郡庠生博學淹貫鄉人嘗以書囊呼之著有大易象義解性理管窺自怡集山居草藏於家好施濟於白洋橋頭建坊便庵爲施茶粥所去橋里許湖港病涉復捐貲建橋橋成一白髮叟稱盛德轉盼弗見里人皆以爲仙因名會仙

趙全節字友松九歲失父哀慕踰成人事孀母黃暨大父尤謹補學官弟子嘗倣笈嶷馬走吳越燕趙間涇陽顧先生延入太學作序贈之懷宗季忽捐僕婢散產殖給族衆遁跡岩谷足不履闤闠鄂城破不踐其難晚乃殫心性命之學著集凡數種

國朝學使部公援招隱例屢徵不赴年七十有九以遺藁付其子三學三藏曰吾歸矣當瘞吾以皇甫謐楊王孫之例一笑而訣

艾然字然明一字木田弱冠補弟子員即淡于進取詩酒自豪所居東門外築圃蒔花諸王孫多從之遊明崇禎癸未夏城陷挈妻子走避鹿泉山拾野蔬自給後妻死益自放

國初返東郭結茆舊址手種桃梅花果而題其居曰萬木園署其門曰賣花沽酒讀書務覽大槩不求

甚解以意自作春王正月辨及周易疏一空剿說然性孤顚視塵俗如厠見非禮事輒髮豎背裂聞毗議彈者每用爲韋弦晚年氣稍平易署其齋曰待盡庵年七十有三卒蓋古之逸民也

沈韻字四聲其先黙德那國人徙居武昌世業儒兄弟四人韻居次皆早孤補弟子員淡於進取左輅南徐王公龔偶閱韻西湖詩雅好之延致幕中楚城陷韻毋弟家屬次第淪沒乃隨王公遨遊吳越釣臺虎丘五湖匡廬之勝皆窮搜之久乃歸楚營葬毋氏畢即廢棄諸生業隱於梁湖之孤山偕其

妻鉏圃賣藥自給嘗采蔬于蕪有土者奮臂相加笑謝之他去樵于山初不習運斤傷左肘臥數月不起村人皆笑之久咸敬愛呼爲沈秀才鬧持柔相造請論古和歌晝則分羹爲餐夜則借村人箕薄以蔽風露因自號蓑庵處士足不履城市者二十年辛年五十有二韻工書畫尤喜爲詩頗多散佚邑人王一寧收其遺稿付之剞劂焉

王師字叔餘邑名諸生也隱處湖山嘗與二三老友詩論古今性□□毅後學見之敬畏精字學深得魯公筆法浙江總制趙公廷臣耳其名禮爲上賓師終不肯鬱鬱爲朱門客唐人云懶性從師近之矣來騶不得

魏廷謨字漠一年九十手箋著不釋卷燈下能作蠅頭書生平和易欵面如飛鳥依人人自憐之桂輿鍾評交口談鵠瀞遺事娓娓不倦始不負交道二肖文舉先世爲廬陵人趙宋南渡遷潭州轉徙江夏已三百餘年代有聞人家世耕讀至舉幼習舉子業丁明季世亂遂隱居不出服膺許魯學者以治生爲急之語每聚千金之産輒散以給宗黨姻親餘則出以補王政之不逮城東濱湖有張公渡兵燹圮廢傾囊倡修至今民不病涉學使者黃公澍曾敘其事邑乘可考城東驛路有橋徒輿難經舉傾囊獨修行者因以舉之字立名至今過明揚橋莫不稱攸往焉是舉碩德衆望不惟都邑所觀型而當塗者亦式其廬有若大叅徐公慳欲賑饑輿市保境寧民嘗延學于國中爲群黎百姓所矜式年八十五卒

江夏縣志卷之二十九

開元劉朝英重修
黃安張希良編纂
古越洪國輔續修
三韓陳萬策增修

人物志

流寓

昔鍾儀樂操土風莊舃不忘越吟君子之重去其鄉也然亦有遷客羈臣不得已而托跡者地以人重如蘇子瞻秦少遊輩所在皆曰吾子瞻吾少游其未可以雪鴻飄忽棄遺也江邑爲水陸之交江山雄灝士風綿邈士大夫多辱居焉正平之洲隣封攘以爲有而釋藻鑑者遂借一壓焉亦去其楚之見可矣

漢

禰衡字正平平原人少負才尚氣曹操欲見之不肯往操懷忿欲殺之於是遣送劉表後侮慢表表不能容江夏太守黃祖褊急故送衡於祖祖長子射爲章陵太守尤善於衡射大會賓客人有獻鸚鵡者授簡於衡因爲賦筆不停綴文不加點後爲祖所害

晉

戴仲若譙郡人水經注黃鵠山林間甚美仲若野服居之

宋

王欽若臨江人父仲華侍祖郁官鄂州母李氏將免娠會江水暴溢亟遷黃鶴樓郎生欽若

范純粹蘇州人仲淹子累官龍圖閣直學士知金州坐元祐黨落職鄂州安置

李綱邵武人宋名相建炎初罷爲觀文殿大學士提舉洞霄宮會陳東言黃潛汪伯彥不可任綱不可

去後有旨綱落職居鄂州

張山翁字君壽其先普州人景定三年進士德祐元年爲荊湖宣撫司幹官鄂守張晏然議納款山翁以書讓之晏然既降山翁被執令降山翁不屈行省官賈思貞義之貸不殺後居黃鵠山聚徒教授而終有南紀緇林藏雲山相鉏諸編

明

楊仲舉姑蘇人洪武間成武昌楊文貞公避地過其家立談投契遂爲患難交文貞被薦乃相引援仲舉累官尚書

牟斌　韋璽俱錦衣衛指揮正德初淮安知府劉祥
忤劉瑾逮祥下獄使斌璽訊之二人明祥非罪矯
制謫斌璽沔陽衛百戶兩人徙居江夏嘉靖初復
其官兩人皆讀書能文

沈鍾應天人弘治間任湖廣提學副使發明經旨十
習不變遂家江夏性恬澹所居一室圖書數卷焚
香靜坐而已

吳勤字孟勤以先世居廬山號匡山樵者居鄂又號
黃鶴山樵晚更號幽翁洪武初被徵除武昌教授
以詩名當世宇有晉人風格不擇紙筆俱得其妙

老年燈下小楷片時數千湘獻王遺以詩有清才
美德冠時儒辭翰欣看遍諸處之句

馮雲路字漸卿一字畏菴黃岡名諸生也年三十棄
舉子業從相國賀文忠講學著孔孟真衆左傳智
定周子通書及用書百餘卷崇禎辛巳莆田林公
按楚拚疏其賢採用書進覽下部議不報癸未城
破投寧湖以死年四十有六

汪陛延一名三奇字碇菴黃岡諸生工制藝嘗註五
經成癸未城破死之

熊霈字渭公一字立齋黃岡諸生與金正希輩峩山
馮畏菴相友善崇禎壬午五月城破先一日與馮
汪別云丈夫當從節義中尋實地其明日於某樹
下書熊渭公死所幸爲語母弟已而果至某樹下
爲賊得迫之降不屈中以刃大罵曰賊逆焉敢辱
我奮身投荷池以死越三日顏色如生所著有性
理格言春秋主左十三經注疏評畧大易衆立齊
古今文及圖書懸象

國朝

張尚忠字伯達長洲人幼入泮食餼後援例入南雍
授楚衡州府經歷遷黃陂貳尹流寇蜂起忠晝策
守城有保障功城得不陷
國朝英王南下奇其才擢黃陂令有惠政崇祀名宦
先是卜居于江邑塗口鎮因家焉子耀康㶊已酉
賢書授直隸永年縣令別有傳

賈一選字九徵由浙江金華府世襲守禦所千戶順
治二年授鄖襄總鎮奉

江夏縣志卷之三十

開元劉朝英重修
黃安張希良編纂
古越洪國輔續修
三韓陳萬策增修

人物志

方伎

楊子法言云通天地人曰儒通天地而不通人曰伎通天地矣而伎云乎哉歷代史所載方伎大率如管郭倉越者流而刀圭之益尤要舊志寥寥無徵亦太

疎矣偶閱外紀得數人補綴爲編而工書畫者麗焉

晉

李式字景則官至侍中善草隸弟定子矜府能書同式

唐

朱翁鄂州道者州將陳士明幼而勇居常鬬鷄爲事多畜雛即知其後之勇怯聞其鳴必辨毛色其時里有道者朱翁衣繿縷拖衕居於鄂築室穿地環布果藥手種松檜皆成卄圍而未嘗遊於城市與士明隣翁嘗與之遊而士明每襲狎於翁翁曰爾孺子無賴以吾爲東家丘吾試戲爾士明之居相去二三百步翁以酒飲之使其歸取鷄來鬬自辰而還至酉不達家度其所行逾五十里乃[redacted]不越百步士明亟返拜翁求恕翁笑曰孺子更侮於我乎士明云適於中途已疲極詎敢復爾翁乃釋之後敬事翁之禮與童孫齒焉士明至元和九年出戍巴丘逖别朱翁兩不相捨去

五代

韋道豐善人物寒林逸思奇僻不拘小節當代珍之然經歲月方成一圖成則驚人

朱簡章工人物屋木

梅竹思（一作再思）畫人物牛馬最工於鷄爲南唐李氏翰林待詔

宋

李康年字樂道好古博雅而小篆尤精黃庭堅謂康年晚年悟籀篆下筆自有可喜直本曲銑得之自然秦丞相斯唐少監陽氷不知去樂道遠近也

滑世昌鄂州都統司醫官居於南草市家貲積萬歲荒疫自捐錢藥救療淳熙中夢客來訪車從甚都云此邦明日有災君家亦當墮此厄君平日多所

濟活神特救之其妻夢亦如是至日大風夜半火
作滑居灰燼忽有壯夫數十輩着紫衫執籌十乘
烈火邉驅家人登之舁至野逕俄風雪大作人籌
不見一家皆存則爐中得三十餘金遂免凍餒

趙賓王工傳寫

明

黄卓官翰林學士善草書亦善章草

陳㩲字仲謙永樂中寫太宗御容稱旨

吳偉字次翁江夏人少孤貧善繪畫之技不師而能
山水人物入神品性戇直有氣岍與俗寡諧求者

非其人不應雖素與之昵好一言弗合輒投硯而
去成化間成國公某延至幕下一見以小仙呼之
因以爲號平江伯某禮聘渡江聞譽日起憲宗皇
帝召至闕下授錦衣鎮撫待詔仁智殿偉有時大
醉被召蓬首垢面曳破皂履踉蹌行中官扶掖以
見上大笑命作松泉圖偉跪翻墨汁信手塗抹而
風雲慘慘生屏障間左右動色上嘆曰眞仙人筆
也偉出入掖庭奴視權貴人權貴人求畫又多不
與於是權貴人怒數短之居無何放歸南都偉好
劇飲或經旬不飯其在南都諸豪客日招偉酣飲

呼肖翁家世受醫精脈法凡診諸病者形神俱往
徐以一二語發其隱結投藥立效胡方伯病且死
構木以待邀翁至發兩匕而痊赴人之急百里外
中夜叩門無不應者既老猶杖以往歲大祲煮藥
如池全活甚衆年八十八一日忽徧辭所識遂下
世

國朝

傅之鉉字木希其先四川長壽人世本儒家英敏沉
靜事舉子業攻苦過得咯血疾乃旁通於醫會天
下兵起出恭明國公李占春於涪州後占春歸

國朝其部下智謀士皆序功先生獨拂衣去以醫隱
于楚焉所著有四診纂要諸書淵微洞達生平以
濟人利物爲事貧不望報富不責償人之疾痛若
切于身而驅之爲恐不速也以故德彌厚而術彌
精往往投匕輒效而决死生休咎如桴鼓應李學
使諱可汧試其術使二女子年相若者各一手隔
幃診鉉曰此兩人也李訝曰君晰微似郭矣丁中
丞念莪自豫撫楚診之曰公脈君相二氣交和將
坐遷制府矣其診理卿李文蓀曰秋得春脈弦且
長草青當痛左脇而終既而果然診張中丞湖陽

出謂人曰撫軍脉大粗且急他時其不免於城且乎劉方伯罪擬伏質診之曰得輸鬼薪當無恐皆奇驗葢先生精於太素故至此鉉鶴形松質望之若神仙中人而孝友慈愛推於鄉國尤爲今人所及云

陳德潤字廣譽號雪齋明兵備道陳鰲五世孫也始居巴陵嘉靖間高祖陳封徙居江夏潤生而穎異性最孝年甫十歲値獻賊屠城得免於難收父毋骸骨完葬年十五遇異人授醫術幼科尤精有起死回生手生平施濟爲懷當事輒敬禮之甲午歲

舉鄉飲太守章公諱培基邑侯陳公諱萬策歆其齒德尊爲耆賓里人咸爲推服今年八十四耳聰目察皓齒童顏有如地行仙目擊四代兒孫半列宮墻與賓筵而歌鹿鳴如德潤者可謂無愧矣

江夏縣志卷之三十一

開元劉朝英重修
黃安張希良編纂
古越洪國輔續修
三韓陳萬策增修

人物志

列女

婦德主柔又非悉能窺女箴親姆傳而往往明於一齊之義或至斷腕劈面誓死靡他有丈夫行所不逮者夫亦其閒氣之所鍾也江夏多奇女子如旌德縣

若長山婦列矣歐陽貞姑以未字之身始終堅繫臂之約爲尤難焉癸未之變紅顏一大厄運也舊志多有闕畧潛德幽光未免抱九原之恨今雖廣爲搜補而里居姓氏文獻無徵者猶有待于考稽焉

本朝生聚教養六十餘年巾幗中不讓鬚眉者指不勝屈志例存不立傳然有至奇至難可感泣鬼神旌表尚有待者省志亦得編入今并登載存之以光化逮閨門之盛志列女

宋

張氏江夏民婦里中惡少謝師乞過其家持刀逼欲

汙之張大罵曰庸奴可死不可辱也師乞以刀斷喉未即死猶能擒師乞告隣人遂死嘉祐中封旌德縣君表其墓曰烈女令郡縣歲時致奠宋知州羅願有記

元

左氏王允茂妻江夏尉延慶孫女元季兵起茂羈郴永未歸氏備嘗艱苦茂反同奔寓閩泰寧茂卒于愷方九歲邵武衛官欲娶之氏抱子呼天矢死以拒還葬躬紡績教子歷官宮僚

石氏周憲章妻至正中從父祿仕于公安夫卒織絍

撫孤四十年饑寒不易以壽終

明

張氏孟福妻年少守節洪武中旌洪治中市火延燒旌坊獨存

馮氏梅福妻年二十福歿於兵氏力貧孝養舅姑守節至老洪武中旌表

陳氏曾養吾妻養吾歿於兵氏守節洪武中旌表

張氏陳德顯妻年二十七顯卒子幼氏勤儉治家養姑六十年宣德中旌表

朱氏郭英妻武昌衛人年二十五英卒守節終老成化中旌表

楊氏丘達妻達爲書生夭死氏年十九勤苦女工三十五年成化中旌表

康氏陳玉妻玉亡氏年甚少撫幼子于禨祿力貧守節壽八十五成化中旌表

吳氏劉恩中妻年二十三守節白首無間言成化中旌表

彭氏武昌所千戶陳志妻年十八歸甫數月志奉調征洪江寇陣亡氏遺腹生子致世其官成化中旌表

陳氏胡鎮妻鎮任千戶卒氏年十九無子守志以老弘治中旌表

郭氏陳鑑妻鑑爲諸生死時郭年二十六正德中旌表

甯氏吳傑妻年二十傑死氏慟號欲自經親族慰之曰夫死子幼不愛其身將孰愛其子乎乃不死或啗誘百端欲移其志甯剪髮處垢不櫛沐矢死無二撫幼子成立守節六十餘年壽八十二正德中旌表

環兒汝陽優陳旺女也正德間旺携妻唐氏及女姪

游食至九峰遇史聰者與旺同業艷兩人色紿旺出至青山殺之環携旺妻女併姪入武昌山中操刀脇唐氏不從殺之投尸荆棘明日洗蓑衣祉廟復脇環兒曰汝賊也又殺吾父母吾恨不噬汝肉肯汝從乎亦殺之血漬廟中土寸許瘞尸糞壤中去旺姪伺聰醉走告官乃斃聰獄

馮氏危景福妻年二十五景福卒氏撫孤鳳翔未幾鳳翔夫婦亦卒馮貧苦無依孫昂甫三歲氏又撫之孀居六十餘年壽九十一萬曆三年旌表

杜氏詹文憲妻夫死守節三十餘年事姑以孝聞

歐陽名金貞知縣歐陽梧之女也幼授孝經列女傳史畧即解其義許聘羅欽仰父梧之官拓城携欽從焉後梧丁艱歸舟次儀真欽仰墮水死金貞年甫十四未字驚泣即欲赴水死父母持之次日仰尸浮水面貞慟哭欲自縊父母曰汝未字何得棄生貞曰女自分無活理即如父母言願終身稱未亡人大聲哀號及殮貞自剪髮繫右臂以殉抵家葬畢貞告父母曰人家有婦本以事姑姑既失子可令併失婦耶願歸羅以畢所事父母從之時有求姻者父梧作詩貽之曰生來願有家老去身無主可憐重可憐揮筆淚如雨貞得詩大哭誓不易志後父梧補官淳安遷廣元令而羅氏之姑病卒貞乃歸寧又有諷之他適者曰汝今更何望貞曰我昔殮羅郎時有一束髮纏其身誰能掘塚開棺取髮還我則易志矣遂止生平獨坐臥一樓年六十餘督學顏鯨聞而奇之檄曰金貞貞心霜月同寒節孝鬼神可泣具申撫院後汪道昆奏聞旌表

劉氏張隆妻正德中流賊入境劉匿草澤間賊曳出欲載以行劉以衣結其體蟠坐於地賊不能污因殺之蟠坐如生

舒氏徐廣妻廣客東吳溺死父母憐其少而貧欲奪其志舒誓不改

曾氏邑庠生伍境妻境早卒遺三子尚幼曾紡績撫敎守節五十年壽八十餘萬曆中巡按史弼題請旌表

向氏江夏民李瑀妻夫故氏年二十九遺子一歲強族恣肆吞噬向告天哀毀築舍墓傍嘗有白燕巢門紫芝呈瑞撫臺孫公具題旌表

危氏相國賀文忠夫人歸文忠與夫食貧甘苦文忠諭麃城七載夫人留侍舅姑唯謹相傳文忠持家

嚴僕婢不及丙寢濕盂飲器皆夫人手挈至閨閾而後授之癸未城破率家人投後園池水以死文忠繼焉

張氏池可深妻壽昌諸生許山之季女也可深力學積勞早逝氏年甫二十五撫兩歲兒躍鯤事舅姑辛勤倍至每食必呼其夫而奠之卽一茗果不忍忘性儉約常食惡草具而以其精者奉舅姑及兒師自言數十年不識紈褲躍鯤補弟子員邑父老欲舉其節氏命躍鯤□之曰未亡人惟靳天知泉下人知耳况近世表問多以賄成貧家朝夕不易

暇及此哉衆不聽卒舉之方邑宰旌曰心同皎日節凛堅水年九十有二卒躍鯤有茹節錄賀文忠李冢宰夢白皆爲之序

朱氏指揮楊世泰妻明故宗室之女幼嫻姆訓婉娩聽從及歸于楊克執婦道崇禎癸未世泰領運北去會獻賊陷武昌氏挈其子韜出東門奔逸數武不能前泣謂子韜曰汝父僅一綫無以余故餒楊氏祀其亟去汝父歸可白吾志也語訖躍水死韜搶痛業已無如何姑去越三日求其屍□外從善里栢廟傍次年韜舉子之奇登

國朝九年卒以死殉則可謂不渝其志者矣

長山烈婦不知何許人亦亡姓氏或曰婦姓范又云姓鄔襄郢間人壬寅生崇禎癸未春一跛男子攜一婦擔釜甑自江北逃難投止鄂之長山舖長山距城四十里爲置郵孔道男子無他技能惟傭工自給是夏六月鄂城陷長山爲兵賊衝村落中日負擔驚竄夫婦亦隨衆聚散意無他徙居無何男子病尫羸不能食力惟其婦爲人操作問覓羹飯以贍其夫未幾男子僵斃其婦皇劇莫措惟匍伏死骸慟泣會隣有少年傅某欲偶之屬老嫗將意

婦且紿曰若能瘗埋我夫便當以身適吾縱欲舍此焉之少年喜卽爲治具設飲饌糾里中強力人荷畚鍤舁其屍以出在掘坎婦尾其夫屍匍匐捨號聲震林木里中婦素識者憐其慘迫咸來撫視婦人卒一一拜謝若將辭別者及坎成衆以藁藉其屍置坎中將覆土婦卽奮身投坎抱屍痛哭觸額流血批土自掩號曰亟埋我羣挽之不得起會天暮暴雨且至衆煩惱無如何皆委去意婦之徐起也竟夜不歸詰朝往視則浮土痕籍項係衣帶已縊死屍旁其摟結仍如故衆驚報合里合里

人羣趨拜奠咸哀惻淚下共焚帛掘土合成高塚因其亡姓守邑居遂相傳爲長山烈婦云

孫氏諸生郭惟一妻漢川通判孫應孔長女也年十七歸惟一事舅姑盡孝勉惟一以學入邑庠崇禎辛酉三月惟一以哭父故殞氏才二十八齡伯氏欲以其子繼嗣氏曰未亡人有遺腹在生子固幸女耶立嗣未晚伯父屈於義已無何遺其僕僞爲婦人粧每夕潛入氏家伺動靜將貨穩婆俟其娩殺氏及兒爲家人捕得告以情氏聞胆摧髮豎因出酒殽厚貽之令無泄而益峻防閑薪水悉以老

婢運入寸步不越寢門又踰月將辰腹痛甚有姊氏亟不使知獨闔寢戶跪於榻前暈絕者數次始生炳咬臍拭血置炳于床乃就枕久之姊氏叩門不啓聞兒啼聲急闢戶見血滿地氏母臥床無聲煮水強飲之得甦會同間有毛姓者生女與炳同日伯氏因以女易子爲詞搆大訟至刺血辨眞僞當是時非氏智勇沉深惟一幾不祀以知立孤之難也炳生善病比就外傳氏督課不少假易既入膠庠奉母命往觀試案歸少遲氏慟哭拉炳跪父木主前笞其背曰爾始入學即忘母訓未亡人向何望哉其嚴如此初氏有小叔側室出欲不舉氏代舉之及舅近樓公沒卒撫以成立與炳俱爲名諸生炳每述母氏苦節未嘗不泣下沾襦也先是邑鄉舉周梅城欲爲氏陳請旌表值軍興未果惋惜至今

萬氏諸生陳天桂妻天桂早世氏年僅二十有子嘉擞尚黃口忍死撫孤事舅姑盡孝邑人上其節總督祖公巡按上官皆扁旌之後嘉擞以諸生委授鄂嘉知縣夫婦繼殞氏獨與一孫孤苦伶仃復撫之成立年八十有二乃卒

黃氏金口佘士鳳妻孝睦慈惠不愧女師年二十六士鳳殞撫遺孤楚玠晝荻爲訓手績紉以資生楚玠補學官弟子復早世家徒四壁氏節彌堅卒年八十有二

東氏福建布政司經歷凌昇妻性至孝未字時母冀氏病篤禱神願以身代刲股啖母病即愈有司旌其閭曰閨孝可風及歸凌生子雲閣天閣纔數齡夫死氏年三十以節終

桂氏陳亳妻明崇禎巳巳夫歿氏年二十八撫子昌謨守志奉孀姑生養死葬以婦爲子內外無間言

姑俱栢舟壽終紳衿舉節
撫督學三院具　題
俞允建坊於龍泉三里
許氏潘龍見妻見夔士也氏父於稠黨中識見苦不輟
讀期大用年十六於歸潘無何見學成未售抑鬱
卒時氏年二十撞頭流血誓必死舅姑強止之曰
苟遂汝志呱呱者奚托吾兩老垂白能代汝撫孤
耶是汝節則盡矣其如孝之未終何氏曲意稍回
絕膏沐操井臼事舅姑撫兒女一切劇細咸周有
微言動之者氏毀面以決親族更加畏敬舅姑歿

哀毀盡禮二子調鼎調彝克期後望女適名門李
允聰能宜其家皆氏教也男孫四俱業儒天報苦
節正未有艾紳士聞於公因誌之以風世焉
陳氏魏士敏妻生子國鼎方一歲夫病將終曰子汝
子也吾惟吾母憂陳氏曰在子爲母在吾爲姑姑
之恩寧殺於母其姑沉痾三載手足不仁衣待人
而著食待人而餔陳氏左右待無晝夜姑欲不食
而死陳氏亦不食姑曰汝何爲此朽骨以自苦必
強進焉陳氏乃食既卒以禮瘞於先人之側子壯
敎以義方早擬魏科氏年七十邑侯旌之曰風松

獨勁
胡氏沔民劉蘭妻十五于歸二十無嗣痛夫單傳捐
奩納媵夫抱危疾稟翁天日立堂姪定遠承祧越
明年夫卒幾欲殉節翁泣阻乃止後翁八十七卒
氏率子禮瘞教子備名仕版其孫傳補弟子員紳
衿呈請
制撫憲李年　具題
俞允建石坊於崇文七鋪氏以憂勞沉痾諸醫罔効
定遠禱天刲股進湯氏不覺茹之厥疾頓瘳此固
其子純孝格天亦氏亮節所貫故里族匾其堂曰

貞風敬孝氏六十一歲卒
傅氏教諭劉復元妻十八於歸廿六夫故遺孤七齡
氏號痛幾甦翁姑婉諭大義哀稍節盥漱帨巾勤
侍鮮倦容暨舅姑歿悉捐所餙以瘞撫遺孤重昂
卒以學鳴郡庠孫七人長安崑亦歌芹藻曾孫纍
纍悉繩父德蘭馨未遺戊寅歲當事請
旨建坊特旌永豐里中時局中冬所運建坊木石舟
經白羊橋口水涸不能進次夜忽水湧數尺甫畢
而水仍涸嗚呼豈非天哉孝乃舅姑忠乃夫恤乃
子蔭乃孫一舉而數善備彼蒼固黙眷久矣無臨茲

朱氏國學生蔣弘道妻十七於歸相夫子以賓禮舍
承舅姑意凱髏無不各當甲子夫亡氏視含殮畢
志以身殉家人覺而救繯者數防之益密乃斷食
飲毋痛忽絶甦後痛淚盡泣皆血啼咽咽下成聲
舅姑哀其志婉詞撫慰曰吾大宗之存亡視茲藐
孤一線得母則存失母則亡汝爲身計洵得矣其
如人後何氏乃勉進水漿日未盈勺暨臨穴復欲
從良人於地下娣姒強挽得生葬郎關門封髮茹
荼苦勤紡績佐子膏火補弟子員旋以疾故氏大
痛曰未亡人所勉爲靦息者以吾夫有子在耳今

天乃重死吾夫而奪之惨何是吾愈不忍偷生矣
頭觸地幾斃勸者咸以舅姑衰老爲詞氏勉從焉
姑抱恙氏侍湯藥必親嘗夜禱祈以身代歿則盡
哀盡禮雖有仲叔不以寬也厥後舅寢疾數載不
起婦始終殫厥職如奉其姑是殆曹女唐婦合而
爲一人者時紳士公請 題
旌以明潛德

梅氏羅國棟妻棟貧不自支欲氏賣姦遣佘祥雲迫
脅氏投繯而死　撫憲陳　具題奉
旨給銀建坊於常平倉側

汪氏故文學陳光祚之妻也年十五歸陳門結褵方
週夫即早逝氏不欲生願爲同穴常閉戶自縊姑
覺促扃而入救甦姑婉勸至再曰汝以節孝矢志
欲與夫同穴我安能強但爾有遺腹在懷倘若生
子以嗣汝夫之後寧不慰汝夫於九泉乎逮生一
女氏復欲自縊對父母曰吾夫彌危之際有遺言
曰寡婦無子不如早死我以其志終不敢變耳後
公姑以光祚最篤愛四弟文學光祉即以光祉之
子繼先繼其後無何光祉之妻袁氏早逝光祉復
病篤曰吾可以無後吾嫂苦節即以吾子爲嫂之

子嗟乎鄧伯道棄兒存姪千古艷稱若光祉者一
念友愛至死不變祉雖死猶生矣氏遂遵公姑命
恩斯勤斯撫子以明經選至今里中父老言汪氏
之節光祉之義毋有泣下者

程氏邑民吳懋玟妻玟卒氏年廿二奇年矢志白首
堅貞苦節五十餘載如一日以紡績課子士鰲卒
能成立縣賜冰霜姬美匾額以旌之

殷氏廩生張岱妻十七於歸廿六而寡事親撫孤鄉
黨稱善紳士公請題　旌

俞名

十八而寡生子方葱僅三歲二載矢死撫孤葱長由明經候補光祿寺署正事孀姑姚氏生養死葬如禮

國朝旌表其閭爲雙節

楊氏年二十適夫劉正龍廿六夫喪遺兩孤僅數歲其翁既老無他嗣哭之哀氏因泣誓曰劉氏命脈惟兩兒視兩兒成敗惟厥身視皇天烈祖實鑒臨之兒存與存兒亡與亡矣明年翁卒氏葬之盡禮葬畢有白鳥鳴止其塚三日不去聞者以惟孝感云及子少長躬紡績延師教之先氏居城市恐其

子爲紛華徙於太平鄉有孟母風長子天麒通經術授八品職次子天麟能文善騎射補弟子員氏壽終六十三兩子十一孫

江夏縣志卷之三十二

開元劉朝英重修
黃安張希良編纂
古愁洪國輔續修
三韓陳萬策增修

藝文志

粤稽唐虞以及成周諸聖人治世垂訓五經炳烈天壤大風而下罕聞已欣逢我

皇上重道崇儒

頒垂孔孟像贊及訓飭士子文

命勸學官

宸翰淋漓

天章炳煥廣大則參天兩地精微則出聖入神殆合唐虞夏商周諸聖人五經之旨而簡括立言者敬冠藝文之首用昭

盛朝崇文至意亦三楚之光也載考藝文惟楚有材江邑名區如舊志所傳萬季振藻於晉諸李嗣響於唐當世鳴盛於宋美命摛華於明代不乏人藝文甚彩況本

朝菁莪棫樸人文蔚起彬彬大雅才美不勝收在昔

讜言碩論有關宗社利益民生者又何容忽諸若所過詞人如正平司勛苟可張吾邑者亦兼收焉他如前代藩禪寢譔亦習舊不敢裁用倣尼山載那以下遺意也爲作藝文志

皇清御製

至聖先師孔子贊并序

蓋自三才建而天地不居其功一中傳而聖人代宣其蘊有行道之聖得位以綏猷有明道之聖立言以垂憲此正學所以常明人心所以不泯也粵稽往緒仰遡前徽堯舜禹湯文武達而在上兼君師之寄行

道之聖人也孔子不得位窮而在下秉刪述之權明道之聖人也行道者勳業炳於一朝明道者教思周於百世堯舜文武之後不有孔子則學術紛淆仁義湮塞斯道之失傳也久矣後之人而欲探二帝三王之心法以爲治國平天下之準其奚所取衷焉然則孔子之爲萬古一人也審矣朕巡省東國謁祀闕里景企滋深敬摛筆而爲之贊曰

清濁有氣剛柔有質聖人參之人極以立行著省察舍道莫由惟皇建極惟后綏猷作君作師垂統萬古曰惟堯舜禹湯文武五百餘歲至聖挺生聲金振玉集厥大成序書刪詩定禮正樂既窮象繫亦嚴筆削上紹往緒下示來型道不終晦秩然大經百家紛紜殊途異趣日月無踰羹墻可晤孔子之道惟中與庸此心此理千聖所同孔子之德仁義中正秉彞之好根本天性庶幾夙夜勗哉令圖遡源洙泗景躅唐虞載歷庭除式觀禮器摛毫仰贊心焉遐企百世而上以聖爲歸百世而下以聖爲師非師夫子惟師於道統天御世惟道惟寶泰山巖巖東海泱泱墻高數仞夫子之堂孰窺其藩孰窺其徑道不遠人克念作聖

顏子贊

聖道早聞天資獨粹約禮博文不遷不貳一善服膺萬德來萃能化而齊其樂一致禮樂四代治法兼備用舍行藏王佐之器

曾子贊

洙泗之傳曾以得之一貫曰唯聖學在茲明德親民止善爲期格致誠正均平以推至德要道百行所基纂承統緒修明訓辭

子思子贊

於穆天命道之大原靜養動察庸德庸言以育萬物以贊乾坤九經三重大法是存篤恭慎獨成德之門

卷之藏密擴之無垠

孟子贊

哲人既萎揚墨昌熾子輿闢之日仁日義性善獨闡知言養氣道稱堯舜學屏功利煌煌七篇並垂六藝孔學攸傳禹功作配

訓飭士子文

國家建立學校原以興行敎化作育人才典至渥也朕臨御以來隆重師儒加意庠序近復愼簡學使釐剔弊端務期風敎脩明賢才蔚起庶幾棫樸作人之意乃比來士習未端儒效罕著雖因內外臣工奉行

未能盡善亦由爾諸生積錮已久猝難改易之故也茲特親製訓言再加警飭爾諸生其敬聽之從來學者先立品行次及文學學術事功源委有序爾諸生幼聞庭訓長列宮牆朝夕誦讀寧勿講究必也躬修實踐砥礪廉隅敦孝順以事親秉忠貞以立志窮經考義勿雜荒誕之談取友親師悉化驕盈之氣文章歸于醇雅毋事浮華軌度式于規繩最防蕩佚子衿佻達自昔所譏苟行止有虧雖讀書何益若夫宅心弗淑行已多愆或蜚語流言脅制官長或隱糧包訟出入公門或唆撥奸猾欺孤凌弱或招呼朋類結社邀盟乃如之人名敎不容鄉黨不齒縱倖脫褫扑濫竊章縫返之于衷寧無愧乎況乎鄉會科名乃掄材大典關係尤鉅士子果有眞才實學何患困不逢年顧乃標榜虛名暗通聲氣夤緣詭遇罔顧身家又或改竄鄉貫希圖進取囂陵騰沸網利營私種種弊情深可痛恨且夫士子出身之始尤貴以正若茲厥初拜獻便已作奸犯科則異時敗檢踰閑何所不至又安望其秉公持正爲國家宣猷樹績膺後先疏附之選哉朕用加惠爾等故不禁反覆惓惓茲訓言頒到爾等務共體朕心恪遵明訓一切痛加改省爭自濯

磨積行勤學以圖上進國家三年登造束帛弓旌不特爾身有榮即爾祖父亦增光寵矣逢時得志寧俟他求哉若仍視爲具文玩愒勿儆毀方躍冶暴棄自甘則是爾等冥頑無知終不能率敎也既負栽培復干咎戾王章具在朕亦不能爲爾等寬矣自茲以往內而國學外而直省鄉校凡學臣師長皆有司鐸之責者并宜傳集諸生多方董勸以副朕懷否則職業不修咎亦難逭勿謂朕言之不預也爾多士尙敬聽之哉

康熙四十四年　月　日頒

藝文

子史

行芉曰鬻熊楚人年九十爲文王師所著書情存帝王之道辭選經緯之旨實前聖之奧言爲諸子之首唱王者覽之可以理國吏者遵之可以從政傳道明志懸諸日月其可忽諸用增楚乘藝文之首亦足張楚才之盛不獨左史倚相能讀墳典已也

貴道五帝三王周政　周鬻熊

昔之帝王所以爲明者以其吏也昔之君子其所以爲功者以其民也力生於神而功最於吏福歸於君昔者五帝之治天下也其道昭昭若日月之明然若以晝代夜然故其道者首然萬世爲福萬世爲敎者唯從黃帝以下舜禹以上而巳矣君王欲緣五帝之道而不失則可以長久

撰吏五帝三王傳政　鬻熊

政曰民者賢不肖之杖也賢不肖皆具焉故賢人得焉不肖人休焉杖能側焉忠信飾焉民者積愚也雖愚明主撰吏焉必使民興焉士民與之民上舉之士民苦之明上去之故王者取吏不忘必使民唱然後和民者吏之程也察吏於民然後隨政曰民者至卑也而使之取吏焉必取所愛故十人愛之則十人之吏也百人愛之則百人之吏也千人愛之則千人之吏也萬人愛之則萬人之吏也故萬人之吏撰卿相矣卿相者諸侯之丞也故封侯之土秩出焉卿相君侯之本也

道符五帝三王傳政　鬻熊

不肖者不自謂不肖也而不肖見於行雖自謂賢人猶謂之不肖也愚者不自謂愚而愚見於言雖自謂智人猶謂之愚

道符五帝三王傳政　鬻熊

夫國者卿相世賢者有之有國無國智者治之智者非一日之志治者非一日之謀治志治謀在於帝王然後民之所保而知所避發敎施令爲天下福者謂之道上下相親謂之和民不求而得所欲謂之信除去天下之害謂之仁仁與信和與道帝王之器凡萬物皆有器故欲有爲不行其器者雖欲有爲不成諸侯之欲王者亦然不用帝王之器者不成

騷部三十四卷

九歌　九章九辨九招辭意多複故選此　屈原

吉日兮辰良穆將愉兮上皇撫長劍兮玉珥璆鏘鳴兮琳琅瑤席兮玉瑱盍將把兮瓊芳蕙肴蒸兮蘭藉奠桂酒兮椒漿揚枹兮拊鼓疏緩節兮安歌陳竽瑟

兮浩倡靈偃蹇兮姣服芳菲菲兮滿堂五音紛兮繁會君欣欣兮樂康東皇太一

浴蘭湯兮沐芳華采衣兮若英靈連蜷兮既留爛昭昭兮未央謇將憺兮壽宮與日月兮齊光龍駕兮帝服聊翺遊兮周章靈皇皇兮既降猋遠舉兮雲中覽冀州兮有餘橫四海兮焉窮思夫君兮太息極勞心兮忡忡雲中君

君不行兮逸猶蹇誰留兮中洲美要眇兮宜修沛吾乘兮桂舟令沅湘兮無波使江水兮安流望夫君兮未來吹參差兮誰思駕飛龍兮北征邅吾道兮洞庭

薜荔拍兮蕙綢蓀橈兮蘭旌望涔陽兮極浦橫大江兮揚靈揚靈兮未極女嬋媛兮爲余太息橫流涕兮潺湲隱思君兮陫側桂櫂兮蘭枻斲冰兮積雪采薜荔兮水中搴芙蓉兮木末心不同兮媒勞恩不甚兮輕絕石瀨兮淺淺飛龍兮翩翩交不忠兮怨長期不信兮告余以不閒鼂騁騖兮江皋夕弭節兮北渚鳥次兮屋上水周兮堂下捐余玦兮江中遺余佩兮澧浦采芳洲兮杜若將以遺兮下女旹不可兮再得聊逍遙兮容與湘君

帝子降兮北渚目眇眇兮愁予嫋嫋兮秋風洞庭波兮木葉下登白蘋兮騁望與佳期兮夕張鳥何萃兮蘋中罾何爲兮木上沅有芷兮澧有蘭思公子兮未敢言荒忽兮遠望觀流水兮潺湲麋何食兮庭中蛟何爲兮水裔朝馳余馬兮江皋夕濟兮西澨聞佳人兮召予將騰駕兮偕逝築室兮水中葺之兮荷蓋蓀壁兮紫壇匊芳椒兮成堂桂棟兮蘭橑辛夷楣兮葯房罔薜荔兮爲帷擗蕙櫋兮既張白玉兮爲鎮疏石蘭兮爲芳芷葺兮荷屋繚之兮杜衡合百草兮實庭建芳馨兮廡門九嶷繽兮並迎靈之來兮如雲捐余袂兮江中遺余褋兮澧浦搴汀洲兮杜若將以遺兮

遠者時不可兮驟得聊逍遙兮容與湘夫人

廣開兮天門紛吾乘兮玄雲令飄風兮先驅使涷雨兮灑塵君迴翔兮以下踰空桑兮從女紛總總兮九州何壽夭兮在予高飛兮安翔乘清氣兮御陰陽吾與君兮齋速導帝之兮九阬靈衣兮被被玉佩兮陸離壹陰兮壹陽衆莫知兮余所爲折疏麻兮瑤華將以遺兮離居老冉冉兮既極不寖近兮愈疏乘龍兮轔轔高駝兮冲天結桂枝兮延佇羌愈思兮愁人愁人兮奈何願若今兮無虧固人命兮有當孰離合兮可爲大司命

秋蘭兮麋蕪羅生兮堂下綠葉兮素枝芳菲菲兮襲予夫人兮自有美子蓀何以兮愁苦秋蘭兮青青綠葉兮紫莖滿堂兮美人忽獨與余兮目成入不言兮出不辭乘回風兮載雲旗悲莫悲兮生別離樂莫樂兮新相知荷衣兮蕙帶儵而來兮忽而逝夕宿兮帝郊君誰須兮雲之際與女遊兮九河衝風至兮水揚波與女沐兮咸池晞女髮兮陽之阿望美人兮未來臨風怳兮浩歌孔蓋兮翠旍登九天兮撫彗星竦長劍兮擁幼艾蓀獨宜兮為民正 小司命

暾將出兮東方照吾檻兮扶桑撫余馬兮安驅夜皎

皎兮既明駕龍輈兮乘雷載雲旗兮委蛇長太息兮將上心低佪兮顧懷羌聲色兮娛人觀者憺兮忘歸縆瑟兮交鼓簫鍾兮瑤簴鳴鯱兮吹竽思靈保兮賢姱翾飛兮翠曾展詩兮會舞應律兮合節靈之來兮蔽日青雲衣兮白霓裳舉長矢兮射天狼操余弧兮反淪降援北斗兮酌桂漿撰余轡兮高駝翔杳冥冥兮以東行 東君

與女遊兮九河衝風起兮水橫波乘水車兮河蓋駕兩龍兮驂螭登崑崙兮四望心飛揚兮浩蕩日將暮兮悵忘歸惟極浦兮寤懷魚鱗屋兮龍堂紫貝闕兮朱宮靈何為兮水中乘白黿兮逐文魚與女遊兮河之渚流澌紛兮將來下子交手兮東行送美人兮南浦波滔滔兮來迎魚鱗鱗兮媵予 河伯

若有人兮山之阿被薜荔兮帶女羅既含睇兮又宜笑子慕予兮善窈窕乘赤豹兮從文貍辛夷車兮結桂旗被石蘭兮帶杜衡折芳馨兮遺所思余處幽篁兮終不見天路險難兮獨後來表獨立兮山之上雲容容兮而在下杳冥冥兮羌晝晦東風飄兮神靈雨留靈修兮憺忘歸歲既晏兮孰華予采三秀兮於山間石磊磊兮葛蔓蔓怨公子兮悵忘歸君思我兮不

得閒山中人兮芳杜若飲食泉兮蔭松柏君思我兮然疑作靁填填兮雨冥冥猨啾啾兮狖夜鳴風颯颯兮木蕭蕭思公子兮徒離憂 山鬼

九歌之東皇太一也言其竭誠盡禮以事神而希神之欣悅愛君無已之意也其雲中君言神降而久留不能忘也湘君荅言男主事陰神之詞至湘夫人等歌皆和平溫文纏綿愷惻而山鬼以終尤明白洞達君臣之恩義千古如見誠足繼三百也

鸚鵡賦有序 漢 禰衡

時黃祖太子射賓客大會有獻鸚鵡者舉酒

於衡前曰禰處士今日無用娛賓竊以此鳥自遠而至明慧聰善羽族之可貴願先生為之賦使四坐咸共榮觀不亦可乎衡因為賦筆不停綴文不加點其辭曰

惟西域之靈鳥兮挺自然之奇姿體金精之妙質兮含火德之明輝性辯慧而能言兮才聰明以識機故其嬉游高峻棲跱幽深飛不妄集翔必擇林紺趾丹觜綠衣翠衿采采麗容咬咬好音雖同族於羽毛固殊智而異心配鸞皇而等美焉比德於衆禽於是羨芳聲之遠暢偉靈表之可嘉命虞人於隴坻詔伯益於流

沙跨昆崙而播弋冠雲霓而張羅雖網維之備設終一目之所加且其容止閑暇守植安停逼之不懼撫之不驚寧順從以遠害不違忤以喪生故獻全者受賞而傷肌者被刑爾乃歸窮委命離羣喪侶閉以雕籠翦其翅羽流飄萬里崎嶇重阻踰岷越障載罹寒暑女辭家而適人臣出身而事主彼賢哲之逢患猶棲遲以羈旅矧禽鳥之微物能馴擾以安處眷西路而長懷望故鄉而延佇忖陋體之腥臊亦何勞於鼎俎嗟祿命之衰薄奚遭時之險巇豈言語以階亂將不密以致危痛母子之永隔哀伉儷之生離匪餘年之足惜愍衆雛之無知背蠻夷之下國侍君子之光儀懼名實之不副恥才能之無奇羨西都之沃壤識苦樂之異宜懷代越之悠思故每言而稱斯若乃少昊司晨蓐收整轡嚴霜初降涼風蕭瑟長吟遠慕哀鳴感類音聲悽以激揚容貌慘以顦顇聞之者悲傷見之者隕淚故臣為之屢歎棄妻為之歔欷感平生之游處兮若壎篪之相須何今日之兩絕若胡越之異區順籠檻以俯仰闚戶牖以踟躕想昆山之高峻思鄧林之扶疏顧六翮之殘毀雖奮迅其焉如心懷歸而弗果徒怨毒於一隅苟竭心於所事敢背惠而

忘初託輕鄙之微命委陋賤之薄軀期守死以報德甘盡辭以效愚恃隆恩於既往庶彌久而不渝

春賦　　唐　李邕

肇木德以周仁啓春生而賦質二儀泰而廣運三正合而元吉和氣藹兮充寓光風瀏兮被物豈四時而則舒亦樂道而奚恤我聖君大撫萬國肆覲羣后率天之禧嘉歲之首文物粲於南宮兵戈森於北斗穰百辟以同心貢千春之遐壽於是明詔有司擴求時令遵惟一之德究吹萬之性勑土木之庶功阜稼穡之勤攻盼漁止殺犇奸復命至若固陰作閉蟄戶未

開虵盤土蟄燕伏巖倩穴蟻歛翼氷魚鼓鰓蠢蠢窺委戢戢低徊遲繫蒙兮久矣耿猷歲兮悠哉謂將宛而沒代俄作解而驚雷廓視聽於元壤脫飛鷙於焚萊廠青陽以書物被白日而登臺若旬時甫田宿昔層薄驚洪鑄之神用偉元化之工作卷河山之變裒置天地之和樂律何谷而不暄光何容而不灼楹也知歸動焉咸若爾乃揚廻曲沼李穠芳園條煙濃而洩地花錦縟而當軒玉顏景照羅袂風翻惋良人之譬信省賤妾而晰恩蝶栩栩兮夢感鳥嚶嚶兮思存戛瑤柱以絙瑟引金竿而浮樽俯戾軒而下泣昭韶

物而何言借如老軍追魯違使窮河霄驅烏游野次星羅氷瞪瞪而雪下風颯颯而霜過遲日一照挾纊嘗多遺疇歲之寒栗襲初節之妍和千巖為之動色萬壑為之流波將廻轡而秦望請舉手而幽歌有地高公族鼎貴侯家丹樓纏於御道畫閣聳於朝霞明珠買妾黃金擲龜列行游衍直視驕奢跨浮雲之寶騎頓流水之香車漫平郊而藉草怒上苑之觀花飛鞭蹴踘旋舞琵琶麾戚里之途遠駐長安之日斜豈知夫東門在野渭水濡氿散歸閈之召父隱袁正之美牙趣下里之潦倒莅樂土之繁華苟炙背而垂釣但開田而種瓜

懷音賦有序　梁　張纘

西平勁陵王以親賢近能作蕃夏首下走叨竊時命驅傳湘羅久託下風素蒙淑顧及塗經鄂郢淹泊累旬君王彈隨珠於千仞乃貽之以麗則詩曰懷我好音敢為懷音賦云爾

其辭曰

伊宗周之令望巡召南而述職襟帶郢夏之鄉宣條江漢之域服詩書於懷袖抱仁義於胸臆總九德以棲身橫四瀆而撫翼循微躬之未迹謬馳傳於衡嶷

由洞庭而左轉指鄀醴而為期仰芳塵於夏汭路將近而彌滋棹陵波以巡鷁舟望浦而倦遲自清光之未覿逾一紀以歷茲敢憑情於往昔逢君恩之未遺陪桂苑之良游接蘭臺之高會既醉酒以飽德亦傾蓋而緩帶感平原之愛客傷岐路之難留戀西園之餘賞泣南浦之徂舟結煩言於將贈情有重乎琳球顧龍門其不見過夏首而西浮申服義之末沫長寄言於還郵

大別山賦　元　聶炳

厥初馮翼孰元孰黃清濁既凝高下以彰融然而江

河流液峙焉而山岳儲祚惟大别之名山獨巍然乎南荒爾其氣通淮漢勢壓荆揚絶江漢之統會分衡岳之輝光深根漫淫乎后土雲彩洞屬乎圓蒼高標廻出於九嶷倒影傍接於三湘於聖賢之經歷雖千載而不忘爾乃層巒崒嵂壘巘巑岏石痕欲駁土花若殷藍膏綠液紅鳴碧珊樓臺暈飛於岑崟石梁龍矯於蒼灣浮屠聳其奕奕僊臺峙其閑　聊靈栢之茸茸離苔蘚兮斑斑幽芳野草秋菊春蘭至若地利之富物産之珍以守則固以財則殷姝形詭相不可殫論靈蹤神跡何可竝陳吾嘗凌絶頂而遠遊呼鸚

鵡以逍遥招黄鶴而燮猶酬賈守於秋興之亭邀太白於郎官之舟洞庭之水未波蒼梧之雲不流烏林煙滅曹瞞之魄已冷赤壁風高蘇僊之句尚留登高作賦把酒澆愁嗟夫娱樂則有之矣其有德神禹之德而憂神禹之憂者乎當其九州一壑而四海湮神禹出焉臣亦天揚萬夫霆震截琅璆之巉巖擘蒼翠之嶙峋其疏導之功果誰爲乎然吾徒今日得囿於禮樂之教者其非前日手足胼胝之功乎措於衽席之安者其非前日克勤克儉之德乎噫吁嘻異哉特異事姝風流雲往撫乾坤於瞬息觀古今於俛仰蓋有迹神禹之迹於千百載之下豈無心神禹之心於千百載之上也哉

鸚鵡洲賦　明　李夢陽

承帝皇之嘉惠兮荷在陋而明揚信枯楊而再華兮懼身微而命彰歲協洽以南鶩兮觸炎日之盛陽浮江漢以長邁兮過夏口之故城洲蹇産以隥隥兮劃衡江而絶流覩佳名而中惕兮弔斯人之不修我既佩明月與寶璐何不遂凌世而高步舍玉駟而不駕兮又奚暇與豺狼而爭路惟聖人之貴時兮神龍豈人得而縻彼鸞鳳之謂瑞兮固亦以其高舉而見希

何先生之靈婞兮獨不深藏而遠遊也偭取方以捐育兮吾恐睿者之所尤也緊炎鼎之既淪兮世淆濁而崩毀操梟覩而虎噬兮祖又貪夫厥土荃縱不甘心於厥儔兮獨不可色斯舉也嶢嶢者將必缺兮余固知鯡者之不與也矯吾櫂以淹留兮情覽望而增傷靈惝怳而如見兮聆湍瀨之浪浪山壘壘以來合兮孤墳鬱而嵣峪誦其篇以沉顧兮痛翠禽之蚤戕物有以舌羈縛兮人有以才隕身譬用機各攸當兮憾見幾之不先心屈咈以悒悒兮緊營營之不可留沛楊檝以東進兮順武昌而下舟遡巖岸以却視兮

投哀些於斯洲

黃鶴樓賦 有序

田汝耔

自湓夏口三易星霜登樓數矣乃今辛巳秋何爲漫與其以時物更變旅客偪逢能不感激切意君子處世宜乘時建立竟識退藏以永終譽耳乃可以覬覦神僊之術哉其辭曰

撫天運之斡旋兮時序忽茲高秋白雲紛其旖旎兮余適升此危樓聞昔人之超佚兮騎黃鶴而浮游夫羽翼其不可見兮遺蹤跡於蓬丘猗歟美哉飛甍崢嶸兮突刺乎窮霄啓標軒兮橫光射夫斗牛渾淪崔

嵬兮含化工之機括方圓盤鬱兮象天地之區周憑臨恣覽覷兮中惝怳而縹緲神營營其隕越兮魂黯黯而彌留披紛風沓兮瀉洞庭之逸波俄而洶湧溯洴兮朝江漢之奔流信夫秋之爲氣也蕭瑟兮草木搖落而變衰燕翩翩其辭歸兮蟬寂寞而無聲雁雝雝而南遊兮鵾雞啁哳而悲鳴此宋玉之遺音而恊余之衷情憶隙駒之言邁兮惜朝華之難挹對物情之彷彿兮良怵惕而於邑念人生之有涯兮孰長年之能執時飄忽其不再兮老荏苒而將及顧世俗之骯髒兮恬辟穀以絕粒思至人於寞寞兮抱玄精於壁吸內展轉以旁求兮辨真元於黑白倏假寐以彛循兮遇靈修於九陌指予安之故廬兮造叔偉之攸宅理余髮於林節兮浴余體於蘭湯陟玉臺之嶙峋兮排閶闔而躡上方朝太乙於九重兮略綽約於中央質要渺以委蛇兮復降至於扶桑駕青龍之蜿蜒兮建拏螭之文旗揭干旄之晶晶兮下緌綏其陸離承輕焱之清紛兮洒零雨之垂雲謁東皇以來歆兮凝若授余以綸辭抑炎帝於正陽兮驂鸞鳥以騪鶩服朱雀以騰驤兮駢騑騑以按度賴前驅之捷徑兮曰余惛情其始悟計岐貳之相投兮却中道而反顧

來翩翩以迅速兮恐白日之雲暮樹金華以爲蓋兮采荃蕙以爲裾飲兌澤而潡淪陰兮余將詣少昊之所居蓐收位而宰闢兮霜霰肅歛邪氣除諏占良用庚辛兮告亨具禮容飭左熊羆守闕兮右白虎蹲當間中懷愴恨戒悚息兮佀踧踖而踟蹰大道砥平如矢直兮皇步跼蹐而趦趄斯須定靜知止極兮始安寧而容與撫光景之逍遙逕元冥於中庭文昌爲余先驅兮元武爲余揚靈徧多方以竟禮兮言旋歸而嬉娛頃警覺以惺發兮依然身在乎故都吁嗟神僊伊何所兮吾不知其渺茫彼人道之罔修兮又奚爲

乎荒唐黃河澄清兮豈曰尋常慶雲迭見兮其世之禎祥北辰負位兮列星共鄉輔弼當道兮欃搶滅光繆紀解紛兮綱維斯張汙濁潛消兮漣漪清揚夫往者其不可追兮來者吾可以自强鳳凰鳴於高岡兮感梧桐於朝陽菊遠時而弗競兮是以何貴夫才良桀驁駘之偃蹇兮齊騏驥於康莊勇信邁以長征兮毋邅迍而沮喪維夜寂以夙興兮竭餘力之方剛念生鞠之罔極兮揚休烈之輝光守狷介以廉潔兮歷九死而不忘保貞一以永締兮雖經百折以無妨功成名立而身退兮余將跨黃鶴而高揚

黃鶴樓賦有序　國朝　胡夢發

鄂渚黃鶴樓志稱費文禕乘黃鶴憩此相傳王子安冏道人亦曾駐鶴江山盤鬱棲真隱靈其信然邪或謂樓踞黃鵠磯上鵠鶴字音義相類故名抑何與前説戾也要創始江左以前觀任昉述異記所載荀瓌事可見爰自癸未劫灰飛蕩後則小搆僅存今茲閼逢執徐之歲復災督府中丞奮興率作拓而新之巍巍翼翼恢舊觀矣家大人聞而歎曰有能爲王子山乎賦魯靈光使中郎輟筆矣夢發唯唯遂率狂瞽著賦其辭曰

洪惟井絡含精雲漢流英溶溶沄沄交帶合襟縈三楚之都會表鄂渚之豐城聳天地之奇峭峙夾岸之嵔峻東洪淵於峻闕象元武之威神爾乃常山之首面漢之陽鏈崇岡而繕堞宛蓬阜而高驤石餘怒以水飲巘黃鵠於中央越茲樓之肇啓溯靈蹟其彌長羽客曾經稅其雲馭高人則又覿夫虹裳惟詭異紛其可悅故列真從而徜徉或探橘懷中或落梅城畔或結棗如瓜或擲桃若嵌或石鏡留書或異香不散日至月遊風臻霧渙於是搆茲開館基埈俯深景以

地勝地以僊靈鉅觀既燬草創徒存魯共之制茂睹楚望之實匪稱蜚廉勘而祝融作栢梁災而建章營時則督府張公中丞劉公九州作牧萬邦爲憲英聲震乎窮谷仁恩藹乎春甸叔子謝其忠公士行慚其機鑒廼萃賓寮維藩維翰相與覽焉感而再建爾其庀材也荊山杞梓蜀道楠樟下衡湘歷岷江以聚乎郭門之旁千夫吁輿而後作五丁贔屭而始行削之旋紋簇錦屑之郁烈芬薌莫不宜將仍庋閣假尋量其鳩工也梓人之長都料之匠斧斤非任引墨是尚審曲面勢具巧呈象撫小圖大以規鼎創匠石輟技

而峪嵯后僊含指而惆悵排脩楹而特起井幹欝以
崇蹄陋觚稜之恒制造員嶠之姝儀極嵯峨以上銳
宇紘紆而閃施擢蓮臺與儛掌象華蓋之葳蕤游棼
亘其龍矯浮棟宛以虹綏佅儒踆居而拱負虯蜷蟠
結而樑栖枀恩祓綺而交蔕藻井舒葩而倒披顧兎
摩輪於鎖闥翔鳥拂羽於璇題枅櫨纍疊榱桷截嶪
修棪曲接鄰比客接盤虡駕廻繁芒亂澤離楯文構
動卽回惑蹁躚黃羽盈壁繪列豈緊髴毦招之可得
邐層梯以陟只捫危欄而上征行周流於複道啓朱
鳥之牕扃奐重檐乎閣外中寥廓而命囷逌中天之

麗彩來萬里之空青疏八風以洞達勢隨搖而匪寍
玩神明於峻極疇縹緲而虞傾於是萬井煙生九衢
塵驚金羊入市刀龜作布居比蠭聯行同螘顧人分
馬汁諠闐鼙互一徃一來孰知其故國門蕩蕩目無
遺邁渺眾山其已畢彼陁陂焉足數可以推大別賊
晴川凌八極傲三山盪心胸生羽翰御風行善泠然
釋人褱之顑頷挹灝氣而孤騫若夫江流浩浩終古
不息一望金沙兩辨赤壁夏浦對崢嶸之洲白虎連
鳳鳴之溆無風猶浪觸石逾激驟江妃與水母馳川
后與淵客洸溟晝晦磕磅霹靂孟婆怒吼澎濞浡濤

玉馬駿奔白鷺竦立凭檻瞰射膌魄悚慄悲賈客之
顛危訝舟師之利疾固已吞雲夢於胸中不必觀廣
陵之秋汐是以樓惟三上登有千緒物與時遷情因
景會至若光風駘蕩杜若蘭蕙芳洲艸綠不爲王孫
嗟爾生之才調意何有乎衆賓詎倜儻之致咎擅一
賦而流聲衣沾鸚鵡路指鳳凰江山清壯臺觀琳瑯
霞景滅沒於丹棲雲物蒙繞於華璫憑高極遠載陰
載陽斜輝鴉背而低度餘煙木末而悠颺汰蛾蠓之
游氛希鸞鵠之騫翔及夫璧月流天金波滉瀲瑤星
愈邇銀河乍溢半空飄鈴鐸之聲隔浦響漁舟之笛

將神曠乎塵外抑事符於天際足使仲宣罷登岳陽
辭記宸瑤臺之笙鶴咽秦樓之鳳吹於斯時也墨妙
筆精之士吳吟郢調之徒懷紫霞之逸志侶白雲以
敖遊方乘輿而騰賞遂遠目以銷憂攜雅朋而酌醴
攬勝概而揚謳始淋漓於四壁終轇轕夫千秋噏青
蓮之閣筆何崔顥之難儔雄氣畢廣心裁幽遐邐翠
微來金容禮紫闕開黃粱炊而欲竊玉笛杳而還猜
瞻遺像之髣髴閒步虛乎嘽諧庶其且莫遇之而日
棄妻子如敝屣哉阻蓬萊於弱水想崐崘之五城諒
斯地之無讓故數駕夫鳧舄雖神明其必眷候人謀

而始興所以二公之經營也時既豐矣民既穌矣於焉大作孰不悅喜費徒取夫祿胥役無騷乎閭里既飈合而雷奔亦山集而川委材不露而加褒朴不示而咸鏤愜人情以改爲曾何傷乎侈靡蓋三湘七澤之稱首而五方名勝之觀止也是故望之若雲垂仰之如霞起熊熊光耀紛不可理罔象儷而潛形奇相讋而順軌洶憑墉之鉅鎮扼江漢而爲紀張楚國之雄風扇諸侯之盛美王勃賦而騁才吉甫燕而受祉竝霄壤兮齊終奮弱管兮聊擬亂曰元氣溟濛方外遐踪有丹丘兮仙飛鶴舞朝夕酤於此樓兮邦君孔嘉修廢增華𡁶風猷兮崔嵬寵嵸天臨地涌與神謀兮金碧焜煌激景江光眩曷瘳兮穿穹上出疄眴慌惚紛相繆兮養素含精吐納元英迺許遊兮懭悢高寄四海無匹儼淸都兮隱隱眞眞靜正羣生猗君侯兮壼乎閎特奠我大國永無憂兮

東山小隱賦 有序

國朝 張希良

東山小隱者石城徐公之所築也既以艱難盤錯袒席吾楚而乃心不忘丘壑於治內高觀山之陽搆小圃肩輿獨往時時招諸名流觴詠康熙壬戌秋稍加展拓增置亭臺竹樹逐移家焉顏其堂曰東山小隱有終焉之意

或曰公非隱者也太傅東山蒼生望之矣公笑而不答人多詩以美之而門下士希良爲之賦其辭曰

夫惟高人之懷抱常逈出乎塵埃塗軒冕而不顧侶鷗鷺而無猜既以其身爲天下乃心獨慕乎山隈移魏闕兮江湖寓經濟兮亭臺雪鴻泥爪偶然留過眼之跡素琴羽鶴有分結忘形之儕睠彼觀園實惟舊築枕帶城闉掩映林麓幻煙霞於四時渺乾坤於一矚姑射綽約而近人輞水淪漣而起陸其左則有拜郊之壇卓刀之瀆窣堵拔地以湧峰岳松干霄而競秀東山彷彿謝公墩北海猶傳李邕屋其南則有六老之山伍渡之洲帆隨二水以曲折水分八字而交流鸚鵡雖沉吳江之影銜綠黃鶴一去汀洲之跡仍留江中有黃鶴洲其右則有吹笛之樓閣筆之堂劍池橫歷雲之氣石鏡分湧月之光指風檣於夏口聯樹色於漢陽魚龍曉夕而百變煙波咫尺而異鄉其北則有梁武之城石子之岡霜染臙脂日麗鳳凰白陽餘屯臺之址青山爲僑治之疆武湖煙迷於古戍雄樓風廠乎大王其中則有鳳集之窩鹿跑之源帶黃龍之

古寺俯元武之舊門自蓮匯池而銷夏紅樹攢巒而長春旣地靈兮天寶亦時和兮𦽳繁公於是升高四望懷古中存飛逸興躡天根憑意匠闢小閣郎山爲樓洗石成軒名葩不脛而分塢修竹帶聲而交垣曲房幽榭綺閣平臺雲迷出入月定去來簾捲則湖山入座天迴則江漢盈杯招小山之叢桂起仲蔚於蒿萊酒入非趙李辭客有鄒枚或廵簷以索笑或擊鉢以成吟賦瀟湘於一夕聯石鼎於深更宦情總對滄洲盡詩思偏逢險韻生方其洱海揚塵潢池弄兵入公指鶴唳四面盡鷄鳴當斯時也山中之人不震不驚月羽朝飛閣鈴夜警髯枯仰屋之籌目志所乘之牝當斯時也山中之人以暇以整天河洗甲武庫包戈李廣多封侯之部曲河汾爲將相之罔羅當斯時也寵辱無加視此庭柯驃騎日貴魏其日陵門有張羅之雀庭惟慰藉之蠅當斯時也升沉不改彼山則氷乃知慕羶者雖終南亦捷徑勇退者卽市隱亦吾廬笑捉鼻於彈冠厭生耳於懸車閱朝槿之榮華感木葉之蕭疎得失任看塞上馬依棲且食武昌魚

江夏縣志卷之三十五

開元劉朝英重修
黃安張希良編纂
古越洪國輔續修
三韓陳萬策增修

藝文志

詩五言古

登黃鵠磯　宋 鮑照

木落江渡寒雁橫風送秋臨流斷商絃瞰川悲棹謳適郢無東轅還夏有西浮三崖隱丹磴九派引蒼流竹淚感湘別弄珠懷漢遊豈伊藥餌泰得奪旅人憂

鄂渚招王昌齡張僨　唐 常建

刈蘆曠野中沙上飛黃雲天晦無精光茫茫悲遠君楚山隔湘水湖畔落日曛鴻鴈又北飛音書悃難聞謫居未爲歎讒枉何由分五日逐蛟龍宜爲弔冤文翻覆古共然名宦何足云貧士任枯槁捕魚清江濆有時荷犁鋤曠野自耕耘不然春山隱谿澗花氤氳山鹿自有場賢達亦顧羣二賢歸去來世人徒紛紛

哀秘書監江夏李邕　杜甫

長嘯宇宙間高才日淪替古人不可見前輩復誰繼

憶昔李公存辭林有根柢聲華當健筆灑落富清製
風流散金石追琢出嶽鋭情窮造化理學貫天人際
干謁走其門碑版照四裔各滿深望遠森然起凡例
蕭蕭白楊路洞徹寶珠惠龍宮塔廟湧浩刼浮雲衛
宗儒俎豆事故吏去思計盼睞已皆虛跋蹤曾不泥
向來映當時豈獨勸後世豐屋珊瑚鉤麒麟織成罽
紫騮隨劍几義取無虛歲分宅脫驂間感激懷未濟
衆歸賙給美擺落多藏穢獨步四十年風聽九臯唳
嗚呼江夏姿竟掩宣尼袂往者武后朝引用多寵嬖
否臧大帝議面折二張勢衰路凜生風耕盪秋旻霽

忠貞負怨憾宮闕深旒綴放逐早聯翩低垂困炎厲
日斜鵩鳥入寃斷蒼梧帝榮枯走不暇星駕無安稅
幾分漢庭竹夙擁文侯篲終悲洛陽獄事近小臣斃
禍階初負謗易力何深濟伊昔臨淄亭酒酣托末契
重叙東都別朝陰改軒砌論文到崔蘇指盡流水逝
近伏盈川雄（楊公炯）未甘特進麗（李公嶠）是非張相公（張相說）相扼一危脆爭名古豈然關鍵欻不閉倒及吾家
詩曠懷掃氛翳慷慨嗣真作（和李大夫）咨嗟玉山桂鍾律
儼高懸鯤鯨噴迢遞坡阤青州血蕪沒汶陽瘞哀贈
竟蕭條恩波延揭厲子孫在如綫舊客舟凝滯君臣

尚論兵將帥接燕薊則詠六公篇（公有張相第五王泊狄相六公詩）
憂來豁蒙蔽

望鸚鵡洲贈禰衡　唐李白

魏帝營八極蟻視一禰衡黃祖斗筲人殺之受惡名
吳江賦鸚鵡落筆超羣英鏘鏘戛金玉句句欲飛鳴
鷙鶚啄孤鳳千春傷我情五岳起方寸隱然詎可平
高才竟何施寡識冒天刑至今芳洲上蘭蕙不忍生

望黃鶴樓　李白

東望黃鶴山雄雄半空出四面生白雲中峯倚紅日
巖巒亦穹跨峯嶂亦冥密頗聞列仙人於此學飛術

一朝向蓬海千載空石室金竈生煙埃玉潭秘清謐
地古遺草木庭寒老芝朮蹇予羨攀躋因欲保閑逸
觀奇徧諸嶽茲嶺不可匹結心寄青松永悟客情畢

黃鶴樓送康太守　王維

城下蒼江水高高黃鶴樓朱欄將粉堞江水映悠悠
鐃吹發夏口使君居上頭郭門隱楓岸候使趨蘆洲
何異臨川郡還逢康樂侯

江夏送客　孟浩然

以我越鄉人逢君謫官者分飛黃鶴樓流落蒼梧野
驛使乘雲去征帆沿溜下不知從此後別袂何時把

送夏侯子之江夏　賈　至

扣檝洞庭上清風千里來留歡一尊酒欲別復徘徊
相見楚山下漁舟憶釣臺羡君還舊里歸念獨悠哉

望黃鶴山張君　元 沈如筠

寂歷遠山意微杳半空碧綠蘿無春冬彩煙照朝夕
張子海內奇文爲巖廊客聖君多夢想安得老松石

謁岳廟　明 張居正

炎州標靈嶽巋然奠南極興雲翊帝工蔭峯直軫域
千秋儼廟貌邦典祀有秩我來叩齋秘躋雲屢登陟
齋心肅承地盻蠁如可即髣髴遘真侶排空假羽翼

授我玉梓藥光耀有五色瑤草吐雲英金書啟石實
顧慙塵土軀恐負心所憶願言藉神休精誠倘能値

江夏題王太守城南精舍　徐楨卿

林步不覺遠溪流隨興長悠然深竹裏獨往綠蘿莊
山色隹南郭平疇連北堂野人來荷鋤蠶月百草芳
寤慨白雲賞載謠叢桂章垂楊足池鯉間牖有壺觴
念此牽情性何勞緇素裳

將適郢城飲餞黃鶴樓作　徐學謨

茲樓匪往覩冉冉鶩代移黃鶴戀舊渚飛甍復參差
予亦縻尺組歷穩欣來斯山川曠疇昔超忽紆襟期
於是及春霽澄景麗以披英僚集時彥芳宴挹華滋
行迢漢陽郭隔岸紛旌麾雲水入夕陰遲我以驅馳
眷焉蒙惠盻扳賞未云疲班馬方蕭蕭沆漭臨路岐
猥忝旬宣寄空藉歲月私悠悠逐物役未遑詢惸嫠

湧月臺　游士任

登臺一長嘯鶴鶩雲欲徙極目盡太虛太虛正如洗
光浮石骨寒沫噴金沙起蕭然見短碣錐畫逼籀史
蒼蘚食斷紋古香從荒所依稀聞鐵笛梅花落其裏
此下豁古洞可有青泥髓

黃鶴樓　國朝 王孫蔚

崔嵬江上樓高枕黃鵠腦振衣踏丹梯不覺入蒼昊
下界尚熹微海日及我早霽影青天落山郭互回抱
萬戶起風烟秋深武昌道憑欄憺忘歸畏向塵中老
月下豈無笛亭前仍種棗不見跨鶴人相與爲傾倒
且復白雲邊極目望三島

謁吳忠烈公墓　魏廷謨

炎季値熹廟閹璫稱上公威權震九五羣僚莫敢訌
擊奸首發難裂眦惟大洪赤血灑殿廷浩氣歸長虹
末幾相丁輔奸人喜借叢纂奪伏陰謀魑魅計轉工
豸冠名御史白簡風雷同巧佞居政府臣惡首爲戎

陰霾蔽日月讒口塞聖聰矯詔殺直臣白晝爲晦冡
拜杖皆王恩臣敢恤其躬北堂有涉舟勉子以効忠
方其草疏時鬼泣於幽宮滅燭心愈烈捐身氣愈崇
下與龍比遊無成乃有終英王踐帝座襃嘉恤及公
天語謂忠烈楚甸後從龍綱常奇男子矢心無怨恫
何以報直臣寶鼎及彤弓何以答聖明丹心照蒼穹
恩綸允泉壤典禮何從隆千秋萬歲後勳名等太空

拜葉忠節公祠　陳大章

維時戊辰歲仲夏日廿五鄂城晝閉門罷士敢譁伍
蛾撲行自焚肉食竟何補是時楚遭屯列署少官府

當路三四輩闒冗固無數或縛如孤豚或竄若腐鼠
葉公仗大義凜凜坐廨宇其徒素低服羅拜請軍主
叱聲出霹靂恨不拏戮汝賊黨各驚散努目更慄股
喃指草遺疏言臣有老母聖恩重丘山臣死無處所
遂解所佩刀沾酒血如縷夙昔氣成虹經旬尸不蠱
天戈淼四集潰瀾魚遊釜曾未兩匝月次第膏鑕斧
事定下所司功罪得快覩　天子憫其忠謚葬兼祀
廟棹楔表嶙峋錫廕叨圭組我來拜新祠閱歲月在
午遺像儼鬚眉陰雲塞廊廡憶昔行馬前謬蒙國士
許雪涕灑堦墀采芹薦簠簋頗聞危人言黑夜森儀
羽正氣耿千秋精靈福三楚何處吊九原山川痛咽

拜熊忠肅公墓　陳大章

鈞黨何荼酷危關迄戰爭有誰支一木空自壞長城
萬古萇弘血深山董相塋攬衣頻下拜無淚洒荒荊
罷閣歸田疏囊頭對獄辭孤忠傳異代野史記當時
事與浮雲逝名同皎日垂夕陽衰草外猶樹大明碑

望封建碑　姜宸遴

高皇征僞漢昭王乃誕生軍中聞報日許封鬻子城
後選他方授剖符皆不成還憶楚中語寶篆即分明
錫以穹窿碑親製帶礪綸下載晶瑩石上覆方廣亭

宸章凌霄漢龍文炳日星冉冉三百載野老哭聲吞
劫火灰羣構亭廢一碑存烟草細迷離狐兔莽縱橫
登高快遠望此望慨何深興亡皆陳言石上有清尊

輓葉大叅公忠節　胡澗

天生名世臣胡爲小亂死喬松墜步岡神龍困鱔鮪
蠡蝕洪鐘斷石炎璞玉燬江海倒狂瀾中流賴柱砥
惟
帝討官方公獨無纖翳察屬次第去纍綴公身繫一
朝新撫來才短疎調劑曲突徙薪策有公誰與契既
吝其府庫智計亦隱閉安在撥亂時無威又無惠賠

天風雨起帆檣汨流水舟覆人遭溺嘷援萬手指公
志爲忠臣矢死無倚徙賊首欽令名相率聽指使公
知可活人暫不將賊訾謂賊無殺傷賊遂櫜弓矢謂
賊無強掠賊遂棄包匭謂賊無縱焚楚炬得不起謂
賊無閉城婦征壯于趾萬戶賴存活朝廷保生齒老
毋得徐出妻子訣糠粃隱忍三日生全城叩祜祉天
風吹夏星烏鵲棲棧砦夜氣淑中庭星辰明顧謔北
斗低入戶天人無此彼浩然起長歎北闕君恩委子
道旣蹐蹴臣運亦逢否睡起占朝曦肅焉不聿理剌
血寫丹誠血流帶骨髓墨以淚兼磨淚出吐肝肺蹶

終還北向端笏嚴拜跪萬里遠君門天威不違咫引
決以佩刀頸項茹之喜葵傾向日心心徹玉戶叱敬
推居平志光堪日月比陷城三日中皭然泥不滓前
夜落大星遠近駭指視直乘箕尾上帝旁訴亂始賊
隸有何知亦聞忠義理痛哭傾膈肝喪事爲之紀烈
烈彼忠魂豈受逆豎詠蠟丸表得達
九重深嘉只異寵麼後人歲給毋甘旨揮師來六月
撻伐無遺宄當徑斬長蛇刀俎斷封豕撲滅不移時
爲公雪其恥閭閻無旡爍田野續耒耜四民慶復業
悼失公冠履悲鳴輟杵臼痛哭擬考妣追思飭廟貌
俎豆四時祀木瓜美報齊瓊瑤咸諾唯鳩工成不日
歌辭勞賦士潤也出公門含涕濺秋水山頹梁木壞
哲人悲無巳黃鶴白雲中魂招天衢邇歆茲無復逝
千秋妥筵几凜凜氣猶生浩然長不斃小亂成大貞
天意回波靡

洪山寶通塔後石壁所勒趙清老遺文 有引

吳元俊

癸酉歲春王子元士偕友登眺洪山步過石
壁見其上鉤畫濛漫摩視久之因浣剔積蘚
細加揣想由半字而推全字隨上義以貫下

義遂得完篇仍還舊跡計一百八十畸六字
梓之以傳子覽而嘉之爰賦此詩以俟後之
采山者

古人鍾奇情山谷結永好歲改十餘世苔蝕字未耗
予昔攻制科僧房借炊竈殿塔頻經行此壁罕一造
固緣荆榛荒尚囿器識躁每便東巖趨閒倚鶴樓眺
雲根諸佳名無復曉者告今賴一人知庶足千年報
棲亭俱後起慶元西漢號慰彼趙右軍精英久彌邵
何日續勝遊勇往酬老耄片石鐫塔前奚啻若口 道
邑乘雖缺然後賢補其要

補遺

告夷齊二先生詩 有序

熊廷弼

夷齊先生廟在永平郡辛酉秋余再起經畧過其廟弔之以詩顧巳久失記乙丑夏簡焚故牘忽得之亂楮中不勝喜又不勝嘆且泣下今天下事豈不皆以貪壞而遼東尤甚向來鎮撫道將以下毋滿任率人人漁獵官私金錢多至數萬計詢其故則武官非此無以奉撫按鎮道奉長安貴人爲鬻官地文官則半入私橐半輸長安爲人人壽以求免於議

論自余按遼四年首尾參處若輩無遺頗見清肅及余入關而此風又熾矣大都武官愛錢益怕死文官愛錢益無辭於武官而廟堂上復無詞於邊吏內外苟容怠棄軍實故至此余嘗謬爲遼計曰不斷武官貪則軍餒不揚將懦不振不斷文官貪則督撫院道參例相尋武官效尤而貪不得斷不謝長安交際則武官倚牆壁文官倚情面而貪不得斷不誓神則文武之稟承不信長安之想望不杜而貪不得斷以此兩度經畧皆誓　關聖如愛人一文一絲及以一文一絲送人者齒於而身及其子孫仍大書碑示於山海關外且斬陳倫升逐文武一二尤甚者以示必行一時鎮道以下奉行惟謹督撫諸老亦莫有以一蔬相遺者而豈圖今日亦有盜餉行賄之誣益至是而始信廉吏之果不可爲向之輸長安而鬻彈議者未爲無見也卽安得不見此詩而歎且泣下耶

廉吏不可爲先生巳千古貪吏不可爲先生獨千古
何貪亦何廉志士聽所取如何風日下儒紳而賈豎

揮霍謂無碍貞士嗤迂腐浣烏以爲白金亦輕於羽
夫爲有所憚而不貴阿堵苞苴盈路衢誰念徹桑土
文官只愛錢武官只怕虜東方一發難邊腹被毒苦
豈伊小醜故斯人招其侮禍國禍生人擢髮未足數
我欽先生風盥沐登堂廡率爾陳蕪詞請作澄貪主
澄之亦何以灤水清可覩一濯貪夫腸庶幾可少補

除夕感懷兼示文武僚佐

熊廷弼

孤燈暖中夕我憂亦何忡剡茲歲云暮乃在遼海東
白日沉陰氛黑水阻妖虹綿險冒霜甲盈野明宵烽
虛薄忝危障忽與時會逢覆瀋諒難拾殘枰詎易工

已覩秋鴻沒俄驚歲蜡窮逋冠坐延息禍亂靡所終
如何中朝士猶興伏莽戎豺很夾輦立戈矛談笑中
惜哉同室鬪賈勇爲誰雄胡不軫國衈於焉殄厥兇
念此不能寐感慨傷心胸寂歷一開帷寥星落高墉
看弓冷吳月聞笳悽代風展轉倚長夜攢眉慘成恫
豈不飲屠蘇愁顏寧復紅豈不薦辛盤五腸結不通
常恐年歲駛頽墜罔廻蹤乘時一投袂無爲嘆徂蓬
睠言同盟者協恭而和衷耿耿表奇蹙蹇蹇懷匪躬
立蕩天山穢還圖狼胥封歌舞入榆關歸田學老農

江夏縣志卷之三十六

開元劉朝英重修
黃安張希良編纂
古越洪國輔續修
三韓陳萬策增修

藝文三

詩七言古

江夏贈常南陵冰　李白

湖橋馬驚沙塵起湖愁飲馬天津水君爲張掖近酒泉我竄三巴九千里天地再造法令寬夜郎遷客帶霜寒西憶故人不可見東風吹夢到長安寧期此地忽相遇驚喜茫如墮煙霧玉簫金管喧四筵苦心不得申一句昨日繡衣傾綠樽病如桃李竟何言昔騎天子大宛馬今乘款段諸侯門賴遇南平豁方寸復兼夫子持清論有似山開萬里雲四望青天解人悶人悶還人悶苦辛長苦辛愁來飲酒二千石寒灰重煖生陽春山翁醉後能騎馬別是風流賢主人頭陀雲外多僧氣山水何曾稱人意不然鳴笳按鼓戲滄流呼取江南女兒歌櫂謳我且爲君搥碎黃鶴樓君亦爲吾倒却鸚鵡洲赤壁爭雄如夢裏且須歌舞寬

離愁

江上吟　李白

木蘭之枻沙棠舟玉簫金管坐兩頭美酒樽中置千斛載妓隨波任去留僊人有待乘黃鶴海客無心隨白鷗屈平辭賦懸日月楚王臺榭空山丘興酣落筆搖五嶽詩成笑傲淩滄洲功名富貴若長在漢水亦應西北流

送費子歸武昌　岑參

漢陽歸客悲秋草旅舍葉飛愁不掃秋來倍憶武昌魚夢魂只在巴陵道曾隨七將過新連離家十年常

在邊劍鋒可惜虛用盡馬蹄無事今已穿知君開館恒愛客樗蒲百金每一擲平生有錢將與人江上故園空四壁吾觀費子毛骨奇廣顙大口仍赤髭看君失路尚如此人生貴賤那得知高秋八月歸南楚東門一壺聊出祖路指鳳凰山北雲衣沾鸚鵡洲邊雨勿嘆蹉跎白髮新應須守道勿羞貧男兒何必戀妻子莫向江村老卻人

黃鶴樓歌送人　顧況

故人西去黃鶴樓西江之水天上流黃鵠杳杳江悠悠黃鵠徘徊故人離別壺酒盡清絲絕綠嶼沒餘煙

白沙連曉月

送王九　孟郊

昔登江上黃鶴樓遙愛江中鸚鵡洲洲勢逶迤遶碧流鴛鴦鸂鶒滿沙頭沙頭日落沙磧長金沙耀耀動飇光舟人牽錦纜浣女結衣裳月明全見蘆花白風起遙聞杜若香君行采采莫相忘

武昌老人說笛歌　劉禹錫

武昌老人七十餘手把庾令相聞書自言少小學吹笛早事曹王曾賞激往年征戰戍蘄州楚山蕭蕭笛竹秋當時買醉恣搜索典卻身上烏貂裘古苔蒼蒼

封老節石上孤松飽風雪商聲五音隨指發水中龍應行雲絕曾將黃鶴樓上吹一聲占斷秋江月如今老去典猶遲音韻高低耳不知氣力已無心上切時時一曲夢中吹

李公擇求黃鶴樓詩因記舊所聞於馮當世者　宋　蘇軾

黃鶴樓前月滿川抱關老卒饑不眠夜聞三人笑語言羽衣著屐響空山非鬼非人意其僊石扉三扣聲清圓洞中鏗鈜落門關縹緲入石如飛煙雞鳴月落風馭還迎拜稽首願執鞭汝非其人骨未堅黃金乞

得重莫肩持歸包裹弊席氈夜穿毛屋光射天里閭來觀已變遷似否非否鉛非鉛或取而有衆囂讙訟歸有司今幾年無功暴得喜莫顛神人共汝眞可憐願君爲考然不然此語可信馮公傳

雪中再登黃鶴樓　　明　楊　基

平生不願萬戶侯亦不願識韓荆州但願武昌連日雪日日醉登黃鶴樓樓前絕景冠今古況有繽紛雪花舞玉樹參差認漢陽銀州浩蕩迷鸚鵡江頭兒女走欲顛謂我自是騎鶴儔白雲飛盡黃鶴杳此景不見三千年我拍闌干爲招手世上神僊果何有桃李非無頃刻花江湖亦是逡巡酒他日重來五百春樓前花草一番新相逢不識純陽子何用重尋回道人

次武昌　　孫　蕡

武昌城邊黃鶴樓飛簷遠映鸚鵡洲漢陽樹白煙景濕行人如鷗沙際立江南風土寒氣遲居人九月尚絺衣酒旂臨江開竹屋當壚小姬能楚曲蜻蜓船內旋回風今夕停船酒家宿

漢江歌送范子之桂陽　　李夢陽

漢江江上鵁鶄鳴漢江游客無限情青山落月下帆影芳草月明聞櫂聲黃鶴磯頭暮雲盡鸚鵡洲邊春

水生莫倚仲宣能作賦洞庭南接桂陽城

寄題黃鶴簡秦開府　　李東陽

扁舟我憶江頭泊曾上高樓訪黃鶴僊蹤恍惚不足論俯視淵澄仰寥廓石根𪩘岈若天鑿棟宇參差連地絡新岸秋橫赤壁磯驚流夜濺觀音閣衡岳雲開鴻雁峯洞庭水落魚龍宮使槎賈舶日來往其上或與銀漢通鵠飛已識員方勢鵬擊似起扶搖風舊游髣髴不再到前日少年今老翁江東才子中臺彥萬里乾坤跡應半碧嵩青岱幾停車楚水荆山一揮翰登斯樓也記須成望美人兮君不見晝日偏明豸繡衣炎天不改冰霜面馮將激濁揚淸手坐使澄江淨如練歸雲捲鳥亦何心目送高飛入霄漢

黃鶴樓次李西涯閣老韻見寄　　秦　金

黃鶴枕江江岸泊樓外橫空有孤鶴萬里乾坤一望中景象滄茫胸次廓古洞嶔岈猶鬼鑿朱簾捲映青絲絡鸚鵡洲寒月滿臺漢陽樹暝雲連閣煙嵐紫濕芙蓉峯蓬萊飛墮神仙宮繙書無塵白日靜乘槎有路青霄通神游八極匪汗漫毛骨爽颯凌天風蕭湘遼邈悲帝子樊口幽絕留坡翁題名總是金閨彥箇中風月平分半雲鶴誰降絕代詞龍蛇或去驚人翰

何宜蹇我來何遲突兀燕樓駭新見憂樂常關范老懷霜鐵寧改趙公面天開圖畫眞奇哉失郤丹青披素練北望君門思渺然萬古朝宗此江漢

廬山障子歌　　楚憲王

僊人手持綠玉杖擊碎廬山萬仞之高峯高峯零散如雨化作賢王千朵萬朵金芙蓉芙蓉削出儼匡阜老氣蒼蒼落扃牖吟對香爐生紫煙笑挽銀河洗南斗登高壯觀六合間巨鰲海上浮三山三山屹立香莫状不知何年鬼斧鑿破混沌開元闢若有人兮陶與陸攜手雲間玩飛瀑五老峯前呼謫仙便欲從

之架茅屋我思謫仙兮眞天才鶴樓捶碎歸蓬萊題詩有客人未識振衣長嘯登瑶臺新圖誰寫藝稱絶九江秀色可攬結想當醉墨洒冰壺眼中突出匡空楔久知賢王應好僊結巢欲作匡山顛鍊成九還飛上天山兮玉兮千秋萬古名俱傳

夢游黃鶴樓奉荅鳳山院長　　王守仁

扁舟隨地成淹泊夜向磯頭夢黃鶴黃鶴之樓高入雲下臨風雨翔寥廓長江東來開禹鑿巫峽天邊一綫絡春陰水濶洞庭野斜日帆收漢陽閣參差遥見九疑峯中有䔉峯重華宮蒼梧雲接黃陵雨千年尚覺精誠通忽聞孤雁叫湖水月明鐵笛横天風丹霞閃映雙王童醉擁白髮非仙翁仙翁呼我金閨彥爾骨癯然僊子半胡爲尚局風塵中不屑刀圭生羽翰覺來挑簟失煙霞江上清風人不見故人佚鉞鎮湖襄幾歲書來思會面公餘登眺賦詞葩醉墨頓勞寫緗練寫情投報媿瓊瑶稿鎬秋陽濯江漢

大別山　　楚莊王孟烷

名山鍾秀自天開巋然盤礴天之隗漢水西來出其下江流東合濤聲廻江漢滔滔南國紀萬里朝宗自茲始秋典亭前晚黛濃郎官湖上朝煙紫紫翠雖無

千萬重蜿蜒遠勢如遊龍負安永壯雄藩域疏鑿曾經神禹蹤聖功每自遺編見秀色今看在郊甸巖柯何處柏森森古木蒼煙擁臺殿

登黃鶴樓寄童太史士疇　　廖道南

有樓崒嵂兮江之陽檜楫芝榜兮星河光穹窿頫顯挂飛蜺兮絡天梁綺疏朱綴兮敞都房鵠山巃嵸以遠蜷兮大別對峙崾峴岩嶺而環障江漢沅澧沱潛洞湘走其下兮風霆怒號而翕張噫吁嘻黃鶴來翔兮歲之暮吾欲高馳而軒翥兮天之路招禰衡於鸚鵡兮歌桂樹桂樹枝繚兮蚴蟉明河燭湍兮牛女綢

繆僊人不來悔侘傺兮憾彌留噫吁嘻黃鶴欲去柰
爾樓

楚岸吟寄牟子　王廷陳

楚岸長楊垂至地百鳥嬌啼春復醉晴綵冉冉墮碧
空風光頗爲游人媚我家黃子國君住鄂王城大江
東下雲霧接滔滔應瀉故人情憶初同領南宮宴自
馬青袍花映面本期霄漢並翺翔寧知世路多更變
我歸十年前君歸十年後榮華顛倒若夢中人情翻
覆無不有安能顧嗟龥自今心不開陰巖積古雪白
日何當來我將振衣從子游請君洒掃鸚鵡洲邐日

經行堯竹杖煙波搖漾木蘭舟須令漢水變春酒更
遣大別爲糟丘蛟龍自吟鶴自舞仙人鐵笛沉高樓
留連坐待明月上翠娥勸飲來沙頭竹林諸賢真瑣
瑣高陽酒徒安足儔吁嗟此會難郎得使我悵望無
時休君不見楚宮寂寞臺殿荒歲歲東風開野棠三
閭顦顇行吟處千古猶傳杜若香丈夫眼底安足計
君行釆釆莫相忘

僊棗行　郭正域

僊棗千年不肯實一朝結果大如瓜何來小吏偷啖
之須臾白日飛紫霞我聞火棗不可得無乃秦王海
中黃布之舊花不然安期所遺之故核朱繪紅玉圍
青紗又聞王母降漢室玉門仙棗紛如麻藥珠滿樹
皺絳雪金丸綴葉團丹砂神仙靈藥各有分我欲剝
棗手難拏亭子高高僊飛雨鱗甍碧瓦搖風沙至今
巖畔多老棗殘根剝落纏枯槎蝤齒古藤支綠蟻蜂
飛暗葉藏青蛇那知不有神仙至再看老枝生黃芽
安得纍纍撲滿地飽食江城百萬家

和郭太史仙棗行　任家相

僊人手自種仙棗森如赤玉甘如瓜磥磥孤幹排文
石纍纍繁枝絢綵霞崵嵃萬歲膏方實海上千秋葉

始花太真玉門餐絳雪神女香厨護碧沙半服通靈
蛻凡骨坐看滄海成桑麻小吏豈是東方兒偷啖勝
食光明砂仙蹤恍惚不可見惟餘空亭老棗奇樹枝
幹相紛拏天風時吹仙籟響月明石鏡映江沙偶披
蒙茸攬棗下疑泛銀河捫巨槎莓苔錯落綴星斗根
荄盤互糾龍蛇不逐羣菲爭物色潛回春氣努靈芽
上林十四株非異那得移根帝子家

漢江　張居正

漢江東流風作波南船北檝愁經過舟師綰手挹雙
槳對客唱公無渡河襄陽渡頭春可憐襄陽城北花

含烟大堤高樓酒初熟歡吟且駐木蘭船

泊漢江望黃鶴樓　張居正

楓霜蘆橘淨江煙錦石遊鱗淸可憐賈客帆檣雲外見仙人樓閣鏡中懸九秋槎影橫淸漢一笛梅花落遠天無限滄洲漁父意夜深高咏獨鳴舷

漢江　李夢陽

漢江江上題鳩鳴漢江遊客無限情靑山日落下帆影芳草月明聞棹聲黃鵠磯頭暮雲盡鸚鵡洲邊春水生莫倚仲宣能作賦洞庭南接桂陽城

夏夜黃鵠磯同友人作　王又旦

大別山前雲欲蒸鷄鳴關外月初昇旅人鬱燠無可却遶磯上下窮攀登江風鼓浪搖空碧漢樹無聲低玉繩萬家誕漫收不得百鳥伏藏蛟龍興惜哉仙人跨鶴去樓頭蹤跡留名稱乘雲御風尋常事到今不還鄉可矜豈如澆胸數杯酒眼前勝事猶堪憑不須更把龍髯拂不須更食寒筵氷但願季季與君飲幕大席地忘崩騰

重搆黃鶴樓　楊兆傑

我年七歲見黃鶴魯國公輸神斧鑿唐人辭賦晋人書實古淋漓光焯爍更記五月五日江上鬬龍舟武昌兒女含戲謔頸繫彩線綴長虹臂掛百寶珍珠絡玉簫金管琥珀杯白鳳庖丁供漿酪酷暑淸凉蝇蚋無仙人笛裏梅花落未幾我從父官邊塞遊妖氛帷霧橫鯨鯢土隽一炷楚王宮波赤三江公子膊吁嗟黃鶴樓成灰吁嗟黃鶴人失鬼我年二十始歸來高者爲丘低爲壑湧月碑殘鏡亭昏丹棗枝枯如敗籜幾度搆成幾度災造物小兒眞太惡淸新開府斥千金肯使風流竟蕭索與新前制更輝煌白雲冉冉臨飛閣停車子舍偶來游職方手掌山河度明月夜澄芳草洲紫煙暗遶高冠郭忽聞鐵笛一聲秋萬里關

山莽寥廓

招鶴謠　胡鳴臯

誰云世上無神仙飄渺當年幻化間試看武昌城中辛氏樓橋皮畫鶴何飄飄拍手向君舞乘雲忽飛去雲去還復來鶴歸向何處吁嗟黃鶴胡不歸黃鶴之樓復崔嵬下有浩渺不斷之江水上有嶙峋湧月之高臺鸚鵡迷離鳳凰徘徊吁嗟黃鶴胡不歸

張大石虹任江夏廣文聞而作歌　金德嘉

坐君以梅花玉篴之高樓啖君以沆瀣金盤之仙棗

上有翩翩黃鶴戛天而飛鳴下有萋萋鸚鵡洲邊之
芳草男兒入不腰金衣紫侍承明出不駟馬安車高
牙與大纛一官咄咄擁青氈誰能豁爾嶔崎磊落之
懷抱前年北上黃金臺去年南走岐亭道今年奉檄
漢陽門湧月城頭月皓皓噫嘻張郎有官冷亦得君
不見少陵歌中衮衮諸公竟磨滅又不見龍螭風雨
其人出河汾入言絳帳未必輸金門有舌且將讀典
墳有筆還能書獲麟後有萬年前千古何須如秦張
祿漢平津相思一夜西風起眼底英雄使君耳有便
遺我雙鯉魚明年携手燕山市

洪山寺影墻雙龍歌　葉澤森

楚江江上山嵯峨蜒蜿詰曲周盤陀東有一峯更蒼
潤金輪宮殿凌滄波滄波千頃亘匹練迴眺長江澌
如線紺宇丹樓一徑通雕墻峭壁雙龍現借問此龍
胡爲來云是前朝朱邸開衮龍神池吞日月吸呼帝
座走風雷鎬壁蒼黃祖龍死塵灰沉沒土花紫瓦礫
榛蕪棄道旁山僧舉手勞相從憶昔眞龍起沛豐手
提三尺定羣雄鯨鯢斬盡封京觀雲夢來游舞大風
宮中時報生龍子錫圭胙土當於此方城維城漢水
池千秋萬歲神明祉朱甍繡瓦倚斜曛楚舞燕歌鎮
日聞才人梁苑朝朝雪神女高唐暮暮雲爲雲賦雪
無窮已離宮別舘連天起玉砌金鋪耀日明銅烏鐵
鳳飛煙裏一朝蛾賊滿江關龍去江流竟不還贋有
丹青鐫舊壁敗鱗殘甲落人間洪山古寺千年築佛
火青燐互相續中丞詫現宰官身塗金畫碧輝林麓
却傳此物委泥沙拂拭牽携供寶舉從今締聽空王
法此後應忘帝子家嗚呼龍種當時絕春陵佳氣長
銷歇東平樹色秋風靡蜀國鵑啼春雨血獸有雙龍
護法筵晶熒鮮釆炫青蓮任他赤豹元熊鬭只伴青
獅白象眠龍兮龍兮莫悲吟秦宮漢闕誰長存昆明

刼火幾度噴老僧守護勤朝昏君不見延津流光赤
如電風雨飛去雌雄劍

輓劉貞節　羅憲藻

戰城南聞鬼哭死者不足數生者何足述徐毋幽芳
世所希忍使青天爲模糊癸未方城陷江流血化碧
梅川誓不往魂傍黃鵠棲轉憶當年事有足奇操已
定孰奪之髮久斷命如絲豈難一早死番死未爲宜
堂有就養之雙白懷有待哺之孤兒婦代厥子毋可
作師歷廿載而七十閱兩朝如一日凜冰霜勤紡績
舅姑康老諸孫蘭蔚節烈永貞賊敢言逼駡賊全忠

以愧鬚眉馨聞達帝天步方移亘道莫泯新命旋馳
額其顏式其閭匹籬栗尚在丹詔無容辭七子傳經
毋之遺敢附若人爲八及

黃鶴樓　李爲霖

蛇山之首漢江尾危樓巖嶭奇且偉勢如烏革如翬
飛上去青天知尺幾風雨戶牖臨空開簷牙八面生
蓊苔亘指青霄雁影落倒入長江鮫陣回晴川高閣
遥相峙芙蓉花外漢陽市賈客操舟逐逝波望中有
若軒與軽巍峩大別踞其西東接高觀煙樹齊更上
層樓窮醉眼置身天際衆山低俯睇江河日東下千

里帆檣怒濤瀉一聲欸乃起汀洲幾點漁燈明子夜
夜深有客獨凴樓明月飛來樓上頭金檻斜出天河
近晢晢檐前星欲流武昌城裏十萬戶煙火霏微難
指數迷離不辯楚王宮波明疑是磁陽渚南樓勝事
不可追七重九柱亦何爲玉笛飛聲到樓角江淮入
動楚天悲爛熳題詩滿亭側誰云有景道不得嘯歌
忽覺天地寬冷然欲生乘風翼鸚鵡洲沉古渡前黃
鵠磯頭酒旆懸安得歸來同白鶴吹笙重見緱山巔

十年聚首楚江頭胸次真堪比秋月一旦携家歸白
嶽白嶽山前仙子窟兼有黃山供君筆日日留君君
不出今年鼓枻黃鶴樓鸚鵡洲邊聽蟋蟀正把離思
爲君訴故人又上秦中路秦中自古帝王居雲迷遠
浦關塞樹憶昔曾經輿北城慨慷悲歌易水平昨來
爲逝黃山遊一線直上鬼神驚此行定躡太華巔二
陵風雨離人天男兒足不出戶庭無見無聞愧昔賢
我今酌酒君去楚颯颯秋風退殘暑勸君莫久滯關
西倚門人在高堂語

江夏縣志卷之三十七

開元劉朝英重修
黃安張希良編纂
古越洪國輔續修
三韓陳萬策增修

藝文志

詩五言律

漢江宴別　唐 宋之問

水廣不分天舟移杳若僊清江浮暖日黃鶴弄晴煙積水移冠蓋遥風逐管絃嬉遊不知極留憾此山川

送元公歸鄂渚　李白

堯花春水漲之子思乘流峴首臨蛟浦江邊問鶴樓贈君青竹杖送爾白蘋洲應是神仙輩相期汗漫遊

江夏別宋之悌　李白

楚水清若空遥將碧海通人分千里外興在一杯中谷鳥吟晴日江猿嘯晚風平生不下淚於此泣無窮

送人歸江夏　王維

萬里春應盡三江雁亦稀連天漢水廣孤客郢城歸鄂國稻苗秀楚人菰米肥懸知倚門望遥識老萊衣

晚泊漢陽渡　王貞白

落月臨古渡武昌城未開殘燈明市井曉色辨樓臺雲自蒼梧去水從嶓冢來芳洲號鸚鵡用記禰生才

潭州使院寄江夏賀蘭副端　戴叔倫

雲雨一蕭散悠悠關復河俱從泛舟役近隔洞庭波春水去不盡秋風今又過無因得相見却憾寄書多

重陽日鄂城樓送屈突司直　劉長卿

登高復送遠惆悵洞庭秋風景同前古雲山滿上游蒼蒼來暮雨淼淼逐寒流今日關中事蕭何共爾憂

江上逢司空曙　李端

共有髫年故相逢萬里餘新春兩行淚故國一封書

夏口帆初落潯陽雁已疎唯當執杯酒暫食漢江魚

中秋夜泊武昌　劉淑柔 女子

兩城相對峙一水向東流今夜素娥月何年黃鶴樓悠悠蘭櫂晚渺渺荻花秋無奈柔腸斷關山總是愁

送張別駕之襄陽覲省　司空曙

蒼煙峴峰路臘日漢江春帶雪半山寺行沙隔水人王祥因就宦萊子不遺親正憾書鄉別千條楚柳新

夜宿武昌留贈　明 顧觀

茅屋江聲合松舟月色遲把杯頻就席剪燭共題詩鼓瑟清湘夜聞簫赤壁時美人千里外迢遞寄相思

水摇珠殿山風動石扉重來歌慷慨留眺坐忘歸

洪山寺　陳萬策

深林何處鐘危塔挿雲峰碣古苔泥篆山靈筵護龍
好花明曲徑有地盡勤農不爲春游盛亭前坐翠濃

江夏縣志卷之三十八

開元劉朝英重修
黃安張希良編纂
古越洪國輔續修
三韓陳萬策增修

藝文志

詩七言律

黃鶴樓　唐 崔顥

昔人已乘黃鶴去此地空餘黃鶴樓黃鶴一去不復
返白雲千載空悠悠晴川歷歷漢陽樹芳草萋萋鸚
鵡洲日暮鄉關何處是烟波江上使人愁

鸚鵡洲　李白

鸚鵡來過吳江水江上洲傳鸚鵡名鸚鵡西飛隴山
去芳洲之樹何青青烟開蘭葉香風起夾岸桃花錦
浪生遷客此時徒極目長洲孤月向誰明

赴黃鶴樓崔侍御宴　白居易

江邊黃鶴古時樓勞致華筵待我遊楚思渺茫雲水
冷商聲清脆管絃秋白花浪濺頭陀寺紅葉林籠鸚
鵡洲盡是平生未行處醉來堪賞醒堪愁

上江夏主人　白居易

連山斷處大江流紅旆逶迤鎮上遊幕下翺翔秦御史軍前奔走漢諸侯曾陪劍履升鸞殿每謁旌幢上鶴樓假著緋袍君莫笑恩深方得向忠州

鄂州寓嚴澗宅寄懷　元稹

鳳有高梧鶴有松偶來江上寄行蹤花枝滿苑空啼鳥塵榻無人憶臥龍心想夜闌惟足夢眼看春盡不相逢何時最是思君處月入斜窗曉寺鐘

晚次鄂州　盧綸

雲開遠見漢陽城猶是孤帆一日程估客晝眠知浪靜舟人夜語覺潮生三湘愁鬢逢秋色萬里歸心對月明舊業已隨征戰盡更堪江上鼓鼙聲

黃鶴樓　賈島

高檻危簷勢若飛孤雲野水共依依青山萬古長如舊黃鶴何年去不歸岸映西山城半出烟生南浦樹將微定知羽客無因見空使含情對落暉

黃鶴樓寓題　羅隱

驛雲芳草遶籬邊勿向東流倚少年秋色未催榆塞雁客心先下洞庭船高歌酒市非狂者大嚼屠門亦偶然車馬同歸莫同憾昔人頭白盡林泉

鸚鵡洲　劉長卿

江洲無浪復無烟楚客相思益渺然漢口夕陽斜渡鳥洞庭秋水遠連天孤城背嶺寒吹角獨戍臨江夜泊船賈誼上書憂漢室長江謫去古今憐

送田端還鄂渚使府　武元衡

孤雲迢遞戀滄洲勸酒梨花對白頭南陌送歸車騎合東城怨別管絃愁清油幕裏人皆玉黃鶴樓中月並鈎君去庾公猶歛在馳心千里大江流

黃鶴樓　盧郢

黃鶴何年去杳冥高樓千載倚江城碧雲朝卷四山景流水夜傳三峽聲柳暗西州供騁望草芳南浦徧離情登臨一晌須回首看却鄉心萬感生

黃鶴樓　陸龜蒙

手把仙人綠玉枝吾行忽及早秋期蒼龍闕角歸何晚黃鶴樓中醉不知江漢交流波渺渺晉唐遺跡草離離平生最喜聽長笛裂石穿雲何處吹

黃鶴樓　宋　范大成

誰將玉笛弄中秋黃鶴飛來識舊游漢樹有情橫北渚蜀江無語抱南樓燭天燈火三更市搖月旌旗萬里舟却問鱸鄉垂釣叟武昌魚好便淹留

黃鶴樓　王十朋

江漢西來於此會朝宗東去不須分銀濤遠帶岷峨雪煙渚高連巫峽雲鸚鵡洲悲狂處士蛟龍池化故將軍登臨長願如今日塵靜元規楚不氛

寄謝鄂倅南宮城　馮京

常思鵬海隔飛翻魯得天風送羽翰恩比丘山何以報心同金石欲移難經年空歎音書絕千里相思道義寬毎向江陵訪遺跡人猶指點縣題看

黃鶴樓　元 丁鶴年

西風黃鵠舊磯頭皓月中分此夕秋烏鵲無依頻遶樹魚龍有喜競乘流煙雲盡捲天逾大河漢低垂地

欲浮擬買桂花陪勝賞老來佳句恐難酬

登黃鶴樓　明 陳孚

黃鶴樓前木葉黃白雲飛盡岸茫茫櫓聲搖月歸巫峽燈影隨潮過漢陽庾令有塵污汗簡禰生無土葢文章闌干空有當年柳留與行人說武昌

送熊芝岡督學南畿　郭正域

文武才名世所無輶還五國到三吳長城築就干戈息化雨飛時草木蘇下里陽春推郢曲高皇禮樂自留都燭天曾有芙蓉鏡照乘全收滄海珠

其二　郭正域

君是龍頭第一人文章海內已傳名都亭奏草皆推轂堂上談經妙斲輪范士肯教金躍冶論文不使蛇爲神當場駿驥應無數若箇能堪步後塵

登黃鶴樓　施均

鸚鵡洲邊倚客舟憲君邀我上高樓胡床老子三更月鐵笛仙人一曲秋流水白雲吳夏口西風黃鶴晉磯頭如今盡屬王孫草添得江南幾許愁

登黃鶴樓　汪廣洋

武昌城頭黃鶴樓爽塏迥接西南州嶓江蜀江於此合古人今人無限游天際一帆懸宿雨雲邊萬木下

高秋賦詩橫槊慷慨事笑指闌干近斗牛

重陽前一日登黃鶴樓　孟洋

黃鶴仙遊迥八溟層樓高結入青冥浮雲薄日垂江漢落木清秋下洞庭夢渚祗餘雙鳥白楚山不斷萬峯青明朝況是黃花節發興馮虛倒玉缾

武昌　李夢陽

武昌城北大江流沱水夾城鸚鵡洲楚蜀帆檣風欲趁蛟龍濤浪暮堪愁青煙自沒漢陽郭新月故懸黃鶴樓無限往來傷赤壁三分輕重本荆州

登黃鶴樓　楊愼

江上高樓海内名登臨此地古今情風前估客蒲帆影夜半仙人玉笛聲春水雪消巴子國煙波晴接漢陽城東南暇日多嘉會笑指浮雲望太清

雨後登黃鶴樓　郭正域

樓閣層層上女牆昔人於此醉爲鄉烟開鄂渚千山曉雨過瀟湘一水長依舊空中雲盡白不知市上鶴曾黃從敎玉笛頻吹徹只恐神仙亦渺茫

新構一枝巢　郭正域

古槐高架一枝巢好似鷦鷯在樹梢濃影藏身酣午夢青空在眼望農郊帶横滄海連華渚目盡朱甍與白茅牕外青螺三四點故鄉林壑有誰嘲

又　郭正域

危樓高搆半山腰樓裏扶踈出遠條眞似枋榆堪托宿從他風雨不飄揺鳥來何處看啣憤醉後一枝好挂瓢日落槐音偏入耳揭來一派響笙簫

表忠祠 祀建文死節四賢姚善樊士信周拱元廖昇　郭正域

伐鼓鳴鐘秋復蒸江城廟貌肅蕭森漢庭不少攀龍客周道仍高叩馬心一死去共怜臣節苦生前誰念主恩深不知列土封侯者樽俎何人亦到今

黃鶴樓飲後作　顧璘

黃鶴仙人定是誰空傳崔灝舊題詩雲荒赤壁周瑜壘江繞青山夏禹祠浮世古今堪灑淚高臺歌舞幾銜杯天寒月白孤鴻遠徙倚闌干送目遲

黃鶴樓留別許督學伯誠　廖道南

千仞飛樓凌紫煙重城閣道入青天樽前日月低紅樹檻外星辰拂綺筵石鏡秋懸黃鶴夢金沙春起白龍眠已從北極瞻南斗更望中臺接上元

望黃鶴樓　羅洪先

黃鶴樓前秋水長江天北望遠蒼蒼白雲千載歸何處此日孤吟自夕陽蘋蓼巴圖新睥睨汀洲猶見舊艅艎誰家短笛城頭起不爲煙波有故鄉

望黃鶴樓　張居正

楓霜蘆雪淨江煙錦石游鱗清可憐賈客帆檣雲裏見仙人樓閣鏡中懸九秋槎影横清漢一笛梅花落遠天無限滄洲漁父意夜深高韵獨鳴舷

望黃鶴樓用太岳先生韻　蕭良有

黃鶴樓頭擁暮烟白雲深處動人憐雙江送浪波光湧萬井浮空塔影懸芳草千年鸚鵡賦落梅五月鷓鴣天浮沉漫問人間世回首西風獨扣舷

將之荆南夜雨黃鶴樓獨眺　徐學謨

破暝攀躋磴道懸朱甍繡嶺自依然天空無處招黃鶴夜靜何人躡紫煙江勢浮空吞二夢雨聲連峽暗三川難教勝處無題句千古風流笑謫仙

黃鶴樓　郭正域

黃鶴高飛去不留丹梯縹緲鎖丹丘遙連瀛海三千界但接神仙十二樓滿眼帆檣飛漠漠一天煙樹晚悠悠却嫌李白少情思不肯題詩在上頭

楚闈號舍中秋　楊璉

戰罷文場筆陣收客居不覺近中秋天開銀漢三千丈人郎金風十二樓燭影遥添豪士氣桂花偏插少

年頭今朝得會嫦娥面明日蟾宫任我遊

八分山石洞　熊廷弼

田家曲徑轉山陰忽有神仙洞壑深窈窕龍宫通地脉空崗石竇轉天心青精露滴如堪把丹灶雲封不可尋門外何人迷舊路莫教流水出桃林

黃鶴樓漫興　劉景韶

城上飛樓壓武昌仙人黃鶴兩茫茫洲橫芳草迷鸚鵡山捲晴烟出鳳凰玉笛一聲湘月冷江流千古楚天長凭闌不盡登臨興五色雲邊是帝鄉

登黃鶴樓　王世貞

縹緲高懸辛氏樓依微四眺禰生洲天空孤鶴排空上水會雙龍抱郭流一代眞成春雪唱千年誰識歲星愁老夫聊玩人間世任遣浮雲黯不收

登黃鶴樓　王守仁

危樓百尺出層城鶴去雲飛空自名春草連天煙樹杳江流浴日浪花平同傾樽酒渾忘世徙倚闌干覺有情長嘯一聲山谷響恍疑身在小蓬瀛

黃鶴樓　陳文燭

今古樓頭幾醉醒不堪踪跡問山靈梅花雨氣連巫峽青草波光接洞庭倚檻憾無黃鵠翼臨崖空有白

雲亭莫言好景渾難賦得句憑教月下聽

黃鶴樓　吳國倫

黃鶴仙人去不回漢濱樓閣自崔嵬千帆雨色當窗過萬里江山動地來雲夢天低湘女怨洞庭葉下楚臣哀當時玉笛今寥落獨有梅花泛客杯

黃鶴樓　朱期至

黃鶴樓前漢水流舊傳鸚鵡禰生洲白雲芳草迷晴渚玉笛梅花落早秋興罷騷人乘月往日斜神女弄珠游曹瞞黃祖俱塵土獨倚滄浪問釣舟

登黃鶴樓　何遷

西山落日隹氣來東閣白雲飄滿臺野老獨遊河漢
杪仙人疑在瀟湘隈故邀月色淨琴瑟誰遣江光浮
酒杯孤清對此發長嘯峴首牛山空爾哀

入楚寄徐子與僉憲　張隹應

功名當日羨君侯不謂仍同失路愁垂老宦情相顧
拙異時俠氣好誰投逐臣飽歷蒼梧瘴詞客偏逢鸚
鵡洲幾欲裁書附黃鶴楚雲先入大江流

登黃鶴樓　鄒廸光

憑陵矯首大荒浮萬里蒼梧接漢丘夜氣半銜三楚
潤天風長帶九疑愁虛聞仙子乘雲去佀有靈均鼓

瑟遊最是晴川煙水滑片帆漠漠下楊州

登黃鶴樓　鄒觀光

憑虛雕閣鬱崔嵬南紀滔滔四望開煙樹霏微懸日
月河山縹緲護樓臺祇餘辭客名千古恍憶仙人戲
九垓惆悵總知成幻蹟登臨聊為一啣杯

黃鶴樓　魯鐸

黃鶴仙人去何許名在武昌城上樓古今人過但忽
忽江漢水來何悠悠舉頭雲際動星宿極目海外開
神州欲呼崔李二公起一樽為滌千年愁

黃鶴樓題壁　沈周

昔聞崔顥題詩處今日始登黃鶴樓黃鶴已隨人去
遠楚江依舊水東流照人惟有古今月極目空餘天
地秋借問回翁舊時笛不知吹破幾番愁

黃鶴樓　寇學海

滾滾長江帶落暉仙人樓閣轉霏微雲橫大澤漁歌
斷沙冷晴川雁字稀檻外鳳凰銜月出洲前鸚鵡挾
濤飛莫言黃祖難容物辭賦而今有是非

題馮公慕岡報德祠（公剏罷稅使楚人感祀）　石崑玉

烟塵鬖鬆暗長沙誰作卿雲捧鬱華借劒天閑驚虎
豹然犀鄂渚走龍蛇九重春到三家市五兩風輕百

賈艤多少瘡痍魂未定歸來長護野棠花

拜手詒（天啓四年）　熊廷弼

四郊多壘大夫羞况以賊貽君父憂本擬星言趨闕
下敢煩天語到江頭妻兒聽說吞聲哭父老環觀拄
杖愁狗馬也知筋力盡忍將大義付悠悠

别孫何如（天啓壬戌獄郎）　熊廷弼

老友相看四十秋臨岐執手淚交流故鄉萬里今君
去孤室一燈予獨留攬轡修途白日譫披衣中夜小
星稠歸家兒女若相問莫道阿爺作楚囚

聞緩刑（天啓五年）　熊廷弼

金天殺氣慘霜秋蕩火遊魂泣楚囚願緩須臾恢地網忽開浩蕩見天府三朝寵眷生難報一劔肝腸死欲酬千載也曾留樣子唐家李衛漢淮侯

集古八首 附　沈　周

昔人已乘黃鶴去江海茫茫何處尋芳草連天迷遠望薄雲籠日弄輕陰一春魚雁無消息萬里江山自古今百尺朱樓閒倚徧洞庭猶憶在前林

此地空餘黃鶴樓成仙人去幾千秋雲飛雨散知何處葉落猿啼傍客舟月水混融浮太極野烟蹤跡似東周此時悵望人多少仙鶴空來千古愁

黃鶴一去不復返白雲常在水潺潺如何一霎神仙事却望千門草色閒城下烟波春拍岸湖中西日倒鄂山征帆去棹殘春裏飛鳥空慚倦未還

白雲千載空悠悠物換星移幾度秋縱酒欲謀良夜醉放歌曾作昔年遊長安北望三千里天府南來第一州前後登臨無盡思歸音亦賦此登樓

晴川歷歷漢陽樹却惹空山舊曉烟樓上北風斜捲席洞庭秋水遠連天公車未結王孫襪壯志仍輸祖逖鞭黃鶴樓中吹玉笛水寒烟淡落花前

芳草萋萋鸚鵡洲謝公此地昔曾遊鳥啼花發人何在仙去臺空跡尚留知愛曾連歸海上共嗟王粲滯荆州高樓惆悵凭闌久惟見長江天際流

日暮鄉關何處是杜陵遠客不勝悲終期直道扶元代敢負吾君作楚詞北極朝廷終不改楚天雲雨盡堪擬酒酣往事多興念黃鶴樓前吹笛時

烟波江上使人愁幾度高吟塞水流花界三千春渺渺銀河一帶水悠悠仙人有待乘黃鶴身外無機任白頭遙望洞庭山水色春風一夜帶歸舟

黃鶴樓　釋　戒顯

誰知劫火憑陵後猶得重登黃鶴樓晴樹已隨人事

盡長江依舊大荒流楚王宮闕銅駝恨仙客乾坤鐵笛秋極目蒼烟悲慨遠一瓢歸挂亂雲頭

追輓吳忠烈　國朝　洪周祿

蹇蹇孤忠震帝京萇弘千載哭猶生風雷翻爲凌高節天地難居是盛名屬草欲除璫後珥引裾先拔眼前丁陰風颯颯吹燈事却與椒山抗疏併

江夏城樓雨後眺月　劉醇驥

列筵廣宴人初散緬邈城頭避暑過雨裏漢陽風浪遠雲中楚國暮鐘多高低訪古同烏帽南北懷人坐綠莎湧月臺前江水滿洞天何處不笙歌

登黃鶴樓招同傳繡水余西崖夏八淑毛子霞及家兒始奮分韻　彭而述

飛樓縹渺肴江干霜髩登臨記往年隔岸春城生儘外亂帆斜日到樽前雲連秦蜀開荆甸水下東南盡楚天莫向桑滄生感慨孫劉興廢幾茫然

黃鶴樓　王澤弘

頻來鄂渚泛虛舟覽勝還登黃鶴樓橫笛難醒人世夢長江莫浣古今愁千家堞影寒雲暮兩岸山光落照秋放浪閑身聊縱目漁歌半夜起中流

黃鶴樓和同年韻　徐惺

聳翠凌空不在樓可憐多事廢春游波濤滿目煙長白烽火驚心水暗流中夜頻瞻天北極滄江不改舊神州愁予衰髩重來日搔首高峯月上頭

黃鶴樓　王孫蔚

歘立飛樓尺五天窗環平野入尊前長江曉結千峯雨大別晴開萬樹煙紫雁北來迷楚浦白雲西去認秦川憑闌愁看陶公柳舞却春風又一年

黃鶴樓　吳光

黃鶴登臨思壯哉樓前往跡重徘徊青山江上無今古玉笛人間有去來睥睨遠分寒霧色帆檣低揖暮雲開層闌更倚尋題句極浦蕭條急雨催

石鏡　金德嘉

有物胚胎萬象先一輪皎潔自中天照殘今古妍媸事歷盡乾坤大小年雲夢春星低共曙洞庭秋水遠生烟從茲直上崑崙頂探取河源銀漢邊

鐵笛　金德嘉

仙翁鐵笛知何處縹緲雲中若有聲不盡天風吹漢水無端子夜徹江城廬生夢裏應同調李白樽前倍有情卻笑塵根殊汗漫不禁此地忽淒清

武昌寓樓正對黃鵠山諸勝　秦松齡

心閒如與境相謀坐對名山即勝游不信雲霞隨地湧却看金碧半空浮兩洲古殿仙人去草沒荒宮帝子愁忽聽城頭吹畫角自憐獨臥武昌樓

重登黃鶴樓　楊大鯤

樓前風物亦何常湧月臺連太白堂自古神仙多嗜酒幾人登眺不懷鄉橋依誰見躚躚舞棗實何時纂纂香閱盡孫劉無限事不如對景一飛觴

卓刀泉　劉昌臣

歘空亂石欲吞舟河洑山高水逆流中有平浪寒似玉長年青雨滑如油金莖滴瀝千尋露大地澄清一

鏡收應識卓刀人在此英雄今不羨豚頭

弔熊公大司馬襄愍　　范國祿

尚書氣節重朝堂自是書生到老狂王事豈容滋口角仕途何必盡康莊出身門戶原相左料敵機鋒似可償畢竟借名平衆怒殺人原不爲封疆

黃鶴樓　　龐載

江自清清山自蒼江山一望水雲鄉江聲苦欲排鸚鵡山色曾經下鳳凰黃鶴千年他自去梅花五月晚猶香何人不帶神仙骨莫道神仙事渺茫

鸚鵡洲　　龐載

帝生莫漫弔禰衡禍以胸中文字成舉世自難容曠士孤身何苦負微名鼓撾草草骷髏笑賦就珊瑚鸚鵡鳴從古高才多慧業洲邊精舍一燈明

己亥夏日阻風武昌　　陳肇昌

短棹孤帆卻月東江濤飛接野雲紅思秋忽憶沽泌雨入夏偏多逆水風河洛酒堪驅暑酷昌黎書不濟途窮故人已作臨卭令肯爲相過慰轉蓬

黃鶴樓即事　　金德嘉

高樓自古足登臨此日逢君載酒尋花信正來梅落後春光漸入柳絲深江山並是樽前客風雨誰知醉心仙子有時還弄笛願將幽感托清音

將之粵阻兵泊舟登黃鶴樓　　李念慈

黃鵠磯頭黃鶴樓巖城屹立幾千秋神仙有跡雲霄迴江漢無情日夜流兩郡人家隔岸接三湘煙雨拍天浮陸公祠下兵帆集何處堪容使粵舟

秋夜黃鶴樓有懷　　徐奇

舊時明月今時樓煙波杳渺凝素秋一聲羗笛起江郭幾點漁火依汀洲無人傳語問黃鶴有客賦詩空日頭瀟湘洞庭自此去高雲遠意相悠悠

次輓劉貞節韻　　金德崇

一卷沉唫萬古愁二儀正氣此中留雲昏楚客青油幕雨暗梁園白玉樓鐵馬聲嘶江水血冰鴻影落野風秋墓門此日綸音到孤碣亭亭古道周

蒲午登黃鶴樓觀競渡　　傅彥朝

書成野史携登樓閣筆青蓮笑白頭夢澤連雲收碧漢瀟湘帶雨下黃州楚些呼斷庚寅日山月光添壬戌秋仙客忠魂何處去不知跨鶴與乘舟

登黃鶴樓　　岳宏譽

傑構崔巍踞絕巔高標城廓畫圖懸名山黃鶴兼黃鶴勝跡真仙與禕仙江漢朝宗連萬里星辰拱揖逼

諸天憑闌極目情何限一枉東流鎖翠煙

黃鶴樓分賦　孫卓

行役勞勞萬里身停舟鄂渚忽經旬何緣羈旅逢佳客且借江山當主人雲氣乍開波影亂霞光欲散月華新相看青眼從疏放莫負尊前酒數巡

登黃鶴樓　周燦

幾年黃鶴下江城江上高樓此得名山對鳳凰諸嶂小洲連鸚鵡晚潮平尊前芳草迎人醉檻外幽禽遶樹鳴慰藉南交途萬里天涯歡會不勝情

遊洪山次壁上韻　陸光旭

雙旌奕奕映清斑人似冰壺氣似蘭西雒賓朋懷舊好南樓風雅許追歡他鄉白髮今愁改多病青尊此會難爲是冥鴻天界濶孤飛欲傍五雲端

黃鶴樓懷古　翁介眉

僊人樓子勢嵯峩傲吏閒邊一再過酒向辛家拚盡醉詩非太白且高歌蕭蕭草樹浮雲斷渺渺帆檣落照多我亦煙波江上客聊同野鶴共婆娑

漢江春次友人韻　胡從化

九水同流勢若奔支分派別此爲門凌坡仙子乘風去跛浪神鼇帶月吞返照歸人爭渡口黃昏漁火散

江村龜蒙饒有江湖興欲往希蹤一髣撇

巳亥小除招同何不借陳元孝登黃鶴樓　毛會建

白尺樓飛雉堞間逐忙携手一躋攀當磯浪接洞庭水隔岸峯高大別山世網難招黃鶴住君恩獨放白雲閒如何十載煙波客薇老吳中人未還

登洪山寺　劉朝英

手扳朝朝興未窮秋來躡屐到龍宮金眼氣邑寒郊外樓閣參差暮靄中塔勢欲飛初罷磬禪心方定一開鐘誰言世出蓮花國却是城頭姑射峰

雄楚樓　蔣鑨

巍然百尺倚扶桑特護薇垣鎮北方山繞鳳凰關地脈江連衡嶽接天荒憑陵浩氣千秋賞映帶文星一路香雄楚名高天下望方城漢水自金湯

九日登黃鶴樓　張希良

一上丹梯入境外秋高霜潔大江空洲沉鸚鵡波猶綠山冷臙脂樹半紅辭賦豈能經浩刼樓臺不斷有雄風與君醉把茱萸酒鶴渚龍峯與亦同

重修黃鶴樓　洪國輔

飛閣新從鄂渚開高標仍得並蘭臺白雲忽自三湘

迴黃鶴依然萬里回不斷雄風催作賦長留明月照
啣杯芳洲春草年年綠千古何人解愛才

長虹橋晚眺二首　洪國輔

閒步長虹隔岸花夕陽斜倚半山家溪橋疑向天門
近麥隴岐分世路叉車馬只今餘歲月江湖何處問
仙槎風搖落日催行客遮莫勞勞忒望賒

舒黃萬點舞飛花橋畔參差賣酒家樹影夾城春色
靄湖光吞壁夕陽叉青衫去去誰家子綠柳依依幾
度槎遥望洪山雲緊寺半天淸磬一聲賒

贈向上寺具瞻大士　高鴻

廿載堂開向上開一泓溪水柳分灣長虹飲澗雲生
缽谷鳥聽經月在山盡約好風來竹院肯教淸磬落
人間孤燈茗枕常留客夜半禪扉總不關

登雄楚樓　洪國輔

地枕臺隍接斗杓危樓雄楚勢岧嶢萬家燈火甘同
夢五夜嚕呟勝大招壯士忽醒頭盡白粱黍熟時肯
全消嚴聲不統城烏起山水魚龍並寂寥

黃鶴樓　潘國祚

飛棟岧嶢迴不群危巒依舊倚斜曛誰能畫壁招黃
鶴我欲乘風問白雲夾岸樓臺芳樹盡萬家烟火一

江分向人莫話滄桑事笛裏梅花可贈君

登武昌譙樓望楚藩廢城　劉德芳

江山莽地凭高勝樓閣荒蒔對景眞簷影閉雲仍在
目珠簾甲帳已成塵楚人一炬憐焦土帝子千秋問
水濱猶憶當年爭戰處於今遺簇滿荆榛

黃鶴樓　魯鍒

此地空餘黃鶴樓天邊水湧大江流一泓滾出黃牛
峽萬派漸歸白鷺洲崔灝有詩空閣筆呂嵒吹笛亦
悲秋滇黔烽燧煙雲外誰卽登臨不道愁

游洪山　陳大章

出郭聊爲一日閒禪宮高倚翠微間濤聲遥撼三江
口嵐氣平開八分山古殿龍蛇昏白晝空堦雀鼠走
頹闌晚來更躡浮圖頂咫尺青霄路可攀

登黃鶴樓　李暘

白雲依舊鶴難尋閒上層樓慨古今漢水窗前朝暮
色漁歌江畔去來音不堪鸚鵡留人憾獨有鷗鳧助
客吟歸思憑高還遠望千重煙樹杳沉沉

元夕同友人步出燈市　陳大章

鐵鎖金閶禁地開家家裘馬散樓臺輕塵細逐香車
動簷月微籠火樹來玉漏漫隨歌舞盡人間誰覺管

紘哀太平不用漁陽鼓處處春風有落梅

黄鶴樓　詹大衡

閲遍江山獨此樓楚天奇氣楚人收煙横勢壓三吳
水地敞風高八月秋得句漫增興廢感多材還放古
今眸白雲黄鶴歸何處空憶神仙幾度留

春霽偕諸子登南樓和時菴韻　任重

庾樓春暖㮣新彎懷想風流不可攀畫棟光浮千樹
色碧窻晴映一峯閑巫雲遶向三湘出衡雁遥從七
澤還極目重簷望江北片帆何處是燕山

春霽同諸子登南樓和時菴韻　宋允

欄外迢迢列翠彎碧霄疑在望中攀雨停絶巘光如
洗日映層樓影自閒顥氣融融迎客駕和風颯颯送
雲還庾公豪興今何在緑滿滄浪青滿山

南樓　王魯楷

南樓寒色上虚空極目煙波楚國雄僊去桃花迷古
渡客來㮣葉繫孤艑白雲鷄犬村庄外丹洞藤蘿巖
磬中半醉憑欄無限意北堤一帶滿漁翁

過緑雨園訪陳一公　詹大衡

芙蓉江岸曉烟秋一棹輕帆溯上游緑雨夢回春剪
韮黄花思到晚臨流學窮蝌蚪無同調室滿芝蘭自

有酬我欲伴君呼帝座狂歌直上笑丹丘

又　詹大衡

尋盟老去結絲蘿聲應歡從兒女過才有本源齊孟
頫功叅造化護銅駝松楸青翠千年盛文酒清酣百
歲酡自笑涉江好野鷗相期常醉郢中歌

洪山寺　潘國祚

絶磴攀躋到上方跡林掩暎午生凉塔須有縫容螻
蟻山更何年下鳳凰遠水蹄涔烟漠漠層巒螺髻晛
蒼蒼長廊粥鼓還依舊鳥外僧歸急夕陽

孟孝子塋　張世謙

山頂巍巍孝子塋含悽倒拜旅人情遥看碧草飄殘
霧近見層岩瀉曉晴響徹幽靈鐘鼓報韻揺清籟潤
泉生可知倫義存霄壤樵唱漁謳散楚城

贈周峙鉉孝廉　陳聖裔

蒼巖環抱葉封關卜築長年豊草間天地不銷文字
傑漁樵容放老身閑人於此日稱揆覽君獨傷心麋
舞斑莫道麻衣雲壑冷絳霜纔點岱松顔

登黄鵠磯　曹式金

選勝來登黄鵠磯亭樓千載仍依依遥帆貼水疑鷗
泛高閣摩天待鶴飃笛裏梅花吹夜月城頭棗樹隱

晴曄神仙往矣空陳迹徙倚忘旋雨灑衣

黃鶴樓　陳萬策

磯上崔巍黃鶴樓樓前月湧大江流煙含晚浦忘千舳浪逐雄風控上游樹杪危連天際日檻中時起洞庭秋百年世事憑誰論惟有仙人玉笛留

洪山寺　陳紳

花蒲春山水蒲溪梵宮正在武陵西門臨湖色天邊練日到亭欄村外雞草細偏宜侵坐軟苔高最喜入雲齊楚王舊事休重省剩得春風獨鳥啼

洪山寺　烏天駃

出郊聯步傍山溪古寺連雲對瀼西半雨半晴煙裏日時鳴時啄竹根雞幾人不負花開候于我何如酒到齊久坐莫厭歸與晚最憐春鳥盡情啼

江夏縣志卷之三十九

開元劉朝英重修
黃安張希良編纂
古越洪國輔續修
三韓陳萬策增修

藝文志

詩五言排律

輓馮漸卿　明　劉敷仁

高名驄馬疏奇字蠹魚耕久謝巾衫束惟躭杖履輕嘗逢三伏日君愛九峰清入坐山同靜無言月更明天童曾客約黃檗每孤行衣履僧能共妻兒菜可羹貌耀容白髮吟細閉朱縈制義衡文毋蕭齋屢石兄幾番來嘖嘖取次服精英別我經年後聞城一日傾遙聞方告警建議在巖偵當日嫌多事宵人得縱橫不逃兵火劫見爾梓桑情定力除顛倒初心恐憤盈用書知不沒諸籍豈隨阬燕北思遺蔭金陵問友生素車前有范今輩自推丁七月無遮會瓜蔬水一泓

詩七言排律

贈秦婁江赴楚憲僉二十韻　明何遷

楚甸孤煙覆漢旌湞皐千騎擁仙卿沙邊龍角三湘瀰日下彤戈七澤横司馬巖亭長墮淚范公祠廟故含情花繁湓溆分秋色雨過潛沱報晚晴但使風流開列國不妨禮樂閑專城章臺節迥終年祜夏口才危失禰衡露冕褰帷看俶儻洞庭雲夢喜逢迎沅溪瘴淨朱旂繞嶽麓霜飛繡幰行馬援江南非盛業寇恂河内本朝英文章早歲馳東斗諫諍當今重洛京氣掩權璫回彗曜名高誠讜出承明十年扈蹕燕宮

壯一夕投荒浙水清誰遣賈生身獨遠詎知宓子教還成天臺蹤跡疑逃越栗里行藏更適荆經笥竭來秦傳士褎衣仍坐魯諸生陸離我抱依劉歎感激君懸惠夢評只擬荒塗紉秀蕙敢期華屋攬青萍紫金閣靜春呼酒白兆林空夜聽鶯邂逅正憐移席暮踉蹌何意別筵輕鴛班鳳翥他時事極目巖廊望傳霖

江夏縣志卷之四十

開元劉朝英重修
黄安張希良編纂
古越洪國輔續修
三韓陳萬策增修

藝文七

詩五言絶句

黄鶴樓　宋王十朋

雲鎖呂公洞月明黄鶴樓抱關非故卒誰見羽衣遊

青山磯　明王世貞

武昌在前頭逡巡不肯去爲愛青山磯且對青山住

詩七言絕句

黃鶴樓送孟浩然之廣陵　李白

故人西辭黃鶴樓煙花三月下揚州孤帆遠影碧空盡唯見長江天際流

與史郎中欽聽黃鶴樓上吹笛　李白

一為仙客去長沙西望長安不見家黃鶴樓中吹玉笛江城五月落梅花

武昌阻風　方澤

江上春風阻客舟無窮歸思滿東流與君盡日閑臨水貪看飛花忘却愁

送客知鄂州　韓翃

江口千家帶楚雲江花亂點雪紛紛春風落日誰相見青翰舟中有鄂君

黃鶴樓　李羣玉

江上花樓灝氣間情簾春景見羣山青嵐綠水將愁去深入吳雲暝不還

寄牛相公赴黃鶴樓崔侍御宴　杜牧

漢水橫衝蜀浪分危樓點的拂孤雲六年仁政謳歌去柳繞春堤處處聞

鸚鵡洲　崔塗

才子朐襟鬱未開重臨鸚鵡盃堪哀曹瞞尚不能[illegible]
爾黄祖何因解愛材

南樓　宋 張 俞

城上新開百尺樓白雲人伴白雲留山川半倚三吴
勝江漢常吞七澤流

夢登黄鶴樓有作寤而續成六首之三

王 格

武昌城外漢江頭萬古乾坤萬古流可笑孫郎魚不
食年年血戰取荆州

又

淸江淵淵不鄰鄰月照當年幕府賓誰向胡床誇典
麼西風塵起却汚人

又

鸚鵡洲前草色青白頭浪裏見揚舲請看不郭何人
骨夜夜江聲打不醒

登黄鶴樓　毛一公

十里江城入望來晴川烟樹面江開等閑折盡寒堤
柳此際何堪更落梅

又

華表曾來丁令威仙人跨鶴幾時歸白雲但解山翁

意飛到窗前也不飛

偕王章甫陳公弼登黄鶴樓時章甫子宜卿及
兒子二仲皆從　袁宏道

江流千頃覆雲煙樓閣雖高不似前畫板朱簷遮取
盡爭教容納好山川

又

兩家稚子共追隨似我與君初上時松老石欹樓亦
换可容元髩不成絲

江夏　國朝 劉醇驥

角裏梅花落大荒仙跡何限對蒼茫楚天樹色棲依
舊鎮日波瀾動漢陽

又

雨來孤閣昏昏樹江遍長洲渺渺花笑指棹歌雲裏
去晴川回首誤風沙

晩菜大叅　李基和

白髮蕭蕭託雁歸節旄落盡淚霑衣千年又化遼東
鶴清唳華亭一路飛

甲申九日答王方伯却聘　沈　韻

西風吹菜走山家多見烽烟少見花自分白衣難送
酒怕人頭上有烏紗

九峰寺　沈韻

峰峰登遍日初斜鐵指茅簷認作家山上不知山下飯出門沿路掃松花

又　沈韻

碎葉積階不記層茲來偶過無幽深山留客子月留榻冷在梅花香在僧

高觀園咏牡丹　徐惺

黃鶴峰頭箇韻斜藍關秦嶺不爭差浮華覷破皆如水不用先開頃刻花

江夏縣志卷之四十一

開元劉朝英重修
黃安張希良編纂
古越洪國輔續修
三韓陳萬策增修

雜部 樂府長短歌行 六言詞曲諸體

鷓鴣曲 樂府　明 李東陽

大兒孔文舉小兒楊德祖餘子錄錄不足數身著岑牟前擊鼓禰生狂呼老瞞沮我辱衡衡辱我我欲殺之猶雀鼠一投荆再送楚黃鵠磯頭賦鸚鵡鸚鵡才多爲舌誤舉世何人不相妬生莫逢伉主簿

三字獄 樂府　李東陽

朋黨謫天下惜惜不惜彼李迪三字獄天下服服不服殺武穆奸臣敗國不畏天區區物論眞無權崖州一死差快意遺恨施郎馬前刺

睡仙詞　張居正

這箇道人黃服藍巾分明認得却記不眞呵呵元來是醉岳陽飛洞庭娃呂底先生

貢院中秋有感 六言　唐伯元 典試楚闈

紫蓋峰頭月色鳳凰院裏花香懷人今夜千里何處

東山草堂

謁岳忠武祠　王鉞

自分林泉人此腰久不折今謁岳王祠下拜非諂悅一拜忠義之堂堂二拜精忠之烈烈三拜文武之全才四拜古今之豪傑朱仙鎮已逼東京十二金牌和意決乏糧不盡莫須有國體已無公道絕嗚呼五國海天涯二帝遊魂向誰說我有一管筆利似龍泉鐵可以剮檜之心截檜之舌斫檜之頭刺檜之血万俟卨羅汝楫附勢欺君固當粉其骨而張俊之妬賢嫉能亦安能逃其賊我詩雖非溫厚詞不平之氣聊以

雪風清月白酒半酣擊碎唾壺歌一闋食君之祿而不流涕者是無爲臣之節後來文山似武穆臨敵制勝之機識時勢者自然品其優劣檜之大奸直至賈似道江萬里崖山舟覆宋家滅

戰城南 紀癸未獻賊張憲忠陷城　國朝 姜宸遴

戰城南城南不用戰賊人來臨城兵民自相亂城門日不開賊人踏步來不見旌旗出惟見哭聲哀遙望征雲起雲梯如附蟻傳聞隆準之裔墊江魚又道相公橋下死宗子之兵萬有餘束手自相斃將軍者誰子忍令社稷同兒戲城破士女亂如麻黃金紅粉委泥沙村墟處處青燐熾夜雨時聞鬼怨泣吁嗟乎人生孰不死留取芳名噪人耳試看當日欺君賣國王監軍何如以身殉國徐長史 王楊基徐公諱學顏浙江人時署江夏縣事

大江 貂裘換酒　唐祖命

一派哀湍瀉迴來源岷峨萬里東流日夜鸚鵡洲荒芳草沒煙雨晴川臺榭過幾點西風檣烏千古英雄何處覓但湯湯瑟瑟滔滔者吾有淚浩盈把　凄凉六代興亡話笑多事仲謀公瑾爭雄圖霸帝子不還王氣盡愁煞江山如畫長太息浮生幻假只有仙蹤磨不去捲銀濤鶴影飛來也一杯酒向天灑

黃鶴樓 江城子

何年黃鶴有高樓俯江流對清秋暇日羣公攜酒共來遊萬頃烟波空浩渺今古事問漁舟　江山留與後人愁落霞收淡雲浮鐵笛一聲吹起水悠悠便覺此身眞羽化茲夕裏到瀛洲

長相思　楊士文

山高高水滔滔江聲嶽聳萃恩膏士林喜化陶　文壇騷武壇豪龍吟鳳舞共翱翔百世仰旌旄

槐花寺 六言　沈韻

瑟瑟西風千樹淡淡寒雲數層此時活計誰可英雄

定在高僧

凱歌

陳大章

帝德超三古乾綱御九垓威靈覃出日聲教訖無雷
勍畢天街正山河地絡開内寧敉外攘萬里絕纖埃
小醜龍荒外跳梁久僭差堯年猶吐霧羲世敢吹沙
聖度恢天網神謀翼日車禦邊有長策六合總王家
蕃部爭鳴鏑邊臣急請纓萬全由睿斷下詔決親征
龍虎騰驤衛山川錦繡迎何如漢天子空築受降城
涿鹿車徒會虞廷干羽陳六飛行自將轉餉不煩民
王者師無戰天威動若神先聲傳萬國絕漠迴生春

選將分三道鳴鑾綜六軍御雲高日月雄册薄風雲
黃鉞中樞麗珠旗北斗般單于心胆破刻漏剪妖氛
青塚黃花峪天山瀚海壖減餐同下士郤輦服戎旃
紫塞神泉湧寒沙細草連萬靈齊助順神武軼千年
蹴踏鶩鷟海飛騰龍豹營追風看士氣掣電表顏行
逋寇驚先竄遊魂阻伏兵天心久厭亂何路更偷生
馬首旄頭落烏啼磧幕虛六奇遮要害八陣偃驅除
甚擭穴中兎平煎釜底魚十年真稔惡今日殄兇渠
牛馬佇填谷弓旗棄滿林星纏空受孛月暈笑圍参
勇氣餘三鼓沈謀緩七禽止戈還布愷天地聖皇心
塞外闕氏血旗門逆豎纓虹霓浮寶纛閶闔捲龍旂
匝地欣歸馬傾河待洗兵六師齊唱凱歌舞入瑤京
苑日臨軒出牽俘飲至歸三征衎祖廟萬國識戎衣
蕩海拔山力先天葢世威玉書丹簡在亘古秘神機
命賞山河誓頒恩造化鑪禹功不自伐堯德溢中衢
玉燭輝三極金甌奠八區安民兆一怒從此樂無虞

江夏縣志卷之四十二

開元劉朝英重修
黃安張希良編纂
古越洪國輔續修
三韓陳萬策增修

藝文志

疏部

論九品官人法疏　晉李重

先王議制以時因革因革之理惟變所適九品始於喪亂非經國不刊之典古諸侯之治分土有常國有定主人無異望仕無出位之思臣無越境之交上下體固民德歸厚秦罷侯置守風俗淺薄漢革其弊斟酌周秦並建侯守牧司各舉賢貢士任之鄉議比蹤三代方今聖德之隆承魏彫弊人物播越人無定處郎吏蓄於軍府豪右聚於都邑事體殊錯與古不同謂九品既除先開移徙且貢舉之法不濫於境外則冠帶之倫不分而自均建樹官司功在簡久階級少則人心定久其事則政化成若任非所由事非所覈雖竭智慮無益於治苟人思反本修之於鄉華競自息禮讓日隆矣

十事疏　明鄧貞

其一曰吏部職專選法洪武中內外諸司官吏俱有定額今冗員甚繁日增於舊非任官惟賢初意凡各處考滿官到部當辨其賢否優劣年勞久近以爲黜陟今有積歲至七八考不得遷一級者有朞年未滿即陞數級者凡進士監生出身自有定例今驟除方面躐躋華要者亦有除授佐貳沉滯末僚者何弗倫也至參補吏典立選撥正撥之名此吏部之弊也二曰戶部職掌錢糧出納尤當愼用今各府州縣稅糧或有經二三年四五年不完者本部恬不爲意每年指以催徵爲名紛然遣官在外有一二年三五年不返者惟務剝害良民以致田里不安賦稅多逋本部明知其非皆不舉奏其諸色稅糧既已送納到倉而官攢人等通同盜賣虛出通關亦有未曾送納到倉各府州縣貪緣爲奸僞造通關奏繳到部此戶部之弊也三曰禮部職掌禮儀凡各夷朝貢使臣至京隨當具奏接待如儀不使遠人觖望今飲食供帳委之會同館應賞賜者故意遲留又有各處夷民土目來貢者往往不即奏達止令於會同館聽候或十日半月不引奏者或已進貢不即發遣此禮官之弊也四

曰兵部職掌兵政凡天下軍馬多寡虛實當周知如某衛某所見在軍馬若干欠缺逃亡若干時常點檢具奏整理今乃尸位素餐優游度日兵務廢弛馬政不修軍伍不整有經三五年十數年空歇不補者馬匹孳生有三五年拖欠不完者是致各衛通同作弊互相蒙蔽貪贓壞法非止一端此兵部之弊也五曰刑部都察院黑白不分是非顛倒令人無所控訴亦有淹禁三五年十年者皆委而不問審決之際所在官司略不究心以致死於非辜大理寺職在詳刑一槩蒙隱隨其輕重高下不能有所辯理真若癡愚旅

進旅退此刑官之弊也六曰工部職掌造作今所急務者惟行在宮殿其諸造作皆可隨宜乃不度民力不分緩急買物料以一科百以十科千動至數千萬計民受其害不可勝言且匠有連年服役不少閒者有經年買閒在外生理者有狡猾託故而逃避者致役使不均人心不服舊制凡軍器除存留操備其餘皆令入庫遇有損壞或補造就各衛軍器局修治不許私製近有無知小人私帶軍器及私藏其家或公行貨賣不知此等軍器何人製造舊制官府買辦物料止收本色今貪利之徒一槩攬納不收本等物料俱折收鈔貫等項恣肆貪殘既民膏血此工部之弊也九曰洪武中各衛官旗軍士編成隊伍各有統屬今擅將別衛軍士入伍又行招納逋藏逃匿此軍政之弊也十曰內外各衛所軍士皆有定數如伍有缺即當勾補今各衛所官吏惟耽貨賄軍伍空缺差人勾補縱容賣放百無一二該管官吏徇私作弊不行舉發又有勾解到衛受贓故免及以差使爲由不令服役此軍衛之弊也凡此十事皆今日急務宜令所司各舉其職而後天下之治成

直陳楚藩行勘始末疏　　郭正域

今年二月臣尚在翰林院掌院事通政司沈子木至臣寓邸謂臣曰楚府儀賓袁演等持宗室華越疏來奏楚王首相沈老先生堅不欲上而演等苦告不去臣應以不知子木謂取原疏來看臣對以不願與聞又月餘而臣始奉旨署部事楚王來奏華越矣奉聖旨覽王奏惡宗罪狀多端各部院參看來說欽此伍四月初一日日食閣臣赴部救護首相沈一貫問臣楚事臣應之曰聞宗室先有疏至矣通政未之上也惟當行撫按勘問將三輔臣皆然臨別將一貫復私向臣耳語曰貴部復本請無言通政匿疏事又繼此

而宗室華越至矣仍赴部併各處訴告臣照舊例送會同館羈留甫半日而通政司票有華越赴司改換月日以疏上聞候旨未下華越投揭臣部大略謂邀截實封廣行賄賂等情臣當批儀司案候又思祖宗之法宗室無久住京師之理時華越已住一月矣臣隨上疏請旨處分令越去奉聖旨華越係楚屬宗如何結集群黨輒參正王以小犯大豈得公論該部院會同該科參看來說欽此臣以爲事情重大自當行勘隨與一貫言之乃一貫再三慫阻謂親王不當勘問但當體訪臣應之曰臣與楚王宗室同城而居一

有徧狥禍且不測事關宗祉不宜朦朧了事若不行勘科道官言之一貫冷笑向臣曰科道斷不言也臣之請勘忝部中事體未有不勘而竟自處分者也未有不勘而竟自停閣者也不勘則楚王之跡不明不勘則各宗之罪不定今一貫先時於王疏則以爲當勘而今於各宗之疏則以爲不當勘亦何以服天下之心乎夫行勘在部中聽斷在地方處分在皇上臣何與之有既而奉聖旨這事情屢有明旨你們既已會同參勘着行與該撫按從公悉心勘問明白具奏欽此臣又行文問楚王令按尉夏槐持一帖送臣書

儀百兩囑臣曲庇許臣萬金臣以書復之曰貴府事但奉國法而行尊貺毫不敢領也屏其來人不許再見當時即欲發覺緣楚事正在疑懼之中難以張皇恐涉好名有傷雅道又數月而湖廣撫按會勘疏至矣奉聖旨這事情關係重大禮部還會同都察院看議來說欽此不數日楚王辯疏又至矣奉聖旨覽王奏辯事情與前撫按勘報尚有異同還着九卿科道從公看議來說欽此諸臣之見大略責成撫按者俱多計各議單不下萬言例該即日上奏不敢稽緩遂不能一一抄謄上煩御覽臣部謹括大旨而已隨將

各單用印鈐記次日仍令該司抄謄數本分送各部其事之始末此臣今將華越原揭楚王禮帖上呈御覽夫沈子木之匿疏也則謂一貫主之也不知一貫何意也既一貫力不欲勘也不知又何意也臣竊以爲事無大小皆當上聞而一貫乃有不欲上聞者事無大小皆當付是非於天下聽皇上處分而一貫乃欲以其意爲行止臣不意皇上以腹心命一貫而一貫乃不以腹心事皇上也以上諸語臣可與一貫面質何敢欺誑皇上試謂此等大事當匿乎不當匿乎當勘乎不當勘乎誰敢於二三千里之外昌昧擔當

乎蓋自臣不受一貫之命必知有今日矣今閒御史康丕揚疏雖不言臣而意似疑臣楚王前後三疏無一語疑臣楚中無一人疑臣不知疑之所從起也使臣果可疑也楚王能不言乎事若反坐華越二十九人能不怨乎皇上試問撫按併在事司道府縣諸臣有一事相聞豈能爲臣隱乎恐諸臣各有人品各有良心不可以頤指氣使也獨臣行能淺薄不足服人又無事過特皆足取怨如近來不與人諡與奪人之諡皆不過爲皇上守法耳乃一貫之恨臣深矣臣一日不去將無死所臣以守法而去官臣有餘榮矣伏

乞皇上放臣歸里以謝一貫諸臣不勝感激之至其楚王禮單華越原揭臣不敢改易抄謄謹封原紙呈
上御覽

繳尚方疏　熊廷弼

奏爲繳還尚方席藁待罪事臣本不才蒙神宗皇帝殊遇屬以東事且賜尚方劍一口使得便宜行事臣用是斬貪懦將三人逃叛卒數十人聊正軍法以彰國威頃臺臣顧造論臣謂尚方之劍僅供作威逞志之具臣則何敢但臣負尚方而不能用者實多按軍法詆言誑惑搖動衆心者斬乃軍中挾私快臆表裏爲奸流言匿單布散鼓惑而臣不能用也軍法部署鈐轄以下商議兵政務在和允違者以違制論誤者斬乃軍中事事抗違玩怠軍馬錢糧任意虛糜全不報驗而臣不能用也軍法離伍者斬乃軍中一日而逃二千人不許一人正法而臣不能用也軍法妄言敵至夜呼驚衆者斬乃軍中聞江潮聲夜半驚潰乘機搶掠而臣不能用也軍法取人財物者斬乃軍中指驛閭規科斂各營路如朱桂芳高鴻中等而臣不能用也臣負尚方多矣科臣楊漣論臣當繳還尚方席藁待罪且責臣以一刀兩斷不宜做近來頑鈍行

徑臣病勢沉重死期將至雖欲作頑鈍行徑而不能待謹將原賜劍一口具疏奏繳不敢再留作威逞志爲頑造過憂惟是劍爲朝廷威靈所係劍還而臣已失恃官軍已無顧忌五日京兆玩侮易生所關封疆存亡甚重伏乞如臣前疏亟賜罷斥聽勘一面議遣才望來代一面移撫臣於遼陽督臣於廣寧劃鎮撫臣於山海關支撐目前危急人情事機間不容髮而無徒悠悠使國家受麻木不仁之症病臣幸甚殘遼幸甚緣係繳還尚方席藁待罪事理未敢擅便爲此具本專差守備楊進親齎謹具奏聞伏候敕指計繳

尚方劍一口連匣萬曆四十八年九月二十四日奉
聖旨

治兵理財實効疏　吳裕中

臣竊念年來舉國焉目憂者惟兵與財兩端耳兵非驕即弱非逃即潰費金錢如許詎稱必勝之戎財不在官則在民不耗於私則糜於公授賊首何時孰操嘗羸之算於是以刻剝嚴武弁以搜派責諸司當事大臣心血幾嘔究竟兵莫用命民徒疾呼國家不得已之搜刮仍半入貪饕之手此局牢不可破譬如走疾影塹深谷聚訟彌深而釀禍彌烈也方今武職惟

事苞苴務遊結靜於監司總戎獻媚於撫按彼剔無點金之術不過借經費名以侵尅軍糈耳究其始豈非樞部自樹之風聲哉謀登壇者費數萬求專城者費數千雖關說疏題或出他人而牽制操縱總在該部是安望諸武臣精白一心簡兵練卒使投石超距之士効死封疆乎該部倘能力持不開一竇而武弁各得自愛以肅三軍撫按監司而下誰不轉相程效也故欲剔兵之蠹必先自兵部始財之匱也事例頻興徵求繁擾焉若從各處餉稅諸科之糜費者一加節省而國家數百萬之金錢可立辦矣嘗見外有批委懸以徇有力之請飽司府佐領之橐而公家曾不得多收一錢之用究其始豈非農部自標之榜樣哉即如督催遮餉一差迎送餽問不減外吏需次嘗委動擲千金又安望其實心潔己不自示一隙以畏後言乎名曰交際其實皆民膏皆國帑也與其撲滿盈之而泥沙散之何若錙銖積之而天府登之豈不堂堂正正耶臣子急公之誼乃徒事彌縫狼顧鼠息使中有覼夢僕僕靡寧奚爲者也該部倘能力持交際可卻俾外有觀法亦各以節省之餘歲終報部則欲剔財之蠹必先自戶部始兵部憂兵戶部憂財洗心

滌慮風示外吏窮源探本計莫善此不然雖日事督責豈能期有成效哉

劾次輔丁紹軾疏　吳裕中

疏曰朝廷恩禮不薄輔臣黨惡有據敢昌陳愚悃仰祈聖裁速賜罷斥以厲臣節以奠宗社事次輔丁紹軾本一奸邪巧令小人其入閣一疏矢口經濟大率謂人人驕官事事篡實有題目而無文章臣初愕焉心折以爲或出忠愛近被臣同官趙應昌有言乃輒具疏求去至再至三佯喜佯怒巧作加膝之波陷特倚叢之局而其人之中藏已逼露矣如明旨中心是

口快四字不過爲次輔解嘲存體之言紹軾次疏于喜萬喜感皇上賜此一語亦既以爲特達之知又曰何嘗盡誼曰開口幾何豈贊襄四月來尚有匿腸尚爾捫舌乎抑以爲皇上之知遇有未深而圖像有未肖也至皇上遣官諭留恩禮備加或者謂大臣之用心非衆人之可識乃三疏口口聲聲咬定題目重複發揮只謂緣馬世龍而去可謝天下可報皇上夫世龍一操戈環甲之武臣耳世龍之去留何足以謝天下何足以報皇上當今內有客魏之交逼外有崔田之暴横人情懍於蜩螗國勢危若累卵如此重大題

目紹軾絕口不肯言不敢言揆席文章僅借輕描淡寫之世龍以塞責眞有不可解者從來邪正消長之界多由大臣依違苟且遂成莫挽之勢方今善類幾空邪焰彌熾所稱受特達恩遇以乂安宗社者其道安在是騙官者次輔瘵實者次輔有題目而無文章者次輔悞國欺君莫此爲甚尚爾播弄唇舌嘵嘵倖倖此臣所中夜腐心憤不顧軀而未敢緘默自已者也伏乞皇上立賜乾斷發斥紹軾則政本之地擴然肅清從此剔慵群奸保全善類則國是尚有可爲之機天心尚有可回之路民生幸甚宗祊幸甚臣得從龍逢比干於地下所甘心矣

獻勸學箴疏

任家相

爲循職掌恭獻勸學箴以效芻蕘事臣聞帝王之盛節在務學以親賢臣子之靖共必先事而後食故擊柝抱關皆有常職執籥秉籰義無曠官臣至愚昧荷蒙皇上拔之外枝繫官禁林備員講讀亦思殫心啟沃少罄生平乃青宮輟講比及七年朱邸右文遂成進響臣等徒寄虛銜罔裨實用雖日支斐粟尚羨飽於侏儒而月糜俸錢祇負慙於尸素臣與同官臣張應完出則顧影相憐入則仰屋竊嘆河清可俟詎報

稱於涓埃天聽彌高欲叩閽而躡嶠奈方今廟堂政務無一事不廢弛廢弛而至講學則大經大法何時幾於復振大小臣工無一人不鬱悠鬱悠而至臣等則居卑居貧無地可以自容伏念質賦曚誦並切箴規曝炙芹甘寧忘獻納昔九齡之錄金鑑陳善千秋如晏殊之請視學責難暑月臣非其人謬存斯志不揣狂瞽掇拾陳言輯爲勸學箴一通拜而進御儻塵乙夜之覽觀佇以傳宣願助丁年之嚮往牘已繁於山積量終恃於海涵矢竭愚衷退辭燕冗臣謹稽首頓首而獻箴曰煌煌帝制洋洋聖謨方策具布佐化

握樞匯精弗聚匪博弗儲綜緒研精實惟師儒昔在商宗甘盤售學召說傅巖學古求獲周成基命旦奭夾輔抗法伯禽夙夜敬止歷漢暨唐代有英主石渠虎觀金華冊府參校異同商榷往古弋釣祠林婆娑蓺圃理臻郅隆卓垂模楷悼彼失德邇殖終迷博士倚席講幄怠規朝鮮弼直政漸淪亡洵學猶殖不學將落匹夫廢學陵替占國夠繫青宮萬方爲則治亂方寸安危頃刻出聖入狂形影靡忒卽諸藩封本支磐石河間東平令聞長世膠西廣陵荒淫自斃跬步分途千里馳背故晏安可懷也而與其溺於欲也無

寧溺於水則深宮之暇豫何如廣廈之勤亹近倖可狎也而與其蠹於人也無寧蠹於酖則婦寺之比昵何如師保之寅承無謂我貴下賤得民入胄尚齒禮明有尊必學如不及懋修厥身而天爵之貴其貴無倫無謂我富利令智昏藏靡弗散物忌太盈必多識大畜實善洽聞而道充之富其富不貧無謂我聖習以移性堯兢舜業湯躋聖敬盤盂著銘戶牖示警胡望之未見而滿以招損無康好逸謂學爾勞文史優游師友薰陶疏神達思體暢氣調清和晬盎妙解天弢胡學焉惰而美疢銷膏無耽好樂謂學爾坊理義悅心厭飫滋長講習弦誦金石宮商牙籤翻詠廣樂斯張酣歌恒舞慆心誨匕胡弗樂學而茹荼是臧無矜獨智謂人孰愈艮玉萬鎰追琢乃器睽離燕僻諂諛沓至豈若虛襟容與切磋酬對鉅細畢陳古今洞晰胡專已遠賢而耳目壅蔽無雜異術謂學多端申韓條褻佛老虛誕亥用燮秦二武同患豈若淵源精一闡述經傳乾綱坤維成憲懿範胡正學疎澗而奇袤泛濫故學以資孝則爲文王世子問安視養朝夕寢門而至德莫尚學以教忠則爲帝堯知人舉直錯枉岳牧疇咨而天工熙亮學以虛受則爲大舜舍已

察納宏讜翕受敷施而江河同量凡學之益嫩難禪述惟學之廢百戾叢萃無日暫輟功虧一簣學則如登不學如墜無曰姑待隙駒易邁不學面墻學則光大無曰不急日用飲食不飲則渴不食則饑一日廢學何倣何依譬之御馬學其羈靮羈靮少弛顛覆可虞譬之暗室學其燭炬燭炬一撤倀倀何之日新又新念茲在茲毋倦於勤毋荒於嬉烈祖降鑒帝命顧諟儒臣執經敢告暬御

條陳疏　　任家相

敷陳末議乞尊遺經以光聖孝詳學制以隆風化事

臣竊惟聖學莫先於尊經而至德無加於止孝洪惟
我皇上神明天縱孝事慈宮尊養備至眞媲美舜文
而度越千古矣臣伏讀孔氏遺經有孝經一書簡袠
不繁經傳臚列雖古今之文間異詮次之家不同宋
儒朱熹著孝經刊誤參互訂正井有條理今十三經
註疏僅存胄監朱氏所註未立學宮聖經微言遂同
巷說昔漢治雜覇猶設專官唐宋率由屢勤進御章
句悉通於羽林選舉獨重於科目奈何當聖明孝治
之世而歷二百餘年未有慨然爲之扶衰繼絕者夫
使孝經非夫子之言也則可紬繹遺文爛然與義聞

有疑其簡編錯雜一二爲諸儒續貂不知秦灰既燼
寧無亥豕之訛象罔不迷自得玄珠之寶夫子嘗曰
吾志在春秋行在孝經春秋不以王安石目之腐爛
麼而孝經何以俗儒疑其錯雜湮乎臣愚不揣欲乞
勅下閣部史舘將孝經註疏更加繙校如朱子刊誤
可採斷自宸衷布之功令國學鄉校槩以教士如謂
經書已定不容輙益則禮記多出漢儒既以表章學
庸或可附入孝經每歲科試務於孝經出一試題比
之樂記其檀弓雜記等篇止存叅攷無煩誦習而經
筵進講首及孝經使聖子神孫共驗盡倫之要道仁
親錫類永言不匱之孝思榮名光顯與天無極臣謂
尊遺經以光聖孝者此也所謂學制之當詳者何也
則京邑之學宜建也夫京邑翼翼四方之極故菁莪
樂育化必始於王畿髦譽思皇風獨行於首善今都
人士雍容秉禮蔚爲國楨者猶未易見徃應天諸生
且嚣陵詬誶數扞文罔無亦地大而勢疎士玩而敎
不行乎各省附各郡邑例皆設學邑庠間鈌近亦漸
增而江寧上元宛平大興獨未建學僅附郡庠大父
毋子弟喘息易親拊摩化導循良並用因仍簡陋遂
使師儒之賢科第仕者裹足於都門邑令之經術致

身者弛肩於學校既已詳外而略內安在道一而風
同合務一體建學廩餼官司取郡庠之多設者而析
置之雖費無幾如以祠詘舉盈則琳宮梵宇畿埒王
居餙玉塗金祇供非鬼而孔孟之宮靳尺寸之地非
所以爲敎也臣謂學制之當詳者此其一也則宗學
之條宜定也國家磐石鞏基天潢衍派近議立宗學
維寧維城之德意甚厚然宗正徒擁虛名激勸未有
定法前無所希慕後無所顧畏而克自砥礪者中人
是難况可責之膏粱紈綺之子乎粵稽徃代若漢劉
向父子輩卓爲名臣唐有舉宗室法李麟得爲侍御

史宋有換官法令爍得爲職方郎郎今屬籍之殺繁詎無价人之膚敏奈何錮之聖世老死牖下第祖訓之擢用既具空文科目之增加殊難溢額合務量闊薦舉一途嚴爲之限制而寛爲之獎誘居常以課業委之宗正每歲以考試責之學臣先許行誼次校文詞重禮親賢薄懲頑梗按臣報命照地方人才例特疏薦舉各省限以名數該部彙紀覆覈其屢登薦剡實行著聞者或特示旌異或逓加祿秩他日宗正副之選卽取之此而有如劉向趙令衿其人不妨間行徵聘優以宗老懸不易得之恩數以待豪傑而無終

棄之禁綳以倡好修宗學其有興乎至於課試之鑰資卽欲權於常祿官師之訓迪卽推擇於王門仍倣高皇帝所製臥碑親灑宸翰開載責成盍今之宗藩不獨拘繫抱抑鬱之嗟而逸居多放蕩之行近日中原諸報尤駭聽聞則刑以禁之已發局若教以導之未然臣謂學制之當詳者此又其一也則國學之祀宜議也周官大司樂掌成均之法以治建國之學政凡有道得者使敎焉死則以爲樂祖祭於瞽宗今之國學卽周之成均而鄉校之名宦鄉賢祠實放瞽宗乃國學於二祠獨缺夫國學天下士所萃固不得以

鄉賢稱若宦於朝者則西雍振鷺豈盡彫落於鴻泥阿閣鳳巢尚見嘐嚛於烏紀或坐而論道或作而立政或洗日月於重朗或扶神器於將傾或文章經世而位不滿於生前或謇諤匡時而名僅流於身後若而人者槩之於廟未必躋孔氏之堂而抑之於鄉何以酬太常之烈彼功在社稷而不享社稷之奉澤在朝廷而不與朝廷之祀揆之瞽宗之義則不協律之鄉國之祠則未備似宜於國學文廟之外別建二祠一以祀師儒自閣臣以建詹翰國學一以祀卿佐自六卿以建臺省部署惟其人不恡其官品苟無瑕則

鄒智楊源並崇示卹勳無可錄卽保衡師尹斷不濫竽世必久而後定論必悉而始公於以報酬不朽風勸無窮臣謂學制之當詳者此又其一也抑臣聞天下治亂繫於風俗風俗厚薄由於教化今勢利病於膏肓資格苛於桎梏澆漓誕漫古道盡亡機械譸張士心益蠹賈生必上痛哭之書朱穆欲著崇厚之論而世之號師儒者皆有教化之責顧寒氊局脊苦榭戸之無資冷署棲遲嘆揚眉於何日上用之過輕而責之過重卽有賢豪能無解體則夫茂文學之選開嚮用之途假優隆之體示好古之趨使以道以德淬

勵自樹無致蹇艮同滯畛域太分尤所以挽頹俗而
敦雅化之一大竅會也雖然枚卜之典尚虛寮寀之
員不具選取之綸未渙而議及學制議簡師儒臣言
誠爲廷緩不知人主惟十精神廟堂惟一意嚮奮則
俱奮懷則俱懷臣竊窺我皇上聖神同符皇祖世宗
肅皇帝每事取法皇祖承積弛之後制禮作樂赫然
中興如並建四郊釐正祀典再幸國學特拔詞臣皆
非常作爲卽晚年靜默恭修而信任輔弼慮周寰宇
朝無不舉之政下無不盡之情迄今傳其與閣部手
諭密扎不啻家人父子之款渥乃皇上近歲以來尋

常章疏一槩停閣法祖謂何初政謂何時窮則返轉
移在舉念之間否極而通俄頃臻建明之績是故股
肱心膂之臣夙夜圖維而遐邇觀聽之夫朝夕顒祝
不獨微臣之惓惓私願已耳

江夏縣志卷之四十三

開元劉朝英重修
黃安張希良編纂
古越洪國輔續修
三韓陳萬策增修

藝文志

表部

爲夫請戍邊自贖表　唐李邕妻温氏

妾温氏言邕劾職不謹狀涉貪狠逼迫囹圄獲罪以
聞誠宜不待刑書便當殞戚然事有所隱恐負明時

天聞敻遠號訴不敢倉卒之際分從嚴誅豈謂天鑒
仁明邕得生竄荒外再造之幸上答何階死罪死罪
邕少習文章薄竊時譽疾惡如讎往任拾遺奏張昌
宗之黨後叅憲府劾武三思之罪坐此爲累不容於
衆秉邪佞者竊齒攻文章者側目由是頻謫遠郡削
跡朝端不見闕庭何啻十載歲時凝戀聞者傷懷屬
國家有事東岳大禮告成法駕西旋路遵近境邕奉
牛酒之獻各展臣子之心不意天澤曲垂恩私屬沐
邕當再躍何以爲心懇至夙誠冀遂申劾妾聞正直
見用邪佞生憂邕之禍端自此爲始且邕比任外官

竟無一議天顔暫顧罪則旋生諺云士無賢不肖入朝見嫉伏惟陛下明察此言妾之微軀萬死無恨死罪死罪邕初蒙勘當即便禁身水不入口向逾五日孤貞援寡邪黨相趨窘急至深實不堪忍氣微息奄惟命是聽遺邕手書事生吏口貸百姓蠶種抑稱枉法而羅以進令作贓私吏以爲能守此加罪當時匿使朝堂潛皆守捉號天訴地誰肯爲聞嚴命將行恭徃奔逐泣血去國没骨炎荒長任欽州示以無用妾願克邕一卒之用効力明時膏塗朔邊骨糞沙壤使得身死王事成邕夙心妾則碎首粉身萬死爲足妾夫婦義重當見其志不避罪責冒死上聞儻天光垂照即當殞滅妾之榮幸實荷再生奉表投進恩匭

河陽謝上表　宋　馮京

久塵右地無補聖明坐竊彌藩尚寬罪戾恩私濫望愧灼兼懷伏念臣才不逮中智非經遠特逢盛際再列近司擢之於尋常之中振之於顛危之下便蕃異數究極寵光齪齪備員僅能寡過碌碌成事無足論功徒肩許國之誠靡講衛生之術曩嬰疾疹殆至膏肓雖賴上醫迄存餘喘然而氣血潛耗智慮早衰筋力之於步趨耳目華於聽覧勉從職事仍歷歲時覆餗之譏已騰衆口乞麾之請遽惻上心剏惟右輔名都三城重鎮水陸皆便次舍非遥食物具宜堂皇尤峻使傳罕經於館候訟牒希至於庭除加以時雨既優宿麥滋茂盜賊屏息閭里阜安不煩施爲有便頤養此蓋伏遇皇帝陛下天地容覆日月照臨私臣以不報之恩諒臣有可矜之理終始眷遇進退保全顧何心顔敢愛軀命惟願稍加藥餌益近方書朝露未晞儻復還於舊觀爝火不息誓更竭於精神

江夏縣志卷之四十四

開元劉朝英重修
黃安張希良編纂
古越洪國輔續修
三韓陳萬策增修

藝文志

書部

與鄂州柳中丞書　唐　韓　愈

淮右殘孽殆且十萬瞋目語難自以爲武人不肯循法度竊爵位自尊大者肩相磨也不聞有人援桴鼓

誓衆而前者但日走馬來求賞給助寇聲勢而已閣下書生詩書禮樂是習仁義是修法度是束今鼓三軍而進陳師鞠旅慷慨感激將二州之牧以壯士氣斬所乘馬以祭踶死之士雖古名將何以加兹此由天資忠孝鬱於中而大作於外動皆中機會以取勝於當世而爲戎臣師豈常習於威暴之事而樂其鬬戰之危也哉愈誠怯弱不適於用聽於下風竊自增氣誇於中朝稠人廣衆之中所以羞武夫之顏令議者知將國兵而爲人之司命者不在彼而在此也臨敵重慎誡輕出入良用自愛以副見慕之心而果爲國立大功也幸甚幸甚不宜愈再拜

又與鄂州柳中丞書　韓　愈

愈愚不能量事勢可否比常念淮右以靡敝困頓一二州之地蚊蚋蟻蟲之聚感兇豎煦濡飲食之惠提童子之手坐之堂上奉以爲師出死力以抗逆明詔載天下之兵乘機逐利四出侵暴屠燒縣邑賊殺不辜許潁淮江爲之騷然丞相公卿士大夫勞於圖議握兵之將熊羆貙虎之士畏懦蹙蹜莫肯杖戈爲士卒前行者獨閣下奮然率先揚兵界上將二州之守親出入行陣與士卒均辛苦生其氣勢見將軍之鋒

穎然有相敵之意用儒雅文字章句之業取先天下武夫關其口而奪之氣愚初聞時方食不覺棄匕箸起立豈以爲閣下真能引孤軍單進與死寇角逐爭一旦僥倖之利哉就令如是亦不足貴其所以服人心在行事適機宜而風采可畏故也是以前狀輒述鄙誠眷惠手翰還答益欣悚夫一衆人心方耳目使所至如時雨三代用師不出是道閣下果能充其言繼之以無倦得形便之地甲兵足用雖國家故所失地旬歲可坐而得况此小寇安足置齒牙間勉而卒之以俟其至幸甚夫遠徵軍士行者有羈旅離別

之患居者有怨曠騷動之憂本軍有饋餉煩費之難地主多姑息形迹之患急之則怨緩之則不用命浮寄孤懸形勢銷弱又與賊不相諳委臨敵恐駭難以有功若召募士必得豪勇與賊相熟知其氣力所極無望風之驚愛護鄉里勇於自戰徵兵滿萬不如召募數千閣下以爲何如儻可上聞行之否計已與裴中丞相見營事宜不惜時賜示及幸甚不宣愈再拜

與知鄂州朱壽昌書　蘇軾

武昌寄居王殿直天麟偶說岳鄂間田野尤諱養女初生以水浸殺咿嚶良久父母亦不忍聞鄂人有秦

光亨者今巳及第爲安州司法方其在母也其舅陳遵夢小兒挽其衣遵念其娣方娠兒已在水盆中矣趍救乃免願以此明告諸邑令此風便革人必樂從其陰德十倍於活壯夫也

與親友　賀逢聖

逢聖頓首拜啓本縣戚友里黨平日但蒙一面之知即未蒙知而頗悉寒家不敢爲惡亦苟怨詈之不及者伏懇終惠明德曲成逢聖晚節其爲銜戢莫大焉先中憲六論颺言和睦鄉里過庭尤所諄諄又詔汝逢聖心最不可麤心麤則胆大胆大則爲禍本市人下筆寫字一點脫誤便說到死處汝愼之記之其他不可殫述今逢聖仰荷皇上殊恩謬叨政地日夕欽氷措躬無所執非我同里先生長者庇蔭之餘誰遂望桑梓頓首以謝諺有之福出入所怨此言雖邇實該至道范文正公亦曰宗族鄉黨見我生長幼學壯仕爲我助喜我何以報之哉逢聖未能圖報矢心且少作孽敬陳三世備嘗艱苦及不肖三十四年銘心之槩於左先大父大母前嘉靖乙巳歲餒三日僅黃豆一升歲除以一伏雌易米二升五合先中憲所刊祠堂對聯當年雞豆未忘念此日兒孫

勿妄思逢聖今日不念是自絕其祖父母之澤也先中憲授館四十年止一青布衣坐處隱巳變藍色先恭人讓居於孀栖止數尺陋室中下濕上漏炊爨即在床前煙燻眼淚逢聖哽咽不能書今日不念是自絕其父母之澤也即逢聖戊戌館於鍾祥巳酉館於嘉魚寺或禦冬以絺或六月薦草癸卯揭曉無宿舂丙辰報至深夜丐酒今日不念忽作兩截人是自絕其子孫之緒也念之若何亦曰罔敢作孽而已罔作孽若何公門無一字之干本宅無生事之僕錢糧無分毫升合之逋馬遁水驛不往索一騎一舟山場湖

地不討咫一尺一寸長江上下無營運裝載之片舫其或非意相加則力誡子孫謝過而已此極猥瑣事逢聖何臚列乃爾先正有言孝子一步不忘親積之成大孝忠臣一事不顧私積之成純忠廉官一銖不苟拾積之成清白烈女一笑不聞音積之成貞節天下事皆起於細微熘火燎原蟻穴潰堤吾畏其卒故怖其始夫逢聖無公門之干而或有僞飾竿牘者公祖父毋弗信也逢聖無生事之僕而或有鮮衣怒馬擅入衙門者公祖父毋弗信也逢聖無逋欠之錢糧而或有詭寄脱漏魚肉里甲者公祖父毋弗信也逢

聖無郵驛湖山船隻之擾而或有武斷強梁樹牌走脱者公祖父毋弗信也逢聖無雀角鼠牙之事而或有指稱族戚如昔年狀寫賀逢聖及持賀歲名刺作規避囑託之先資者公祖父毋弗信也弗信則於事罔濟矣罔濟則不誠何益矣逢聖措大食芹之美方期公諸人人而弇異不惜瑱規以五成逢聖於終始則先中憲猶有望也伏惟先生長者鑒原幸甚幸甚

答杜鶴林總戎　熊廷弼

麾下杜門浹旬矣中丞公兩謁不出僕書一至而麾下即出僕色華矣心感矣顧僕何德以動麾下麾下爲封疆念頭自眞切耳嘗觀自古英雄豪傑忠義節俠之流何者不從性氣中做出來人無性氣正如頑鐵敗絮亦復何用前以廉將軍事奉勸今來書願以爲志三復之喜而不寐如秦庭奪璧時藺豈不性氣及道遇廉則引車以避見藺欲殺時廉豈不性氣及聞藺言則肉袒以謝蓋古人性氣用之正事不用之閒事當時則用過去則已僕亦嘗害性氣病者往往發輒過當及發後又輒悔不已及一悔而千了萬了故嘗以此自喜麾下亦斷不與該道較是非此眞能志廉者也調遣軍馬以防寧前一帶是目前第一義

謀異心乖豈惟尊慮僕亦慮之總之我不爲異而人自同我不爲乖而人自和人即欲乖焉異焉而過有所歸矣麾下亦先以同者和者盡其在我而已矣旌旗西指邊關倚過寧遠效廉將軍與該道相會一笑而釋之豈不千過萬過都已卸盡而且以益見麾下之賢幸麾下聽然之不一

[illegible]上經略江夏熊公芝岡　姚希孟

樂善之誘書薦已盈匭天不祐我社稷使老師不得行其志而躁率者乘之河西之地淪於一旦俞關一帶危若累卵摧萬里之長城而又付之宅人之手不

背爲此焦脣敝舌非爲老師爲封疆也讒人罔極其意葢深有所搆而借吾師爲難端耳但新承褫奪之命凡疏揭中必欲剖心以鳴吾之是便覺以君父爲懟爲人分過引咎責躬詞婉而意篤此孤孽自處之道也即百凡酬答之文稍稍鏟其詞鋒歛其筆鋩而劑以温厚和平斯合于古大臣矣王伯安成功之後爲羣小所齕束身自歸微服入九華山所以功名大節人無間然吾師未淨狠烱先蹈虎尾凡英雄之氣孤憤之心皆着一毫不得正於此處觀養非徒曰蒙難柔順爲明夷之道也捉筆氣咽語不倫次

出諭安南答黎藩書

楊兆傑

奉詔入國宣讀十有四日矣意聖德廣大勅諭温厚和平原爲貴國王臣留有餘之地俾善自悔悟感激不即加誅之天恩仰遵均旨將高平土地人民退還元清具本復命無疑也詎貴國全無老成碩畫深謀遠慮之人仍襲東復粵撫之前其說支吾遮飾狃目前之愚見蹈悖旨之逆節有不勝大爲駭異者大抵王以叠年御國鄭輔國又愴然在苦塊哀痛之際諸議事臣盲昧無知不體

皇上包容之聖恩不凛外番臣順之大義不度爾安南宗社生靈之利害存亡造次以處而執迷不悛悞國毒民莫有甚焉者矣請得爲王痛切言之王要元清世仇力圖報復

皇上悉之熟矣勅諭剴切詳明矣而又嘵嘵復爲藉口堅引齊紀爲証不知九世報仇之說在胡文定已闢公羊之妄而公羊亦曰上有明王則襄公不得報私仇矣今

天子神聖仁武可謂上無明王乎一言之失鈇鉞隨之矣況敵怨不在後嗣柯之盟春秋善之僖成取濟汶之田春秋著其擅兵爭奪之罪曰苟不請於天王

以正疆理雖取故地與奪人之有無以異比類以觀抑何讀經不求正解而偏執謬說以搆禍也夫莫氏爲王臣子高平爲王土地此自嘉靖十九年以前言也迄今據高平各守其土各長其民後王之不得臣莫氏百有年所矣必執泥往事則自古迄今王安南者豈獨王一姓乎王之先祖不常爲陳日煃之臣乎遥取而還其主王將何以自解免也且王之先不常破占城國都擄其王茶全乎不嘗侵併老撾之地乎惟仰借

天朝威勢故奄有屬國耳倘相習尋仇環起而報九

世之仇者不旋踵而至王又何以自解免也他如謂
隱匿黃應麟楊葕罪過此皆已往成事
聖朝原自寬大使楊黃尚在華心嚮化方且赦其罪
而爵之寧區區舊惡之是念乎夫
天朝定鼎元清歸命投城居王之先則高平土地朝
廷之土也高平人民朝廷之民也元清封爲都統又
朝廷守土之臣也王遣兵吞朝廷之土地戕朝廷之
人民逐朝廷封爵之貢臣以春秋大義律之無地能
爲王主臣寬者故守邊藩王將軍提督一則請旨發
兵再則請旨發兵而在廷會議或曰問罪或曰興師

惟
皇上寬仁大德念王臣貢已久不忍加兵宸衷獨斷
特簡兩使臣附耳密囑奉命宣諭期於委婉得達
上情不圖王諸臣驁驁無禮悖旨不遵則亦大負
聖天子之盛心矣以此上聞
皇上自赫然震怒罪王之不仰體
聖意而在廷諸大臣又樂得遂其用武之初議使臣
朝以入而征討之命夕以下安南之禍有噬臍莫及
者矣或者
大清兵力之強盛王未之知而安南成平日久生齒

漸繁而用兵毒害之禍王未之計也夫滇黔兵不下
六十餘萬靖南將軍兵不下二十餘萬平南王兵不
下三十餘萬各督提鎮將之兵不在數內俱皆一以
當十十以當百連年海氛靖盡矣水西滇黔諸土苗
不執者蕩平掃除改土設流矣西山殄滅無遺烏斯
肉袒赴罪何堅不催何敵不克王獨未之聞乎諸藩
將督提二百萬之師居無事之地處不試之日方且
投石超距欲上爲朝廷立開疆闢土之功下爲邊陲
効奮臂一當之勇惟安南介在肘腋間今王始焉不
請命而搆兵既焉具結撤兵而猶加戍守終焉奉旨

和解而尚悖逆不遵負大不韙之罪攖莫可敵之鋒
強弓悍馬健將驍卒三省同勤九道並進吾見安南
一塊土終無噍類耳貪高平久已棄捐之尺地而壞
安南全盛之社稷生民彼誤國諸臣之肉其堪食乎
且元清竄居南寧金錢糧糈費朝廷凡六七萬矣朝
廷何私何利於元清而必欲納之耶總之諸侯失國
托於諸侯禮也納之正也況天子爲天下之主而奉
貢歸服之臣竄失乞哀而曾不一爲托命乎若謂王
亦貢臣元清又係仇逆朝廷必無加誅之事疑本部
皆虛張夸大之言試思元清已居朝廷內地又遣使

臣宣諭和好王與諸臣竟傲慢不顧驕蹇不奉法朝
廷其可漠焉已乎且終置元清於何地乎文德不喻
而誓旅與師不待智者而決之矣今王惟將高平土
地界址及擄掠投順員目人民詳造簡明文冊一簿
付本部存掌王另差的當官員前至高平俟本部入
關一面具疏題報一面押送元清赴高平交割明白
以結王今日遵旨之案然後本部歸朝奏王復命本
章達王恭順美節
皇上自天顏喜動嘉王之順天恭命而樂睿裁之有
感必孚自此以往格外天恩更有未可涯量者若終

悖戾違抗本部奉命之日曾經請旨茲惟拂衣而去
既不能婉諭上意歸朝之日謝過不遑安敢代悖
旨者之妄為狡辯也惟痛心疾首於交南之荼毒滅
絕而已矣區區之心實體
皇上如天好生之意為王宗社久遠之謀生靈保全
之計幸王熟察而行之

答楊職方書 金德嘉

樽酒細論懷抱昭揭所謂同心之言其臭如蘭也僕
跟蹌公車四上策而敝貂如故執事辱賜書曰足下
不第何害足下登少陵堂矣讀之惘然獎借逾涯其
實難副內省滋愧耳承諭提緯古今盱衡風氣慨然
有大雅之思甚盛心哉僕嘗謂性情經術文章之根
波流砥柱非命世大賢不能為力夫唐文強而兵強
宋文弱而士弱此風氣之存乎一代者也賈生俊發
文潔而體清子政簡易趣昭而事博孟堅雅懿裁密
而思靡子雲沉寂志隱而味深表裏必符杼軸各出
此風氣之存乎一人者也若夫龍門之史少陵之詩
昌黎廬陵眉山之文此則窮工極詣俯視一世獨立
千古而不可以風氣域之者也執事又言有明一代
之詩哲匠輩出而掊擊不休信然哉信然哉夫明詩

肇自青田帷幄運籌尚賈餘勇以追作者文宣兩朝
雅志潤色而名公鉅卿僅構臺閣之體開元大曆其
在弘正間乎當是時北地倡而信陽輔邊徐諸彥彬
彬矣然始未嘗不聲應氣求而後稍蹊盭拼剝也七
子嗣興聯鑣並軌而於聊君子有後言抑又何歟自
是厥後則有矯枉過正之勢公安救歷下曰汰其糟
粕也然而率矣竟陵起而救之精劌洗濯良有苦心
而後進枵腹之士奔奏傳會日削月割久之而尋失
方今文教蔚興家管籥而人瑟柱然黃鐘大呂尚有
待於廊廟之拊擊執事得無意乎若乃鼓吹休明成

不朽之大業天下甚大豈無性情恬雅經術湛深之士執事傳蒐而精取之言發乎衷毋優孟而衣冠也文準乎理毋門戶而戈矛也安在大雅之不作而徒嗟蔓草乎僕假裝且就道矣匆匆布復率畧不宣

江夏縣志卷之四十五

開元劉朝英重修

黃安張希良編纂

古越洪國輔續修

三韓陳萬策增修

藝文志

序部

鄂州何大夫創製夏亭詩序　唐　符載

寺曰頭陀名與碑竝登臨鍾萃大雲氣邑下肥傑石公政教既備廼緑後殿出蒼莽之巔斬榛楛榹株枿

煥然成亭於是延賓士相與登之淩泱莽駕崢嶸壓夏口撐大別開井閈於砌下擁城闉於宇後倚檻凝立連山積水悠渺無際宏邁可以拔幽陋材智可以陶品彙應用不測與造物者爲徒夫詩者比興而詠志也凡我登覽文士詎無意乎況主人唱首韻鏗金石得不攄思上承繼諸大夫之後以賦六韻之作耶

黃鶴樓詩卷序　明　方孝孺

奇偉絕特之觀固無與於人事然於其廢興可以知時之治亂焉夫黃鶴樓以壯麗稱江湘間當天下盛時舟車旌蓋之來遊者鐘鼓肆管絃燕會於其上者

蹟相接也元末諸雄之相持武昌莽爲盜區屠傷殺戮至於雞犬求尺木寸垣於頹城敗壘間而不可得天下之亂極矣大統既一海內建親王鎮楚以其地爲國都旄頭屬車往來乎其上者四時不絕盛世之美殆將稍稍復覩余恨不獲見之茲焉覩其狀甚悉雲濤煙樹咫尺千里夏口漢陽蒼蒼如目睫展卷而卧閱之恍然如乘扁舟出入洞庭彭蠡之上而與李白崔顥輩同遊也今四方日就治平而江湘尤予所願遊者他日苟或再登爲之賦詠以追蹤於古之作者或者其始諸此乎

送彭萬里之江夏序　汪仲魯

王師西平江漢伐罪弔民義明勢張人心翕合是故一戰而殺其大將焚其巨艦再戰而俘其衆不可以數計三戰而殲其渠魁降其將卒數萬盡得其樓船古今大快靡逾於此夫殺主自立逆亂天常者人得而誅之國家申明春秋大義於天下江漢之民望風順服知者獻謀勇者効力抱才藝懷道德山林幽遠之士率皆振奮而願有爲於時也況其勇健有謀宜言好善如吾彭萬里者哉萬里以萬戶候從鎮同安職守招懷屢建勳績向之三戰皆豫焉茲再往江夏且觀予疾以別予覩國家盛事絕古今多士雲集而予則病廢甚不能振拔有爲獨壯萬里之行也執其手而語之曰王師方拯民於水火之中俘獲者盡釋不殺夫義之著所以勝敵也仁之孚所以安民也敵勝而民安以定天下不難也大丈夫樹勳名於不朽殆不違斯言也夫

江夏縣田賦志序　郭正域

江夏巖邑也田不滿八千戶僅逾一萬而當省會衝往聞之先大夫言德靖而前公家之費倚辦里甲有田之家計畝輸直謂之日生笑田而直日積日而應

役上官猝至若僕馬長短若纛旛牢醴若床褥帷幔若朱墨筆楮若屏障薪火若燈燭葦席盡取及直日之家其藩臬大夫猝至數十金之產立盡其兩臺側使猝至各郡邑守相麕集奔謁諸費不貲數百金之產立盡而胥吏又因緣爲奸轉移其間有力者移之而過期無力者移之而應期羸瘠之戶應時而槁一時小民視田土爲厲階故田直賤甚不一二金而博數畝即世業之家指以與人人不敢售也自御史唐公革日生爲官買計一歲所需若干第括金錢入庫公家之費取辦有司而民不知後御史陳公璉而行

之於是畝畝有樂生之心一時田價騰踊十倍曩昔數十餘年而化爲樂土故民間無里甲之擾則唐公之爲也往歲條編之法盡行江以南而吾邑猶十歲而輪甲五歲而輪徭蓋小民徒偷九年四年之逸而不計十年五年之勞憊不可支也往歲都御史劉公亦慨然議行而有司因循歲月自郡守劉公邑侯莫公始力成其議法初行而言便者五言不便者五行逾年而言便者八九又逾年而人人稱便矣故邑中無均徭里甲之累則劉公與莫公之爲也先嘉靖時景府請邑中田地四千六百餘頃租銀二萬五百餘

兩徵收耗銀且十之三四中使猝至鎖械士民號泣道路激生他變臺使議以全省鈔銀暨長寶二府商稅抵去一萬二千八百八十有奇而吾邑納景府尚羸七千六百有奇小民猶然苦之逃匿四方都御史方某又議以吾邑解司祿俸取償通省抵出田糧輸納景府稍寬人力議未上景王薨萬曆十七年潞府復請景府額田邑中父老聞之色變會韓公孫公至乃集邑中縉紳父老議曰夫邑田不滿萬而潞邸請去四千則無邑矣彼有此土則有此民而吾邑無民矣無邑無民則無官矣遂與院司諸公議合力以請

於上官曰上所爲親親意食租衣稅耳請潞府勿得以中官收租稅縣官代爲之徵收便會議不果乃復搜故牒躬詣九湖水涯祇得田五百九十餘頃地四百二十餘頃塘五十頃有奇山二十二頃有奇共租銀一千五百七十三兩曰潞府所有止此耳彼所請盡湖田而連年浸沒蕩盡安得彼盡請之而令吾民盡畀之也且江夏羸邑難爲加稅吾邑既供潞邸賦則他賦應少減以輸民力請以吾邑祿銀七百有奇取給與國諸處邑中惟臨湖田地冊籍係景府所請者加派輸納潞府止得銀八百兩一時畝畝閭閻翕

然稱便故邑民不知有藩邸之擾者則韓公與孫公之爲也邑中府米軍餉止三千石耳後軍人於秀一等以府米在外邑多逋負請改縣中爲近於是諸軍人紛然請索藩司護爲許可左右椽吏既納賄諸軍人復護然纂入賦書久之邑中府米加增至六千石有奇且他賦不減百一而府米遂濫其半豈盡以敵諸軍人米足則徵銀於是府米爲利竇矣夫田糧不過兩端兌軍爲撥運府米爲存留有田之家良善者即府米不敢負升合而梗悍者即兌餉亦爲逋負及監兌使者檄至則以府米而償兌軍是輸者無所不

輸而負者無所不負積謬盩也邑侯顔公嚴覈各里各畝充若干府若干每秋至粟米之征先充而後府主有蠲租則府米盡免則人無偏累矣又請於院司蠲去本縣府米一千五百實徵米四千五百石儻著爲令甲不變而省約一千五百之虛耗則顔公之爲也大抵吾邑地小而土瘠官衆而民淳地小則縣家不能當上官之求土瘠則小民不能稱有司之急官衆則椽吏之奸竇百出而民淳則賦歛之目日增而莫知所以增也月損而莫知所以損也增者不易見怨而損者亦未易見德奈何弗表也惟是仁人君子

踵武而至守之無變可也太史氏曰吾邑巖邑也今天下會省俱兩邑浙江之仁和錢塘江西之南昌新建廣東之南海番禺福建之侯官閩縣四川之成都華陽陝西之長安咸寧而吾楚爲鉅藩阸中原南服要害顧獨以一邑當省會之衝轄其他省一縣附郭如河南之祥符一百二十里廣西之臨林一百二十九里俱廣大沃衍而吾邑獨六十三里耳又黃寶衡永之間每田十畝穫穀幾百鍾少亦不下六七十鍾而吾邑土地磽确每田十畝上者不滿穀十七八鍾下則八九鍾又畱產之家與佃民計畝而分之各得其半耳佃民之窮乘耒耜者稱貸於人而歲未暮有釜甕已竭其城中號稱饒厚者亦無一歲之藏貧家無半月之藏而民無宿存之糧盖吾邑之田不足食吾邑之民朝營而暮食惟仰給長寶商舟商舟稍滯甑塵巳生老弱懸磬而枵腹矣且全省之地五方之民聚焉計炊爨而待飽者不下百萬一旦有警而外戶且閉庚癸一呼而雀鼠亦不勝羅矣且今宗藩之祿銀官師之廩餼師徒之餐錢兵卒之糧餉吏胥之踐更無所不取給而蕞爾彼邑無所不供當事者非不惄然深慮議蠲議省而蠲與省之所餘者胥亦動

伐山竭澤之憂而爲抽絲刓肉之防者

送莫令尹入覲序

郭正域

莫公之尹吾邑也三年爲歲癸未以歲事覲於天子又三年爲歲丙戌又以歲事見於天子三代之制三年天子秉珪而見諸侯侯伯子男以事詔於太宰太宰比羣吏而詔之王然則公之往以述職也夫以公早夜於楚莫肯告勞國中自三尺以上田畯女紅人人能爲公言又何俟乎公之自述之也江夏隸會省中執法之所涖也直指之所按也藩臬諸大夫之所婸也郡太守之所覗也四方輪蹄之所湊也令一人

耳事無巨小吏環向而問令雞鳴而起日出而訶詰上官燃燭而視爰書校錢穀問三老扶其不勉者而罰其不若者蓋爲令之難也異日國家大懲劇令雖勞勤修故事而行可以寡過公始爲政而更賦之令下亡何均田之令下邑之民誠小心畏法而田於吾邑者不盡吾民也四方之僑寓者衆伺其萬一而僥倖於法之所不及以詭射於土著之民蓋有厥田上上厥賦下下厥賦上上厥田下下者抑賦以就田則損賦抑田以就賦則損民因田以定賦而輕重其間則人得以爲奸於田與賦之際而賦與田俱損矣公

慨然曰吾以一竊之法行執環中以應無窮蓋令始布而人有言不便者公爲法懸之通衢曰吾爲法而父老子弟其有不便者速以告蓋法始行而人樂焉朞月而人安焉前言不便者爭言法善矣邑中凡三大旱公以身禱蒲伏道路並走群望其容有戚父老曰天乎雨我公田勞我父毋浹旬而雨如澍歲以大穰夫爲令者滑稽炙輠以應上官之供而市井苦之公未有異也迺其大旨則寧失上官勿得罪於百姓自公爲政而市不異肆負擔者居貨者駔儈者不知有官也公之爲吾邑凡六年於茲矣而食無二珍身無異采朝夕厭藜藿而妻子不飽粱肉甚者不能飾行禮則有所貸請而後往鄉老曰自結髮以來未見廉吏若此者也雖古所稱辭魚留犢何以加焉夫漢世良吏劉方一縣尹至勞璽書勸勉又無他才能而不過曰不煩夫天下未有有利而無害者也上多能則下多詐上之人詭得之則下之人詭中之故聲華者接踵而悃愊者希蹤於是粉飾招搖以貿鼓上人之耳目而鬻悅小民之趨附實意漓矣以比於公則所謂陽橋也公口無伐言身無擇行絜然者遠之晝然者去之誠信而行其憂民也蒿目而其中若焦持

籌而議之其論不煩而民以寧休休然若春日之日如赤子於慈毋也庶幾乎日計不足歲計有餘者也而況乎今以六歲計公報政於朝而天子一旦下璽書必求所謂不煩者則公首召矣

黃鶴樓序　　何璧

淵天別地仙客離宮瞰三江而吞七澤控西蜀而踞東吳窻俯匡衡呼吸直通霄漢棟凌翼軫婆娑可摘星辰五百年地老天荒檻外之雲煙不改三四朝星移物換樓中之甲子還長山月江風演出數番世界南鴻北雁閱殘幾度春秋酒爐何處山川還是主人

非丹竈奚存風景何留仙子去鶴踪寥泖也應華表歸人桃跡朦糊定向瑤池結子洲邊草長禰正平之傲骨猶存江口潮寒周公瑾之雄心已冷看雲排繡闥迢迢緫神女之情對雪倚朱欄片片盡郢人之曲仙靈不歇往來鷺渚鷗江龍氣常過出沒鮫宮鰲室鳥嬌芳草岈依稀翠幕徵歌山嫵綠楊波恍惚青銅寫黛錦城繡野千秋之王氣稱雄栟市梅街三戸之人煙歇勝雲中金扇早朝開三千賓客月裏笙歌春晏散十二樓臺朱甍碧甃鳴鍾列鼎之家竹徑蓬門載酒彈琴之地絃歌百里先人香火之場砧杵萬家

帝子湯沐之邑漁歌款乃響開蘆荻殘秋僧梵摩訶聲徹旃檀半夜較螺晨渡光摇鼉鳫之波魍魎宵啼吼動黿鼉之窟城狐潛影過涎垂度世之舟木魅遁形遊膽破降魔之劍賢王設醴時分兎苑之詩詞客揮毫常把蘭亭之觶解鞍俠少把酒臨風伏劍征夫振衣懷土夕陽歸野寺待度僧來曉雪下江天看山客到愁娟望遠目窮天際飛鴻游子傷離鬼斷煙去鶴時屬煙景律轉陽春山亂榆莢還疑跨鶴之錢隔岈鶯簧恰似迎仙之吹梁門綺戸朝朝偏惹杏花風簷外丹梯夜夜都歌楊栁月誰家公子醉 玉驄嘶玳瑁之筵何處女郎歌金縷載珊瑚之佩賣花聲遠近怍來深巷捲簾人鬭草隊參差惝殺前江移棹客籠栁嬌花不盡傷春之思登山臨水豈無懷古之悲璧天南浪子海內狂生登樓作客長羞王粲依人入楚干時不學蘇秦困兒顧十年任俠常思飛劍之豪而五岳游夫已熟炊粱之夢道書自寫願爲丹闕逋臣仙籍曾標信是元都謫帝詩魔請戰風雲月露總奇兵酒曜司權天地山川皆小吏偶閑情而躡屐遂倚策以行吟噫風物堪憐神仙難接居人談往事幾度斜陽過客問遺踪數聲逝水帆檣影裏誰爲丘壑

中人車馬塵間幾見雲霞外客白雲還自散落花啼鳥總愁予黃鶴不重來剩水殘山誰作主舒長嘯玩弄煙霞逞狂胼品題風月洞庭可接將口吸賓堪雲夢非遙只胸吞不啻問仙翁何意空傳三醉他樓笑供奉無才不敢重題此地雲牕月牖增樓閣於胸中天模地範擲乾坤於物外塵寰大夢東西南北何人造物小兒三萬六千幾日丹成終是幻寧知煙火有謫仙遊盡總歸空試看市廛皆洞府當筵擱管遠謝子安入景抽詩深慚文老余亦尋真之士聊付懷仙後有攬勝之人同成弔古

瑣尾集序　　劉民悅

蓋聞道配天地貫古今而常存學有源流歷少老而自辨仁一着肩直至死而後已志求盡性雖存息而猶堅與人以安孔訓原不與揚若並論逸我以老莊生究竟了逍遙一遊試觀假我數年何曾以吾甚衰而少惰韋編三絕尚自謂老將至而不知他如作戒耄齡詩稱衛武授經耋歲史美伏生每讀遺書嘗懷斯志但學惟恐後人自不前糜費諸居那有惜陰之意蹉跎歲月曾無愛日之思夫五穀百草卉至秋而結實三才七尺反至老而頹功朝氣全消夕死胡可

比於草木同朽猶或羞之方之禽獸幾希不爲過矣人多如此我亦猶然年奄及於老萊語始思夫師曠卷題秉燭義取偷光然猶質類王凝情同稽懶遷延八載未勤一家及大亂之猝臨又微軀之莫保兩年奔走八難頻仍只至乙酉之秋暫免辛勤忘累言念天恩過厚已德何涼若再愛一日之間必愈重九原之恨勉呵凍筆矢索枯腸蓋借之懺悔愆尤亦聊以消磨岑寂但牙籤玉軸既已付於秦火之灰斷簡殘篇又復散於楚偷之手估倮家殺之幾盡無處借書工賈市焚之一空何妨買筆老子大索敝笈僅餘自

誓一編兒曹偶入市壓倖獲昨非六冊晨昏把玩如見故人寢食披吟如親子罡或因新而觸故自扶篩腸或就語以成文拾人涕唾首編四語妄希效連珠之顰繼著諸條勉欲學虞卿之步頻批朽骨類發冢之小儒手弄土龍似雕蟲之童子雖蝸居石澗僅眼窺一線之天而螗奮山偎亦贊助五丁之力止可云覆瓿曰爲留付家之小兒何敢謂藏酉赤文以俟後之君子總不足數於世何裨惟是致知兩字雖從本朝碩輔妙悟拈來而格物一言却被再傳諸儒平空剝去夫先師之訓不信更信何人至聖之言且刪何

刪不可小子少無卓見始卻在半疑半信之間壯年未有定衡終亦開力辨力爭之口突逢異變乃值奇緣披髮入山遂得深山之益立心塡海因成大海之觀徼惠聖經儼孔師於陟降乞靈賢傳見曾子於羹牆發愿與明發同興深思與更深俱永誠之至而天帝鑒思之極而鬼神通卓爾兩期忽然一旦獲玄珠於赤水罔象收功受衣鉢於尼山希夷傳命金剛鐵杵刹那粉碎虛空玉壘巨靈瞬息劈開石壁解矣會矣唾壺敲而不知舞之蹈之簸齒折而罔覺實見得皆備之體塞乎天地之間灼信夫擇執之功不離須

與之項兩端執而中可用精在一前一善得而執始精約從博從相彼浮屠七級豈有便從第二級地上開基剏此聖域八關必定自第一關門前啓鑰既不敢於眞龍吻上擅減一毫亦不須於畫蛇尾邊多添一足贓傳無妄字字依其本來繪事何工一一肖其面目得來既確一人之口可廢千人傳去亦眞一世之心可俟百世初不係藉中摸索果實從靜裏發來得之實難談何容易余心良苦深望後賢各自平心我畢不辭苐恐先聖不甘分罪益談經如食蔗未食者味佳非此蔗勝於彼蔗論學如積薪後來者居上

豈前薪不如後薪醫方經試驗爲良參差何怪大道歷駁參始定同異無嫌不用猜疑都忘妬忌請看聖賢大面勿以人而廢言兼體天帝熱腸務從人而舍已從長計議勿橫先入之見預於千里之外迎而拒人仔細商量須開虛受之懷只如一家之中謀而聚族則夫蒭蕘之議或棠葑菲之收況聖言原自明白初無韃外護內之文何學者苦自矇糊敢作截尾留頭之語如認實實落落任是何妨自然唯唯休休死心回向則虛中與實証交收雙美之功而同室之異端必無兩立之勢矣五體九頓萬懇千乞他如三物

六官皆從此相與而發秤停借箸亦乘茲比類而推闡佛嚴異教之防紀夢致囑望之意師友徵文獻之足追悔表懺悔之心多口嘵嘵不離斯旨斯文敝箒不必深言統名瑣尾者葢以得之流離顛沛之餘亦欲附於泠山殘水之後云爾雖然有數焉葢蒼天別欲用人初嘗發兆於富順歸來之句而造物有心留我又適合於汝寧罷職之初一不聞重慶之鼓鐘二不見中天之旗職三以楚妻朱域而倖出危城四以持鉢薑園而免逃破斧屢遭死地卒得生還且家計百不關心惟此事一時在念行止坐臥如影之隨身

夢寐神魂如魚之在水幾番投筆忽欲罷而不能三度焚書獨此稿而無養病中不辭探索聽鵲興思夢裏猶自揣摩聞鷄起舞以故回頭反顧因而轉念重編又且舉念而不勾量思亦似肥腸瀉水涔筆而不煩打點渾如上水行舟或一言而數千言而塡刻而數百字頓成一帙曾未兩旬當是斯文未喪帝度其心無非聖意久蒙天開其眼故使玉皇之案得容清吏之身特教岐伯之傳寄衍庸醫之子昔子貢居聞輾轉東之後見不賢識小因知文武之道未墜於九原漢文承祖龍西火之餘但挾書除律更使羲堯之

心長留於千古則知書也者呂氏兒不能灰齊丘子不能竊龍威丈人不能取酉山禹穴不能藏天欲祕以待人如封鍵庫天欲出而醒世如啓覆盆故杳杳冥冥之事發揮世上蓋亦劫數使然而奇奇怪怪之事出現人間亦有鬼神呵護何況德配天地之大聖天地應且代舒其大文道冠古今之眞儒古今亦抑遏發其眞氣忍教絕學塵埋心傳晦蝕者哉今茲雖管窺之小子責任所不敢辭後代卽有巔覤之大賢翻駁料不必用矣然升堂入室望後學以大成而繼往開來竭吾心而小補是爲序

貞節錄序

國朝　熊賜履

死生之際亦大矣方劉子怡瀾應侯中丞之聘於關西也娶徐孺人甫五載劉子于崎嶇險阻之間忽以疾殞是時孺人年廿有奇誓死者數矣乃卒不可嬛嬛未亡人始拮据卒瘏存兩高堂一乳子於氷霜栗烈之秋而後值國變竟以詈賊死貞矣可以教天下之爲人婦烈矣並可以敎天下之爲人臣孺人其加於古節婦一等哉匪族兄文友爲余道其詳啚以備夫採風之未逮哉〇外史氏閻廷謨曰江夏劉毋撫孤以節詈賊以忠其加于楚之貞姜等一籌哉

楚會存書序

劉敷仁

湘東陳子述知旣著楚會存書友人官子胡子大言閒閒足以存存迺陳子仍自湘東走黃鶴出其書相示曰君以著作名又生於里中何可無言受其書展視數十日泣數升下乃爲小言以歸之其說曰存亡興廢自古皆然顧其所經有異焉欲歔而弔往者氣哀而澹崎嶇而觸目者情傷而烈茲書傷矣烈矣或云山川之紀存於誌亭臺寺館之跡存於山川烏用存之余曰不然山無艸樹則童況失賢者之名乎山童矣山不存也川無芳艸則寂川寂矣川不存也惟有傷心之士從兵燹後收如雨之淚握起枯之筆此存書所以作也限之以楚會者當日之禍未及他郡邑也記癸未余尙在京師一聞楚變驚仆倒地相傳獻賊方入而節鉞方出嗚呼彼其人無伍員父兄之讐而一意覆楚何心哉是時書生力弱不能効七日之哭而託之旐上其事近迂其恨則長矣抑聞之知存而不知亡上九之志也公羊書梁亡梁自亡也左氏書衛國忘亡衛以桓存也然則書生筆墨之間亦有伊周之志桓文之力余愧陳子矣

重建江夏縣儒學序

徐惺

嘗聞三代教學之事其地自國學以至黨庠里塾其人自樂正以至族師里胥比長其事自祭菜鼓篋以至飲射讀法養老乞言爰成獻馘其名異而學則一也漢唐以來鄉舉里選之法漸湮繼以科目取士而郡邑學宮之建羅著於令甲千百年無有替一代之高賢碩輔往往振起其中益學校之重於天下如此三楚列郡以武昌爲省會而江夏實附郭首邑城西北鳳凰山之麓岡阜隆起縣學峙其間殿宇堂廡頹廢過半甚且鞠爲茂草大司馬開府張公曰郡學旣修舉矣此邑學而就圮可乎余亟起對曰聲名文物

最盛莫若南紀江漢之間而於數郡之中第而上之至於首郡又於數十邑之中第而上之至於郡之首邑則會省之觀感所係至重且遠又非他郡首邑可同日語者大司馬繇武昌郡學以及江夏首邑蓋此意也繇此推之各郡各邑以及天下興起聖人之道以成公之志者實始基之於此余當載筆以觀厥成矣

全楚文獻序

陳肇昌

昔杞宋無徵聖人惜焉文獻不甚重哉吾楚春秋以前其事不多見卽楚書檮杌先嚳嘗述之其書不傳或傳弗共故矣祖龍而下遼遼千祀自正史外有耆舊先賢諸傳暨有楚紀楚史楚■諸書古今人物爛然稱大備矣而考獻則詳徵文則略夫古人單言剩句苟其關於治忽當於理道皆可揭日月而壽江河令其散佚無紀與泠風荒煙同歸於盡豈不悲哉楚國山川雄灝人多光明磊落之槩倘氣節而恥雅阿綱常名義斷然各有其是卽至觸忌忤時有不惜而其爲文亦如其人落落成一家言絕不傍人籬壁當甚意匠獨造非特不苟同於世而已卽楚人求與楚人同弗屑就也故往往不驟爲世所稱許而不能使

其書之不傳自古迄今習性若一矣以獻論之循董以下祝融雲陽烈山昔起於南服自風后重黎下逮尹吉仲山甫寖尋而春秋戰國秦漢魏晉隋唐宋明其間攀鱗翼躡風雲聲施史冊代有名人卽不幸而遭揑相放廢幽憂攀檻抗聲齧齒靖節如屈平唐介李庭芝張鏜楊漣諸君子可不爲烈烈者乎孔孟旣沒道統中絕千有餘年濂溪出而火薪復續伊洛關閩皆奉祧焉學者推爲再生仲尼自是眞儒踵出雖紛系少分純駁不一要以明理衛道殊途同歸而已以文言之著作家謂荆降而楚卽不與中國會盟然

自沙丘肇都赫然稱神明之胄嚳子以匹夫爲王者
師典墳丘索之書獨其國人能識之雖次之典鐸氏
之徵雖伲倆劬襄間闕負戴保守勿失若天球河圖
然左氏以傳輔經史家宗之湘纍以騷變雅言詞賦
者祖之無極溲千聖之秘蘊後此理學家郎萬緒千
言莫能軼其環內天地之大文又寧有踰是者乎其
他稽史志採遺聞裒然以文章命世大校大家數十
名家數百雖未敢執鞭弭與海內相雄長就楚論楚
亦班班可述者也第刼火灰飛九成埋甕徵獻猶易
徵文實難昔之作者詳此而略彼或亦其勢爲之也

昌也寡昧而濫竽所至往與文事相周旋前在嶺南
既巳蒐刻彼都文獻念楚爲桑梓之邦尤不可任其
放失無徵不揣綿力博采旁諏上自遂古爰暨我
朝名鄉碩彥潛德隱流莫不詳其素履掇其英華人
以代敘集各單行題曰全楚文獻録攷政事述人民
記土地志也
國有令憲當事者所務詳也不敢濫也別善惡示褒
譏備法戒史也
聖天子正賞罰於上館閣諸公載筆所宜慎不敢僭
也編次甲乙採萃遺書核品嚴文落華取實在楚言

楚此天下所共諒而有志者所務明也於以備輶軒
而獻
當宁且以俟博雅之君子其於張楚或不無微裨云

通志序　陳肇昌

今天下車書一統薄海晏安家敦淳厚之俗民無水
旱之災
聖天子治定功成禮明樂備乃勑閣部諸臣纂修會
典令天下各修輯省志用襄一統大志成久安長治
之鴻模於是巡撫湖北臣新命巡撫湖南臣世琦接
任臣思孔爲總裁設局於武昌之棘院以湖南北布

按分守糧儲驛傳提學諸臣充提調監脩協理之任
而首徵臣肇昌爲討論益以臣楚人悉楚事且能知
楚士之堪掌故兼搜楚書也卽以仲冬月董厥事檄
府縣旦夕賫各志書暨原任江西驛鹽道臣在恪原
任平武知縣臣柱朝商確酌議又延江夏教諭臣希
良文學臣聖喬等二十有五人齋遨較緝弗怠厥事
上諸撫藩諸臣以成書一凡五閱月而告成裝潢卷
帙計八十例三十二荄秩秩有序毋貽隕越矣臣昌
惟古外史掌四方之志小史掌邦國之志古於志通
以史領之而志又通謂之史自班史立志始析爲一

體後之爲志者則一郡一邑而天文地理人物年表
列傳舉史之全體靡不具所以彰往察來存疑示信
非徒矜一長騁已見尋常著作家之所能任也肯稽
廖道南之稱博雅陳士元之名古奥魏裳之典核何
遷之追琢皆以楚人言楚事多所發明然經年累歲
各不相依至徐學謨酌中採緝閱兩載始得大綱而
蹟多附會文或浮誕臣等處無諱之朝生大脩之世
得以據見博議又在事諸臣皆精心殫力矢慎矢公
持簡于上臣等猥以管測隨其後自耳目所及遡百
千餘年之遠凡縉紳學士與夫深山窮谷之旄倪無

不諏問昌言徵之稗乘寧實無華寧簡無繁聯彼此
之異同成和衷之嘉命故能勒時告竣其於我
皇上右文崇古顯微闡幽之大化或能仰副萬一也
且楚地遼濶阻山帶水由湘而論湘有南北由洞庭
而分湖有南北洞庭而下江復有南北雖條分縷析
仍聚爲一書庶綱舉目張不致參錯且以占天下一
家之義也由是披圖而覽江漢之朝宗山川疆域瞭
然矣貢賦之精詳人民之繁庶賦役戶口犁然矣仰
觀于天三垣之燦爛環象之晶瑩分宿分度無差忒
矣虎旅之分鎮鈐柝之整嚴聲靈赫于下國矣官常
列而名分尊武勳定而材勇見膏雨旂常覃敷王命
矣他如志選舉以彰敎化志忠孝節烈以扶名義郎
石隱之流文章之士亦皆鬱乎尹所以羽翼淸時則
是書也掌之邦國被之輶軒于以壯大一統之盛昭
千萬年之典策亦古者陳風納貢之遺也臣謹序

全楚文選序　韓　菼

昔孔子弗錄上古書黜艮坤易述職方而楚之左史
倚相以能讀墳典丘索見稱於其國君關雎迄殷武
十八九皆四言而屈原宋玉唐勒景差之徒大變厥
體甚矣夫楚之多材也左丘明聖人之徒而錄倚相

於傳是墳典丘索能讀者之難也司馬遷謂離騷兼
國風小雅以朱嶶公之讀書窮理而爲之注是忠君
憂國之心託之比興固不害其不規撫於古人也大
學傳引楚書與康誥並列孟子稱檮杌與魯春秋一
例楚之作者其有當於聖人之經也久矣夫六經之
文各不相師而楚多君子往往不師經而顧深得經
之意此其橫騖直上之雄怪奇偉麗非常之觀後之
學者苟遡其流風而挹其餘波惟所試之無不可岷
山濫觴有不滔滔皆是哉乃比者聞諸道路似謂南
風不競余竊疑之夫求今日應舉之文於楚無異求

羽毛杞梓於楚也其饒材可以給四方而豈其殫匱若此家有鼎彝法物不自珍貴顧攟拾散帚破甕非情也余固未之信也及宜興蔣慎齋先生視學楚中示余試牘則與近者之聞乃大異結體刱意深造獨得有君形而無同貌有合節而非一聲由斯以往以幾於古作者之林如宗子之有支而奧阼之由戶也大雅可作舍是復何望哉嗟夫士固有幸不幸冀之北土馬之所生無伯樂駑驥何擇焉永嘉多佳山水非康樂孰與縋幽伐異也先生一至楚而楚之士蔚然一變然余竊怪前此皆安在毋乃伏匿潛隩讀奇

書廣異聞不屑知於有司邪抑或進於有司而不遇幽憂無聊行吟澤畔自托如騷人者類邪先生其知之矣

楚會存書序　　胡　珙

謂是書而可以存楚乎吾不敢信也寇盜頻年千里一炬楚之先王去矣楚之人民非矣楚之衣裳壞而典型委諸草莽矣廣漢崇岡蒼松勁柄都無顏色取其殘碑斷壘片石隻鳥而記之使讀者曰楚以是存吾終不敢信也然則湘東之欲以存夫楚者何哉夏之亾也存五子之歌存關龍逢之諫殷之亾也存

邑存禾黍之歌存西山之蕨周之亾也存九鼎存齊晉之會吾楚之先存汨羅水存申包胥哭存武陵雞犬漢晉唐宋間存馮信任永目存李業闕存南陽杖策存滹沱麥飯存諸葛祠堂栢存新亭淚存柴桑耒耜存銅鉈存蓴膾存杜陵老存鄴侯骨存汾陽歌舞存文山存止水存建陽卜肆然則湘東之欲以存夫楚者何哉南陽千古傷心事隔江猶唱後庭花回首可憐歌舞地秦中自古帝王州十四萬人齊解甲更無一箇是男兒今古傷心有同一轍茲讀湘東之誌靈泉則曰只可墮淚誌九峰則曰高皇后佛號猶聞

磨兒山念貽烈也石鏡亭望茲石還也長山烈婦媿鬚眉之不若女子明非義骨塚知千秋烈骨猶香過忠武王廟想見昔之赤心報國刺痕縷縷者乎問焦度樓址致恨於昔之簫鼓中流歸大別者乎湘東詎非古之傷心人歟至若一草一石一鐘一磬一徑一羽敗亾后確有胷懷使讀者如望如娑娑如聞其聲欬如得其曲折如聽其轉喉聲孰謂是書之不足以存夫楚哉湘東與余爲赤子交山深林密益長貞淳讀楚會存書媿余爲楚山川之空老者

國家以黜陟激揚吏治存則登之循卓以顯其號沒則祀之瞽宗以妥其魂典至鉅也然循卓舉以三年瞽宗遺之萬世三年之權操自上萬世之權操於下操自上者猶可以彌縫而得惟操於下者不可以賄遷不可以勢奪故有身都貴顯煦抹漂山岳呼吸變寒暑力無所不致乞冷落宫牆餕餘之一臠不可得以是知崇祀名宦之難也若我千翁劉夫子其無愧焉公三韓世家仲兄司馬公與予有淵源之自一門之內羔雁成羣皆恂恂長厚歷宦皆有名譽公中甲午副車起家江夏令康明仁惠出自性生於時大兵

雲集資糧屝屨之供紛挐傍午公多方措辦無譁卒亦無困民徵輸自正供外絲粟不以自肥片言折獄無束矢之入惟興舉廢墜尊賢養士則不計費盡割常俸以佐之於是有邑志之修有七篇大會之舉有城垣樓堞之葺令人文駸駸日盛氣勢雄灝皆公力也公視國事如家事視小民若兒孫饑則哺之旱則禱之水則禳之精誠所格其應如響與予共事逾四年間暇相過皆天理人心語公勤於莅事汛城朔會日不暇給往往於憲轅手批耳聽比乙夜還治小餐罷即鳴鼓升廳事勞勞直至達曙予每聞之未嘗不

念公之食少事煩然而公亦自此卒矣公之卒以甲子秋凡二十三年涉羨傳舍不知易幾長令而薦紳孺婦說尹終在口爲綜其政績請入名宦祠予按禮云法施於民則祀之以死勤事則祀之以勞定國則祀之能捍大患能禦大災則祀之公訓方型俗勸學興行法施於民矣外給軍旅內固城隍以勞定國矣水旱洊臻易祲爲祥能捍大患禦大災矣至以死忠事則予所目擊而心傷者以膺祀典不亦宜乎今夫士大夫當其擁旄握璽勢位炎赫不患其不父母愛之神明敬之也一旦解組來則騎竹以迎去則懷碑

相送比比而是矣而況其骨已寒子孫不免饑寒之累愛人及樹歌思未歇連臂而請文翁之豆與信臣之籩者乎故名宦之祀爲最難而在去後爲尤難嗚呼我公得此不惟可以明公之德而亦藉以見楚人之厚也予忝公知已齒逼龍鍾不能隨江城子弟一拜公之祠下而喜是舉之深當人心也因奮筆而爲

江夏縣志卷之四十六

開元劉朝英重修
黄安張希良編纂
古越洪國輔續修
三韓陳萬策增修

藝文志十二

碑部

明祖封建楚藩祭告山川文

朕以一身渡江始立太平郡次駐金陵洪武六年枝葉茂盛子孫十有一人已命長子爲秦王餘幼者于

今年四月初七日皆封以爲王爵第六子楨　國于楚國內山川之祀王實立之國但年幼　若欲令作詞以奉神其詞必非已出朕久不告神朕心甚慊人朕以詞實告遣使賫香帛陳牲祭告惟神鑒之尚享

明祖賜回回敎百字聖號碑

乾元初始天籍注名西域傳法敎王敎化衆生至德大聖仁慈正烈演政天經衆聖領袖協助天運護祐國王公直無私白帝眞君普度羣迷五朝祈天默祝太平闡敎祖師靈明洪祐救苦救難幽冥超拔亡靈脫離罪愆降伏邪敎歸正清眞素老穆含黙德聖人

贊曰

元氣稟粹
聖智生成
道傳萬代
敎授眞經

楚昭王碑在靈泉山　　楚王季堄撰

季堄無佀永惟王祖王考至德令行昭園莊園未有樹碑昕夕靡寧敬述梗概上聞於朝冀於文儒爲著刻辭以貽來世仰荷玉旨謂國家先代陵碑皆後聖親述用克詳也爰命季堄自述其辭臣季堄俯伏膺

命不敢以不文不勉謹序昭園之碑曰王祖諱楨姓朱氏大明太祖聖神文武欽明啟運俊德成功統天大孝高皇帝孝慈昭獻至仁文德承天順聖高皇后第六子生母昭敬太妃胡氏王祖生於甲辰年三月三日英姿謹質聰慧出倫天性端重幼而好學皇曾祖皇曾祖妣咸所鍾愛洪武三年四月七日授金册金寶封爲楚王十四年四月廿二日之國湖廣之武昌旣至惓惓奉祖訓率禮度留心典籍靡他嗜好書十事座側旦夕自警恭愼儉約恒存省已眞言讜論聽納如流鑒前古藩王之失府中官屬皆出廷授

遵祖訓忠朝廷務保守之道苟違予命吾死有靈必不爾佑又曰國必有君家必有長而後齊一吾沒後庶事必咨禀世子而行勿違戊辰薨語不及他事春秋六十有一訃聞上震悼輟朝三日遣豐城侯李賢賜祭謚昭命有司治喪宗王及朝之公卿大臣皆致祭祖妣王氏定遠侯王弼之女洪武十二年正月四日冊爲楚王妃三十年十一月五日薨今從王祖合葬江夏縣靈泉山之原子男十長王考諱孟烷封楚王薨謚莊次巴陵悼僖王孟熜次永安懿簡王孟炯次壽昌安禧王孟焯次崇陽王孟烯次通山王孟熻

次通城王孟爕次景陵王孟炤次岳陽悼惠王孟爟次江夏王孟炬女九長華容郡主嫁儀賓馬注次沅江郡主次臨湘郡主皆先卒次清湘郡主嫁儀賓耿琇次雲夢郡主亦先卒次安鄉郡主嫁儀賓魏寧次僊陽郡主嫁儀賓張鑑次興寧郡主嫁儀賓葛隆次祁陽郡主嫁儀賓李澄孫男二十五長季埱今嗣封楚王次黔陽王季埱東安王季塛季塤未封嗣永安王季墪嗣岳陽王季境餘鎮國將軍女十九長新化郡主嫁儀賓劉獻次先卒次湘鄉郡主嫁儀賓王謙餘縣主曾孫男十六 八敬陳詩曰高皇奉天大正四海爰初賜履秉德執誠以綏以理溫溫靖恭翼翼小心維孝顒顒維忠湛湛臨下維和涖祀維欽允武且文如玉如金奕奕楚邦實奠南紀時叙物豐風厚俗美帝喜其賢民破其祉五十餘年歩終猶始靈泉之山瑤琨在園大君有命小子無文嗚呼王祖陟降在天錫監垂祚裕我後昆正統十二年三月日孫楚王奉命立石

楚莊王碑　　楚王季堄撰

嗚呼古之人論譔其先世德善勳業銘諸鼎彝以比其身以重其家國予小子何足以知之竊惟王考莊

王嗣承國祀延及我後人懿德碩行宜有紀述重以皇王恩命不敢違謹拜手稽首序其實勒石神道王考諱孟烷太祖高皇帝之孫楚昭王之嫡子母妃王氏王考生而英偉甫六歲就外傅所讀書即會大意成童習武事射命中洪武丙子秋九月冠於京又明年夏五月受冊寶封爲楚世子甲辰冬十一月襲封楚王王考天性孝友事王祖考王祖妣容色婉順得其歡心待諸弟極愛厚出入相携講學食飯未嘗異席終身不衰居王祖考王祖妣喪守禮終制遵奉祖訓及朝廷法度惟恐不至遇慶賀及貢獻必敬必誠

奉神明齋明嚴肅以求感格待官屬崇信賢良才識
弗稱亦矜恕之凡經事王祖考者必思保全護衛軍
校節其力役饑寒者恒出布粟賑之嘗念國家備邊
禦侮將士勤勞而王府軍校多安閑又以二護衛歸
朝廷府中舊於西安牧馬嘗聞邊軍鈌馬請命總兵
者任其選用宣德甲寅武昌民饑爲糜粥濟之多所
全活近歲累有虎傷人畜王考出捕悉射殺之民免
於害每朝京師所賜衣服名馬錦幣寶鈔諸物不可
勝計正統四年秋八月癸未王考有疾一切禮儀請
命季堄代行疾亟付以國事諭令謹守王祖成憲分

毫無改壬寅悉屏宮人起更衣冠端坐而逝春秋五
十有八訃聞上哀悼輟視朝三日遣成安侯郭晟諭
祭謚曰莊勅有司營葬如制是年冬十二月庚寅葬
靈泉山之原王妣鄧氏寧河武順王愈之孫子四人
長季堄初封武陵王今嗣封楚王次黔陽王季埱次
東安王季塛次季塽未封女三人長新化郡主嫁儀
賓劉獻次早卒次湘鄉郡主嫁儀賓王謙嗚呼惟我
王考聰明仁厚樂善循禮謹守憲度以保家國始終
無過翠尤勤問學經史子集咸究其要有詩文集善
大字有楷書黃庭經傳於世宣廟嘗稱之曰宗室中

至親至賢者也宜臻高年爲我子孫儀式遽見遐棄
嗚呼痛哉永惟先德不能已於言謹拜手稽首而獻
詩曰懿我楚國王祖肇封爰及王考帝訓是崇仰惟
帝訓子孫矩度保國安民式由皇祖啓之承之念茲
在茲宜我家國世濟光熙江漢朝宗藩翰攸峙天監
厥衷用錫我類閔予小子嗣守家邦允懷繼述夙夜
靡違峩峩昭園莊園在側穹碑有辭用示無極正統
十二年三月日奉勅立石

端寢碑　崔桐撰

楚王在位逾二十年德與壽增逹晝夜之理爰命營

莵裘於靈泉山其地去武昌郡城五十里羣峯森峙
楚先園皆在焉今之所營位卯面酉厥既得卜工師
奏功規制宏麗宛然崑崙元圃也王以語諸前史官
相俾爲之記他日輔臣天茂等備述王平生之行故
以因請文而贊之王名榮㳦字璠源靖王長子也楚
有國自太祖高皇帝第六子楨封武昌五十四年是
爲昭王子莊王孟烷嗣十五年子憲王季堄嗣四年
無子弟康王季埱立十九年無子弟東安恭定王季
塛子均鈋立四十六年是爲靖王傳國至王凡五世
母妃周氏成化十三年丁酉七月十八日王生七歲

毓學敏慧夙成克敦仁孝弘治元年戊申十月冊命爲世子六年十月納廣寧衛學訓導周昴女爲妃時弱冠政體民隱靡不周知廉國用耗於侵漁法論諸奸悉滌宿弊計理戶口務休養爲德自是稀宄戶殷中外知爲賢世子至壯無所玩御惟崇儒好古敦儉重農循循如書生嘗建墨香樓尊增廣書院爲靜養所得御扁曰正心武昌學舍圯林以佐士論重之十二年七月毋妃疾王憂懼祝天願以身代既薨哀幾毀寢處苫塊雖盛暑不釋衰絰比葬時勳雨雪懇禱即霽步泣躬引至墓所悳父王以毋妃故或弗豫愈

加色養凡可爲歡者無不承志天子聞而嘉之賜書曰孝者百行之本忠君使衆恒必由之況宗室懿德四方其訓風化所繫良亦匪輕是用嘉奬正德四年己巳秋民病不雨王禱之即雨浹旬五年七月靖王疾日夕侍湯藥及薨悲哀執禮如葬毋妃日葬之先日苦積陰及期忽解蓋誠孝所感每如此永安王榮澹合諸宗族以王孝行聞賜樹牌坊扁曰彰孝自是賢聲益藉藉善詩文凡有所感寓輒行題詠蓋王之餘也七年十月王三十六歲冊命嗣楚王爵進封妃爲王妃八年準周禮請建五廟以奉先祭器禮儀取式太廟天子遣行人致祭賢是舉也天子雅重王寵賚特异十年頒少微資治通鑑大明會典諸書十一年王妃周氏冊命下及誥封田氏爲夫人十六年辛巳今上繼統王表賀王子特書降禮致慰錫金綺錦幣甚厚十月王以佐迎章聖皇太后勞復答書錫勞嘉靖元年壬午冊命長子長樂王顯榕爲世子及其妃吳氏是年王奏議獻皇帝徽號禮荷溫旨嘉俞三年賜復稅稞司五年三月致書頒文獻通考一部十一月頒御製敬一箴一軸王刊印徧頒諸宗屬吏以對揚矣意天子答書褒之六年頒憲皇帝所製恩紀

含春詩集七年頒明倫大典仍命王刊賜世子郡王以偏八年王遣官致祭顯陵及賀陵廟成九年三月頒大孝衍義八月頒宣宗皇帝述祖德詩附御製欽和繼作以頒列聖之什共一冊十年王圜丘禮成三月頒聖毋所製女訓王奉藩維謹凡歲有奏陳御書多致褒答當世熙皞壽以千秋爲期福祿彌隆視今可知其後矣子男三長爲世子次顯樟冊命爲保康王次顯槐未封女一鄖城郡主贊曰易有之地上有水比先王以建萬國親諸侯豈無謂歟故封王榮親祿食糾族聖王之愛也而維翰維城承帝之休以撫

戮非重有永肩也哉楚有國百五十年世篤志於茲爲甚可尚也已國家行幕　仁莫遠伊邇報德懋功何如哉敬天之威圖享厥終殆有十餘世引矣殆有十於世引矣嘉靖十年歲次辛卯冬十月朔望日立石

前撫軍劉公碑

自古惠澤及人非權不足以濟苐權有大小故所及亦有遠近封疆大臣擁旄仗節操予奪生殺之權而能以惠澤行乎其間於是生榮死哀俎豆百世此崇德報功理之所必然者也而　前撫軍劉公之享祀

於楚洵有由已　公撫楚時余年尚幼其若何致楚於治余未及知則亦嗚乎言雖然余自幼侍先禮部與朝士大夫晉接每聞評論內外大吏言乎甄廉糾墨則曰　劉公之肅吏治也如是盛言乎造士作人則曰　劉公之興學效也如是或言乎臨事濟變則曰　劉公之任艱大也如是以至綏阜人民矜恤刑獄奠安疆土盡歸美於　劉公不稍靳焉余謹識之不敢安竊念政如　劉公安得躬厠宇下以附於就靈之末而今承乏楚藩值　公之　冢嗣今大中丞方奉　命再撫楚北余奉儀日型見大中丞凡有設

與向時所聞　劉公善政前後一轍心竊自惟不得見　劉公猶幸得私淑於　公之後人追徐而悼稽志典訪求輿論因悉　公撫楚時潔己率屬苞苴不行一時昭廉明之治猶以文教衰爲憂特捐修省會郡邑兩庠邀聘社師並置學田俾生腴儒膏大克繼以爲所屬倡是大湖以北人文蔚起值西山化阻興師動旅日需糗糧無筭輓運維艱　公悉心籌畫軍免呼庚民無擾累寇孽削平則洵　公能肅吏治也能興學效也能任艱大也至禁火耗輕徭役而人民綏阜矣設獄田雪冤誣而刑獄矜恤矣創立較

場修親檢閱捍衛有資而土奠安矣余轉憶向者謹歆聞善政茲且得親驗於　公所芟薙之地蓋既自幸又爲三楚飲和食德之民幸已傳有之盛德至善民不能忘宜　公之久祀於楚乎今日者廟貌巍然公靈如在雖百世而下其孰不溯遺烈而慨然以興而余得偕諸同事瞻拜其中廟可無一言以壽諸貞珉也哉　公撫楚在任七年善政不可殫述爲略舉其槩如右而並敘　公之官階名號里居焉　公由祕書院編修累遷巡撫楚北陞任四川總督晉秩兵部尚書加從一品諱兆麒號瑞圖漪　籍寶坻人

江夏縣志卷之四十七

開元劉朝英重修
黄安張希良編纂
古越洪國輔續修
三韓陳萬策增修

藝文志

記部

卜居記　戰國　屈原

楚襄王時屈原既放三年不得復見竭智盡忠蔽鄣於讒心煩意亂不知所從乃往見太卜鄭詹尹曰余有所疑願因先生决之詹尹乃端策拂龜曰君將何以敎之屈原曰吾寧悃悃款款朴以忠乎將送往勞來斯無窮乎寧誅鋤草茆以力耕乎將遊大人以成名乎寧正言不諱以危身乎將從俗富貴以媮生乎寧超然高舉以保眞乎將哫訾栗斯喔咿儒兒以事婦人乎寧廉潔正直以自清乎將突梯滑稽如脂如韋以絜楹乎寧昂昂若千里之駒乎將泛泛若水中之鳧與波上下偷以全吾軀乎寧與騏驥亢軛乎將隨駑馬之迹乎寧與黄鵠比翼乎將與鷄鶩爭食乎此孰吉孰凶何去何從世溷濁而不清蟬翼爲重千

鈞爲輕黄鐘毁棄瓦釜雷鳴讒人高張賢士無名吁嗟乎嘿嘿兮誰知吾之廉眞詹尹乃釋策而敬謝曰夫尺有所短寸有所長物有所不足智有所不明數有所不逮神有所不通用君之心行君之意龜策誠不能知此事

鄂州新廳記　唐　趙憬

自昔秦置郡有守漢魏以降因之其秩二千石雖有監刺而宰制威福之重蓋古之諸侯鄂在楚爲國秦爲縣吳爲江夏郡綿歷至宋乃維八郡置郢爲鄂隋氏披其郡猶謂之州官則刺史爲政無條刺之決矣

皇朝沿襲舊制或爲郡或爲州剖符責成其實乃太守之職前代建置所理之處其城不恒今之州郎舊城於江夏吳仲謀經營之程普始守之當荆吳江漢之衝要爲藩鎮固護之雄制天寳以前四方無虞籍提細戶衆寡等襄州望鄂是以齒於下後寓縣沸騰屯兵阻險斯稱巨防朝廷尋州陟列將寄勳賢之重廣德二年遂聯岳沔事置三州都團練使大曆八年加觀察處置使十四年六月二使廢時置當州防禦使且屬於江西國家姑務省官息人而終慮咽喉襟帶之地思與守者旣輕其權矣復欲俾任重尤難其

選是年十月命秘書少監兼侍御史李公援之公名兼隴西人到官三年之五月使改爲三州防禦使江岳隷焉仍領元戎之副董江西諸軍鋭師以伐叛於襄陽既而賊平九月就加散騎常侍防禦泊州如舊公之涖鄂也今茲四年以清德誠信爲教化以至公深仁爲字育則鄽閈里閭僑舊詠歌如嬰兒之得慈母綏夫之逢穩歲理軍施令其士卒歡慶亦如之但加乎肅畏而已繇是所防二千餘里洞庭彭蠡在其間水舟陸車山藪鳥野方諸侯井賦鹽泉所入歲約三千萬緡商在其外明年西朝天子天子嘉之俾平

水土乃拜司空俾敷五教乃拜司徒入參大政出麗威武范陽君以智略佐之由御史中丞行軍司馬節度留後而領於是邦幕府得人於斯爲盛下車日無土不殖桑麻翳野舟艫織川城高以堅士選以飽詩所謂誰謂宋遠誰謂河廣者矣自貞觀來列名氏者房梁公爲首存乎東壁大曆後繼聲躅者宜司爲首遂用於座右也貞觀五年四月十一日記

鄂州州學稽古閣記　朱熹

人之有是身也則必有是心有是心也則必有是理若仁義理智之爲體惻隱羞惡恭敬是非之爲用是則人皆有之而非由外鑠我也然聖人之所以教不使學者收視反聽一以反求諸心爲事而必曰興於詩立於禮成於樂又曰博學審問愼思明辯而力行之何哉蓋理雖在我而或蔽於氣稟物欲之私則不能以自見學雖在外然皆所以講乎此理之實及其浹洽貫通而自得之則又初無内外精粗之間也世變俗衰士不知學挾册讀書者既不過於誇多鬬靡以爲利祿之計其有意於己者又直以爲可以取足於心而無事於外求也是以陷於佛老空虛之邪見而於義理之正法度之詳有不察焉其幸而或知理

之在我與夫學之不可以不講者則又不知循序致詳虛心一意從容以會乎在我之本然是以急遽淺迫終已不能浹洽而貫通也嗚呼是豈學之果不可爲書之果不可讀而古先聖賢所以垂世立教者果無益於後來也哉道之不明其可歎已鄂州州學教授許君中應既新其學之大門而因建閣於其上櫝藏紹興石經兩朝宸翰以爲寶鎮又取板本九經諸史百氏之書列寘其旁不足則使人以幣請於京師之學官使其學者討論誦說得以饜飫而開發焉其役始於紹熙辛亥之冬而訖於明年之夏其費亡慮

三百萬而取諸廪士之廱者蓋三之一其餘則太守煥章閣待制陳公居仁轉運判官薛侯叔似實資之而總卿詹侯體仁戎帥張侯詔亦揮金以相焉既成因予之友蔡君元定以來請曰願有記也予雅聞許君之學蓋有志於爲已而意其所以學者亦曰取足於心而已矣今以是舉觀之則見其所以誨人者甚平且實然後知其所以自爲者不以泯心思滅聞見爲極摯之歸也因爲之記其本末而并推近世所以爲學讀書之病請具刻焉以告登此閣而讀此書者使姑無溺於俗學之下流無迷於異端之捷徑則于理之在我者庶乎有以深求而自得之矣道之不明豈足患哉

鄂州改建社稷壇記　宋　朱熹

淳熙十年春朝奉郎知鄂州事新安羅侯願以書來曰吾州郡祀之壇始在中軍寨去年秋通守清江劉君清之至而往謁焉視其地褊逼湊下療薶無所不稱藩國欽崇命祀之意且念比年郡多水旱札瘥之變意其咎或在是則言於州請得廢地更置如律令已而劉君行州事遂以屬錄事叅軍周明仲行視得城東黃鶴上下廢營地一區東西十丈南北倍差按政和五禮畫爲四壇而屬其役事於兵馬監押趙佰烜作治未半而願適承乏又屬都監王椿董之以速其成焉某月壇成東社西稷居前東風伯西雨雷師居後少郤壇皆三城有壝壝四門前三壇址皆方二丈五尺崇尺二寸後二壇址皆方一丈六尺五寸崇八寸其邇城面皆殺尺崇四分而去一二城方殺如之而崇不復殺前二壝皆方四丈二尺四大尺間丈五尺後三壝皆方二丈八尺門五尺間四丈九尺其崇皆四尺社有主崇二尺五寸方寸剡其上培其下半石也南五丈爲門三間北二尺有奇爲齋廬五間

繚以重垣甃以堅甓而樹以三代之所宜木亦既揀時日屬僚吏脩祝號以告於神而妥之矣則又與劉君謀以吾子嘗學於禮也是以願請文以記之俾後之人勿懷熹按社實山林川澤丘陵墳衍原隰五土之祇而後土勾龍氏其配也稷則專原隰之祇能生五穀者而后稷周棄氏其配也風師箕雨師畢也是皆著於周禮領於大宗伯之官唯社稷自天子之都至於國里通祭而風雨之神則自唐以來諸郡始得祀焉至於雷神則又唐制所與雨師同壇共牲而祀者也國朝禮文大抵多襲唐故故今郡國祀典自先

師先聖之外唯是五者蓋以爲二氣之良能天地之功用流行於覆載之間以育萬物而民生賴焉者其德惟此爲尤盛是以於其壇壝時日之制牲幣器服之品降登饋奠之節莫不參訂討論著之理象頒下郡國藏於禮典有司歲舉行之而部刺史又當以時循行察其不如法者蓋有國家者所以昭事明神所以降祥錫福於下其勤如此顧今之爲吏者所知不過簿書期會之間否則觴豆舞歌相與放焉而不知及其所敬畏崇飾而神事者非老子釋氏之祠則妖妄淫昏之鬼而已其於先王之制國家之典所以治

人祀神者皆有介於其心焉嗚呼人心之不正風俗之不厚年穀之不登民生之不遂其亦以此與今羅侯之與劉君乃能相與延愛乎此非其學古愛民之志卓然有見乎流俗見聞之表其孰能之顧雖不文不足以記事實重久違然二君子過以爲嘗從俎豆之事不遠千里而屬筆焉因爲書之使刻於麗牲之石

出蜀記採其涉茲土者　范成大

淳熙丁酉歲八月壬午午至鄂渚泊鸚鵡洲前南市堤下南市在城外沿江數萬家廛閈甚盛列肆如櫛酒壚樓欄尤壯麗外郡未見其比蓋川廣荊襄淮浙貿遷之會貨物之至者無不售且不問多少一日可盡其盛壯如此監司帥守劉邦翰子宣而下皆來相見邀飯皆曰未敢定日及欲移具舟次余笑曰若定日則莫若中秋張則莫若南樓衆亦笑許晚遂集南樓樓在州治前黃鶴山上輪奐高寒甲於湖水下臨南市邑屋鱗差岷江自西南斜抱郡城東下天無纖雲月色奇甚江面如練空水吞吐平生所過中秋佳月似此夕亦有數況復脩南樓故事老子於此興復不淺也向在桂林時默數九年之間九處見中秋其

間相去或萬里不勝漂泊之歎嘗作一賦以自廣及徙成都兩秋皆略見月十二年間十處見中秋去年嘗題數語於大慈樓上今年又忽至此通計十三年間十一處見中秋亦可以謂之游子然余以病丐骸骨儻恩旨垂允自此歸田園帶月荷鋤得遂此生矣坐中亦作樂府一篇俾鄂人傳之癸未泊鄂州南樓月色如昨夜甲申泊鄂州蜀兵遣送者封椿裹糧之具至此當盡數貿易非三日不可了故爲之留統帥李周邀看新寨鄂營昔皆茅舍今始易以瓦屋方畢四分之一登壓雲寺則前後盡見周絡井井甚有條

珥笏詞中又有雅歌整服二堂皆面江山登覽超勝
巳酉丙戌自鄂州遣送兵之半歸成都丁亥風作不
可行戊子尋解維欲出江風不已至暮逾甚又留一
夕土人云上江社前後輒大風數日謂之社風上下
水船悉不行果然巳丑社風稍微解維小泊灒口

入蜀記（採涉茲土者已入山川古蹟不重出）　陸游

乾道六年八月二十二日平旦微雨過青山磯晚泊
白楊夾口二十三日便風掛帆食時至鄂州泊稅務
亭賈船客舫不可勝計李太白贈江夏韋太守詩云
萬舸此中來連帆過揚州蓋此郡自唐爲衝要之地

襄州迓兵來參見知州右朝奉郎張郯之彥轉運判
官右朝奉大夫謝師稷市邑雄富列肆繁錯城外南
市亦數里雖錢塘建康不能過隱然一大都會也吳
所都武昌乃今武昌縣此州在吳名夏口亦要害故
周公瑾求以精兵進住夏口二十四日早謁漕招食
於漕園光華堂二十五日觀大軍教習水戰大艦七
百艘皆長二三十丈上設城壁樓櫓旗幟精明金鼓
鞺鞳破巨浪往來捷如飛翔觀者數萬人實天下之
壯觀也二十六日與統紆同遊頭陀寺寺在州城之
東隅石城山山綠繞如伏蛇自西亘東因其上爲城

缺壞僅存州治及漕司皆依此山寺毀於兵火沐僧
舜廣住持三十年興葺略備自方丈西北躡磴徑至
絕頂舊有奇章亭今巳廢李太白江夏贈韋南陵詩
云頭陀雲外多僧氣正謂此寺也藏殿後有南齊王
簡棲碑唐開元六年建南唐歲在巳巳武昌軍節度
觀察留後在軍州事楊州忠重立前鄂州唐年縣主
簿秘書省正字韓熙書碑陰云乃命猶子熙正其舊
本而刊寫之以是知熙爲熙載兄弟之子也碑字前
後一手又作溫字不全蓋南唐尊徐溫爲義祖而避
其名則此碑蓋熙重書也碑陰又云皇上聘新文物

教被華夷如來妙旨悉巳徧窮百代文章罔不備舉
故是寺之碑不言而興按此碑立於巳巳歲當皇朝
之開寶二年南唐危蹙日甚距其亡六年爾熙載大
臣不以覆亡爲懼方且言其主聘新文物教被華夷
固巳可怪又以窮佛旨舉遺文及興是碑爲盛誇誕
妄謬眞可爲後世發笑然熙載死李主猶恨不及相
之君臣之惑如此雖欲久存得乎唐制節度使不在
鎮而以副大使或留後居任則云知節度事此云知
軍州事蓋漸變也唐年縣本故唐時名梁改曰臨夏
後唐復晉又改臨江然歷五代鄂州未嘗屬中原皆

逢改耳故此碑開寶中建而猶曰唐年也至江南平始改崇陽云簡棲爲此碑駢儷卑弱初無過人世徒以載於文選故貴之耳若魯直云唯有簡棲碑文章巋然立蒼巖也二十七日群集於南樓在儀門之南石城上一日黃鶴山制度閎偉登望尤勝下闞南湖荷葉彌望中爲橋曰廣平其上皆列肆兩旁有水閣極佳但以賣酒不可往二十八日同章冠之秀才甫登石鏡亭訪黃鶴樓故址石鏡亭者石城山一隅正枕大江其西與漢陽相對止隔一水人物草木可數唐沔州治漢陽縣故李太白沔州泛城南郎官湖詩

序云白遷於夜郎遇故人尚書郎張謂出使夏口沔州牧杜公漢陽令王公觴於江城之南湖其後沔州廢漢陽以縣隸鄂州周世宗平淮南得其地復以爲軍太白詩云誰道此水廣狹如一疋練江夏黃鶴樓青山漢陽縣大語猶可聞故人難可見形容最妙黃魯直宵征江夏縣睡起漢陽城亦此意老杜有公安送李晉肅入蜀余下沔鄂及登舟將適漢陽詩而卒於耒水可憾也漢陽負山帶江其南小山有僧寺者大別山也又有小別謂之二別云黃鶴樓號爲天下絕景崔顥詩最傳而太白奇句得於此者尤多今樓已廢樓榜李監篆石刻獨存太白登此樓送孟浩然詩云孤帆遠映碧山盡惟見長江天際流蓋帆檣映遠山尤可觀非江行久不能知也復與冠之出漢陽門遊仙洞止是石壁數尺皆直裂無洞穴之狀舊傳有仙人隱其中嘗啓洞出游老兵遇之得黃金數餅後化爲石東坡先生有詩紀其事初不云所遇何人且太白固已云頗聞列仙人於此學飛術一朝向蓬海千載空石室今鄂人謂之呂公洞蓋流俗附會也有道人澶州人結廬洞側設呂公像其中洞少南即石鏡由江濱堤上還船民居市肆數里不絕其間復

有巷陌往來憧憧如織蓋四方商賈所集而蜀人爲多二十九日晚移舟江口招醫趙隨爲靈照視脈三十日黎明離鄂州便風掛帆沿鸚鵡洲南行自此以南爲漢水

遊東山記

明　楊士奇

洪武乙亥余客武昌隱溪蔣君始吾廬陵人年已八十餘好道家書其子立恭兼治儒術能詩皆意度闊畧然深自晦匿不妄交遊獨與余相得也是歲三月朔余三人者携童子四五人載酒殽出遊隱溪乘小肩輿余與立恭徒步天未明東行過洪山寺二里許

折北穿小徑可十里度松林沙磵磵水澄澈深處可浮小舟旁有磐石容坐十數人松柏竹楙之陰森布蒙密時風日和暢草木之葩爛然香氣拂拂襲衣禽鳥之聲不一類遂掃石而坐外聞雞犬聲余招立恭起東行數十步過小岡田疇平衍彌望有茅屋十數家遂造焉一叟可七十餘歲素髮如雪被兩肩容色腴澤類飲酒者手一卷坐庭中蓋齊丘化書延余兩人坐一媼捧茶盌飲客牖下有書數帙立恭探得列子余得白虎通皆欲取而難於言叟識其意曰老夫無用也各懷之而出還坐石上指顧童子摘芊葉爲

盤載肉立恭舉匏壺注酒傳觴數行立恭賦七言近體詩一章余和之酒半有騎而過者余故人武昌左護衛李千戶也駭而笑不下馬徑馳去須臾具盛饌及一道士偕來道士岳州人劉氏遂共酌道士出太乙真人圖求詩余賦古體五言一章書之立恭不作但酌酒飲道士不已道士不能勝降跽謝過衆皆大笑李出琵琶彈數曲立恭折竹竅而吹之作洞簫聲隱溪歌賞無隱蘇武慢道士起舞蹁躚兩童子拍手跳躍隨其後已而道士復揖立恭曰奈何不與道士詩立恭援筆賦數絕句語益奇遂復酌余與共立欲多皆醉起緣澗觀魚大者三四寸小者如指余操餅餌投之翕然聚已而往來相忘也立恭戲以小石擲之輒盡散不復因共慨嘆海鷗之事各賦七言絕詩一首道士出茶一餅衆折而嚼之餘半餅遺童子遺余兩人已而夕陽距西峰僅丈許隱溪趣余還曰樂其無已乎遂與李及道士別李以卒從二騎送立恭及余時恐晚不能入城度澗折北而西取捷徑望草埠門以歸中道隱溪指道旁岡麓顧余曰是吾所營樂丘處也又指道旁桃花語余曰明年看花時索我於此既歸立恭曰是遊宜有記屬未暇也是冬隱溪

卒余哭之明年寒食與立恭謀約詣墓下及期余病不果行未幾余歸廬陵過立恭宿別始命筆追記之未畢立恭取讀慟哭余亦泣下遂罷然念蔣氏父子交好之厚且在武昌山水之遊屢矣而樂無加乎此故勉而終記之手錄一通遺立恭嗚呼人生聚散靡常異時或相望千里之外一展讀此文存沒離合之感其能已於中邪既遊之明年八月戊子記

望江樓記

黎淳 成化元

武昌舊有望江樓在郡城西北國朝洪武初郡守汪大本即煙波樓故址創之易以今名備登眺也近百

年來物久斯壞不可屬都察院右僉都御史繁昌吳公撫楚之明年是爲成化七年顧瞻此樓遂圖興復乃樽節令費之餘得白金五百緡運師王英帥翟政史政衛侯張瑄王福高俊撤而新之重建樓五間辛卯十月凡三百日而畢事其棟累爲六尋其簷信爲三等其柱列爲四楹升高有梯倚立有檻延坐有庭而牕戶軒豁丹碧輝煌照耀郊原勝概全楚暇日鎮守太監王公偕都憲公携小酌率連帥暨方伯杜銘憲使李敏往登焉則江漢奔馳數千里會合於軒墀之下而又有白雲宿簷礴日當檻清風徐動調暢琴

歌徵瀾淨明蕩漾罇俎信哉望江之多樂也維時左庚子黎淳適因賜告得侍觴酌而言曰我太祖高皇帝既克九江殲漢魁渠而遺孽自立仍據武昌師進圖之憑險不服明年甲辰鑾輿再駕武昌始下方破敵我師舉帆直指東南賊謂將攻望山門也盡銳捍禦而天戈飛渡已壓煙波樓下俄頃漢陽門破生擒遺孽然後湖南北江東西悉入版圖混一之基成矣淳嘗陟降斯樓披圖覩地欲尋當時遺擒之所故老皆無在者蓋天下之平久矣昔之敗壁頹垣荒榛斷梗今皆變而爲重門邃館脩竹茂林而吳商蜀賈風

耳之事也而以觀名無乃弗類乎公曰古之樓以譙名者取譙嶢之義以其高也後乃寘鐘鼓以爲警備然其爲制則非特尚耳而目之義存焉蓋耳目所在必虛空洞徹四達不蔽而後能使凡卑湫隘之區陋塞掩蔽之處則雖鏗鍧鏜鞳日相尋而不絕其有聞焉者寡矣唐虞所謂明目達聰二者蓋不可以偏廢故自漢京置鼓於樓以備警盜齊之李崇宋之張希顏皆以善政載在國史唐之李磎韋慶復爲樓著記詞場文苑亦修言之今夫連山大江曠野邃谷禽魚草樹風雲月露百凡之形狀不出几席而得之目睫

固荊楚之大觀聲之發於此者必能超塵壒而出煙霄凡有耳者皆得之以爲提撕震厲之地蓋一舉而二義闕焉若任耳而棄目非吾輩之所爲訐也客乃領之而去退而詢諸湖人皆稱韓公爲政勤外而精內博觀而廣聽蓋欲振一方之治以紓九重南顧之憂因指斯樓而謂曰此其一事乎舊與韓公同朝方喜其父兄宗族之福因憶曩時經過而未有見者壯公所爲記所由始寓而歸之

新建江夏縣記　郭正域

縣治舊在石子崗隋開皇中自塗口移焦度樓下唐

貞觀徙府城南宋紹興又遷樓下元因之洪武九年改黃鵠山西北喧闐湫隘莫利形家吏茲土者輒下車輙慨然請易而詘於力不果萬曆間葉侯來夙興宵寐丁酉春與諸大夫登樓望而嘆曰巖邑也首諸郡國而卑隘若此宜改作而新是圖有議藩邸廣阜舒者侯曰時方多事兩宮肇建三殿未興隴蜀議材楚民議力其何以堪議遂寢冬十月居民火起城外飈馳二三里奄至城內縣治官廨堂皇庫獄俱盡諸大夫曰天意其維新乎於是侯謀諸父老諸父老曰惟清軍使者舊廨在鳳凰山麓高明鬱盤風氣攸萃

清軍使者既格有堂有房有門有寢所省無算於是侯以告御史趙公都御史某公既藩臬大夫皆報可乃復易左右一二藩宗地計費一千一百二十有奇於時諸上官念縣藏靡措各損贖鍰都御史李公二百御史趙公二百藩司馮公一百守道陳公巡道丁公下江防韓公各一百五十太守劉公二百侯復盡出餐錢佐之始於某年月日落成於某年月日門堂皆仍其舊其東曰清戎曰晉餉曰撫民曰巡捕而獄又居東非維艮曰艮止也以止獄也西曰神祠維兌曰兌悅也以悅神也賓館於正東維寅月以寅賓也門以外爲房以彰善惡以示功令曰以通衆也門以內爲房以收賦稞以便輸納曰以順民也堂左右爲六曹椽史案牘房階下爲戒石坊堂東爲二庫堂西爲茶閣諸規制較前鉅麗而費不踰千金因則不勞節則不糜役成而民不知不復舊江夏矣三代之制百里爲同總名曰縣以奬王室以協風俗縣之爲義其解曰絃曰元絃以施繩不枉元以元靜徭役同以比合衆心以今視古官則爲宰地則公侯百里之內有民人焉有社稷焉政事之堂柰何樸樕也侯蒞政且五年與民休息會西方未寧礦使又至藺縣且盡

數倍曩昔民未息肩天啓其會維新斯邑改邑而後風雨以時水旱不警天其默相地其效靈矣昔蔡子居爲中書且遷去令左右脩葺廨宇謂賓友曰庶來者無勞賢者之用心無窮如此此役也一勞永寧可詔來世矣百里之內士民老幼瞻望斯堂如覩春臺矣君子攸寧求民之莫此維與宅矣

武昌府新脩江嶄記

郭正域

武昌枕江而城江漢諸水由岷嶓建瓴而下沿塗口折爲龍床磯湍悍迴環不數十里與漢水合新洲翼而迎之黃鵠大別對峙受二瀆之衝江自東南來沙

矣當之漢自西來鵲山以下當之陳公逶而下勢稍東洲愈逼愈怒直瀉西江其內爲趙鼉磯鎸沒水中東南諸湖水出而灌江江輳於城下城中釃二渠以洩積潦江得漢水而益寬黃鵠磯岩石斗絶水迴環洄激岍土疏惡沉沙濺沫性不堅剛江褭佪於吾邑凡疏折而不欲遽去蓋洲與漢汨湊之沿江而岍殆難以畚鍤之力與陽侯氷夷爭於汪洋之際也宋政和間州守陳邦光爲長堤都統別廓東爲湖心堤紹興間役大軍築萬金堤建壓江亭今堤半在城內居民棲止其上爲閭閻矣所謂萬金堤者半圮半沒太

守張公下車問民所疾苦父老以江岍對太守請於滄陽直指史公發贖鍰五千金太守巡行其上凡幾寒暑與諸父老約曰岍址不高則易沒岍基不廣則易頹有岍者新之無岍者興之其可乎因遣官視之自下壇至閱兵樓故無岍閱兵樓至接官署岍半圮中閘口抵觀音閣水嚙城址往來通衢岍大圮至青龍巷岍半圮夏口驛而上迤邐而南又南抵王惠橋故無岍計費五千有奇於是御史史公報曰太守精嚴不苟早爲之嗣是巡撫張公直指金壇史公藩司楊公張公臬司董公俱報可公謂諸瀕水而與水習者便於因仍難與更始彼水去則蜂蟻聚水來則鳥獸散耳數武之地莫肯棄也數椽之屋莫肯撤也吾何所施土功垂示久吾今奪其所暫不便而與以久安寧因檄視舊堤起南浦盡郡城北址因石於繁昌因織於舟師因民所苦陸沉於坳堂而爭峙於水滸者增畀培薄踰年而江復漲爲輟役者再三歲始克有成緒凡費金錢五千有奇居人始相與聚族而歌且儛曰今而後庶不墊於淊汗爲風波之民也語曰利不再不改法故黎民所懼天下晏如也以瀕水之民師水之智以五千金之費奠百萬戶之居以三時

之勤貽千萬世之利豈僅僅歲月胼胝計哉余因悉所以利害以準湛壁下捷之績如漢河內誦史公者以副輿論故詳志其事公名以謙字本厚別號盍吾洛陽人是役也勘視爲同知金精器通判劉起龍照磨李學臣護衞唐仲和督工爲經歷丁自新知事胡元紹縣丞向兆鱗主簿王萬春吳瑞隆典史魯文光晏起龍巡檢胡遇春

武昌府新脩將臺驛記　郭正域

會城高冠山下東郭大逵舊驛僻在其北茱畦中而絶四鄰人跡罕到盜賊時警驛吏不敢居無論旅人

矣太守洛陽張公來治郡靡費不理靡好不剔見驛址頽圮戊申水漲堂廡盡没乃遷賓陽門外屬府藏空廬無以舉羸公廉得驛官多缺額有日給茗菓銀若干爲脩驛費由是將臺鳳山咸寧富池石頭夏口諸驛各以聞又與國州馬價通城縣倉厫地價各以聞因使某官董其事以戊申八月始事以某年某月落成因地於城闉因材於舊郵因費於缺官前爲門樓一爲儀門三爲大堂三間高二丈寬倍二之一左右翼各三間後堂三間高廣如前堂左爲馬祖祠右爲土神祠各有翼室又監房三間費不過七十金有

奇夫省會之區輶軒之使擊轂摩肩視他爲繁往者客至或就民廬或寄梵宇無所問主人其何以柔懷人示四方周禮野廬氏掌達道路宿昔井掛若有賓客則令守涂地之人聚欜之有相翔者則誅之遺人十里有廬有飲食三十里有宿宿有路室路室有委五十里有市市有候館候館有積環人授館小行人郊勞懷方治舍象胥相禮帝王之於賓亦何詳盡也漢之郡國郵亭嗇夫不嗇繁且夥矣晉文公崇大諸侯之館以與覇業後子産毁晉隷垣而知其衰豈曰道涂館舍爲不急之務哉夫瞻事展物皆禮也賓至如歸不畏竊盗不患燥濕亦經國大事驛舍與公廨俱載在令甲將焉廢之非公精幹有心計任事無鉅細疇能辨此不佞因記之而旌君代

嘉魚蒲圻咸寧江夏長堤記　　熊廷弼

予嘗觀嘉魚老堤自馬鞍山至簰洲艾家墩蜿蜒百里古木蒼蒼雲連霧列蓋居然江上一長城也按誌始自宋政和以來唐均陳景成宦諸君接迹敝葺暨我朝正德年間吳清惠公以賑捄之後復疏請大修之集嘉蒲咸夏人民合力修築引江水由金口入湖以緩其勢而四邑賴焉自正德至今又百餘年矣歲

久衝齧所在潰決水自上流百道直下既猛甚而又自艾家墩至赤磯山四十餘里故無堤水復横入與直下者合凑而四邑田土祟朝立盡廬舍人民漂蕩死徙至不可爲言嘉魚李公光祿向予顰蹙而言曰吾人其魚矣老堤未修新堤未續吾與子盍圖之奉書諸當事者爲四邑請命而是時嘉令葛侯目擊心傷復爲災民申議前後文書至十數上於是前中丞董公直指史公參藩陳公郡伯馬公咸欣然允發府庫三千餘金區分四邑長吏募夫併築時嘉咸江夏各次第訖工而會署蒲篆者有泒里甲之擾致生齟

鹽中丞梁公直指錢公彭公方伯劉公憲臬王公張
公郡伯黃公特檄江夏徐侯徃勘以受水之均而衆
議之不容違始獲卒業而四十餘里之新堤於是乎
告成功矣光祿又與予計曰老堤當首衝而潰者弗
塞卑者弗高薄者弗厚雖新堤庸有濟乎復爲言之
徐葛兩侯轉請於前諸當事者再發帑三千金專屬
葛侯脩補葢或協築或專脩皆所以遵向來成例也
自新舊堤全而蜀水自西瀟湘之水自南岳澧辰常
之水自西南來者至魚山皆弭伏順衍而下不敢一
窺湖而四邑一旦汚萊盡闢流移盡復廬居盡葺桑

麻榛蓄盡布滿中野而無復向時昏墊沉溺之虞公
私逋負之患其於民食國賦豈曰小補之哉光祿屬
予爲記曰諸公之德意邑長之勤勞後民之成例後
來之勸規皆於是在予不可以無言予謝不敏則屢
以讓公而頃者公作古人矣傷哉於是畧次其事之
本末而申之以兩言曰凡爲地方舉事者爲民之念
要眞而同事之心貴一眞則饑溺由已而勞費嫌怨
之不辭此長民者事也一則秦越共濟而彼此畀同
之弗立此吾四邑之爲士民者事也誠如是則四邑
長有此堤四邑之民長受此堤之利雖千百世存可
矣董公名漢儒開州人梁公名見孟安肅人史公名
記事渭南人錢公名春武進人彭公名宗孟海鹽人
陳公名釆清苑人劉公名之龍富順人王公名一禎
青陽人馬公名人龍太湖人張公名維樞晉江人黃
公名景星莆田人徐侯名日炌西安人葛侯名中選
河西人咸寧令徐侯名可大安化人葛侯在任五年
強半居宿堤上祁寒暑雨備諸勞苦不具述云

長堤碑記　游士任

葛侯竣長堤之役遷南廷尉評以去熊亶指業爲石
上言記徐葛兩侯舉事之始末侯可千秋矣游子假

歸父老復礲石索言於鶴樓者再游子曰予不文肎
敢爲片石辱郎有言亦不出亶指意耳父老曰吾君
一片熱腸向與亶指合姑言所已言亦言所未言可
乎游子喟然曰夫舊堤始唐均坎成宜坎委溥又坎
劉元相而呉清惠亦經疏請載邑誌新堤始馮公應
京議焉而未竟載縣牒予請勿言獨憶丁戊間予以
一孝廉率三邑父老灑泣而言堤事郡伯張公折節
以從而蒲邑某侯足不窺江干一步輒沮予議時熊
亶指在遼李光祿在燕安得有心人出片言相佐者
亦此堤機緣未到耳無何堤决四邑之田廬蕩然旄

倪之啼號沸然予愧不能爲斯民請也歲庚戌游子
成進士葛侯除嘉令遂與李光祿觴使君者三剌剌
言四邑堤不去口而尤願以新堤爲侯新政冠不翅
兄關弓弟泣道也侯頷之甫下車他政未遑也遂東
西聆而遠近覩以爲荒度計葢大江自岷山來領黔
瀘諸水出峽而東走而沅湘辰澧諸水又大會於岳
陽下至赤鼻廼始就銜勒又下過魚山則江嘉蒲咸
之山三面周遭而西缺其一面以受江大約山如弓
而堤當其缺如弦然堤之形一而堤之則四又辟之
人身然馬鞍山上下若額若頰三角舖下若咽喉廼

司以西若脊獲口以北若尻向之堤始馬鞍山止
夾口置獲口以北不堤郎吳淸惠之疏不及焉是額
咽脊俱全而無尻也不免捍七而缺三創而長焉起
獲口至赤磯如馮公應京議而其尻廼全是爲捍九
而缺一虛其一於金口水至口則若建瓴然不返顧
矣其剩流從口入瀏而上焉其勢殺比滿而溢則江
已就落不復以四十里爲口而朝茹夕滿也葛侯旣
有成筴一一條諸牒以力請焉當事可其議江咸無
閒言而蒲稍不如約如丁戊間故事於時熊直指李
光祿慷慨陳說於諸當事手腕幾脫而余亦向備兵

張公郡伯馬公　唐公孫公披瀝滿紙焉當事益
蒿目是以有　之役擇　夏徐侯以往至鄖爲之
別疆域分山澤核里數酌丈尺一以受害多少爲準
而其議始定當事訢然捐三千金以剏新屬四邑分
築而堤之尻續矣旣又捐三千金以增舊屬嘉邑專
修而堤之額若咽若脊亦無弗固矣明年江泛沒堤
之半予猶官茗上或走告予曰堤以外水高丈許堤
以內黍稷油然桑麻蔚然向時蕩析之區今盡樂土
其魚之人今盡擊壤國賦亦從此不逋矣游子手額
曰卓矣兩侯明德遠矣歸而疾走堤上徘徊四顧則

見江若白龍堤如青蜺周旋翼蔽與三面山其成四
塞四邑將世世賴之郎史起西門豹寧多遜焉是役
也問之里江六十三患水者三十四蒲三十患水者
八咸十六患水者八嘉十二患水者七問之堤江之
丈以千者二蒲咸之丈以千者各一嘉之丈以千者
亦一有奇費如前問之當事則中丞董公梁公直指
史公錢公彭公方伯劉公滕藩陳公憲臬王公張公
郡伯馬公黃公司理唐公孫公覩堤則別駕李公若
某名某地多載熊直指記中無庸再也第拜手作誦
誦曰春秋元命苞天包地五行始水瓠子一决璧沉

薪負厥患不已澶淵之役子瞻盧城誓與俱死賦彼
黄樓載歌載詠有滂如泚艱哉使君瓠則百輿全乃
致毀使君致詞吏民欲殺何如史起卓矣徐侯共建
非常狂流克砥三年告成迺黍迺禾被我江汜徹彼
桑土迨天未雨敢告多士

移建江夏儒學記　陳鳳梧

古者學校之設徧天下傳所謂家有塾黨有庠術有
序國有學葢當是時無一地而非學無一人而不學
其詳且審有如此者三代以降學校雖設然其制疏
而不周邑附於郡郭則不復建學如江夏縣宋初止

就鄂州學別爲一齋紹興以後悉附於州學元亦因
之於邑且然而况黨術之間乎聖朝稽古制治文教
大興凡附郭之邑皆有學其殿堂之制師生之額視
諸邑無異焉下至於鄉閭里巷亦立社學以教之葢
郎古者黨庠術序之遺意也於乎盛哉按志江夏縣
學國初在黄鵠山北尋徙歸厚坊其地比於市井喧
囂湫隘司政教者屢欲遷而未果弘治戊午監察御
史餘姚王公恩來按湖南風釆大振問謁縣學而退
語諸生曰學也者上以崇聖賢下以育材俊是地奚
其宜哉遍擇於城内外無一可者最後得貢院之西

鳳凰山下高明爽塏迺卜遷焉維時巡撫都御史閻
公仲宇議以克合王公遂命同太守政董其事前爲
櫺星門次爲大成門中爲大成殿東西兩廡翼之殿
後爲明倫堂爲存誠至善二齋而庖廩饌堂附焉明
倫堂外爲師儒廨舍者三東廡之東爲諸生肄業之
舍凡五十六間甃爲七區舍之南抵於通衢爲學門
則在櫺星門之東經始於是年冬甫一載而告成事
輪奐完美像設顯嚴其費計白金二百五十鍰皆王
公贖刑所措畫者官不竭財民不告勞士大夫行而
過者咸嘖嘖稱嘆曰是學之形勝殆天設而地藏之

以遺今日乎後六年爲弘治乙丑鳳梧奉命來典學
事至則湫潦之餘齋舍就頹幸而分守參議吳公世
忠分巡僉事鄭公岳實維同志加意於學鄭公先出
罰金若干付知縣王鉉葺之於是齋舍復完吳公則
以聖賢像位禮不可褻迺各護以龕几垂以簾幕而
時其啓蔽扃鑰加嚴焉正德丁卯鳳梧令再葺之復
於堂南設屏建門以辨出入而制益備矣先是舊學
歷數十年未有舉於鄉者更遷以來僅二三科登名
葢累累有焉士以是懽趨之嗚呼豈其然哉書曰天
叙有典勑我五典五惇哉天秩有禮自我五禮有庸

哉典禮出於天而具於人然所以惇而庸之非學校不可故聚民之俊秀而教之葢欲其明人倫與禮教以一道德而同風俗豈區區於科目焉而已哉而人材之盛衰科目之多寡又未必盡係乎學宮之嚮背何如耳大抵君子羣居講習必有清曠幽閑之地以爲藏修游息之所然後可以居高明遠眺望否則志煩慮亂視壅志滯而能有成者鮮矣諸生繼自今益求乎其內而無徒務乎其外窮有所養達有所施以爲學校榮若徒恃山川之勝而溺志於功利豈今日所以建學之意哉鳳梧懼王公之績从而磨滅又懼諸生趨向之靡定也故爲書其遷建之本末刻之學宮以告後來因以爲諸生勵焉

重建黃鶴樓記　張長庚

楚之黃鶴樓而峙于黃鵠之山也競爲名勝葢千百年于兹矣今年春樓火測者以爲火之虛樓之灾也而不知此有故焉古天子巡狩望祀其名祀之者禮之也夫豈徒爲是天子之禮也哉實以寵乎山焉耳五嶽視三公之位山于天子猶臣也臣不得君之權爵則不尊山不得天子之寵祀則不靈今者

聖人受命四方治而海內一萬物被

上光華者幾如日旭夢覺形舍其舊氣贈其新而此黃鵠山頭猶戴故國之破瓦敝棟頹落其間無論氣象不鮮而其欲邀寵靈于新朝之心必皇皇其所未協故假祝融氏炬之思以去故而取新凡物之趨于新者非火不爲功故鼎之義取于火是葢黃鵠山靈欲邀余輩上推

聖天子錫寵名山之盛心而有斯炬也爰是與撫軍劉公捐材鳩工而自藩臬諸君以下俱相效踴躍而起取前所炬者而更創上年六月經始今年八月落成巍煥之觀重耀耳目與諸君徘徊其上有爲余言

者曰兹樓之建足以後神仙之奇踪也余曰黃鶴樓爲神仙傳所從來久矣稽諸舊聞有以爲王子安有以爲費文禕有以爲呂公純陽其參差已不可信即曰果有神仙事如世俗畫鶴跨鶴之言余輩今日不爲之重建斯樓數傳之後瞻對無憑其滅沒有無皆不可知是神仙必藉人而永人後仙乎仙賴人乎其低昂固未可以易置也且以功績如鄂侯猶不免以神仙之好貽譏史策仙家別派余輩必不爲之俸脚護法也明甚又有爲余言曰兹樓之建足以脩遊覽之大觀也余曰鄂諸遊覽之勝未聞更過于斯樓憑

高矚遠可以眺海隅之日出可以挹萬頃之烟波江山清韻在人襟帶誠可與漢之晴川巴之岳陽鼎峙而三弟以余華修巳治人當效其至晉代風流雅好登臨顧有以用之歲月可貴之經綸不以斯世爲巳任徒付之山川一嘯固又爲勞人志士所不取雖以庾殷諸子曩鎮武昌亦頗有秉月登樓之興使其別無賢勞僅有是胡床達旦風趣亦安能照耀千秋掩映後代則遊覽未足爲斯樓詡也今試與諸君升樓而望楚固天下之雄都又南服之要會也西畧巴蜀南接黔滇東連吳粵北極秦豫或以楚爲腹或以楚

爲脊或以楚爲咽喉或以楚爲門戶其所以控制而爲鎮鑰者當何如咨詢設施又試與觀楚之幅隕溪蠻雜處動靜靡常當何如仁義互用又試與觀楚之風慓悍好鬬信鬼重巫當何如引掖興勸又試與觀楚之時大軍之後供億困疲當何如撫字噢咻俾三湘七澤之地火耕水耨之鄉人泰物阜俗美風清登春臺而遊華胥人間到處蓬瀛何羨天外黃鶴庶幾今日登樓相與有戒之意也諸君威唯唯余言請布諸石併以告後之登是樓者

重建黃鶴樓記

劉兆麒

鄂州古郡西南奧區也其間名山大川遺蹤故躅如石門大觀之幽奇焚口散花之韵逸魯直松風之閣元規玩月之樓曲亭名九書絕傳三有不可以指屈計者而膾炙人口則爲黃鵠磯頭之鶴樓稱最焉考樓之肇始相傳爲費文禕昇仙時曾駕黃鶴過此又云昔有辛氏飲一道士不取其值道士德之以橘繪鶴爲酧飲者至輒見黃鶴翔舞後十年道士復來乘鶴跨雲而去辛樓居焉因以著名而道士乃純陽子也意者是樓或興於費而繼於辛歟歷世既久更捌不一至明季癸未復燼於兇燹

清興之巳丑年直指上官使君始事倡建然規制損益與舊差別也甲辰春居民弗戒於火延及樓宊惟時余鎮撫三楚適兩匝歲與大司馬總制張公以巽灾封事上聞凡罹難之骼胔者瘞之受傷者賑䘏之爰謀及是樓實會城之形勝可不鼎而新之歟乃進岳牧諸君而共圖重搆焉諏倣昔制規而爲形高約七十餘尺寬廣悉循原度庀材鳩工醵出捐俸不妨農月不貽民勞是以興作土木期而告成閭閻不知有力役之擾也思夫事物之理數出廢而興每多今昔之數載籍之誌記因人於境能無感發之懷曩也

零甍斷碑今可摘星插漢矣曩也瓦礫蓁蕪今已丹堊碧至矣漁歌互答和鈴鐸以諧聲甍棟鱗層影蛟宮而耀彩江流爲之砥柱都會於焉壯觀乃至水族沙禽游泳得所行檣旅楫上下安瀾所以樹鎮靜而召嘉豐者不可紀極寧第後盛遊豫洪冠紳士女之登臨詞客騷人之歌詠已哉昔范公之作記也誌美於政通人和先憂後樂迄今誦之是滕子京以文正而傳文正于京又與岳陽洞庭同不朽也崔司勲鶴樓一詩絕唱千古予輩或步後塵臨流釃酒觀詞賦而懷宋玉讀騷問而憶屈平低徊鸚鵡之洲憑吊鳳

凰之麓覽今思昔人耶境耶况乎鐵篴依然仙棗宛在又奚必白雲已去黃鶴不回致其遐思也耶後之君子當亦觀載記而　一厘興感之懷歟

重修江夏縣學記

蔣永脩

今上戊午余督全楚學政駐居武昌謁文廟舊例不至江夏學余特再展謁焉俱圮廢頹敗風雨飄零茲固都會也寧忍聖人之居若此耶比請前撫憲張公告方伯徐公及諸同事皆於軍供之暇留心整葺意滋切矣獨愧余俯仰賢聖之學又職斯任勉奮綿力竭蹶歷三載苟能效者無不效之未易就也且周旋詰曲歷湖南北萬餘里凡此縣庠拮据事一委之廣文杜子魯子余心祗懸繫也今辛酉春府上庠及茲庠始落成顧爲少慰然創葺之難於此爲已極也所幸大中丞撫憲王公節鉞初貢加意震厲後此扶植有賴則又大慰焉余今於府庠諄諄告司鐸勤其言於石而其未盡則又爲此庠兩司鐸勉焉教諭張子希良甫履此任益淹雅篤實講聖學者魯子録名家子勤於文行皆力任斯役以有成者也諒守職無愧矣然聖人之道之不明也非學者爲之教者爲之也昌黎自任爲人師豈人之患乎周程張

朱樂育當代惟日不及無教人之責而有教人之心總以力荷聖賢爲已任夫仁義禮智之道我不爲人言又誰肯言者我言之人不聽遂已之又誰不肯已者先儒日夜憂憫豈但爲一世正人心厚風俗且筆於書著於冊詳勉周致恐萬世之下不得聞吾言也而况有教人之責者則胡安定可法矣夫既爲朝廷之所揀授爲千百人楷模此千百人皆待我者倘有一二背棄仁義違忤父兄我顏乃居斯任對斯席擁臯比稱先生乃有是生徒能無恥乎或曰人固不易教也夫人亦相信以真耳我實實爲其父師誰不願

爲子弟我實實望以顏曾人誰願爲蹻跖至誠惻怛教學之所通也我實有聖道之責顧使仁義禮智自我而息假令天下之大四海之廣盡如是爲教則人道之絶也不終日矣故有不率者引罪負咎自處不敢寛假之地咨嗟俯仰發其愧悔滋其感悟不啻入肺腑而與之語人亦未有極愚不可開導者也不得已則夏楚之又則擯斥之彼亦何憾況所與言者不過彼之父子兄弟夫婦朋友各愛其所自親歛其所自屬而孝弟仁義之名實還自彼受之也又何難之有也且江夏素多才矣前此毋論也宋鄉舉禮部廷

試皆第一者才三人耳自王文正宋子京外則此邑馮當世也當世與安石不合爲惠卿所傾神宗有渴想儀刑不忘夢寐之語其人可知明王公度於殿廷奮臂捽馬順噉其肉百官爭捶順死天下震動吳磊石劾丁紹軾黨客魏魏璫矯詔杖殺之楊左之先鞭也他如郭明龍之氣節文章熊芝岡之才略剛毅及賀對陽之清愼忠介且對陽尊公講明理學著思聰録至今學者稱陽亨先生云凡皆自茲庠起家聲名播天壤傳後世者而今何寥寥也此豈非教者咎乎故得其教則人才與豈第數公前濂溪先生獨非楚産余用是叮嚀焉至教人之法安定已事史冊可考也

葉忠節公祠堂記畧

楊懋紹

從來士君子處世願爲良臣不願爲忠臣顧其所遭往往有幸不幸焉在昔睢陽盡忠於國家魯公投命於君親要皆特立不回從容伏節豈其所願獨殊歟蓋運蹇而道乃伸時窮而節始見古來志士仁人惟其砥礪於平日故能引決於一朝如是之貞且烈也雲間葉忠節公其聞風而興起者矣公諱映榴字秉霞生而岐嶷篤學厲行見古今忠義之士輒慨慕不已以文章名碩連第春官官禁近嗣遷儀部郎余時

備員京邸絲葭莩之雅數相過從談詣甚適未嘗不移日忘返也其後五六年間公自秦中視學歸余亦丁內艱侍先少傅公於沔上得奉公顏色如在京師時閱兩年公受命督糧荆楚舟過維揚把酒言別當是時余與公年俱壯謂可以歲月相見且念異時宦迹安知不聚首一方必不至遂生死契濶故不以千里之别爲重也又一年余服闋赴都補冬官民部而公之治行早藉藉長安矣戊辰之夏會制府去位一時部曲無所統其驁悍陰巧輕儇换黠之徒洶洶攘臂朝夕思亂當事者乏濟變才遂挺而譁白棒短兵

遡塞道路諸將多棄城走竄賊因刼殺重臣四出摽掠公獨坐堂皇賊入見之猶羅拜庭下已而漸嚚索庫藏公知不能遏謂

天子命吏不可以辱因入內奉母某太夫人而泣太夫人勗以大義於是西向拜

闕南向拜母引佩刀自刎神色如常賊驚駭嘆異爲具衣冠厚殮焉太夫人愀然含涕曰吾兒不愧爲臣卽不愧爲子業得死所夫復奚憾聞者難之以爲是母是子也公天性篤摯事親孝居官廉間嘗讀其感懷詩云官廚猶索長安米箕歛羞看貨殖書又曰丁

年蕭颯驚青鬢子舍迢遥望白雲由斯以觀其生平淸風亮節公爾忘私爲何如哉向使四郊無警江漢宴然公得於聽政之餘偕二三僚友登高眺遠飲酒賦詩亦自足以風流千古乃不幸而變生倉猝難起豎兒因之殺身授命視死如飴良可悲已然死者人之所必不免而公之死則精識格天地光景齊日月設令魯公輩見之未有不引爲同心而把臂九原者斯不可謂公之不幸也公惟以不負所學者不負君父所以慷慨捐軀成仁取義雖至肝腦塗地有所不惜嗚呼何其壯耶余以甲申秋來守兹上距公之殁十有七載矣始得造公祠下釃酒再拜欷歔俛仰想見公之音容氣節徘徊而不忍去祠離官舍數武楚人懷公之舊久而不忘於學宮祭享外請爲專祀社而稷之

天子嘉乃忠貞覃錫

天章祠以丙爛然有餘耀焉蓋異數也嗟乎死生亦大矣公循循一書生乃能致命遂志如此卒之享不朽之令名受千秋之廟食然則公之死乃其所以不死也歟余既不獲奉公周旋如向者臨别時語猶幸蒞公畢命之地得以親炙芳徽追維英烈庶幾平生

交好之情藉以少慰也故不辭踈陋搦管而爲之記

江夏劉侯增建後堂記　葉澤森

三代後漢治近古孝宣由側陋登庸民間疾苦尤悉謂守令吏民之本數變易則下不安故有治理聞輙以璽書勉勵增秩賜金而不輕爲遷代談治效者首西京云後之文法苛細轉移頻數視其民如[illegible]相値又安望其遠大經久耶江夏楚首轄縣治在漢陽門明時燬於火移置今治爲故淸軍御史院今甲御史按部不得以家累隨故凡御史院俱窄陋爲縣治又增置庫獄吏舍暨承簿宅爲令私居者益庳隘矣

國朝定鼎江夏爲用兵之衝治是邑者戴星出入櫛沐不遑又輒觸文網罷去幾歲易一人前此作令者匪特舍視其官而且陌阡視其地矣故堂皇居室敝勿治至不可捍風雨康熙十有七年我友開原劉侯作宰是邦縣廨祗寢室一重辟堊漫漶頹堤缺折棟桷楯撫之屬咸壘廚墉圮令人有巖墻懼侯故大家食指衆至藏獲無所宿侯曰令者邑之宰也心者身之宰也人惟身安則心安心安則神裕而張弛措置咸得其宜若身不安則心動心動則神疲而舉動或至於乖忤今邑務如亂絲以靜氣定力爲之猶恐

不勝乃復擾以不寧居烏乎可因取其漫漶者缺折者黑腐墉圮者次第修飭稍可棲止又一年請於連帥乞貲院隙地三丈許治室五楹楹廣文袤倍之翼以兩廡於是江夏之令始有燕寢之所矣運甓於陶伐木於山予直於匠皆捐俸以給不足則稱貸益之未嘗敢以絲粟涸民也將期年而落成侯曰是役也不可以忘歲月子盍爲我記之余曰漢之吏至長子孫爲姓號故圖功久遠而安養斯民之術惟恐不至也今之爲吏者一切苟且迫促以期速化況江夏之疲劇煩難尤人情所不能一朝居者乎侯聲望發聞旦夕可待顯擢乃於其地築室啓宇若爲長子孫計者則平居與民所設施必有經遠優裕之謀而不爲苟且迫促之政可知侯雖不能久於其邑而繼侯者能推侯治室之心以治民即漢西京化理無難矣

黃鶴樓記　任辰旦

武昌跨黃鵠山而城之山之磯有樓即昔所傳黃鶴樓也昔費文禕仙去乘黃鶴過此而名焉然與樓高於[illegible]雄者十數尋外以石欄環之而長江繞乎下其後則有廣榭有周軒有修廊叠士大夫登眺而晏息者也從內外望水氣上蒸空空濛濛檣帆之往來若

梭若葉而且都邑若彈丸廬舍若鱗次是方將躋攀而上而其居高之勢已然矣樓三層由一而再再而三則巨流漸細衆山漸小及崔郎中所詠歷歷漢陽萋萋鸚鵡者莫不引而近之在戶牖之內其間四顧沆漭淸烝膠葛歊則入雲步則御風囿寥廓哉一大觀也而人之至此樓者抑何異費文禕乘鶴而過耶然則有此樓而後知天地之大而後知世界之寬而後知俛仰之可以自適而後知耳目之可以絕俗也而況君子游聖人之門侭偕升之迹而超乎萬物之表者乎

黃鶴樓記

唐 閻伯里

州城西南隅有黃鶴樓者圖經云費禕登仙常駕黃鶴返憩於此遂以名樓事列神仙之傳迹存述異之志觀其聳構巍峩高標巃嵸上倚河漢下臨江流重簷翼舘四闥霞敞坐窺井邑俯拍雲烟亦荆吳形勝之最也何必賴鄉九柱東陽八詠迺可賞觀時物會集靈仙者哉刺史兼侍御史淮西租庸使鄂岳沔等州都團練使河南穆公名寧下車而亂繩皆理發號而庶政其凝或逶迤退公或登臨送遠遊必於是極長川之浩浩見衆山之纍纍王室載懷思仲宣之能

賦仙蹤可揖嘉叔偉之芳塵乃喟然曰黃鶴時來歌城郭之並是浮雲一去惜人世之俱非有命抽毫紀兹貞石時皇唐永泰元年歲大荒落月孟夏日庚寅也

江夏縣志卷之四十八

開元劉朝英重修
黃安張希良編纂
古越洪國輔續修
三韓陳萬策增修

雜文部

詞 對 箴 跋 議 攷 論
雜記 說 誄祭 諸體

對漁父詞

戰國 屈原

屈原既放遊於江潭行吟澤畔顏色憔悴形容枯槁漁父見而問之曰子非三閭大夫歟何故至於斯屈原曰世人皆濁我獨清衆人皆醉我獨醒是以見放漁父曰聖人不凝滯於萬物而能與世推移世人皆

濁何不淈其泥而揚其波衆人皆醉何不餔其糟而歠其釃何故深思高舉自令放爲屈原曰吾聞之新沐者必彈冠新浴者必振衣安能以身之察察受物之汶汶者乎寧赴湘流葬於江魚腹中安能以皓皓之白蒙世俗之塵埃乎漁父莞爾而笑鼓枻而去乃歌曰滄浪之水清兮可以濯我纓滄浪之水濁兮可以濯我足遂去不復與言

對楚王問　　戰國宋　玉

楚襄王問於宋玉曰先生其有遺行與何士民衆庶不譽之甚也宋玉對曰唯然有之願大王寬其罪使得畢其辭客有歌於郢中者其始曰下里巴人國中屬而和者數千人其爲陽春薤露國中屬而和者數百人其爲陽春白雪國中屬而和者不過數十人引商刻羽雜以流徵國中屬而和者不過數人而已是其曲彌高其和彌寡故鳥有鳳而魚有鯤鳳凰上擊九千里絶雲霓負蒼天足亂浮雲翺翔乎杳冥之上夫蕃籬之鷃豈能與之料天地之高哉鯤魚朝發崑

崙之墟暴鬐於碣石暮宿於孟諸夫尺澤之鯢豈能與之量江海之大哉故非獨鳥有鳳而魚有鯤也士亦有之夫聖人瑰意琦行超然獨處世俗之民又安知臣之所爲哉

學箴　　晉李　充

夫極靈智之妙總會同之和者莫大乎聖人是以物必有宗事必有主見形者衆及道者尠逐跡愈篤離本愈遠遂使華端與薄俗俱興妙緒與淳風並絶將越禮棄學而希無爲之風矣其詞曰芒芒太古悠悠鴻荒蚩蚩萬類與道兼忘聖跡未顯賢名不彰怡此皷腹率我猖狂資生既廣群途思通闇實思明匪予求蒙遺巳濟物而天下爲大公庭猖基羲農弘贊六位疇成離暉大觀澤洽雨濡化流風散比屋同塵而人罔僭亂爰及中古哲王胥承質文代作禮統迭興

事籍用以繁化因阻而凝動非性擾靜豈神澄名之攸彰道之攸廢乃損乃隆乃崇所替刑作由於德衰三辟興乎叔世既敎既誘乃矯乃厲敎亦既備矯亦既深雕琢生文抑揚成音群能騁技衆巧竭心野無陸馬山無散林風靡不動化罔不移人之失德反正作奇乃縱欲以越禮不知希競之爲病違彼夷途而遵此險徑狡兎夌罔潛魚遁川至賾深妙大象幽元棄餌收罝而責功歸筌先網丧歸而寄旨忘言政異微詞拔本塞源遁跡永日尋響窮年刻意離性而失其常然世有險夷運有通圮損益適時升降惟禮道

不可以一日廢亦不可以一朝捉禮不可爲千載制亦不可以當年止非仁無以長物非義無以齊恥仁義固不可遠去其害仁義者而已力行猶懼不逮希企邈以遠矣室有善言應在千里況乎制行復禮克己風人同箴敬貽君子

東山賦　　趙淳

山固多嘉木由剪伐無時使不得蕃息以軍營覩此實爲王山乃禁樵採封植養護則大者挺然干霄小者叢生攢立矣因即山之陽得勝處偶拾餘材架木爲閣榜曰東巖取其石秀而木茂者又得數所曰雲根雲扃伏仙飛雪棲霞半霄清歡爽塏巉巖翠屏堆雲獅子峰此又狀其石而名之也奕局琴几石鼓箏牀因其天成粗加斲削循山之巔至黃鶴亭仍夾道蒔松俾異時交柯結蔭與東岳相爲表裏後之來者願不以人廢閣成于慶元初載重午日將右軍河陽趙淳清老謹識

仙棗亭記

郭正域

舊志載武昌黃鵠故有棗數株千餘年不實一日結實大如瓜太守以小吏往竊食之即日仙去後人遂亭焉嗚呼棗爲小吏出耶吏以棗仙耶何物吏何緣耶顓頊時闈河有紫桂成林其實如棗食之後天而老周穆王時西王母進陰岐黑棗與甜雪素蓮冰桃碧藕尹喜共老子西遊省太眞食玉文之棗實如瓶西王母以崆嵻山細棗獻漢武帝年一實咋之膏可然燈河中蘇氏女食無核棗不食五穀五十如處女寧郎此棗乎亭去黃鶴樓僅百餘步樓下黃鵠磯八

言有呂仙賣桃跡嶺山之棗即磯前之桃邪夫鵠之於鶴爲一類則樓當以磯得名是黃鶴黃鵠訛也而黃鶴故事或曰王子安或曰費褘今人乃盡歸之呂仙夫鶴樓以崔詩顯崔開元人而呂仙以麟德得道崔詩已有昔人之稱又鵠山下有費褘洞則跨鶴客爲費褘無疑而山下又有呂公磯或曰禹公磯訛也今時謂仙跡惟呂公最著而呂仙石亭創自元人碑文出宋名望手載史丞既禿滿夫人事甚奇又復有題詩呂字之說則歸之呂仙不爲無據豈江漢之區山水靈異而此磯此樓此亭此桃此棗眞仙固時爲來往而傳弄邪詎知乘鶴而去者不復乘鶴而來乎又詎知賣桃者非即種桃者乎亭廢且百餘年萬曆戊子士人復以請於諸司即故址石亭前重建一亭凡八楹周以綺疏大江自南來千里而折憑欄而望萬瓦皆伏令人有超八瀛而啖靈苗之想亭四圍故多老棗前一株修鱗古幹半榮半枯以爲仙靈所鍾嗚呼寧復有實大如瓜者乎是皆宇宙神奇事不可使磨滅也是爲記

書熊襄愍公傳跋　　尹明廷

予與昭弟並讀公治遼諸奏章皎然日月而竊恠當時諸蝨賊害其成不已逐其人而又殺之以快志其故何也或曰公馭下嚴交友刻性氣凌人每事必求勝以免久之烈皇帝勅余行東邊邊地諸長老爲予言公束帶見長吏怡怡若家人雖厮養下卒一語偶中往往握手引坐其推誠待人不沒人善類此惟諸奏參擊譖說盛氣不平誠如人所訾而予又觀神皇帝之季年一時賢大夫溺於李贄含垢無爲之邪說片策不發以爲全軀保妻子之圖最下貪金珠若吠

犬然投骨即止抱謀角立者又如醉夢指東西必敗乃公事公此時非贍一身之死也上而天子九廟中而諸大夫下至普天萬億蒼生之性命懸於一策成敗之間此何等事而誹公以爭而欲公之爭不必求勝乎是無異於火發於室而責救焚者以鄒魯之步覆舟在水而責拯溺者以容恭之手也其不相繼而集爛者幾希矣蘇子贍云士以氣爲主夫才猶火也氣猶風也火挾風以昌才乘氣而大有才無氣則爲鬼蜮爲蛇蝎豢環可狎而專螫人於不見之中此予長指爲陰賊而巷佰以爲豺狼不食之餘也而欲公不性氣也哉

重建痘母祠碑記

明　丘履嘉

丁卯歲余綰郢符入楚以四月受事至陽月晦而稺子以紹忽見天花色勢甚劣余半生止此一綫心傍徨甚密自顙禱惟懼涼德無以惠邀玄貺會馬弁極稱此中　痘母之神累著靈應先是戊午春醫官劉子郁偕孫遇文捐自置民基一區嫌其狹隘復啟楚藩撥以山麓草創一宇以昭特祀兼施藥餌濟彼貧乏厥念甚美第茅茨未剪妥靈不恭余聞之遂盟心創造爲三戶倡始迄兒痘兒痊往謁神像於其所見數椽參差不蔽風雨堦墄不盈咫尺祝之謂何而

屑越乃爾余爲憮然乃捐朱提二十鎰爲肇建資因念稺子已長七齡矣每出必携與偕還而燕趙齊梁晉魏之墟邇則燕磯牛首虎阜鷲嶺三竺六橋之勝靡不與飽歷風霜而峰泖而聰湖則又在几席間勿問已其間天灾流行何歲蔑有而獨發於楚氛正惡之日何耶邀神之綏豫章徙鄂渚也亦已十禩矣諒其所全活嬰稺宜以億萬計乃善信雲集尚虛香火一席地以迄於今若有所待者然其氣機之感召善緣之湊合豈偶然也是祠也闢山爲坎依坎爲基背負高岡沓曲面勢若大作而地成之者神明之居自有勝地奇哉構爲堂几六楹衡不過十武高不過五仞神像莊嚴而處之於中令人望之必生欽敬神亦受人之欽惕然引保護爲仔肩也而左相接者復構爲三舍每舍之廣不過四筵進不越五武側亞於中廟者咫尺里人猶虛此席以需祝釐之役其外則建門廡令往來者通其戶牖耳當肇舉時飭土伐石鳩工程能授餐償直者巖紬有差今且爲之垣墉爲之丹雘已告竣事矣嗣且有爲序爲翼而恢宏之者願念此化人之居第爲之自畢其念已耳至神之禔福於三楚也與三楚父老各欲昌其裔也必將繼繼繩

繩以增葺其祠宇流光之遠寧可量哉茲役也經始於丁卯季冬望後二日落成於戊辰孟秋之八日其經營綜理則郡丞夏君之力居多捐貲助建則有郡伯趙君別駕李君徐君司理邢君令尹朱君薛君及楚藩左右史來君賀君等若而人營度諏吉則揮使馬元賡爲政昕夕拮据工所而纖巨畢綜者吏目陳仲賢吏章于國繩祖武而諧盛事者醫官劉遇文也是皆有勞可紀者

義學規條敘言

楊懋紹

從來化以教善德以學成故上古之世家置一塾黨置一庠選民之秀者而升之宜之以容節訓之以德義申之以戒令齊之以讀法上植其教下脩其學是以衆庶興行比屋可封焉迨夫王制久湮家不建塾黨不立庠萬家之邑僅守一學而其所以整齊化導之者又不盡合乎先王立教之意無惑乎古之成材易而今之成材難也余承乏茲土下車伊始即思以汲引人才爲首務復興江漢書院集多士肄業其中而以時課試亦既彬彬稱盛矣雖然成人有德而小

子未造不無餘憾爰設義學因浮屠氏之居而懸帳焉首武當宮次覺明庵又次龍華鐵佛寺經營既定特訪師儒舉行誼之尤數人捐俸爲束修之問四鄉之人擔囊負笈後先踵至諸生儼然據皐比而臨之謂是傳道受業解惑而已乎抑亦思夫教之之本矣夫唐虞夏商所以牖民者多端其實不外司徒一命周之教見於三禮而會萃於論語論語曰弟子入則孝出則弟謹而信汎愛衆而親仁行有餘力則以學文至宋朱子作小學又推本立教之旨以爲古者小學教人以灑掃應對進退之節事親敬長隆師親友之道此其於孔子之言非有異同事親敬長者孝弟之事也灑掃應對進退隆師親友者謹信親仁之事也果能行是數者而示之以循循焉屬屬焉重規疊矩尺步繩趨一語嘿而弗乖其則一作止而弗越其常於以春誦而夏絃橫經而執業斯誠不愧乎爲人師者矣不然者務名而失實急末而遺本凌躐無序是教非其所教而學非其所學也材之成也庸有望乎或謂郢都素稱雄服其閒不下十萬戶安得盡四鄉之秀者而一一教之不知事必圖其始而後可以廣推法必有其方而後可以遠被異日者有脩明之

君子仿昔黨庠學塾之制以整齊而訓道之將化於是乎善德於是乎成安見江漢人才之盛不足比隆上古也耶余固有志焉而未之逮也故特表而出之以告其爲師若弟子者而并附其約於左云

告文昌帝君疏　洪國輔

幼雖了了長只平平既不能强踃蹭崎嶇之世路又不能弱辛酸冷煖之人情舉目蕭疏向隅之悲自墜半生孑立窮途之淚偷彈藥裹生涯凄凉形影青緗世業冷落箕裘季子已敝貂何言二頃毛生不脫穎長勉三餘夜雨西堂鬼魄忽明桂薤秋風南國馬蹄又促槐花如雨如雲紛疾足高材之敵三背三晝即榮華憔悴之關東西場面垢首四愁不入復愁不出毫楮上心嘔髯斷患不精又患不明况艱難之境備嘗將得失之心轉急明遠樓如天上起角聲斷送秋

聲至公堂似霧中看燭影晃搖月影念缺月孤鴻之句早已斷腸吟看花走馬之篇幾回搔首人何能役天實爲之仰祈萬丈奎光俯炤三條蓮燭筆花吐處風生桂籍之香墨霧飛時雲絢蕊珠之彩勉稱栽培之造物敢云溫飽是圖欲酬簡在之帝心要使科名不愧

聖誕會考　周家尚

禮於二親生忌辰皆有致祭儀師與親一也古者祀典學人各祀其先師葢以崇所自出矧我先師孔聖爲斯道宗主佑啓後人千百世下所共高尊奉之者乎今自春秋二丁官司釋奠外其於降誕之辰竟莫有記憶而舉奠者嘗怪緇黄之儔各尊所好如三月二十八四月朔八及諸神降誕某某日莫不聚衆享獻殺核具陳鼓吹交作而我聖道廣大無禍福因果之說以動人無象數聲華之飾以炫外故門墻冷落郎吕平篤生之慶曹焉罔知何礙天地之寬然自反

源源本本之義能無惘耶或曰時日未審也稽史記世家仲尼生於魯襄二十二年十一月庚子惟是曆數久遷頗增異議罕從折衷而識者以夏正推筭斷信爲今之八月二十七日里中同學惟黄子古人趙於碩言劉子燕仲定子子猶暨諸同志愼核攬揆於是以八月二十七日爲齡蠲誠秉德如期祭奠樂群合敬致齋備儀肇祀之日雖近百人而猶疑信半適僮聖裔孔與禧宦遊來楚群與相質六十餘代家乘並參核雜傳悉日月合符始信從無疑焉嗣是大司馬總督蔡公雅意與學亦徽下各屬就於是日師生

畢聚另舉殷薦并會同講究性理諸書著爲令甲而聖會之舉於是盛行余山居簡脫莫識時務丁巳仲秋偶過擇官適諸子以聖會環集奉牲醴拜舞且爲余歷述祀事之始繼因風鶴暫止一載今幸舉奠如常予聞之喜諸君子之樂道而尊師也爲此籲告同人普同對越庶不爲浮屠氏所竊笑更有交易者吾黨念斯文之托惟茲法言法服永爲作求則羹墻之見應非俎豆虛文也

江南種殖議

周家冑

聞之地之生物也五土之宜荆楊宜稻豫并宜五穀青宜稻麥兗宜四種雍冀宜黍稷幽宜三種又有日東方多麥稻西方多麻南方多黍北方多菽中央多禾高而陽者多荳平而陰者多五穀此皆自其大槩言之耳昔者五穀六穀九穀之數說各不同而要之天之滋生所以育養民命者甚多今惟麻粱菽及小豆諸類不常用外其爲稷黍二麥二豆與稻者率通同嘉種無地不可生殖至物性高下燥濕之宜在人事相度之耳詩云貽我來牟帝命率育則麥者接

絕續乏之穀爾雅謂夏時新舊之交麥最先登故以爲重稷爲百穀之長命曰首種祭祀用之謂之明粢黍曰薌合粱曰薌萁菽則其類甚衆九穀特取其二氾勝曰大豆保歲易爲宜古之所以備凶年也凡此皆種之至美造物之寶藏生人胥託命焉惟是西北之域以麥爲上次則或稷或黍或粱或菽日用所需謂之雜糧故風土人情多強勁豐腴荒不能災而江以南獨食稻農民所務舍此莫向麥則視爲賤者之飧至稷黍與粱恒種名不辨菽則屑爲蔬菜若荳若菽又不知爲何物矣蓋稻味甘美勝於百穀邠風之

詩曰十月穫稻爲此春酒以介眉壽魯論食稻衣錦則稻所以康老疾御賓客誠重之也但江南柔脆之性膏粱之習止崇其所嗜他不之計然稻者太陰之精雖易生而純待命於天非潞潦不得入土非積水不獲滋茂五日無雨則涸十日無雨則槁是以周禮別設稻人之官掌稼下地以司蓄止均瀉之政誠難之也豐年之詩曰多黍多稌以稌性下濕須必豐年乃克與旱黍同熟後世田亂非有古者溝遂澮川之制蓄洩有具又恒產不盡膏腴彼蒼者天安得五日十日如期滂萋之應穫遂滿車滿篝之願耶以故江

南惟恃稻爲生者春而屯膏則無由布種夏即霡霂亦不能函活瀓期而雨則秧老無叢臨刈而渴亦粒秕不實十年之内以旱乾籲告者常六七以饑荒流亡者亦四五衆生呰天而不解服耕之偏惰司牧罪歲而弗知民事之少齊纔之以食爲天者除稻無以爲生江南所以不耐荒一荒即亂離耳食貨志曰種穀必雜五種以備災害農書曰山田宜種強苗澤田宜種弱苗昔者詩記叔苴禮載瓜食下逮爲稊爲稗汜勝之書亦謂宜種之以備凶歲况五種之美可任廢棄而獨貪嘗一稻以爲嘉殖耶即曰稻之收穫較他種爲蠃衆禾之工力視藝稻常勞然貪多務逸以恒邀幸於不可知之天時曷若原隰肥墝酌宜均布則失彼得此或歉或饒猶有退步資生不至空望坐餒耶余嘗爲是說以告有田者而人狃便安皆不之悟率謂雜殖之物性地利舉未諳習云爾歲壬子鄂邑各鄉無不成熟而余里之永豐暨附邇一二區獨苦旱然非盡無雨也仍五日十日而雨也特霑濡微濛苗不能下田耳而比戶仰屋咸輟耕號啼矣幸猶頼州地及北來之麥移助艱食也洎夏至秧槁時始群謀種菽余勸之試種稷遠秋復種菽皆與與滋長

奄觀銍艾而益信天地生成之資自然之利無物不長奈何惰昧寡籌覛土鮮效守逸於旨并委地寶於蓁藋乎今與我人約曰慎勿賤視麥秋凡田之高原者皆種二麥稷黍次則佐以諸豆粱麻其水田下濕者乃種稻即終需稻爲他穀之本亦應以他穀濟稻之窮俗所謂廣種薄收猶愈於以孤注望歲一匱而即無餘地也更願長民者移年例賑荒告免之精神爲之經畫誠諭少倣新畬百穀之咨茹不惜黍稷粱髦之叮嚀力挽習便之日用同登中土之農祥雖江南呰窳之俗食稻養欲不知戒種備事而難與慮始

可與樂成誠使督責樹藝或律以雜糧輸公務或準如往昔宅不種桑麻之罰行之數年習與性成漸易俗尚庶令稷黍麥粱之儲與稻禾並重則南方行普粒食之原上官當省捐恤之議百穀順成樂利同風斯民其有瘳乎

重修痘母祠碑記

閻廷謨

稽古王政六十以上上所養十六以上上所長故恭養者老秋育孤少幼幼之典誠與老老並重而宣聖見之言志子輿舉爲推恩保赤有方豈非留心世道者所難已哉我
國家休養生息二十餘年昔之墟井廬舍一望荒烟而寒蔓者今且戶口繁滋嬉遊稠簇揆厥所由必以嬰兒誕育後嗣一切夭札隕落之患然後幾此昌熾也而要非有神明赫濯者默相隱庇於其間則亦不爲功夫保嬰之道固紛其端惟天花一阨救無奇策或曰痘症不起唐以前故不知所由始攷之前史脩載人面之妍醜而不及疹癘其信然哉乃自斯症流行而攸司有主叩靈呼應匪一日矣是知欲昌嗣而綿裔者事新廟貌莊嚴慈容以妥神依而禔衆福夫非當務爲先而不至如諺所云急時佛脚之誚歟余承乏楚臬讞決之堂右有崿峭嵲嶫者峙若列屏暇時指顧見夫鱗兀參差嵓矗崇麓者爲痘母祠然鞠緑埤桼未遂瞻趨今年春值羣嬰佈種惴惴乎恐薄德隕越罔以邀靈陰隲爰肅衣冠而謁焉見夫法軀或蝕苺苔也垣墉莫爲暨茨也榱蠹甍踈霈霖將及

致虞濡潰也於是惻然心愯思爲大啟甍棟然夙恌氷檗橐靡長物神或泂之矣迺僅捐薄俸聊用焕新聖容墍飭垣堵以作三楚善信繼長滋大之倡因爲訊廟制所始僉云剏建肇自醫官劉子郁偕其孫遇文捐自置民基一區請於楚藩擴鑿栩宇驛傳監司丘君有碑誌之甚悉今余之仍貫補飭亦以遇文之子府庠生純臣能用和緩術世其家學時過皈署以闔宅孺孱奇託之故鳩程土石董治樸蘐雖分任有役而綜理維勤則劉生之功居多是舉也前代丘君肇而造之暨余嗣而葺之亦不過孱子經患時觸景

興志且令環城父老覩鼇錫類有所憑藉爾如云於王道紉紉之典不無俾益亦何敢持杯水蠅翼之力滋矯誣而邀仁譽乎若夫劉氏之祖孫父子其前者於保赤爲功首而後者卽於祖父爲濟美是皆可紀也於是鑱諸石以誌不忘云

江夏縣志卷之四十九

開元劉朝英重修
黃安張希良編纂
古越洪國輔續修
三韓陳萬策增修

災異志

周官保章氏以十有二歲之相觀天下之祥以五雲之物辨降水旱豐荒之祲象以十有二風察天地之乖和以詔救政訪序事夫子作春秋紀災異不紀祥瑞凡星隕日食水旱螽螟詳載於策而未嘗指其事應所以示人君恐懼省脩無之可假易也然則守土者爲君司牧其所以脩其政事和其人民者可不於此以驗得失是災異之警固宣化敷猷者之所宜爲怵惕者也志災異

唐

帝堯時天下和景星出翼軫（白虎通册府元龜云出翼）

周

孝王十三年江漢水

漢

後帝七年（吳黃龍元年）夏口言黃龍見

夏四月夏口言鳳凰見

十年冬十月有星孛於翼

延熙十一年秋七月彗星見翼進軫

晉

武帝咸定二年八月有星孛於太微至翼

太康二年六月大水殺人

惠帝太安中牛犬作人言民張聘乘牛出牛忽言曰天下亂乘我何往聘驚懼歸犬言曰歸何早牛復人立而行占曰天下將有兵亂

元帝大興三年四月枉矢出虛危没翼軫

南北朝宋

孝武帝大明八年江夏王世子伯禽獻白鹿

明帝泰始十年獲元璧圓徑八寸安西將軍蔡興宗以獻

齊

武帝永明元年丁坡屯獲白鶴

廢帝　三年梁武帝起兵攻郢經年疫死大半積屍盈床

梁

元帝承聖二年江夏宮南門鴿牡飛

陳

後主禎明二年夏四月南浦水墨如雲

隋

高祖開皇二年秋七月江水色赤如血

唐

元宗開元十八年六月鄂州奏景星見

代宗廣德九年十二月夜火焚舟三千艘延及岸上民舍二千餘家死者數千人

德宗貞元八年鄂州獻白鹿

順宗永貞元年秋旱

穆宗長慶元年春正月有星孛於翼

文宗太和夏大水

宋

真宗天禧元年天慶觀芝草生

仁宗景祐元年八月有星孛於張翼

高宗紹興三十年八月朔日食於翼

孝宗乾道五年八月朔日食於翼

十五年大水漂軍壘民舍三十餘區

淳熙四年十一月南市暴風通夕燔千餘家

六年十一月大風覆舟溺水甚衆

八年大旱
十二年冬十月火燔萬餘家江風暴作結廬於隄泊
艦於呀者焚溺無遺
十五年夏五月大水流民室三千餘家
八月朔日食於翼
光宗紹熙三年十二月火燔民居八百家
寧宗開禧四年八月南市火
嘉定四年八月火燔五百餘家
十六年大風壞戰艦三百餘
五月湖北霖雨江湖合漲城市沉没累月不減

十七年鄂州暴風壞戰艦三百餘
元
順宗元統二年自三月不雨至秋八月
至正十二年雨粉針民家門戶柱壁之間有粉痕如
針様無數
冬雨黑雪
明
宣宗宣德九年大水
英宗正統十一年秋七月火燔公署民居無筭
憲宗成化二十三年大旱人相食

孝宗弘治元年大旱
六年九月雪至明年正月每夜震雹雨雪
十一年自冬十月至明年春不雨城中火頻發延燒
數百家後有烏銜火鼓翼煙焰勃城民皆警備
武宗正德二年慶雲見於翼軫占云當有聖人生世
宗應之
四年大旱
七月地震生白毛
十一年淫雨水溢山崩決堤害稼壞城垣百餘丈湖
鼠青蟲生食稼

十二年大水
八月饑遣都御史吳廷舉賑恤是年江夏地震
十三年大水冬江漢冰合
十四年大旱
世宗嘉靖二年大旱殍流無筭
九年大水民舍田禾漂没殆盡
二十三年鵠集端禮門
二十四年春正月十八日楚英燿弑其父顯榕
三十二年大旱譙樓儀門災村市民舍火頻發
三十七年秋七月異風拔木摧屋江湖被溺者無筭

三十九年秋七月大水
四十五年水漲入城
穆宗隆慶五年大水異鼠害稼
神宗萬曆二年地震有聲是年楚府後殿震災
十七年黃鶴樓災延燒千餘家時磯邊民淘眢井一人入不出繼以一人亦不出又繼一人入井底見前二人已死傍有一大穴穴有火光俄一人冠方山冠著絳袍持刃來逐之其人惡撼繩鈴起駭幾死甦爲人言如此監司欲塞其井一夜自滿有狐自漢陽門入陰雨作人哭尋之無有城外龜蛇大鬬後龜蛇俱死自此水旱饑饉相仍稅璫陳奉至激變全楚後又有逆宗崇仁攫金殺巡撫趙可懷之事

二十年大旱湖水盡涸
二十七年火延燒縣治黃鶴樓居民數千餘家
三十二年地震凡三晝夜
三十三年火焚都察院公署前後俱盡時巡撫梁雲龍以楚事自外道擢巡撫也
三十四年火焚民居數千餘家
三十六年大水金沙洲暨城外沿江民居盡沒城內編橋而渡無年
三十七年火焚望山門延燒洲上千餘家
四十年大水不及三十六年者尺餘
萬曆末天獄星見武昌囚曾星曜盜殺理刑孫有秫於黃鶴樓
熹宗天啟元年楚藩承運殿災時大雷雨
天啟二年大水
四年春淫雨無麥苗
懷宗崇禎元年夏大水秋大旱
六年地震江湧如沸

八年寶通塔霞光如火梂是年賀公逢聖入相
九年大水鼠化爲魚是年冬十月賊張獻忠寇漢陽境附郭民婦入城
十二年三月金沙洲火烈風雷雨軍門牙旗竿折
十三年夏四月飛蝗蔽天
十四年晝晦如暮巳午不見人是年秋大疫死者山積
十五年秋七月夕洪山棲鳥驚噪飛而復匝者三周及曉巢盡折
十六年夏五月晦大雨雹有龍墜於地先時漢陽門

有哭聲獻逆陷省城
十七年大旱
國朝
章皇帝順治二年大水
五年秋霪雨禾苗生耳
八年火藥局災楚廢宮磚石噴激如雨觸者多傷無
算延燒民舍千餘家
九年春正月朔雨雪歷夏徂秋不雨江水涸湖渚陸
行
十年春雨蓉

十五年冬十月隕霜成冰
十六年大水下
十七年大水城內行舟
詔豁恤
今上康熙元年大雨雹冬十月訛言宮選民間不擇
而偶
二年秋大水三月不洩
三年黃鶴樓及譙樓災城幾楮多傷甚衆
七年虎入金沙洲
八年八月棘院棚圮壓舉子及送者九人

十一年夏不雨訛言火龍見
十六年用師長岳樓舡水遞時有漂流撫臺張公及
布政使徐公捐瘞漂骸委耆善吳之秀陳應魁司
之收恤甚衆
十八年大旱饑總督蔡公巡撫張公各捐銀一千兩
布政司徐公捐銀米五千餘兩監司及知府杜公
知縣劉朝英以下各捐助有差張公親至藩司敦
請鄉紳周家鼎陳鼎兼委耆善徐封英吳之秀陳
應魁陳鼎元楊守廉陳起蛟陳得名雷起霖韓尚
文陳起龍李正朝郭居敬傅道恭張三成王家鼎

等於大堂親爲酌酒花紅鼓樂導以出分番監賑
而耆善亦各有輸助前後數閱月凡活饑民一萬
七千七百餘名八月二十七日火民居無算
十九年春大饑
二十年春天欃星見是年震黃鶴樓朱方旦碑
二十一年秋大水霪雨彌月城內外皆成巨浸江夏
縣學水及戟門時知縣劉公出教諭張希良奏記
郡守杜公杜公以聞撫臺王公帥文武吏士禱於
江漢神祠旋減退
冬有星孛於翼

二十二年自春恆雨徂夏未歇民亦猶竹以代薪制臺董公撫臺王公帥文武吏士祈晴於武當宮少霽

二十六年金口鎮夜有兵馬聲

二十七年五月白虹貫日夏逆變冬十月火沿燒城內外民舍數千家焚死者甚衆

三十二年慶雲見

三十四年三月雨冰雹如蛋豆大內有黑米

三十五年秋七月望九日火藥局焚武庫兵戈飛舞於市觸磚石死者無算

三十七年漢陽門外陷一區

三十八年秋八月鹿鳴宴鶴繞紫微堂

三十九年二月二十九日黎明黑氣橫空邊齊如切自東至西狀欲墜移時乃散九月中旬有白氣如練自東南向西北六七日

四十年太白晝見江夏縣學聖殿柱內自火外見烟起撲滅之先是龍星見

四十一年熒惑星明前所營孫宅柱內自火撲滅之

四十二年弘濟橋圮斃七人秋七月黑子盪日鄉間有豕生雙象當斃

四十三年夏五月旱蝗食禾

四十四年大水夏霖雨禾苗生耳

四十七年歲歉明年春民皆菜色率多流離郡守楊公懋紹詳奉　制憲郭　撫憲陳　既司道各憲捐銀五萬兩買米減糶全活億兆

江夏縣志卷之五十

開元劉朝英重修

黃安張希良編纂

雜志

蒙莊氏曰六合之外聖人存而不論爲其荒誕無稽非義紀所存雅言之懼以惑民聽也吾儒之說微若性與天道顯若父子君臣兄弟夫婦友朋言若六經四子之書皆明白正大坐而言起而可行孰與夫恢奇記醜役聰明於無何之鄉哉自世所傳化益仙經齊諧博物幽怪搜神集異拾遺枕中雜俎大荒諸書

其言不雅馴而或以辨貳負之尸識顯陵之策別沃焦之石察注張之星稗官野錄亦足以廣異聞資麈柄譬如鑄金丸牧者百物而爲之備庶乎人知神姦不逢不若焉耳此雜志之所爲作也仙釋二流其於吾道若水火以類綴之而寺觀亦附載焉志例也然非吾志也

方聞

馮文簡當世始求薦於武昌會小宗者庸謬寡鑒堅欲黜落又欲置於末綴時鄂倅南宮城監試[illegible][illegible]封定卷大不平奮臂力爭之以公冠於鄉果掇大魁釋褐除荆南倅南宮遷潭倅當世以詩寄謝出湘山野錄

王部罷樞副知鄂州出家妓宴客坐客張續醉挽妓衣將前擁之妓泣訴於部坐皆失色部曰出爾曹以娛賓乃令客失歡命請大觥罰妓人服其量

孟宗一名仁出吳錄

李重中夏名士孫秀欲立威權風云樂令民望不可殺減李重者又不足殺遂逼重自裁初重在家有人走從門入出髻中疏示重重看之色動入內示其女女直叫絕了其意出則自裁此女甚高明重

每咨焉

鄂州李媼居南草市無子鬻鹽自給淳熙中市大火屋廬殆盡媼屋獨存門外鹽兩席几所挂葦薦無少損郡守趙善俊詰之對曰無所長但每日所貨來買一斤以十八兩與之所冀以活幾年者一稱而已

六安馬致遠明正統間隨其父四川道武昌泊舟江滸岸有二老媼以縫綴爲業毋命呼下將令理故衣見其面有涅痕詢所以則僞漢陳理時官人也理掠民間女配後宮俱刺面爲記因云理時被大

兵鬬追乃出降行泥首之禮指武昌城北十里爲當時自縛處僞漢嬪放遣宮人乃嫁爲人妻老而孤嫠故業此

朱大憲廟一統志作漢宋無忌爲火神而總志雜紀作長孫無忌其說又異

李太白上安州裴長史書自叙其生平云昔蜀人吳指南死於洞庭之上白禫服慟哭炎月伏屍猛虎前臨堅守不動遂權殯於湖側數年來觀筋骨尙存雪泣持刃躬身洗削裹骨徒步負之而趨寢與携持無輟手遂丐貸營葬於鄂城其存交重義如此

開禧二年鄂州民謠塞上將軍少城南從事多宣威不可問恢復竟如何時權臣開邊爲宣撫使置司多辟親故幕賓聚城南爲酬繼云

江夏有道人吕元圭爲人言事多驗一日忽告曰惡人將至矣須急避之瞥然渡江去是日提點刑獄喻陟自武陵至鄂即遣使訪吕云巳行但得其徃還者岑文秀詰其所得岑曰無有喻加聲色將笞之命搜其家於神堂壁中見所與岑長歌一篇言内丹事喻曰此即吕先生也其名元圭蓋折先生二字耳衆始悟惡人之說是恐喻道之云

張舜民南遷錄云江夏吕公洞前有軍巡夜逢三人衣冠甚古遺黃金數片携歸光彩煥發官覺收之則皆化爲石命藏之軍資庫

黃魯直在鄂州太守以其才望信重之士人以詩文投贄守必取質於魯直而報之一詞人投詩頗紕繆守携見魯直魯直閱詩良久無語太守曰此詩不知酬以幾何魯直笑曰不必他物但公庫取四兩乾艾於尻骨上作大炷灸之且問曰爾後敢復奏分邪詞人竟無所濟出捫掌錄

樂天集中有夜聞歌者時自京城謫潯陽宿於鄂州其詞曰夜泊鸚鵡洲秋江月澄澈鄰船有歌者發調堪愁絶歌罷繼以泣泣聲通復咽尋聲見其人有婦顔如雪獨倚帆檣立娉婷十七八夜淚似眞珠雙雙墮明月借問誰家婦歌泣何凄切一問一沾襟低眉終不說其事與琵琶行絶相類何香山之多情也

元稹在江夏襄州賈塹有庄新起堂上梁纔畢疾風甚雨時庄客輸油六七甕忽震一聲油甕悉列於梁上一滴不漏其年稹卒

元稹登黃鶴樓望江濱有光芒若星使人就視得鯉魚剖之腹有古鏡二如錢大背有雙龍既磨瑩則常有光彩

江夏陸社兒夜歸逢一女求宿詞色甚哀社兒不得已同歸共寢忽聞暴風雨見一毛手挈婦人去及明七八里外有蛇長百餘丈流血在地有千萬禽臨而噪之社兒由是驚悸常如癡狂

韋皋遊江夏與荆室青衣玉簫有情臨别約七年再會因留玉指環逾八年不至玉簫絶食而殞後鎮蜀湘山人有少君之術乃見玉簫曰後三年再爲

侍妾後東川盧八座送一歌姬眞玉簫也而指有肉隱出不異玉環出雲溪友議

辛次膺紹興中爲湖南提刑舟至武昌大將岳侯於江亭通謁辛見之即以明日具食既宴延辛入小閣執手曰前夕夢爲棘寺逮對獄獄吏曰辛中丞被旨推勘驚寤而津吏報君至他日飛或不幸下獄願公救護之後數年飛故部王貴迎時相意告其謀叛繫大理獄新除御史中丞何鑄治其事方悟昨夢乃新中丞也

靈山寺左有井其旁有幢乃元公主捨身爲尼故蹟童豎不知以寺曾爲岳少保書院遂呼其井曰銀瓶井幢爲銀瓶女焚處者誤也杭州臬司乃少保舊宅左有岳祠銀瓶井在其内

鄂州有白虎磯今誤爲白湖鎮

楚紀云孟宗江夏郡鄂人應城陳士元孝感志云按史記無忌謂魏王曰秦不敢伐楚攻冥阨之塞徐廣註云冥阨即江夏郡鄳縣地申州羅山縣蓋漢鄳縣地也前後漢晉江夏郡屬俱有鄳縣夫漢晉江夏郡置於今之雲夢北而安陸則其附郭之縣今江夏縣乃漢沙羨縣地亦屬江夏郡至三國吳

時又分置武昌郡是孟宗之世沙羨已屬武昌郡在漢江東南去鄳縣遠甚非鄳地明矣宋人惟知孟宗爲江夏人而不攷宗爲江夏郡之鄳人遂謂江夏縣城東有靈竹院爲宗故宅紹興間立祠以祀一統志顧弗深攷以宗爲江夏縣人物而羅山又不載焉不已誤乎然孝感北聯羅山以輿地計之其東北境即漢鄳縣地余乃論世索圖疑宗爲孝感人愚按世說新語注引孟嘉别傳曰嘉字萬年江夏鄳人曾祖父宗吳司空祖父揖晉廬陵太守宗葬武昌陽新縣子孫家焉袁宏孟處士陋銘

何由得至候景將襲執之送景所及景攻王僧辯於巴陵敗還乃殺泉於江夏沉其屍於黃鵠磯初泉夢著朱衣行水上及死舉身帶血而沉如其夢

孫瑒鎮郢州乃合十餘船爲大舫於中立亭池植荷芰每良辰美景賓佐爲集泛長江而置酒

王僧辯攻郢州徐世譜乘大艦臨其倉門賊將宋子仙以城降倉門未知所在

僧辯攻郢入羅城有大星如車輪墜賊營去地十丈變成火一時碎散

陳宣帝太建七年郢州獻瑞鍾

梁武圍郢城將軍薛元嗣等無他經略惟迎蔣子文及蘇侯神日禺中於州廳上祀以求福鈴鐸聲晝夜不止又使子文導從登陴巡行旦日輒復如之識者知其將亡圍二百日士庶病死者七百家

蕭韶幼與庾信有斷袖之歡衣食皆所資給及刺郢州信西上江陵韶接信甚薄坐青油幕下引信入宴坐信別榻有自矜色信因酒酣徑上韶床踐踏殽饌直視韶面謂曰官今日形容大異韶甚慚恥

梁安成康王秀都督郢州夏口常爲戰地多暴露骸骨秀於黃鶴樓下祭而埋之一夜夢數百人拜謝而去

曹景宗刺郢州鬻貨聚歛於城南起宅長堤以東夏口以北開街列門東西數里而部曲殘橫部下厭之魏攻司州城中負板而汲景宗望關門不出但耀軍游獵而已司州竟陷

魚弘性豪侈送瑞像入都率部曲數百悉衣錦袍赫奕滿道頗爲人所慕途經夏首李坑效其爲人男元法僧聞之杖抗三百

吳規頗有才學邵陵王綸引爲賓客深相禮遇及綸作牧郢蕃規隨從江夏遇張纘出之湘鎮綸餞之

南浦纘見規在坐意不能平忽舉盃曰吳規此酒慶汝得陪今宴規尋起還其子翁孺見父不悅問故因氣結便卒規概纘慟兒次信之間又致殞妻痛夫子三日又亡時人謂張纘一盃酒殺吳氏三人

羯鼓近士林罕習之者唯韓僕射皐善亦不甚露爲鄂州觀察使間於黃鶴樓一月兩習而已出唐韓卓羯鼓錄

江夏劉次卿見鬼以正旦至市見一書生入市衆鬼悉避劉問書生曰子有何術以至於此書生言我

本無術出之日家師以丸藥絳囊裹之繫臂防惡
氣耳於是劉䖏書生借此藥所見諸鬼處悉走其
方用武都雄黄丹散二兩蠟和令調如彈丸正月
旦男左女右帶之出荆楚歲時記
黄鶴山樵鐵網珊瑚官窑軸其畫止老樹三四株西
向界畫之界畫外第一首詩有鐵網珊瑚起句因
名黄鶴山樵者吳勤也出陳眉公筆記
馮當世慶曆中以鄂州薦至江風濤洶湧幾至沉溺
春來廷試第一還過大江風微浪穩舟楫安然題
詩云江神也世情爲我風色好

馮京父名宋史不見本傳然按邵氏見聞録升菴丹
鉛續録謂氏族志及言行録京父名式爲左侍禁
京生而儁邁不羣式一日取其所誦書題其後曰
將作監丞通判荆南軍府事馮京式既退官十一
年舉進士第一爲將作監丞通判荆南時人謂式
爲知子氏族録宋人所編當得其實傳奇以爲名
商又按還妾事京嘗過其外兄求朱适出侍妾詢
知爲同年進士妻亟請而嫁之奇傳謂京還已妾
𠑽聽杜撰誠可噴飯
宜崇文鎮武昌閱兵於跳踘場武昌廳有古屋百餘
間久經霪雨一旦而頹聲聞數里左右動色惟崇
文指揮點閱安詳如故亦無所顧問出南唐近事
何敬洙善彈射性勇决微時爲鄂帥李簡家僮李性
嚴毅果於殺戮左右給使之人小有過愆鮮獲全
宥何嘗薄暮與同輩戲於小廳下有著頭取李所
愛硯謂諸僮曰誰敢破此何時餘酣乘興碎之翊
日李知其由命擒何至死不旋踵李夫人素賢明
知何有奇相每曰異日當富貴至是匿何後堂中
浹旬李怒未豸一日李獨坐小廳有鳥申喙向李
而噪其聲甚厲李惡之遂拂衣往後圃池亭鳥亦

隨至命家人多方驅逐略無去意李愈怒顧左右
曰何敬洙善彈亟招來能斃此當釋爾罪何應弦
斃之李佳賞遂捨其罪洎成立擢爲小校以軍功
累建旌鉞建隆初自江西移鎮鄂渚下車之日亭
中復見一鳥顧何而鳴何曰昔日全吾之命得非
爾乎乃取食物自置諸掌鳥翻然下食出南唐近
事
吳處厚知漢陽軍每謂鸚鵡洲浮鄂佳處欲賦詩未
就一日視事綱吏來告覆舟吳問所在吏曰鸕鷀
堰吳摘案連唱大奇徐曰吾一年爲鸚鵡洲尋一

對不得天俾汝也因得未減出米珴可談

李陽冰篆鄂字有四口鬼爲之哭出鄂州圖經

賚禕洞明天啓五年張繼善重修武當宫山頂建四
皇殿闢基而得之洞凡三中一洞碑石坐痕微深
淨潔如新灑掃

靈山寺右有龍石仄覆其色紫擊之鏗然中段鱗甲
飛動如生

石蟾在延福宫明天啓五年墾基所得徑五尺長倍
之一息忽遁墻外復移置左丹墀中欄以朱杆今
存

鐘妖宋熙寧中新州化樂寺鑄鐘大五圍高丈許明
正統間忽從江上飛來城中四大僧迎請不至鐵
佛僧永善披衣望拜鐘忽抵岸七擊七宵旦聲不
歇當事者以聞命改鑄神器封大將軍鎮九關景
泰乙亥空中鐘鳴又數宵旦布政司蕭公異之鑄
鐘以代聲乃止今在寺塵土中甲申左良玉至作
佛事命升擊如哭泣聲

二石羅漢與譙樓前銅鐘相傳楚昭王出獵至馬跑
泉遇白兎左右射之兎投穴尋索不見掘之得鐘
上鐫宋嘉熙庚子中元日寧武軍節度使四川宣
撫使兼荆湖安撫使漢東郡開國侯食邑一千二
百戸實封二百戸孟珙鑄僉書及二羅漢移置鐵
佛寺中崇禎癸未五月鄂城陷先期七日鐘自鳴

吳偉性豪放不事生業恒有龐眉老人言某日昧爽
期磔石山偉三至老人先在忿不與語後偉以夜
半候老人至擊石得髓偉飲半遂以畫名

新橋納青林南湖湯孫三湖之水熊襄愍所建糜金
錢無筭橋址始成公旋及禍今秋冬水落怒號聲
聞數里

洪山寺有鼉鼓熊襄愍按遼所得

峽山口有泉方廣不五六尺深[illegible]之其水清洌每當
除夕亥子之交泉忽涸及元旦子初沸湧如常

江夏令樊尙璟諸生時夢神人赭袍異相語之曰吾
洞庭水神也君異時成進士必牧余土後筮仕江
夏下車之日即値邑人肇建橋毅勷因割舟中裝
十金以助入廟瞻拜神像宛如夢對或云神語絡
身事甚悉祕而不宜見段然記

金沙洲有丁三廟祀吳龍虎將軍丁奉勅封靖江王
當郎十大王之一

校尉五聖祠舊在明楚藩果園屢著靈異王遷之中

和門外令校尉翟貴文禮薪供養王宮等侍奉一
夕王夢神言四人侍吾謹吾將取之及旦皆殁因
塑像勒名於側嫉妄甚矣

明嘉靖乙卯楚省鄉試武江兩庠皆脫榜有裴生某
高才積學諸監司念首庠不可無人欲以裴填榜
而猝忘其名口語裴者三直指曰韓中丞賢而貧
其子可充舉也遂以原性填榜末而裴竟遺

宋朝茶法漢陽軍祖額錢二十一萬八千三百一十
一貫五十一受納鄂州片茶二十三萬八千三百
斤半

宋荆湖南北皆置義勇紹興中鄂州七縣主客戶六
萬六千三十二口三十一萬四千八百九十四而
民兵之籍總爲萬五千二百有一人大抵五家供
一兵

明洪武七年已巳江夏侯周德興奏閱武昌等衛十
五衛所軍計四萬四千八百九十九人馬騾一千
二百一十五匹。癸丑魏國公徐允恭曹國公李
景隆自湖南練兵還

黃鵠磯石上有桃痕俗傳呂仙假賣桃以驗衆售桃
者第云歸遺稗子無及父母者呂感忿擲桃於石
而去其痕存

滕王蛺蝶圖有江夏班是邑中蝶亦著名也見酉陽
雜俎

鐵井在鐵佛寺明正統間泉忽湧得汲器有鐵樹宮
字相傳井通南昌

都司前有井曰孟井相傳孟宗故蹟然安知非孟珙
所鑿也

橘齋史右丞夙病眉癰初至館樓上夢仙拭面而癰
脫問仙何名謁亭物色如所見平章忽剌斛夫人
禿滿倫氏患頭風日夜望仙禱所已而聞笛聲皆

曰仙笛也公曰仙有靈當再聞及夜笛聲起墻外
自是夫人起居如初出元鄭壁呂仙亭記

李明道初事僞漢及友諒亡遁髡髮逃匿山中明
太祖駐武昌伙家執明道以獻不屈命礫於鯀魚
口明所畜犬環尸鳴躑啣聚其肉跑沙而瘞之有
司以聞太祖嗟異詔以被瘞處葬如張若耶之黃
蓍云

江夏縣志卷之五十一

雜志二

仙釋

唐

羅公遠鄂州人元宗好仙術開元中秋夜公遠導爲月宫之遊以學隱形術不盡其傳怒欲斬之遁去後數歲元宗使輔僊玉使蜀見公遠於黑水道中曳杖徐行僊玉策馬不能及呼曰大師雲水適意豈不念内殿相識耶公遠還顧與玉據石而坐因出書一緘並蜀當歸以寄及元宗西幸始悟其寄

意云

劉本德好古多藝能商於江湖乾符中大饑德出米數萬石賑之黄巢亂避地五老峯下有鹿裘道人來訪把臂入深澗忽一老人邀入山院至則冊碧輝煥老人曰此洞天也以汝行善故得至此語畢不見道人曰爾籍名仙籙矣遂别去後德本編遊名山竟僊去

明

無念姓陳氏應山孟畈村人父名必貴九歲禮寶林寺無極爲師初不識字往參荆州無聞和尚開示萬法歸一一歸何處日夜提參豁然有悟爲偈云數載東山昏霧濛凭欄終日待晴空夜來忽覩霜天月萬象全彰一鏡中洪武中楚昭王迎至洪山還九峰奏聞召見賜以詩及雜綵衲衣金鉢盂淨瓶各一又賜光禄果餅遣中官護送還山又遣中官齎桐實松花御製詩文二軸畧曰身外無身戒外無戒在處有佛又何指方尋佛本性即佛佛外更何有佛佛外更尋他佛又何佛之有哉賜歸武昌詩二首懷僧無念詩一首見御製文集中永樂初示寂年八十塔在九峰

劉邋遢漢川人或曰景陵人就試武昌不利遂佯狂垢污好嫚罵人於貢院側聚板爲廬坐卧惟一片席與人語多中其隱諸生有問遺才試題者大罵曰一部四書從頭至尾都是題及試題果大學之道二句然而無有二句己酉江夏縣學生王時化問今科解元應聲曰蓋有之矣我未之見也及入場首題即此二句而王果領解屬纊之際臭孔玉柱雙垂尺許以蘆蓆覆之

徐駭兒不知何許人口期期不能言聽其聲音似徐駭兒者故名甲乙間卧於洪山四天王之足髮結

如鞭垢汚不可近其所乞諸穢物入手懷而食之彼不言人亦不欲與之言久之有遠僧者遇諸途膜拜於地徐駭兒不荅去人問僧曰汝何拜此僧曰我曾在座下聽講是京師一大法師也人叩之終不言久之止一大樹下雙鼻垂兩白柱大如指長二尺許而逝

天如不知何處僧住鄂城修静寺鶉衣草食屏去不甚見人言未來禍福不爽常受一宰官舟資數兩渡江則與舟子或曰何多也師曰彼云舟貧我今不到岍乎又某施一衲值十五金遇寒乞卽以衣

之張獻忠破省之前師指城東門謂人曰此灶窩也又曰城内皆圈猪耳張屠李屠至矣每五更沿街呌呼謝擅越佈施大難到盡早爲計人忸於故常癸未元旦忽去不見六月闔省及於難

心如俗姓王黄安人苦修頓悟楚籓迎主修静寺後端坐而化鼻端玉柱雙垂有異香四散

國朝

如素字純白應城陳氏子嗣法於金陵之天隆巢松和尚登講席十餘座道望天下名重四方止錫金沙洲淨熒庵著有法華楞嚴二經解註金剛合刻雲浪詩集行世壽七十康熙己巳冬預示告寂日期沐浴披戒衣登座說偈而逝塔於九峰吉祥庵嗣戒門人鑑菴琳後得法於天竟悟乃弘覺忞國師三世孫也語載傳燈錄

戒榮字禾商中州羅氏子棄染遍歷諸方名宿叅天童弘覺忞國師忞奉

世祖章皇帝詔入京榮隨對萬善殿稱

旨亦賜紫金錫盂後至楚卜城南梅峰下開建道場故名南溪向上一日謂其徒曰吾年五十六爲事皆具足翻身北斗藏山青與水緑擲筆而逝全身

塔於寺右門人具瞻相繼説法著有語録行世

海源莫知其所從來結茆於鄂城賓陽門内苦修數十年或數日不食一食數升康熙己巳年募建紫竹林居不數載一日危坐門首見左右善信遂舉首曰承衆居士護持我世緣將盡不久住人問衆猶以爲戲語不肯信少頃入内閉門端坐環以柴薪身出三昧火合掌自焚衆見内烟起穴壁入視源下體已焚尚開目顧衆點首念佛衆始知爲異僧化畢拾骨有堅固子數粒塔建東關外

如戡號恒朴江夏劉氏子髫年卽不茹葷酒童貞修

道生平肌骨強健老益矍鑠廬山住持時冬不爐夏不扇布衲蔬食晏如也外緣不染長年繕經同道中有卷帙殘失者必代為補寫圓成仍奉彼持誦至老不倦授禮部冠帶僧官職後嗣法臨濟宗年七十有八不疾而化

黃友石字米公江夏人漢陽郡庠生美丰姿飄飄有仙子意能文善小楷癖嗜道術棄妻子瓢杖逍遙作江南隱仙庵律師道號冲陽誤傳律碑文後遊名山莫知所終

江夏縣志卷之五十二

雜志二

寺觀

頭陀寺在黃鵠磯創於劉宋郢州刺史江安伯蔡興宗以棲沙門慧宗齊王巾有記黃山谷[illegible]云頭陀全盛時宮殿梯空級謂此觀音閣即其遺址明勅賜萬壽寺額崇禎季燬順治三年釋道宗及司法重建邑善人陳應魁暨釋宗綸偕眾為寺前三佛寶殿傾圯康熙五十年善人張之蕃獨力重建併裝十八羅漢金身約費五百金皆變產樂修

靈山寺在縣東南宋武穆王岳飛建初名靈山書院後改為寺元至正間釋雲岩　王之明弘治九[illegible]後為督標中軍副將[illegible]居江夏六十餘載端脩重脩

鐵佛寺在文昌門內舊名報恩梁天監中邵陵王捨宅建唐天寶中有蛛怪鑄鐵佛鎮之明置僧綱司癸未火順治中總督祖公澤遠建後撫臺劉公兆麒置藏經閣其中張公朝珍繼修釋真淑有寺志二卷

寧湖寺在明月橋北濱湖有水怪唐廣德中釋紙衣建寺鎮之明嘉靖丁亥重脩人　釋大雲王之

龍華寺在賓陽門內明成化丁卯太監王定創建賜
今額崇禎季圮
國朝總戎李春元重修今任持超萬
寶通□□洪山寺在縣東十里許唐寶曆中釋慈忍
自隨州大洪山斷足請雨後移此寺沿其名宋置
制使孟珙都統張順重脩明楚昭王增脩莊靖二
王請賜今額後圮康熙十八年巡撫張公朝珍重
脩惟塔有待後公之子璽任湖北糧儲道克繼
父志浮圖一新壯麗甲於諸刹
東巖寺在洪山之東唐大觀中建相傳鄂國尉遲公

曾憩其內舊額曰正心書院明季燬康熙八年卞
公爲覲卞公永譽重建
脩靜寺唐李北海宅明天順二年重建崇禎季釋天
如王之
小塔寺即晉安寺隨仁壽間建有無影塔今重修
九峯寺在縣東五十里明洪武初楚昭王爲僧無念
建明譚友夏馮畏菴諸名士多讀書其中今頗廢
長春寺在楚藩後古黃龍道場楚藩改高觀山爲長
春山因名左有龍池寺後即黃龍塔院
興隆寺在金沙洲國初總督羅公提督柯公重建住

持徹一
清淨寺在望山門內刱於唐貞觀脩於明宣德洪武
八年有御製百字碑見藝文四川總鎮馬子雲捐
買義田二十石永爲本寺取用
白水寺在依仁里萬壽山唐建
鹿泉寺相傳有白鹿跑泉於山陽泉沸湧不涸
靈泉寺在明楚莊寢山後產茶
慈雲寺在八分山頂唐駱沙門刱建
金雞寺在六老山巒石壁鐫有千巖競秀萬壑爭流
八字

興唐寺在雙峯山陰內有南唐所鑄鐘見古蹟
現華寺在新南門外唐爲青蓮庵相傳明太祖駐蹕
梅亭復覩其瑞賜今名寺有青蓮井即其蹟也住
持敏惠
正覺寺在縣東明啟禎間荆藩惠王刱建住持本無
國朝巡撫張公朝珍重脩
圓通寺在墩子湖中明萬曆五年建
萬壽寺在八分山西
雲隱寺一名青林寺
宏□寺一名大士庵在忠孝門內

清淨菴在城東竹樹陰森逈離塵市寺後有山曰鼓
架曰砲架相傳僞漢與明太祖對壘處
國朝撫臺劉公兆麒重脩周天章增建
鐵祖師觀在文昌門內其像不知始於何代或曰從
井中掘出
眞武觀在九峰入山第一峰下明洪武末楚昭世子
巴陵王卒卜葬此山掘坎不三尺雷雨驟作從坎
中得石刻眞武二將絲苔班駁王異之命建爲觀
華岩寺在九峰聖水口
白鶴觀在賓陽門外雙峰山北明崇禎末知府洪天

擢重建內有放生池相傳邑進士吳寶字白鶴少
嘗讀書觀中因以字名觀
本朝有僧芝菴開法於此江南寧國府衆善信於壬
申歲復建關聖殿
清眞觀即孟城眞武廟在縣北十里順治間太保祖
公澤遠重修
延福宮在賓陽門內
南巖寺在烏龍泉山南
闞龍寺在胭脂山首形勢聳拔襟長江而帶高冠鳳
凰崎其北鶴樓晴川當其面沙門如概發念募脩

六徒性燦與諸孫繼續開建爲楚省一大伽藍也
福田寺在高冠山之陽天成和尚募建先時茅廬逼
窄天成發念苦行修募逢人只化念佛守道孟公
世泰許捐俸建置前殿未落成陞河南臬司去天
成旋圓寂孟公在洛不知也忽見和尚求圓功德
公許之值楚中解餉者至曰和尚久已涅槃公奇
其事隨寄金以續厥成
凌霄宮在高冠山麓飛劍亭後原止飛劍遺亭康熙
辛酉年楚中衆姓捐貲擴基鼎新闢基時復得遺
址柱磉石砌方圓不爽豈前朝興建亦於此歟今
仍建琳宮可見興廢不無代異而因革自有成數

云
翠微庵在高冠山半釋蒼石開建
都土地廟在崇府山麓籤筶甚驗祈者不絶
涵三宮在忠孝門內崇府山之麓內祀文昌呂祖大
士因名
樂善寺在滋陽橋之南住持寂月募建湖水映帶波
澄月浮遊人有荷香十數里漁唱五三更之句
吉祥庵在小東門外
秪樹林在小東門外

旃檀林在大新接下
雙峰觀在雙峰山上祀眞武爲嚴氏香火原屬黄冠
今任緇流
四面佛在賓陽門外即般若庵俗呼爲四面佛明給
諫邑公然刱之佛身高三丈四面各一佛張元芳
聯云慈雲飛寶剎喜東西南北開生面八人親見
如來慧日轉法幢勸賢愚貴賤早回頭念念提醒
這個
雷祖殿在賓陽門外殿西坐東向倒騎楚脊來脉而
建之大爲會城害

南嶽廟在賓陽門外
西庵在洪山寶通寺之西昔無念祖師未卜九峰時
任靜於此
巖陀寺在鸚鵡寺前巖陀祖師得道於此因建道場
唐李北海有記
向上寺在新南門外天壇左釆商和尚擴基鼎建貌
宇崔巍法象莊嚴面映湖水四時烟景各極幽勝
之致具瞻和尚續開堂說法於此
樂禪寺在八分山下原羅禪寺以土人羅姓悟眞於
此因名劉民悅有記辨之

[illegible]王廟在北門嶺驛路傍山省邑貢士徐封魏鼎建
土人四時報賽不絶祈禱輙應康熙　年　忽
雷雨交作水深尺許二龍於神前騰空飛去屋瓦
不驚
桂山寺在魯湖内山皆石有峰七四面環水寺居其
中
圓峰寺在依仁里里中講
聖諭所也
仙人寺在湖東仙人山之陰麓有仙跡因以名寺陳
述知有記寺坐山窩中松栢環繞最爲幽勝僧歸
一著有十二景詩其徒秋若率孫智殊文裔繼續

開建
石壁寺去九峰三十里
東羅漢寺在長嶺山
吉祥寺去九峰十里龍窩山陽如素法師塔在焉
黄龍山如意寺唐黄龍誨機禪師開法道場兵燹後
止存鐵佛像
國朝提督祖可法祠永盛修建重撰碑文
曇華林在縣東砲架山陽
[illegible]月庵一名白廟在城東北鄉崇善村

保[illegible]寺在東鄉八角嶺

太乙宮在武勝門外大堤口江岍建自康熙二十八年前守憲孟公世泰允耆民揚升宮王盐作薛民欽吳天鐸吳國祥等請捐橐公起普濟會設備棺木撈取浮溺瘗埋無主人稱義舉後資費歉乏宮宇日頽邑侯洪公國輔涖任首捐清俸買圃八畝每年收稞以備棺木撈濟之資善政得以相沿不廢云

石山廟在招賢里係里中客必明建

黃花寺在縣南九十里邑人董方伯闇族築書齋於

茲萬曆庚子綴科復建文昌祠以志之

龍王廟近湯孫湖獻賊之變居民被廹者溺於此每至夜有鬼號[illegible]至康熙四十二年善人張之蕃建醮超度始得[illegible]

蓮花菴在大東[illegible]外康熙三十三年善人張之蕃建